THE INSTITUTIONAL EFFECTS AND MEDIATING
MECHANISMS OF LONG-TERM CARE INSURANCE IN CHINA

中国长期护理保险的制度效应及其传导机制

韩笑○著

中国社会科学出版社

图书在版编目（CIP）数据

中国长期护理保险的制度效应及其传导机制 / 韩笑著. -- 北京：中国社会科学出版社，2025.3. -- ISBN 978-7-5227-4859-7

Ⅰ. F842.625

中国国家版本馆 CIP 数据核字第 2025TQ5856 号

出 版 人	赵剑英
责任编辑	王　衡
责任校对	郝阳洋
责任印制	郝美娜

出　　版	中国社会科学出版社
社　　址	北京鼓楼西大街甲 158 号
邮　　编	100720
网　　址	http://www.csspw.cn
发 行 部	010-84083685
门 市 部	010-84029450
经　　销	新华书店及其他书店
印　　刷	北京明恒达印务有限公司
装　　订	廊坊市广阳区广增装订厂
版　　次	2025 年 3 月第 1 版
印　　次	2025 年 3 月第 1 次印刷
开　　本	710×1000　1/16
印　　张	24.25
字　　数	349 千字
定　　价	138.00 元

凡购买中国社会科学出版社图书，如有质量问题请与本社营销中心联系调换
电话：010-84083683

版权所有　侵权必究

序

在人口老龄化急剧深化的背景下，长期护理保险的重要性日益凸显。近年来，中国政府积极开展长期护理保险制度试点工作，鼓励试点城市进行制度探索。在这一背景下，如何从微观层面研究长期护理保险制度，长期护理保险具有哪些制度效应，这些制度效应的传导机制如何，对政策制定具有何种启示，这些问题值得进行深入系统的研究。韩笑博士的专著《中国长期护理保险的制度效应及其传导机制》围绕这些问题展开分析，研究选题具有重要的理论和现实意义。

本书从长期护理保险制度的中国实践出发，分析了长期护理保险对失能参保者住院服务利用的影响，长期护理保险对家庭照料者劳动供给的影响，以及长期护理保险对居民预防性健康行为的影响，测算了未来时期失能老人护理需求与长期护理保险潜在经济效益，并在此基础上，讨论关于完善长期护理保险制度的政策建议。作者研究发现：其一，长期护理保险降低了失能参保者的住院概率、住院频率和总住院费用，传导机制上主要通过替代效应和收入效应产生影响；其二，长期护理保险增加了失能参保者的配偶照料者的总体劳动参与率、总体劳动时长、平均小时收入等，传导机制上主要通过替代效应、收入效应和健康提升效应产生影响；其三，长期护理保险未显著影响健康参保者的预防性健康行为，这与两方面效应在一定程度上相互抵消有关，机制分析发现既存在正向的风险认知提升效应，又存在负向的事前道德风险效应；其四，长期护理保险在减少社会性住院、促进家庭照料者重返劳动力市场及预防个体失能风险方面将带来可观的潜在经济效益。

本书主题明确，框架清晰，数据翔实，写作规范，论证合理，逻辑得当。作者对研究主题的相关文献资料有很好的把握，文献综述质量高；所用资料和数据可靠性强，通过实证分析得出了一系列有价值的研究结论。作者在前人研究基础上做了不少开创性工作，比如，将长期护理保险制度效应的研究对象，从参保者自身扩展至参保者家庭成员和同社区成员；关注长期护理保险产生制度效应的传导机制和异质性分析，为相关问题讨论提供了更多的实证证据。这些研究融入了作者的独立思考，具有很好的创新价值。

韩笑博士本科就读于北京大学物理学院天文系，同时修读经济学双学位，硕士和博士就读于北京大学经济学院风险管理与保险学系。多年前她在我给研究生开设的"社会保险理论与实践"课上对经济学和社会保障产生了浓厚的兴趣，之后一直关注中老年群体的养老、健康等领域的研究议题，博士论文选择长期护理保险作为研究对象，取得了一系列优秀的研究成果，本书就是其中的一项代表性成果。从天文领域的浩瀚星空到经济领域的万家灯火，变化的是研究对象，不变的是一位新时代青年对探索未知的好奇和对追求真知的执着。

在韩笑博士的专著《中国长期护理保险的制度效应及其传导机制》正式出版之际，我借这一简短书序向作者祝贺，向读者推荐此书，并祝愿韩笑博士在未来学术研究道路上取得更大的进步！

郑　伟

北京大学经济学院教授

2025 年 3 月 6 日于燕园

前　言

人口老龄化程度的加深及老年失能人口规模的扩大给中国传统的老年护理模式带来了挑战。为了满足老年群体日益增长的护理需求，中国政府积极开展长期护理保险制度试点工作，鼓励试点城市探索具有本土化特征的长期护理保险制度。虽然已有文献研究了试点城市长期护理保险制度的总体现状、政策特征及存在问题，但学界对基于微观个体的长期护理保险的制度效应及其传导机制仍疏于研究。在微观层面，研究长期护理保险的制度效应，不仅能够为完善长期护理保险制度奠定基础，也有利于从宏观全局视角和微观个体视角出发对促进护理资源的有效配置提供启示。

本书从理论和实证的角度，对长期护理保险制度效应相关研究内容进行梳理和总结，并从三个视角出发，分别就长期护理保险制度对失能参保者的住院服务利用、对失能参保者的家庭照料者的劳动供给以及对健康参保者及其家庭成员的预防性健康行为的制度效应及其传导机制进行了研究。在此基础上，本书对中国失能老人的长期护理需求及长期护理保险的潜在经济效应进行了测算，并提出了进一步完善中国长期护理保险制度的政策建议。

首先，本书研究了长期护理保险对失能参保者住院服务利用的影响及其传导机制。该部分使用CHARLS数据，采用倾向得分匹配下的多期双重差分法（PSM-DID）进行研究。结果显示，长期护理保险降低了失能参保者的住院概率、住院频率和住院费用。通过"五步法"中介效应检验，本书发现，长期护理保险通过"替代效应"和"收入效应"对处理组的住院服务利用产生影响：一方面，试点城市的养老机构及适老设施发展较为迅速，失能参保者入住养老机构及社区卫生中心住院部的概率上升，挤出了部分住院服务利用，产生"替代效应"；另一方面，长期护理保险提供的经济补偿增加了家庭用于基本生活消费的支出，一定程度上释放了个体的住院需求，产生"收入效应"。异质性分析结果显示，长期护理保险对住院服务利用的影响随个体的年龄、失能水平、家庭收入水平，以及试点城市的政策实施时间、覆盖范围、保障群体、给付方式等的变化而存在差异。上述结果对理解中国长期护理保险制度在促进医疗卫生资源合理配置、助力中国医疗卫生体系向更高效的"价值医疗"转型具有重要意义。本部分还采用 CFPS 2018 年数据使用模糊断点回归（FRD）方法进行分析，得到一致的结论。

其次，本书研究了长期护理保险对家庭照料者的劳动供给的影响及其传导机制。该部分首先在包含长期护理保险待遇给付的预算约束方程下求解了个体效用函数最大化问题。随后，本书采用 CHARLS 数据库、使用 PSM-DID 方法进行了实证研究。结果显示，长期护理保险增加了家庭照料者的劳动供给，对自雇劳动（以农业自雇劳动为主）的影响主要体现在增加照料者进入劳动力市场的概率、增加其劳动供给时长方面，而对受雇劳动（以非农受雇劳动为主）的影响主要体现在劳动生产率的提升和小时工资水平的增加上。机制分析表明，长期护理保险通过"替代效应""收入效应"和"健康提升效应"对家庭照料者的劳动供给产生影响。其一，试点城市失能参保者接受机构护理的概率上升，因而家庭照料者的非正式护理时长下降，可支配时间增加，从而促进了其劳动供给的上升，产生"替代效应"；其二，长期护理保险待遇给付增加了家庭的非工资收入水平，从而降低了个体的劳动意愿，产生"收入效应"；其三，长期护理保险将家庭照料者从繁重的护理责任中解脱出来，有利于提升其生理和心理健康水平，从而提高了其参与劳动的积极性和被雇佣的可能性，产生"健康提升效应"。异质性分析表明，家庭照料者的个体差异与试点城市的政策差异都对上述效应的大小和显著性产生影响。上述结果对理解中国长期护理保险制度在促进劳动力资源合理配置、缓解老龄化社会的劳动力短缺问题具有重要意义。

再次，本书研究了长期护理保险对健康参保者及其家庭成员的预防性健康行为的影响及其传导机制。该部分首先建立了信息不对称情形下长期护理保险引发事前道德风险的理论模型，并求得事前道德风险发生的临界条件。随后，采用CHARLS数据库、使用PSM-DID方法进行了实证研究。结果显示，长期护理保险未显著影响健康参保者的保健费用及体检、锻炼、吸烟、饮酒的概率。机制分析表明，长期护理保险通过降低参保者的健康风险认知偏差增加了其预防性健康投入，体现出一定的"风险认知提升效应"；在控制参保者的风险认知水平变量后，长期护理保险的"事前道德风险效应"得以体现，其不健康行为显著增加。本书进一步分析了长期护理保险对自身未参保的家庭成员、同社区成员及试点相邻城市居民的影响，发现长期护理保险通过"风险认知提升效应"对参保者家庭成员带来了显著的预防性健康行为改善，对同社区成员带来了较弱的预防性健康行为改善，对相邻城市居民不存在显著的空间溢出效应。上述结果对优化中国长期护理保险制度设计、推进失能失智预防延缓工作的进行具有重要意义。

最后，本书测算了中国失能老年群体的长期护理需求规模及长期护理保险通过"开源""节流"带来的潜在经济效应，并提出了进一步完善中国长期护理保险制度的政策建议。第一，应建立清晰明确的基本制度框架，构建"以制度为基础、以服务为核心、以救助为兜底"的中国特色失能老人长期护理保障体系；第二，应妥善解决制度设计的核心问题，"尽力而为、量力而行"增加长期护理保险的覆盖人群、保障范围和给付水平；第三，应整合相关资源并完善配套措施，拓宽长期护理保险筹资渠道，发挥商业护理机构及保险机构专业优势；第四，应连点成线织牢老年保障防护网，促进长期护理保险、养老保险、医疗保险及其他社会保障制度的统筹协调和互动共赢。

Preface

The advent of "the era of longevity" and the expansion of the elderly disabled population have brought challenges to China's traditional long-term care modes. In order to meet the growing nursing needs of the elderly, Chinese government has established pilots of long-term care insurance (LTCI) in many cities, and encouraged these cities to explore LTCI systems with localized characteristics. Although previous literature has studied the overall status, characteristics and existing problems of the LTCI policy in the pilot cities, many researchers neglect to study the institutional effects and their mediating mechanisms of LTCI on the insured individuals. Studying the institutional effects of LTCI on a series of economic and health decisions of micro-level individuals and their families can not only enhance the theoretical foundation for improving the LTCI system, but can also promote the effective allocation of medical and health care resources from the perspective of improving the whole society's welfare.

Based on previous studies, this book analyzes the institutional effects and mediating mechanisms of the utilization of inpatient care for disabled LTCI participants, the labor supply of family caregivers, and the preventive health behaviors of healthy participants and their family members. On this basis, this book measures the care needs of disabled elderly Chinese and the potential economic benefits of LTCI. Finally, this book puts forward policy suggestions based on the results of the book.

Firstly, this book studies the impact of LTCI on the utilization of inpatient care services in hospitals for disabled participants and its mediating mechanisms. This part uses CHARLS data and the multi-stage difference-in-difference method under propensity score matching (PSM-DID) framework. The results show that LTCI reduced the probability and frequency of hospitalization, and the corresponding expenses of disabled participants. Through the "five-step" mediating effect test, this book finds that LTCI has an impact on the utilization of inpatient care in the treatment group through the "substitution effect" and "income effect": on the one hand, the elderly care institutions and facilities in the pilot cities have recently developed rapidly, and the probability of disabled participants entering the inpatient department of elderly care institutions and community health centers has increased, crowding out the utilization of some inpatient services, resulting in the "substitution effect". On the other hand, the benefit and reimbursement provided by LTCI increase families' expenditure on basic living consumptions, release individuals' demand of hospitalization, and thus produce the "income effect". The results of heterogeneity analysis show that the cost-control effect of LTCI on inpatient care services varies with individuals' age, disability levels, family income levels, and the time of implementation, targeted population, generosity and payment method of the LTCI policy in pilot cities. The above results are of great significance to understanding the role of China's LTCI system in promoting the rational allocation of medical and health resources and making China's medical and health system to transform into a more efficient "value-based system". In this part, CFPS 2018 data are also used for analysis using the Fuzzy Regression Discontinuity Design (FRD) method, and consistent conclusions are obtained.

Secondly, this book studies the impact of LTCI on the labor supply of family caregivers and its mediating mechanisms. This part firstly establishes an individual-level utility function including consumption level, leisure hours and the health status, and solves the maximization problem of the function under budget constraints with the LTCI benefits included. Then, this book conducts empirical research through the CHARLS database and PSM-DID method. The results show that LTCI increases the labor supply of family caregivers. The impact on self-employed labor (mainly agricultural self-employed labor) supply is reflected in the increased probability of caregivers entering the labor market and increasing the length of labor supply. In contrast, the impact on employed labor (mainly non-agricultural employed labor) supply is reflected in improved productivity and increased hourly income. The mediating analysis shows that the "substitution effect" and "income effect" both exist. Moreover, LTCI frees family caregivers from heavy nursing responsibilities, which is conducive to improving their physical and mental health levels and stimulating their enthusiasm to participate in labor supply, resulting in "health promotion effect". Besides, heterogeneity analysis shows that the individual-level differences of family caregivers and the policy differences of pilot cities impact the magnitude and significance of the above effects. These results are of great significance in understanding the role of China's LTCI system in promoting the rational allocation of labor resources and alleviating the labor shortage in an aging society.

Thirdly, this book studies the impact of LTCI on the preventive health behaviors of healthy LTCI participants and their family members and its mediating mechanisms. This part firstly establishes a theoretical model of Ex-ante moral hazard caused by LTCI under information asymmetry and obtains the critical conditions of Ex-ante moral hazard. Then, this book makes an empirical study through the CHARLS database and PSM-DID method. The results showed that LTCI did not significantly affect the health care expenses and the probability of physical examinations, exercises, and smoking/drinking behaviors of LTCI participants. The mechanism analysis shows that LTCI increases individuals' investment in preventive health by improving the health risk awareness of the insured, reflecting a "risk awareness promotion effect". After controlling the risk perception level of the insured, LTCI significantly increases the probability of following unhealthy behaviors, reflecting an "ex-ante moral hazard effect". This book further analyzes the impact of LTCI on uninsured family members, members of the same community and residents of adjacent cities in the pilot through the spatial Dobbin model. It is found that LTCI has brought stronger improvement of preventive health behaviors to family members of the insured and weaker improvement of preventive health behaviors to members of the same community through the "risk awareness promotion effect". However, there is no significant spatial spillover effects to residents of adjacent cities. The above results are vital in promoting the design of China's LTCI system and promoting the prevention and delay of disability and dementia.

Finally, this book predicts the scale of long-term care needs of disabled elderly Chinese and the potential economic benefits of LTCI through "broadening sources" and "reducing expenditures". On this basis, the book puts forward policy suggestions to further improve China's LTCI system. First, we should establish a clear institutional framework and build a "long-term care security system for the disabled elderly with Chinese characteristics", marked with "system as the foundation, service as the core, and assistance as the bottom line". Second, we should adequately solve the core problems of the system design, and "do our best and do what we can" to increase the coverage of LTCI. Third, we should integrate resources, improve supporting measures, broaden financing channels, and give full play to the advantages of commercial nursing institutions and insurance companies. Finally, the old-age security protection network should be firmly woven from points to lines to accomplish the "win-win" situation of various social security systems.

目 录

第一章 绪 论 ………………………………………………………… *1*
    一 研究背景和意义 / 1
    二 概念界定 / 10
    三 研究思路 / 12
    四 研究创新与不足 / 18

第二章 文献综述 ……………………………………………………… *23*
    一 长期护理保险对医疗服务利用的影响 / 25
    二 长期护理保险对家庭照料者劳动供给的影响 / 28
    三 健康保险的事前道德风险及对参保者健康行为的影响 / 34
    四 失能群体规模及其长期护理需求测算 / 41

第三章 长期护理保险制度的中国实践 ……………………………… *43*
    一 制度背景 / 43
    二 顶层设计 / 46
    三 各试点城市政策特点 / 50
    四 本章小结 / 57

第四章 长期护理保险对失能参保者住院服务利用的影响 ………… *59*
    一 理论分析 / 61
    二 实证分析 / 65
    三 本章小结 / 132

第五章　长期护理保险对家庭照料者劳动供给的影响……………… **134**
　　一　理论分析　/ 136
　　二　实证分析　/ 141
　　三　本章小结　/ 189

第六章　长期护理保险对居民预防性健康行为的影响……………… **196**
　　一　理论分析　/ 197
　　二　实证分析　/ 204
　　三　本章小结　/ 253

第七章　失能老人护理需求与长期护理保险潜在经济效应测算…… **255**
　　一　数据与变量　/ 257
　　二　失能老年人口规模预测　/ 259
　　三　失能老人长期护理费用测算　/ 264
　　四　老年护理市场直接经济效应预测　/ 268
　　五　长期护理保险的潜在经济效应预测　/ 276
　　六　本章小结　/ 290

第八章　结论与政策建议……………………………………………… **291**
　　一　结论与启示　/ 291
　　二　政策建议　/ 299
　　三　进一步思考　/ 309

参考文献……………………………………………………………… **311**

附录A　中国长期护理保险运行现状……………………………… **340**

附录B　长期护理保险相关政策文件清单………………………… **362**

第一章

绪 论

一 研究背景和意义

近年来,中国人口老龄化程度日益加深,呈现出体量大、增速快的特点。[1] 若以老龄人口(65岁及以上)占总人口的比例超过7%的标准判断,中国在2000年就进入了人口老龄化阶段。[2] 如表1-1所示,中国老龄人口规模从1999年的8679万人增长至2020年的19064万人,占比从1999年的6.9%增长至2020年的13.5%,老年抚养比从1999年的10.2%增长至2020年的19.7%,三项指标均接近翻倍增长(见图1-1)。截至2024年,中国60岁及以上老年人口达3.1亿人,占全国总人口的22.0%,其中65岁及以上人口2.2亿人,占全国人口的15.6%。研究预测,2050年,中国60岁及以上老年人口数量将超过4亿人,占总人口的比重超过30%;[3] 65岁及以上老年人口数量将达到3.54亿人,占总人口的比重约26.1%。[4]

---

[1] 郑伟、吕有吉:《公共养老金与居民养老财富储备关系探析——基于文献述评的方法》,《社会科学辑刊》2021年第2期。

[2] 通常认为,当一个国家或地区60岁及以上人口占比超过10%,或65岁及以上人口占比超过7%,该国家或地区即进入人口老龄化阶段。

[3] 刘书明、常硕:《中国人口年龄结构特征与变化趋势分析——基于1995~2014年数据的实证研究》,《西北人口》2017年第1期。

[4] United Nations, (2019), *World Population Prospects: The 2019 Revision*, UN Department of Economic and Social Affairs.

表1-1　　1999—2020年中国老龄人口规模、占比和老年抚养比

年份	规模（万人）	占比（%）	老年抚养比（%）	年份	规模（万人）	占比（%）	老年抚养比（%）
1999	8679	6.9	10.2	2010	11894	8.9	11.9
2000	8821	7.0	9.9	2011	12288	9.1	12.3
2001	9062	7.1	10.1	2012	12714	9.4	12.7
2002	9377	7.3	10.4	2013	13161	9.7	13.1
2003	9692	7.5	10.7	2014	13755	10.1	13.7
2004	9857	7.6	10.7	2015	14386	10.5	14.3
2005	10055	7.7	10.7	2016	15003	10.8	15.0
2006	10419	7.9	11.0	2017	15831	11.4	15.9
2007	10636	8.1	11.1	2018	16658	11.9	16.8
2008	10956	8.3	11.3	2019	17603	12.6	17.8
2009	11307	8.5	11.6	2020	19064	13.5	19.7

注：老龄人口是指65岁及以上的人口；占比是指老龄人口占当年总人口的比例；老年抚养比是指老龄人口与当年劳动年龄人口（15—64岁人口）之比。

资料来源：《中国统计年鉴》，国家统计局，2020年；《第七次全国人口普查公报（第五号）》，国家统计局，2021年。

同时，中国老年群体的失能率不断提升，失能人口的护理需求及相关费用支出日益增加。中国保险行业协会调查报告显示，与低龄老人（60—79岁）相比，高龄老人（80岁及以上）的身体机能和自理能力出现较为迅速和显著的退化，重度失能人群占比从低龄老人的6%上升至高龄老人的26%，预计未来失能群体的护理需求也将大幅上升。[1] 已有预测显示，2060年，中国老年群体护理消费及护理服务的市场价值

---

[1] 中国保险行业协会：《2016中国长期护理调研报告》，2016年12月30日，第3—4页。

将高达4.71万亿元，①OECD国家用于满足失能群体长期护理服务体系的财政支出也将占GDP的2.5%。②

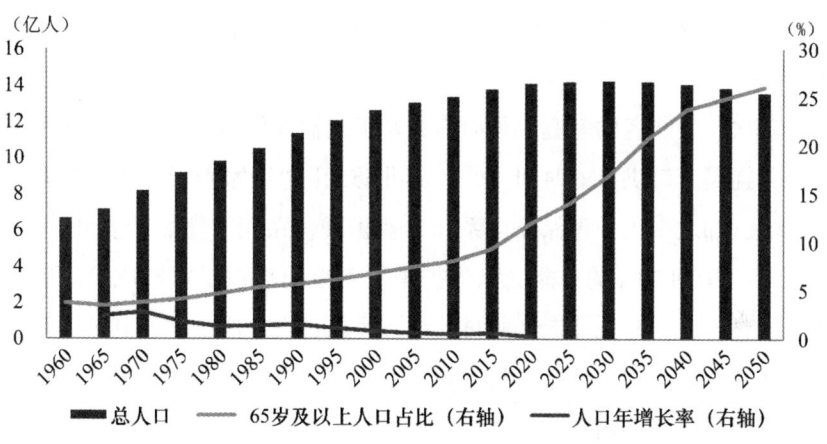

图1-1　1960—2050年中国人口统计指标

资料来源：世界银行，https://databank.worldbank.org/source/population-estimates-and-projections，2022年2月17日。

正式护理服务体系的缺乏将引发一系列经济社会问题。首先，失能老人入住综合性医院进行护理服务购买的现象将会增加。研究表明，在日本、英国、美国等老龄化程度较高的国家，老年群体已经成为医院床位的最大利用群体，③专业护理资源的可及性较低是老年人在医院进行

---

① 汪连杰：《失能老年人长期护理的需求规模评估、费用测算与经济效应预测》，《残疾人研究》2021年第1期。
② Oliveira Martins, J., de la Maisonneuve, C., (2015), "The Future of Health and Long-term Care Spending", *OECD Journal: Economic Studies*, 2014 (1), 61-96.
③ Peleg, R., Press, Y., Asher, M., et al., (2008), "An Intervention Program to Reduce the Number of Hospitalizations of Elderly Patients in a Primary Care Clinic", *BMC Health Services Research*, 8 (1), 1-7; Mitchell, O. S., Piggott, J., Shimizutani, S., (2008), "An Empirical Analysis of Patterns in the Japanese Long-term Care Insurance System", *Geneva Papers on Risk and Insurance: Issues and Practice*, 33 (4), 694-709; Chandra, A., Gruber, J., McKnight, R., (2010), "Patient Cost-Sharing and Hospitalization Offsets in the Elderly", *American Economic Review*, 100 (1), 193-213.

非必要住院的重要原因之一,且该现象在空巢老人中尤为严重。① 此类"社会性住院"行为浪费了大量的医疗卫生资源,给医保基金和患者带来了沉重的支付压力。研究发现,美国36%的糖尿病住院患者本来无须住院,该"无效"的医疗服务供给造成了1.3亿美元的医疗资源浪费。②

其次,失能者的家庭成员面临的非正式护理负担日益加重,预期将挤占其提供劳动供给的时间。受"养儿防老""居家养老"等传统观念的影响,加之中国护理保障体系和专业护理体系相对滞后的发展现状,2019年,中国73%的失能老人的护理服务重担落在了家庭成员等非专业人士身上,同时失能老人照料的经济负担也主要由子女(48%)和本人(20.1%)承担,基本医疗保险(16%)和商业保险(1.4%)仅发挥了有限的筹资作用。③

最后,在目前护理市场发展较为滞后的环境下,居民对自身的失能风险和未来预期护理保障水平的认知都较为模糊,存在一定的健康风险认知偏差,可能会低估其未来的长期护理需求。调查显示,66%的成年人对自身失能风险持乐观态度,认为在75岁之前无须购买护理服务;27%的成年人持中观态度,预期在60岁之前无须购买护理服务;7%的成年人持悲观态度,预期在60岁之前就需要购买护理服务。除了疾病或意外等突发事件导致的迅速失能,个体随年龄增长会逐渐出现身体机能和认知能力的退化,进而开启由健康向轻度失能、中度失能甚至重度失能的进程。因此,失能在一定程度上是一个可预见的风险。随着医疗技术的进步,个体的失能问题也将成为一个"可管控"甚至"可逆转"

---

① Hammond, C. L., Pinnington, L. L., Phillips, M. F., (2009), "A Qualitative Examination of Inappropriate Hospital Admissions and Lengths of Stay", *BMC Health Services Research*, 9 (1), 1-9.

② Hendryx, M., Ahern, M. M., Nurkiewicz, T. R., (2007), "Hospitalization Patterns Associated with Appalachian Coal Mining", *Journal of Toxicology and Environmental Health*, Part A, 70 (24), 2064-2070.

③ 中国保险行业协会:《2018—2019中国长期护理调研报告》,2020年7月13日,第8—10页。

的健康问题。然而，目前人们对抵御未来失能风险和进行健康管理的关注和投入水平较低，未能采取有效措施积极预防失能和进行健康管理。

由上述事实可知：首先，正式护理市场发展的滞后将加剧长期以来的社会性住院问题，产生更大程度的医疗资源的浪费；其次，传统家庭护理模式在护理保障体系中仍然占有主导地位，对家庭照料者的就业将会产生越来越严重的负面影响，也将不利于缓解人口老龄化带来的越来越严重的劳动供给短缺问题；最后，人们自主保障失能风险的意识有待加强，预防失能风险的健康投入有待提高。这三个方面与医疗卫生资源及劳动力资源的配置息息相关，是影响国民经济发展的三个重要的效率问题。

长期护理保险（Long-term Care Insurance，LTCI）制度的实施为解决上述问题提供了方向。2015年11月发布的《中共中央关于制定国民经济和社会发展第十三个五年规划的建议》指出："建设以居家为基础、社区为依托、机构为补充的多层次养老服务体系，推动医疗卫生和养老服务相结合，探索建立长期护理保险制度。"2016年，习近平总书记在中央政治局会议上指出，"建立老年人状况统计调查与发布制度、相关保险及福利相衔接的长期护理保障制度"。[①] 2020年11月发布的《中共中央关于制定国民经济和社会发展第十四个五年规划和二〇三五年远景目标的建议》指出："改善人民生活品质，提高社会建设水平……稳步建立长期护理保险制度。"上述文件多次提到"长期护理保险"或"长期护理保障"制度，该制度主要是对丧失日常生活能力、年老患病的被保险人提供护理保障和经济补偿的制度安排。2016年6月和2020年9月，中国人力资源和社会保障部办公厅与医疗保障局先后发布《关于开展长期护理保险制度试点的指导意见》和《关于扩大长期护理保险制度试点的指导意见》，公布了第一批15个试点城市、2个重点联系省份和第二批14个试点城市，力争在"十四五"时期基本

[①] 赵艳红：《构建老年人长期照护制度：家庭尽责 政府主导 社会参与》，人民网，2017年2月24日。

形成长期护理保险的整体政策框架,推动建立健全多层次的长期护理保障制度体系。作为面向失能人员的一项社会保险制度,长期护理保险是中国社会保障制度的核心组件,有利于解决居民失能后无人照料、无钱照料的社会性问题,也带动了试点城市当地正式护理服务市场的发展,是积极应对老龄化、建设健康中国的重大举措。然而,值得注意的是,各试点城市在长期护理保险制度的实施时间较短,其覆盖人群、筹资方式、待遇水平和服务形式等存在较大差异。因此,如何评估现有长期护理保险制度的政策效果,以及如何建立和完善统一的长期护理保险制度,成为目前学术界关注的重点问题之一。

虽然长期护理保险最重要的政策目标是化解中国老龄人口中失能人员长期护理保障不足的社会性问题,但也应考虑到,长期护理保险的推行会引起社会经济主体行为和宏观经济指标的改变,尤其是会通过影响家庭成员的劳动决策、消费决策和投资决策,对社会经济效率和经济增长产生影响。[1] 不同于长期护理保险制度建立时间较久、发展较为成熟的高收入国家(如日本、韩国、德国等),中国建立长期护理保险制度时仍然属于中等偏上收入国家,许多家庭面临较为严峻的"未备先老""未富先老"和"未富先病"的问题。此外,快速的人口老龄化、经济新常态和经济社会转型相交织,与城镇化、工业化加速发展相伴随,与家庭少子化、小型化相叠加,这些人口、资源与经济发展的内在矛盾给长期护理保险制度的发展带来了挑战。[2] 因此,在当前扩大试点的关键时期,统筹考虑现有长期护理保险试点的制度效应,关注中国不同长期护理保险试点的政策特征,在此基础上设计相关制度的优化方案,具有

---

[1] Fu, R., Noguchi, H., Kawamura, A., et al., (2017), "Spillover Effect of Japanese Long-term Care Insurance as an Employment Promotion Policy for Family Caregivers", *Journal of Health Economics*, 56, 103-112.

[2] Feng, J., Wang, Z., Yu, Y., (2020), "Does Long-term Care Insurance Reduce Hospital Utilization and Medical Expenditures? Evidence from China", *Social Science & Medicine*, 258, 113081;郑伟、姚奕、刘子宁等:《长期护理保险制度的评估框架及应用:基于三个案例的分析》,《保险研究》2020年第10期。

第一章 绪论

重要的现实意义。具体而言,长期护理保险可能从以下三个方面对参保者及其家庭成员产生影响。

第一,长期护理保险对失能参保者的住院服务利用产生影响。长期护理保险制度实施以来,部分试点城市的适老设施和养老文化得到了较快发展,机构护理服务及居家上门护理服务(包括上门巡护及亲情护理等)的可及性不断提高,为失能老人提供了更加经济便利的护理选择。[1] 护理服务基础设施的发展为失能群体提供了较为充足的护理保障,同时长期护理保险制度的实施为该群体提供了相应的经济补偿,二者彼此配合、相得益彰,预计将对参保群体的住院决策产生较大影响。已有研究发现,长期护理保险可能通过"替代效应"和"收入效应"影响失能参保者的住院服务利用。首先,长期护理保险可能通过"替代效应"减少"社会性住院",[2] 例如 Costa-Font 等发现,在西班牙进行扩大长期护理受益人资格的改革后,住院人数和住院时间均有所下降;[3] Rapp 等发现法国的居家护理补贴使医院的急诊率下降 1.3%;[4] Gaughan 等发现增加 10%的养老院床位可以减少英国 6%—9%的延迟出院比例。[5] 其次,长期护理保险可能通过"收入效应"增加个体的住院

---

[1] 戴卫东:《"社会性住院"现象及其干预路径:一个文献分析》,《安徽师范大学学报》(人文社会科学版)2015 年第 1 期。

[2] Brown, J. R., Finkelstein, A., (2008), "The Interaction of Public and Private Insurance: Medicaid and the Long-term Care Insurance Market", *American Economic Review*, 98 (3), 1083-1102; Hyun, K.-R., Kang, S., Lee, S., (2014), "Does Long-term Care Insurance Affect the Length of Stay in Hospitals for the Elderly in Korea: A Difference-in-Difference Method", *BMC Health Services Research*, 14 (1), 1-7; Kim, H. B., Lim, W., (2015), "Long-term Care Insurance, Informal Care, and Medical Expenditures", *Journal of Public Economics*, 125, 128-142; Feng, Z., Glinskaya, E., Chen, H., et al. (2020), "Long-term Care System for Older Adults in China: Policy Landscape, Challenges, and Future Prospects", *Lancet*, 396 (10259), 1362-1372.

[3] Costa-Font, J., Jimenez-Martin, S., Vilaplana, C., (2018), "Does Long-term Care Subsidization Reduce Hospital Admissions and Utilization?", *Journal of Health Economics*, 58, 43-66.

[4] Rapp, T., Chauvin, P., Sirven, N., (2015), "Are Public Subsidies Effective to Reduce Emergency Care? Evidence from the PLASA Study", *Social Science & Medicine*, 138, 31-37.

[5] Gaughan, J., Gravelle, H., Siciliani, L., (2015), "Testing the Bed-blocking Hypothesis: Does Nursing and Care Home Supply Reduce Delayed Hospital Discharges?", *Health Economics*, 24, 32-44.

服务需求。① 由于长期护理保险待遇给付为失能者家庭提供了一定的经济补偿，因此预期将增加家庭的基本生活消费支出，产生"收入效应"。作为家庭基本消费支出的一部分，居民的医疗需求（包括住院服务需求）也将被释放，因而呈现增长趋势。上述两类传导机制互相补充，共同决定了长期护理保险影响参保者住院服务利用的方向。② 在中国目前的试点政策下，长期护理保险制度能否减少社会性住院、促进医疗资源的合理配置，是第一个亟待解决的问题。

第二，长期护理保险对家庭照料者的劳动供给产生影响。根据相应的强制性退休法规，既有文献大多将劳动力市场的参与者限制为15—60岁的居民。但回顾发达国家的老龄化进程可以发现，随着人均寿命的不断延长，60岁以上的老年人持续提供劳动供给的可能性越来越高。③ 2019年，中国就业人员中有10.3%来自60岁及以上老年群体（有5.7%来自65岁及以上老年群体），④ 近年来老年群体劳动参与率不断上升。⑤ 由于

---

① 于新亮、刘慧敏、杨文生：《长期护理保险对医疗费用的影响——基于青岛模式的合成控制研究》，《保险研究》2019年第2期。

② 此外，也有部分文献发现长期护理保险对参保者的医疗费用支出存在"健康提升效应"和"风险认知提升效应"。即：一方面，长期护理服务的可及性增加有利于促进老年人进行定期健康检查和慢性病管理 [参见 Lee, T. W., Yim, E. S., Choi, H. S., et al., (2019), "Day Care vs. Home Care: Effects on Functional Health Outcomes among Long-term Care Beneficiaries with Dementia in Korea", *International Journal of Geriatric Psychiatry*, 34 (1), 97-105]，促进其使用更加便宜、适度的护理服务替代昂贵、过度的住院治疗，从而减少潜在可避免性住院，提高了医疗支出的健康产出效率，产生一定的"健康提升效应"；另一方面，在长期护理保险实施一段时间后，参保者对自身疾病风险、失能风险的认知水平进一步提升，健康素养得到增强，因而可能更加关注自身的健康状况，从而增加对住院服务的利用，产生"风险认知提升效应"。上述两个效应的存在性及其强弱在学术界还存在诸多争论，因此本书重点关注了长期护理保险对住院服务利用的"替代效应"和"收入效应"。

③ Fu, R., Noguchi, H., Kawamura, A., et al., (2017), "Spillover Effect of Japanese Long-term Care Insurance as an Employment Promotion Policy for Family Caregivers", *Journal of Health Economics*, 56, 103-112.

④ 国家统计局：《中国人口和就业统计年鉴2020》，中国统计出版社2020年版，第76—81页。

⑤ 日本和美国劳动力统计数据显示，65—69岁年龄段人口的劳动参与率分别为42.7%和30.8%。参见 U.S. Bureau of Labor Statistics, 2016; Japan Statistics Bureau of the Management and Coordination Agency, 2016。

长期护理保险提供的正式照料可以部分替代家庭成员提供的非正式护理,① 因此,长期护理保险制度的实施有利于减轻失能家庭中照料者的护理负担和经济负担,促进照料者重返劳动力市场。考虑到随着中国人口年龄结构的变化,人口红利逐渐消失、劳动供给逐渐减少的问题,长期护理保险对劳动供给的影响具有重要的研究意义。

第三,长期护理保险对参保者及相关主体(如家庭成员、社区成员)的预防性健康行为产生影响。与医疗保险等发展较为完善的社会保障制度相比,中国长期护理保险制度的发展较为初步,在推广过程中将会较大幅度地提升参保者及其家庭成员对失能、护理、健康风险的认知水平。提高成年人对失能风险和长期护理需求的认识,不仅有助于其增加预防性健康投资以提高健康水平,降低未来的失能风险,还有助于促进长期护理服务市场的发展,促进集预防、治疗、康复于一体的全生命周期健康管理体系的形成。在目前长期护理保险试点的初期阶段,该制度能否有效提高家庭成员的风险认知水平、促进家庭成员对保健及预防的健康投资,从而最终改善家庭福利,是亟待解决的问题。

由此,本书以中国长期护理保险的数据和实践为基础,尝试综合考察和评估长期护理保险政策的制度效应。具体来说,本书拟分析和解决的核心问题如下。

第一,本书关注长期护理保险对社会性住院现象的影响,回答长期护理保险是否降低及通过何种机制降低失能参保者住院服务利用这一问题。在探讨这一问题时,本书从三个方面对已有研究进行拓展。首先,本书考察了长期护理保险如何通过"替代效应"和"收入效应"影响失能参保者的住院概率、住院频率和住院费用。其次,本书将时滞效应纳入分析框架,研究了长期护理保险对社会性住院的影响如何随时间的

---

① Charles, K. K., Sevak, P., (2005), "Can Family Caregiving Substitute for Nursing Home Care?", *Journal of Health Economics*, 24 (6), 1174-1190; Stabile, M., Laporte, A., Coyte, P. C., (2006), "Household Responses to Public Home Care Programs", *Journal of Health Economics*, 25 (4), 674-701; Kim, H. B., Lim, W., (2015), "Long-term Care Insurance, Informal Care, and Medical Expenditures", *Journal of Public Economics*, 125, 128-142.

增加呈现异质性变化。最后，本书对不同失能者进行了年龄、失能程度和家庭收入水平的异质性分析。

第二，本书关注长期护理保险对家庭照料者劳动供给的影响，回答长期护理保险是否提高及通过何种机制提高家庭照料者劳动供给这一问题。在探讨这一问题时，本书从三个方面对已有研究进行拓展。首先，由于各试点的长期护理保险制度在覆盖人群、筹资方式、待遇水平和服务形式等各方面存在较大差异，本书拟进一步考察不同长期护理保险制度对劳动供给改善效果的异质性。其次，本书从多个维度出发考察长期护理保险对劳动供给的影响，包括劳动供给数量、劳动供给质量等。最后，为深入了解长期护理保险对劳动供给的作用机理，本书从"替代效应""收入效应"和"健康提升效应"等渠道着手，分析长期护理保险影响家庭成员劳动供给及其传导机制。

第三，本书关注长期护理保险对健康参保者及其家庭成员预防性健康行为的影响，回答长期护理保险是否影响及通过何种机制影响个体的预防性健康行为这一问题。在探讨这一问题时，本书从三个方面对已有研究进行拓展。首先，本书从两个方面关注长期护理保险对家庭成员"风险认知水平"的影响，包括个体的"健康风险认知偏差"和"疾病认知情况"。其次，由于长期护理保险可能通过影响"风险认知水平"来影响参保者及家庭成员的预防性健康行为，因此本书关注了长期护理保险影响预防性健康行为的传导机制，区分了"风险认知提升效应"和"事前道德风险效应"，并从空间溢出效应的角度对这一机制进行解读。最后，我们还关注长期护理保险影响预防性健康行为的异质性问题。

二 概念界定

（一）长期护理

联合国欧洲经济委员会老龄问题工作组认为，长期护理是指针对老年群体身体功能和（或）认知能力下降给予的一系列护理服务和现金待遇。① 长期护理并不强调治愈疾病，它强调的是为缺少生活自理能力的人员提供支持性服务，包括饮食起居照料、急诊康复治疗等。② 长期护理一般由非专业照料者（家人、朋友或邻居等）或专业照料者（医院、护理院、养老院的专业护理人员）进行，对提高失能者的生活质量起到了积极作用。

（二）长期护理保障制度

老年人的长期护理一般周期较长，在人工成本较高的国家和地区，长期护理费用一般也比较高昂，普通的个人或家庭难以承担如此昂贵的费用，需要国家的长期护理保障制度提供支持。长期护理保障制度包括"社会救助"形式的补缺型政策，也包括"社会津贴"形式的普遍性福利，但更为普遍的是目前国际上较多使用的长期护理保险政策，该政策利用保险的大数法则对老年人的失能和长期护理风险进行分散。

（三）长期护理保险制度

长期护理保险制度是指以社会互助共济方式筹集资金，对经评估达到一定护理需求等级的长期失能人员，为其基本生活照料和与基本生活密切相关的基础医疗护理提供服务或资金保障的保险制度。目前国际上长期护理制度的模式主要有两种类别：一是社会保险为主要模式，如德国、日本、韩国；二是以商业保险为主要模式，如美国等。中国目前的长期护理保险制度属于社会保险模式，虽然已有多个试点城市开展了社会长期护理保险试点，但目前尚未建立起全国统一的制度体系。

---

① Scheil-Adlung, X., (2015), *Long-term Care Protection for Older Persons: A Review of Coverage Deficits in 46 Countries*, ILO Geneva, Switzerland.

② 孙敬华：《积极老龄化视角下中国长期护理保险政策研究——基于试点城市的比较分析》，博士学位论文，山东大学，2021年。

(四) 正式护理与非正式护理

失能老年人的护理方式可以分为正式护理和非正式护理。一般而言，正式护理是指由专业的护理人员提供的有组织的、市场化的有偿的医疗护理和基本生活照料；而非正式护理（又称为"非正式照料"）是指由失能者家庭成员（如配偶、子女）、亲属、朋友等提供的、无组织的无偿的基本生活照料，是一种最常见的长期护理形式。

(五) 护理服务模式

为满足不同失能失智老人的护理服务需求，部分试点城市提供了专护、院护、家护、巡护等护理服务模式。"专护"一般指为重症失能和失智老人在二级、三级医院专护病房中进行的24小时的专人医疗护理和基本生活照料；"院护"一般指将长期患各种慢性重病、长年卧床、生活无法自理的失能老人送入专业的养老机构（如养老院）接受长期医疗护理和基本生活照料；"家护"（也称家庭护理），包括由失能者的家庭成员（配偶、子女）、亲戚、朋友等在失能者家中提供的非正式护理，也包括由专业护理人员为老年人提供的家庭病床等居家医疗性护理服务和基本生活照料；"巡护"一般指由乡镇卫生院及养老院医护人员定期或不定期上门提供医疗护理服务及基本生活照料。

三 研究思路

(一) 数据来源

1. CHARLS 数据库

在本书第四章、第五章、第六章、第七章的实证部分，均使用了中国健康与养老追踪调查（China Health and Retirement Longitudinal Survey, CHARLS）数据库2011年、2013年、2015年、2018年的数据。CHARLS由北京大学国家发展研究院主持、北京大学中国社会科学调查中心与北京大学团委共同执行，是国家自然科学基金委资助的重大项目，旨在收集一套代表中国45岁及以上中老年人家庭和个人的高质量微观数据，用以分析中国人口老龄化问题，为制定和完善中国相关政策提供更加科学的基础。CHARLS曾于2008年在分别代表中国东西部典型国情的浙江、甘肃两省开展预调查。全国基线调查于2011年在全国28个省（自治区、直辖市）[1]的150个县、450个社区（村）开展，追踪调查分别于2013年、2015年和2018年开展。至2018年全国追访完成时，其样本已覆盖总计1.24万户家庭中的1.9万名受访者。[2] CHALRS的问卷设计参考了国际经验，包括美国健康与退休调查（HRS）、英国老年追踪调查（ELSA）以及欧洲的健康、老年与退休调查（SHARE）等。项目采用了多阶段抽样，在县/区和村居抽样阶段均采取PPS抽样方法。CHARLS问卷内容包括：个人基本信息，家庭结构和经济支持，健康状况，医疗服务利用，医疗保险，养老保险，长期护理保险，[3] 工作、退休和养老金、收入、消费、资产，以及社区基本情况等。由于CHARLS数据库提供了个体所属城市的有关信息，以及个体在日常生活活动能力（Activities of Daily Living，ADL）和工具性日常生活活动能力（Instrumental Activities of Daily Living，IADL）等方面的详细信息，因此，本书能够实现长期护理保险政策数据库与CHARLS数据库的匹配，进而将受到长期护理保险覆盖的人群（处理组）与未受到覆盖的人群（对照组）区分开来。由于CHARLS调查通常在每个调查年度的7—8月进行，而最后一个调查年度为2018年，因此，长期护理保险试点的处理组设定为居住在2018年6月30日及之前实施长期护理

---

[1] CHARLS数据库未覆盖西藏、宁夏、海南、香港、澳门、台湾。

[2] Zhao, Y., Hu, Y., Smith, J.P., et al., (2014), "Cohort Profile: The China Health and Retirement Longitudinal Study (CHARLS)", *International Journal of Epidemiology*, 43 (1), 61-68.

[3] 虽然CHARLS在2018年问卷中设计了"是否参加了长期护理保险""是否享受过长期护理保险的待遇""长期护理保险支付或部分支付了哪些服务费用"等与长期护理保险相关的问题，但该类变量缺失值较多，无法直接用于回归。

保险政策的城市且被相应基本医疗保险覆盖的微观个体。

2. CFPS 数据库

在本书第四章使用了中国家庭追踪调查（China Family Panel Studies，CFPS）2018 年的数据。CFPS 由北京大学中国社会科学调查中心（ISSS）负责实施调研，是具有全国代表性的大型微观入户调查，旨在通过跟踪收集个体、家庭、社区三个层次的数据，反映中国社会、经济、人口、教育和健康的变迁，为学术研究和公共政策分析提供数据基础。CFPS 于 2008 年、2009 年两年在北京、上海、广东三地分别开展了初访与追访的测试调查，并于 2010 年正式开展基线调查访问。之后，CFPS 在 2012 年、2014 年、2016 年、2018 年进行了四次追踪访问，覆盖 25 个省（自治区、直辖市）[1] 162 个县 635 个村（居）的 14798 户，调查对象包含样本家户中的全部家庭成员，其分层多阶段抽样设计使得样本能够代表约 95% 的中国人口。[2] CFPS 关注中国居民的健康、经济活动、教育成果、家庭关系与家庭动态、人口迁移等诸多研究主题，调查问卷包括社区问卷、家庭问卷、成人问卷和少儿问卷四种主体问卷类型，并在此基础上不断发展出针对不同性质家庭成员的长问卷、短问卷、代答问卷、电访问卷等多种问卷类型，在个人、家庭和社区层面搜集了丰富的信息，包括受访者慢性病患病情况、各类生活方式及各类主要的人口特征等，是开展老龄研究的理想数据库。此外，相比 CHARLS 数据库，CFPS 数据库的样本量更大、城市人口占比更高，因此，本书采用两个数据库进行回归分析，以互相验证、提高研究结论的可信度。

3. 中国老年家庭与养老服务全面调查数据（2015 年）

在本书第七章使用了该数据库的相关信息。2015 年"中国老年家庭与养老服务全面调查"覆盖除西藏和香港、澳门、台湾地区外的 31 个省份，采用多阶段分层随机抽样方法，对全国来自 3354 个老年家庭

---

[1] CFPS 未覆盖西藏、青海、新疆、宁夏、内蒙古、海南、香港、澳门、台湾。

[2] Xie, Y., (2012), *The User's Guide of the China Family Panel Studies*, Beijing: Institute of Social Science Survey, Peking University, 3-29.

的 5510 位老人进行了调查。调查中问卷内容涵盖了老年人的基本信息、经济状况、居住条件、家庭及社会支持、健康状况、社会参与、养老需求及长期护理需求八个方面，并将老人长期护理需求分为日常生活照料服务、医疗保健护理服务和精神慰藉服务三类，搜集了调查地区不同护理服务项目的价格等信息。本书使用该数据库获取了中国失能老年群体所需长期护理服务的内容及价格信息。

（二）研究方法

为回答本书的三个主要问题，本书使用了文献考察、描述分析、理论探讨和实证分析等方法。

第一，文献考察。本书梳理了长期护理保险对失能参保者住院服务利用的影响及其传导机制、长期护理保险对家庭照料者劳动供给的影响及其传导机制、长期护理保险对健康参保者及其家庭成员预防性健康行为的影响及其传导机制、失能老人的长期护理需求与经济效应预测等方面的相关文献，厘清现有文献尚未探讨和解决的主要问题。相关内容呈现在第二章及第四至第七章中。第二，描述分析。本书使用图片和表格对数据的特征分布和变化趋势进行描述性统计学分析。相关内容呈现在各章的背景介绍和数据描述部分。第三，理论探讨。本书探讨了长期护理保险与个体医疗决策、劳动供给决策、健康行为决策之间的关系及其可能存在的机制，相关内容呈现在第五至第七章中。第四，实证分析。本书应用计量经济学方法对三个主要问题进行了实证分析，各章节设计的实证模型如表 1-2 所示。

表 1-2　　　　**本书第四至第七章实证分析方法一览**

章节	研究主题	实证模型
第四章	长期护理保险与失能参保者住院服务利用	倾向得分匹配下的多期双重差分模型、固定效应模型、中介效应模型、两部模型、模糊断点回归模型

续表

章节	研究主题	实证模型
第五章	长期护理保险与家庭照料者劳动供给	倾向得分匹配下的多期双重差分模型、固定效应模型、中介效应模型、有序 Logit 模型
第六章	长期护理保险与居民预防性健康行为	倾向得分匹配下的多期双重差分模型、固定效应模型、中介效应模型、空间杜宾模型
第七章	失能老人护理需求与长期护理保险的经济效应测算	多状态 Markov 概率转移矩阵模型

（三）研究框架与本书结构

长期护理保险①是为失能群体提供护理保障的一项社会保障制度，既会对失能群体的健康和消费等福利指标产生影响，也会对家庭成员的医疗支出、劳动供给、风险认知等多个方面产生影响，从而产生制度效应。综合以上几个方面，本书将关注长期护理保险三个方面的制度效应，各研究主题之间的逻辑关系如图 1-2 所示。

其一，本书研究了长期护理保险对失能参保者的住院服务利用的影响及其传导机制；其二，本书研究了长期护理保险对失能参保者的家庭照料者的劳动供给的影响及其传导机制；其三，本书研究了长期护理保险对健康参保者及其家庭成员的预防性健康行为的影响及其传导机制。上述三个制度效应既相互关联又各具特点，从优化医疗卫生资源配置、优化劳动力配置、提升全民健康水平等不同角度较为完整地探讨了长期护理保险的效率问题。其中，第一、第二个制度效应的大小和方向同时受到失能老人养老模式及护理偏好的影响，失能老人在医疗机构、养老机构及个体家庭之间的流动能够深刻影响医院床位、家庭劳动力的释放，因而从长期护理保险实施后这二者的变化情况及其背后机制中可以一窥中国老年群体养老文化传统的变迁。第一，三个制度效应的大小和方向同时受到居民健康素养的影响，二者之间又相互影响，如居民预防

---

① 本书所称"长期护理保险"均指政府推行的"社会长期护理保险"。

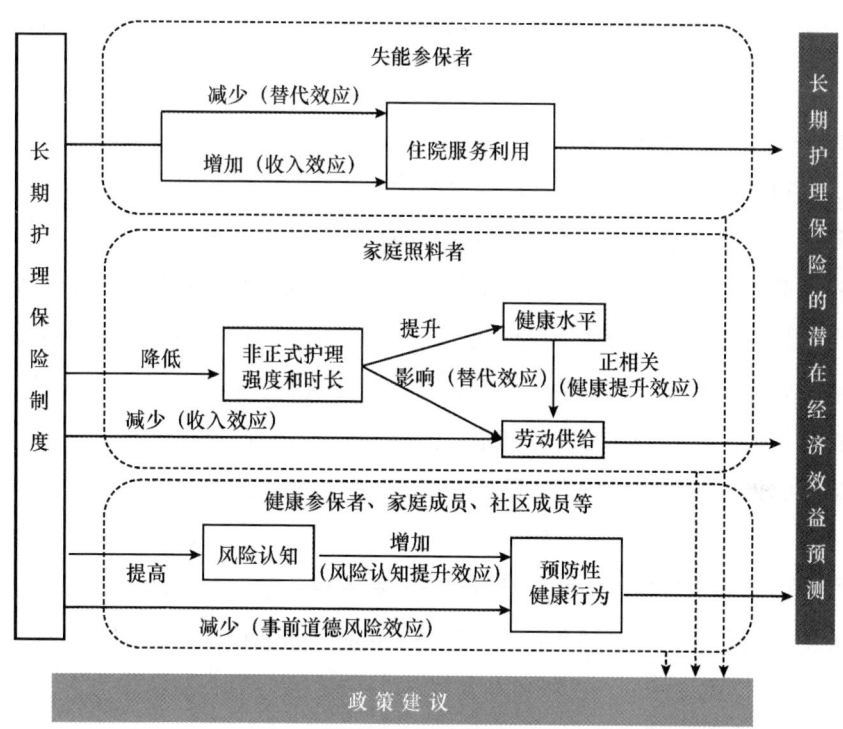

图 1-2 全书研究对象逻辑关系

注：中间第一个虚线框内的部分为本书第四章内容，中间第二个虚线框内的部分为第五章内容，中间第三个虚线框内的部分为第六章内容，最右侧的竖框内的部分为第七章内容，最下面的横框内的部分为第八章内容。

性健康行为的增加有利于提升其健康水平，将减少未来的住院服务利用，引导中国医疗卫生体系走上"价值医疗"之路。第二，三个制度效应表面看来没有直接的联系，但都反映了长期护理保险对非参保群体的溢出效应的大小和方向，描述了制度的实施对利益相关方的影响，同时二者之间又相互影响，如居民预防性健康行为的增加有利于提升其健康水平，促进家庭照料者重返劳动力市场，从意愿和能力两个角度解决老龄化趋势下劳动力短缺的问题。第三，本书综合三方面的制度效应对长期护理保险的总体潜在经济效应进行了测算，并提出了政策建议。在上述每一个部分，本书均构建了涵盖理论和实证的整体分析框架，厘清了长期护理保险的制度效应及其传导机制，并最终聚焦于长期护理保险的政策优化。

本书各章的内容安排如下：第一章是绪论。第二章对相关问题进行文献梳理，总结对相关问题的研究结论，并借鉴经典的理论分析框架构建本书的理论基础。第三章对目前中国长期护理保险制度的顶层设计和试点政策特点进行总结。第四章研究长期护理保险对失能参保者住院服务利用的制度效应及其传导机制。第五章研究长期护理保险对失能参保者的家庭照料者劳动供给的影响，并对传导机制进行了中介效应分析。第六章研究长期护理保险对健康参保者及家庭成员的预防性健康行为的影响，同时对居民的健康风险认知偏差也进行了刻画和分析。第七章对中国老年群体的失能转移矩阵、失能人口规模、长期护理需求及长期护理保险实施的潜在经济效应进行测算。第八章从方法、内容、结论等角度对全书研究进行总结和归纳，并提出相应的政策建议。

四 研究创新与不足

（一）研究的创新点

本书研究领域涉及劳动经济学、健康经济学、保险经济学等多个学科。回顾已有文献可知，本书在现有研究基础上进行了若干拓展和补充，其特色与创新之处体现在如下两个方面。

其一，研究内容创新。国外的已有研究发现，长期护理保险制度显著影响了参保者的护理服务利用、[1] 医疗服务利用、[2] 消费决策、[3] 储蓄

---

[1] Li, Y., Jensen, G. A., (2011), "The Impact of Private Long-term Care Insurance on the Use of Long-term Care", *INQUIRY: The Journal of Health Care Organization, Provision, and Financing*, 48 (1), 34-50.

[2] Kim, H. B., Lim, W., (2015), "Long-term Care Insurance, Informal Care, and Medical Expenditures", *Journal of Public Economics*, 125, 128-142.

[3] Ariizumi, H., (2008), "Effect of Public Long-term Care Insurance on Consumption, Medical Care Demand, and Welfare", *Journal of Health Economics*, 27 (6), 1423-1435.

决策[1]和家庭劳动供给决策[2]等；国内的已有研究发现，长期护理保险制度对参保者的健康水平、[3] 医疗服务利用、[4] 家庭非正式照料时长[5]和家庭劳动供给决策[6]等也产生了显著影响。相比已有文献，本书的边际贡献在于：不仅评估了中国长期护理保险对参保者自身的制度效应，还较为全面地研究了长期护理保险对参保者相关主体（如家庭成员、同社区成员等）的各类决策的制度效应，为已有的国内外研究提供了新的经验证据。从研究内容看，本书针对中国长期护理保险对参保个体的住院费用、家庭成员的劳动供给和参保个体及其家庭成员、同社区成员的健康行为的影响进行了全面、综合的理论探索和实证研究，一定程度上填补了国内相关领域研究的缺失，有利于将本土研究问题与国际领域接轨，在长期护理保险研究领域增加中国声音。

其二，研究视角创新。已有研究较多地关注长期护理保险制度对个体决策变量的直接影响，但少有文献针对其传导机制和异质性（尤

---

[1] Lockwood, L. M., (2010), "The Importance of Bequest Motives: Evidence from Long-term Care Insurance and the Pattern of Saving", Manuscript, University of Chicago.

[2] Fu, R., Noguchi, H., Kawamura, A., et al., (2017), "Spillover Effect of Japanese Long-term Care Insurance as an Employment Promotion Policy for Family Caregivers", *Journal of Health Economics*, 56, 103-112; Geyer, J., Korfhage, T., (2015), "Long-term Care Insurance and Carers' Labor Supply: A Structural Model", *Health Economics*, 24 (9), 1178-1191.

[3] Chen, L., Xu, X., (2020), "Effect Evaluation of the Long-term Care Insurance System on the Health Care of the Elderly: A Review", *Journal of Multidisciplinary Healthcare*, 13, 863.

[4] Feng, J., Wang, Z., Yu, Y., (2020), "Does Long-term Care Insurance Reduce Hospital Utilization and Medical Expenditures? Evidence from China", *Social Science & Medicine*, 258, 113081; Chen, H., Ning, J., (2022), "The Impacts of Long-term Care Insurance on Health Care Utilization and Expenditure: Evidence from China", *Health Policy and Planning*, 37 (6), 717-727; 马超、俞沁雯、宋泽等：《长期护理保险、医疗费用控制与价值医疗》，《中国工业经济》2019 年第 12 期；于新亮、刘慧敏、杨文生：《长期护理保险对医疗费用的影响——基于青岛模式的合成控制研究》，《保险研究》2019 年第 2 期。

[5] 蔡伟贤、吕函枰、沈小源：《长期护理保险、居民照护选择与代际支持——基于长护险首批试点城市的政策评估》，《经济学动态》2021 年第 10 期。

[6] 于新亮、黄俊铭、康琢等：《老年护理保障与女性劳动参与——基于中国农村长期护理保险试点的政策效果评估》，《中国农村经济》2021 年第 11 期；荆涛、邢慧霞、王文卿：《长期护理保险政策促进劳动就业效应研究——来自 11 个试点城市的经验数据》，《价格理论与实践》2021 年第 6 期。

其是政策异质性）展开细致、全面、严谨的机制研究，因而对相关经济问题的阐释和挖掘缺乏深度。相比已有文献，本书的边际贡献在于：不仅关注长期护理保险制度的直接效应，还关注长期护理保险产生制度效应的传导机制和异质性分析。针对已有研究结论存在分歧的问题，如 Fu 等发现日本的长期护理保险制度增加了照料者的劳动供给，[1] 而 Geyer 和 Korfhage 发现德国的长期护理保险制度对照料者的劳动供给产生抑制作用，[2] 本书提出并检验了多条长期护理保险制度效应的传导机制，尝试解释上述具有争议的实证结果。此外，本书使用样本量大、抽样方法可靠的微观数据库和科学严谨的实证方法进行研究。从研究数据来看，作者整理了各长期护理保险试点政策的相关数据（如覆盖群体、保障范围、筹资方式、待遇水平、给付形式等），形成了详尽可靠的政策试点数据库；也整理了进行实证研究的相关微观数据库（如 CHARLS、CFPS 等），能够支撑本书进行微观个体层面的细致研究。从研究方法来看，本书基于大样本的面板数据，采用丰富的计量模型对长期护理保险政策的实施效果进行了定量分析，并对这一政策产生影响的机制和异质性效应进行了评估，具有较高的可信度和严谨性。

本书的结果具有一定的理论价值和现实意义。研究发现：其一，长期护理保险制度的实施减少了失能参保者的住院服务利用，"替代效应"和"收入效应"是两条重要的传导机制；上述效应存在一定的个体特征异质性（年龄、失能水平、家庭收入）和政策特征异质性（试点实施时间、覆盖群体、保障范围、给付形式、是否鼓励居家护理），且在若干检验中保持稳健。其二，长期护理保险制度的实施增加了家庭照料者的劳动供给，"替代效应""收入效应"和"健康提升效应"是三条重要的传导机制；上述效应存在一定的个体特征异质性（性别、年

---

[1] Fu, R., Noguchi, H., Kawamura, A., et al., (2017), "Spillover Effect of Japanese Long-term Care Insurance as an Employment Promotion Policy for Family Caregivers", *Journal of Health Economics*, 56, 103-112.

[2] Geyer, J., Korfhage, T., (2015), "Long-term Care Insurance and Carers' Labor Supply: A Structural Model", *Health Economics*, 24 (9), 1178-1191.

龄、参加养老保险、居住地）和政策特征异质性（覆盖群体、保障范围、给付形式、是否鼓励居家护理），且在若干检验中保持稳健。其三，长期护理保险制度的实施通过"事前道德风险效应"和"风险认知提升效应"影响了参保者的预防性健康行为，但由于两条机制互相抵消，最终结果并不显著；长期护理保险的实施通过"风险认知提升效应"显著增加了参保者的家庭成员及同社区居民的预防性健康行为，且对前者的影响强度大于后者，但对邻市居民未产生显著影响；上述效应存在一定的个体特征异质性（健康风险态度、主观健康认知、受教育水平）和政策特征异质性（覆盖群体），且在若干检验中保持稳健。其四，在未来的八十年中（2020—2100 年），中国的失能老年人口规模将呈现先上升、后下降的倒"U"形发展趋势，失能老人的长期护理费用支出（包括对护理产品、护理服务和护理型床位的需求）将成为影响国民经济发展的重要因素之一；长期护理保险的实施将从减少社会性住院、增加居民劳动供给及社保缴费、延缓居民的失能进程等角度优化各类资源的配置，具有可观的经济效应。上述研究发现植根于中国各试点城市的长期护理保险实践，是长期护理保险与中国目前的经济发展阶段、社会保障体系与居民养老行为紧密结合、共同作用的结果，为构建中国特色失能老人长期护理保障体系提供了扎实的研究基础。

（二）研究的局限与不足

本书也存在一定的不足之处。首先，受数据质量和样本的限制，本书虽然尽可能地对研究问题进行了拓展，并尽可能地涉及更多的研究层面，但受限于无法直接获得高质量的核心解释变量——"受访者目前是否享受过/正在享受长期护理保险待遇"，[1] 本书的处理组存在识别不够

---

[1] CHARLS 数据库于 2018 年将长期护理保险相关问题引入问卷中，如：
"您本人目前是否参加了长期护理保险？"
"您本人以前是否参加过长期护理保险？"
"您在养老机构就诊的护理费用和康复费用是否可以报销？"（转下页）

精确的问题,这对后续实证结果的可靠性产生一定的影响;事实上,本书实证部分回归结果为"意向处理效应"(Intention-to-Treat Effect on the Treated, ITT),相较于传统的平均处理效应(Average Treatment Effect on the Treated, ATT), ITT估计得到的处理效应的绝对值偏低(见第四章第二节)。其次,虽然本书尽可能多地搜集了能够描述各试点城市特征的宏观变量(如土地面积、户籍人口数、人均GDP、一般公共预算支出、在岗职工平均工资、失业率、执业医师密度、注册护士密度等),然而受限于数据可得性,文中缺少对试点城市医疗保险基金充足水平、养老服务供给水平等特征的描述和观察,因此可能存在遗漏变量造成的内生性问题。再次,本书未能对长期护理保险对微观个体的长期影响进行评估,这是因为:一方面,受限于数据可得性,目前许多公开数据库(如CHARLS、CFPS、CHNS、CHFS等)尚未发布最新的个体微观数据,因此无法更新对长期护理保险制度效应的评估;另一方面,长期护理保险实施时间较短,许多城市的长期护理保险制度还十分稚嫩,在短期内发挥的影响也相对有限。最后,本书未将长期护理保险对参保者及其家庭的各类影响在统一的福利分析框架下进行研究,进一步的研究可以考虑长期护理保险对微观个体的其他可能的影响(如失能者家庭消费水平、代际转移支付等)。当然,上述局限性并不影响本书的基本结论。今后在数据可得的情况下,笔者将进行更多、更详尽的研究。

(接上页)"您在养老机构住院的护理费用和康复费用是否可以报销?"

"您是否享受过长期护理保险的待遇?"

"长期护理保险帮您支付或部分支付了哪些服务的费用:基本生活照料(如洗澡、翻身)、常用临床护理(如鼻饲、导尿)、风险防范指导(如防跌倒指导)、功能维护或康复训练(如进食训练、关节被动活动)。"

"过去一个月,您购买长期护理险服务(包括租赁、购买相应设备)的总支出是多少元?其中长期护理保险支付多少元?"

"长期护理保险对您支付长期护理服务费用有多大帮助?"

然而,受访者对上述问题的回答与实际情况存在差异,数据质量较差、可用性不高,因而本书未使用相关变量直接进行回归分析。

第二章

文献综述

长期护理保险主要是指对个体因年老、疾病或伤残导致生活不能自理,需要在家中或疗养院接受照料所产生的费用进行支付的保险。从广义上看,长期护理保险属于健康保险的范畴,其标的物为由参保者身体健康状况恶化导致的失能风险。因此,长期护理保险既有一般健康保险的共性,又具有自身的特点。从一般健康保险的视角来看,由于保险市场具有信息不对称特点,因此,长期护理保险预期也将存在逆向选择与道德风险行为。目前,中国长期护理保险制度属于社会保险,因此其逆向选择问题因为强制参保而被消除,但道德风险问题却仍然存在。从事前道德风险角度考虑,由于该类保险降低了失能后获得护理服务的边际价格,因此,个人在事前对失能失智风险的防范预期将会减少,[1] 由此引出本书第六章的研究内容;从事后道德风险的角度考虑,长期护理保险的待遇给付降低了失能参保者购买护理服务的成本,因而一定程度上会增加个体购买机构正式护理服务的激励和能力,降低失能者对正式护理服务的替代品的需求。这一方面会减少家庭

---

[1] Klick, J., Stratmann, T., (2007), "Diabetes Treatments and Moral Hazard", *Journal of Law and Economics*, 50 (3), 519-538.

照料者的非正式护理负担,① 释放其劳动供给（由此引出本书第五章的研究内容）；另一方面会降低个体在综合性医院"非理性占床"的动机，减少社会性住院等资源浪费行为（由此引出本书第四章的研究内容）。

目前国内已有的长期护理保险大致分为两类：一类针对其他国家成熟的长期护理保险模式的推广经验进行总结归纳,② 另一类针对中国长期护理保险试点的运行现状③进行了评估并据此提出政策建议。另外，也有少量文献关注了中国长期护理保险对失能者家庭各类决策的影响，如医疗消费决策④和劳动供给决策。⑤ 然而，由于中国大部分长期护理保险试点于 2016 年及之后开始推行，试点时间较短，相关的社会调查数据较为缺乏，因此目前基于全国范围内的试点政策开展关于长期护理保险对失能者及其家庭成员经济及健康决策方面的影响的研究较为缺

---

① Pauly, M. V., (1990), "The Rational Nonpurchase of Long-term Care Insurance", *Journal of Political Economy*, 98 (1), 153-168; Courbage, C., Zweifel, P., (2011), "Two-Sided Intergenerational Moral Hazard, Long-term Care Insurance, and Nursing Home Use", *Journal of Risk and Uncertainty*, 43 (1), 65-80; Coe, N. B., Skira, M. M., Van Houtven, C. H., (2015), "Long-term Care Insurance: Does Experience Matter?", *Journal of Health Economics*, 40, 122-131; Xu, X., Zweifel, P., (2014), "Bilateral Intergenerational Moral Hazard: Empirical Evidence from China", *Geneva Papers on Risk and Insurance: Issues and Practice*, 39 (4), 651-667.

② 荆涛：《建立适合中国国情的长期护理保险制度模式》，《保险研究》2010 年第 4 期；房连泉：《如何引入长期护理保险制度——来自德国、日本、韩国的经验启示》，《保险理论与实践》2018 年第 5 期；周坚、韦一晨、丁龙华：《老年长期护理制度模式的国际比较及其启示》，《社会保障研究》2018 年第 3 期。

③ Feng, J., Wang, Z., Yu, Y., (2020), "Does Long-term Care Insurance Reduce Hospital Utilization and Medical Expenditures? Evidence from China", *Social Science & Medicine*, 258, 113081；郑伟、姚奕、刘子宁等：《长期护理保险制度的评估框架及应用：基于三个案例的分析》，《保险研究》2020 年第 10 期。

④ 马超、俞沁雯、宋泽等：《长期护理保险、医疗费用控制与价值医疗》，《中国工业经济》2019 年第 12 期；Feng, Z., Glinskaya, E., Chen, H., et al., (2020), "Long-term Care System for Older Adults in China: Policy Landscape, Challenges, and Future Prospects", *Lancet*, 396 (10259), 1362-1372.

⑤ 于新亮、黄俊铭、康琢等：《老年照护保障与女性劳动参与——基于中国农村长期护理保险试点的政策效果评估》，《中国农村经济》2021 年第 11 期；荆涛、邢慧霞、王文卿：《长期护理保险政策促进劳动就业效应研究——来自 11 个试点城市的经验数据》，《价格理论与实践》2021 年第 6 期。

乏。本章对本书第四至第七章研究的重要话题进行了文献梳理，旨在为后文的分析奠定扎实的理论基础。

一 长期护理保险对医疗服务利用的影响

已有研究发现，长期护理保险对医疗费用的影响存在四条传导机制：替代效应、收入效应、健康提升效应、风险认知提升效应。

一方面，长期护理保险通过"替代效应"和"健康提升效应"减少了参保者的医疗费用。即长期护理增加了失能患者寻求机构护理和居家护理的概率，从而减少了拖延出院、压床病人（bed-blocker）等现象，减少了医保基金的不合理利用；[1] 又能够改善被护理者的健康水平，进而减少医疗服务利用，控制医疗费用的上涨，降低医保基金的支付压力。Ellencweig 等是最早研究长期护理保险对参保者就医行为和医疗支出影响的文献，发现获得长期护理服务项目资格的个体在急性住院方面的医疗费用显著减少。[2] 此后，许多研究也发现，提高长期护理服务的可及性有利于医疗控费和规范不合理的就医行为，如韩国长期护理保险受益者的住院次数和住院时长都出现了不同程度的下降，[3] 其医疗费用相比非受益人下降62%，其中住院费用下降92%、药品费用下降32%，[4] 这主要是由于长期护理补贴促进老年群体从综合性医院住院病

---

[1] 王贞、封进：《长期护理保险对医疗费用的替代效应及不同补偿模式的比较》，《经济学（季刊）》2021年第2期。

[2] Ellencweig, A., Stark, A., Pagliccia, N., et al., (1990), "The Effect of Admission to Long-term Care Program on Utilization of Health Services by the Elderly in British Columbia", *European Journal of Epidemiology*, 6 (2), 175-183.

[3] Choi, J. W., Park, E. C., Lee, S. G., et al., (2018), "Does Long-term Care Insurance Reduce the Burden of Medical Costs? A Retrospective Elderly Cohort Study", *Geriatrics Gerontology International*, 18 (12), 1641-1646.

[4] Han, N. K., Chung, W., Kim, R., et al., (2013), "Effect of the Long-term Care Insurance Policy on Medical Expenditures for the Elderly", *Health Policy and Management*, 23 (2), 132-144.

房转移到护理机构或家中,表明长期护理保险有利于降低不必要的医疗资源利用。[1] 此外,已有研究在美国、[2] 加拿大、[3] 日本、[4] 英国、[5] 法国、[6] 西班牙[7]等国家也发现了长期护理保险(或补贴)在控制医疗费用、降低住院率方面的重要作用。

另一方面,长期护理保险通过"收入效应"和"风险认知提升效应"增加了参保者的医疗费用。即长期护理保险补贴为失能者及其家庭带来额外的非工资收入,从而增加了其对各类消费品的支出,因此一定程度上释放了参保者的医疗服务需求;同时长期护理保险的推广能够提高参保者的健康风险认知,寻求医疗服务的积极性,从而增加医疗支出。如 Deraas 等发现,挪威的长期护理服务增加了参保者寻求就医、治疗和功能性支持(functional support)的需求,从而提高了医疗花费和住院率。[8] 此外,不合理的长期护理保险制度设计可能会加剧医疗费用的上升,如 Hyun 等发现,韩国的长期护理保险制度增加了失能三级参保者接受机构护理服务的难度,无法满足其照护需求,从而增加了其

---

[1] Kim, H. B., Lim, W., (2015), "Long-term Care Insurance, Informal Care, and Medical Expenditures", *Journal of Public Economics*, 125, 128-142.

[2] Hughes, S. L., Manheim, L. M., Edelman, P. L., et al., (1987), "Impact of Long-term Home Care on Hospital and Nursing Home Use and Cost", *Health Services Research*, 22 (1), 19; Goda, G. S., (2011), "The Impact of State Tax Subsidies for Private Long-term Care Insurance on Coverage and Medicaid Expenditures", *Journal of Public Economics*, 95 (7-8), 744-757.

[3] Stabile, M., Laporte, A., Coyte, P. C., (2006), "Household Responses to Public Home Care Programs", *Journal of Health Economics*, 25 (4), 674-701.

[4] Mitchell, O. S., Piggott, J., Shimizutani, S., (2008), "An Empirical Analysis of Patterns in The Japanese Long-term Care Insurance System", *Geneva Papers on Risk and Insurance: Issues and Practice*, 33 (4), 694-709.

[5] Gaughan, J., Gravelle, H., Siciliani, L., (2015), "Testing the Bed-blocking Hypothesis: Does Nursing and Care Home Supply Reduce Delayed Hospital Discharges?", *Health Economics*, 24, 32-44.

[6] Rapp, T., Chauvin, P., Sirven, N., (2015), "Are Public Subsidies Effective to Reduce Emergency Care? Evidence from the PLASA Study", *Social Science & Medicine*, 138, 31-37.

[7] Costa-Font, J., Jimenez-Martin, S., Vilaplana, C., (2018), "Does Long-term Care Subsidization Reduce Hospital Admissions and Utilization?", *Journal of Health Economics*, 58, 43-66.

[8] Deraas, T. S., Berntsen, G. R., Hasvold, T., et al., (2011), "Does Long-term Care Use within Primary Health Care Reduce Hospital Use Among Older People in Norway? A National Five-Year Population-Based Observational Study", *BMC Health Services Research*, 11 (1), 1-11.

医疗服务利用，使其住院时长增加 1.27 天；① Ariizumi 发现，基于家庭资产审查（means-test）的长期护理保险制度导致美国中等收入居民的前期医疗费用大幅增加，这是因为参保者倾向于减少资产积累，以达到长期护理保险的待遇领取要求。②

综上，长期护理保险对医疗费用的总体影响为上述正反两方面效应的净效应。部分研究发现，四条作用机制相互补充、相互抵消，带来的结果是长期护理保险对医疗花费不存在显著影响，如 Crawford 等发现英国政府对长期护理支出的减少未显著影响住院及门诊服务利用；③ 养老院等正式护理服务机构利用率的下降也未对美国的住院患者和门诊患者的就医行为和医疗服务利用产生显著影响。④

由上述文献可知，目前国外已有较多研究长期护理保险对就医行为与医疗费用影响的文献。然而，反观国内的长期护理保险研究，可以发现相关领域的文献较为稀少，仅有的研究得出的结论也并不一致。一方面，研究发现，长期护理保险能够促进医疗资源的合理配置，起到降低医疗费用的作用。马超等⑤和 Lu 等⑥研究了青岛市长期护理保险试点的医保控费效果和对医疗服务利用影响，发现长期护理保险在未损害中老年群体健康的情况下减少了当地居民的医疗资源利用，

---

① Hyun, K.-R., Kang, S., Lee, S., (2014), "Does Long-term Care Insurance Affect the Length of Stay in Hospitals for the Elderly in Korea: A Difference-in-Difference Method", *BMC Health Services Research*, 14 (1), 1–7.

② Ariizumi, H., (2008), "Effect of Public Long-term Care Insurance on Consumption, Medical Care Demand, and Welfare", *Journal of Health Economics*, 27 (6), 1423–1435.

③ Crawford, R., Stoye, G., Zaranko, B., (2021), "Long-term Care Spending and Hospital Use among the Older Population in England", *Journal of Health Economics*, 78, 102477.

④ McKnight, R., (2006), "Home Care Reimbursement, Long-term Care Utilization, and Health Outcomes", *Journal of Public Economics*, 90 (1–2), 293–323; Wooldridge, J., Schore, J., (1988), "The Evaluation of the National Long-term Care Demonstration. 7. The Effect of Channeling on the Use of Nursing Homes, Hospitals, and Other Medical Services", *Health Services Research*, 23 (1), 119.

⑤ 马超、俞沁雯、宋泽等：《长期护理保险、医疗费用控制与价值医疗》，《中国工业经济》2019 年第 12 期。

⑥ Lu, B., Mi, H., Yan, G., et al., (2020), "Substitutional Effect of Long-term Care to Hospital Inpatient Care?", *China Economic Review*, 62, 101466.

如门诊就诊次数、费用及住院次数、费用，起到了节约医保基金的作用。此外，Feng等发现，上海市长期护理保险增加了失能群体接受机构护理和居家护理的概率，从而降低了其在三甲医院的住院时长（降低41%）、住院费用（降低17.7%）和相应的医疗保险报销费用（降低11.4%），从成本收益角度来看，花费在长期护理保险上的1元能够节省8.6元的医保基金支出。[1] 另一方面，也有学者认为，长期护理保险不仅不能降低医疗费用，甚至可能加剧医疗费用的上涨，增加医保基金的支付压力。于新亮等发现青岛市在实施长期护理保险制度后人均医疗费用出现短暂下降，随后迅速持续上升，原因在于长期护理保险释放了部分长期受到抑制的医疗需求，使得基层医疗机构的医疗费用显著上升。[2] 本书在上述已有研究的基础上，将研究对象扩大到全国范围，并针对不同试点的政策差异进行了异质性分析，重点研究"替代效应"和"收入效应"的方向、大小和内在逻辑。

二　长期护理保险对家庭照料者劳动供给的影响

许多研究发现，家庭照料者提供的非正式护理和长期护理保险覆盖的正式照料之间存在显著的相关性。[3] 由于长期护理保险制度旨在通过护理费用报销等方式降低参保者接受正式护理服务的门槛，因而很可能对失能者对非正式护理的需求产生影响。关于正式护理与非正式护理之间的关系，国际上存在两种不同的观点。第一种观点认为，正式

---

[1] Feng, Z., Glinskaya, E., Chen, H., et al., (2020), "Long-term Care System for Older Adults in China: Policy Landscape, Challenges, and Future Prospects", *Lancet*, 396 (10259), 1362-1372.

[2] 于新亮、刘慧敏、杨文生：《长期护理保险对医疗费用的影响——基于青岛模式的合成控制研究》，《保险研究》2019年第2期。

[3] Charles, K. K., Sevak, P., (2005), "Can Family Caregiving Substitute for Nursing Home Care?", *Journal of Health Economics*, 24 (6), 1174-1190; Stabile, M., Laporte, A., Coyte, P. C., (2006), "Household Responses to Public Home Care Programs", *Journal of Health Economics*, 25 (4), 674-701; Cremer, H., Lozachmeur, J.-M., Pestieau, P., (2016), "The Design of Long-term Care Insurance Contracts", *Journal of Health Economics*, 50, 330-339.

护理与非正式护理存在"替代关系":长期护理保险保护参保者的财产不会因为失能而遭受较大损失,从而削弱了其家庭成员提供非正式护理的动机。① 因此,长期护理保险将降低家庭成员的非正式护理服务供给,产生一定的家庭内部"道德风险"行为。② 第二种观点认为,正式护理与非正式护理不存在显著的相关性,具有"利他主义"动机的家庭成员将失能者的福利水平纳入自身的效用函数中,因此向失能者提供非正式护理成为家庭成员的"道德义务"和"家庭规范"(family norms),③ 不会受到长期护理保险待遇给付的影响。④ 目前,国际上大多数的研究成果支持第一种观点,即长期护理保险的实施降低了家庭非正式护理的供给。⑤

---

① Pezzin, L. E., Kemper, P., Reschovsky, J., (1996), "Does Publicly Provided Home Care Substitute for Family Care? Experimental Evidence with Endogenous Living Arrangements", *Journal of Human Resources*, 650-676; Stabile, M., Laporte, A., Coyte, P. C., (2006), "Household Responses to Public Home Care Programs", *Journal of Health Economics*, 25 (4), 674-701.

② Kumamoto, K., Arai, Y., Zarit, S. H., (2006), "Use of Home Care Services Effectively Reduces Feelings of Burden Among Family Caregivers of Disabled Elderly in Japan: Preliminary Results", *International Journal of Geriatric Psychiatry: A Journal of the Psychiatry of Late Life and Allied Sciences*, 21 (2), 163-170; Arai, Y., Zarit, S. H., (2011), "Exploring Strategies to Alleviate Caregiver Burden: Effects of the National Long-term Care Insurance Scheme in Japan", *Psychogeriatrics*, 11 (3), 183-189.

③ Klimaviciute, J., (2017), "Long-term Care Insurance and Intra-family Moral Hazard: Fixed vs. Proportional Insurance Benefits", *Geneva Risk and Insurance Review*, 42 (2), 87-116.

④ Courbage, C., Montoliu-Montes, G., Wagner, J., (2020), "The Effect of Long-term Care Public Benefits and Insurance on Informal Care from Outside the Household: Empirical Evidence from Italy and Spain", *European Journal of Health Economics*, 21 (8), 1131-1147.

⑤ 已有文献还就长期护理保险对家庭照料影响的异质性进行了研究。长期护理保险对家庭照料的影响随照料者的婚姻状况 [Pezzin, L. E., Kemper, P., Reschovsky, J., (1996), "Does Publicly Provided Home Care Substitute for Family Care? Experimental Evidence with Endogenous Living Arrangements", *Journal of Human Resources*, 650-676]、居住安排 [Pezzin, L. E., Kemper, P., Reschovsky, J., (1996), "Does Publicly Provided Home Care Substitute for Family Care? Experimental Evidence with Endogenous Living Arrangements", *Journal of Human Resources*, 650-676]、失能等级 [Bolin, K., Lindgren, B., Lundborg, P., (2008), "Informal and Formal Care Among Single-living Elderly in Europe", *Health Economics*, 17 (3), 393-409]、给付方式 [Courbage, C., Montoliu-Montes, G., Wagner, J., (2020), "The Effect of Long-term Care Public Benefits and Insurance on Informal Care from Outside the Household: Empirical Evidence from Italy and Spain", *European Journal of Health Economics*, 21 (8), 1131-1147] 等的不同而存在差异。例如,Courbage, C., Montoliu-Montes, G., Wagner, J., (2020), "The (转下页)

许多研究也发现了家庭照料者提供的非正式护理与其自身劳动供给之间存在显著的相关性。国内外众多的研究比较了家庭照料者与非照料者之间的劳动参与率差异，发现提供非正式护理对于劳动供给有显著的负面影响。[①] 蒋承和赵晓军对中国失能老人照料的机会成本进行了实证研究，发现照料老人的负担将会显著降低子女的周工作时间和劳动参与率，该影响对与老人合住的女性照料者来说尤为显著。[②]

基于长期护理保险增加了失能者对机构正式护理服务的需求、降低了其对家庭非正式护理的需求，我们有理由认为，长期护理保险能够一定程度上降低家庭成员的照料负担、增加其劳动供给。既有研究主要从

（接上页）Effect of Long-term Care Public Benefits and Insurance on Informal Care from Outside the Household: Empirical Evidence from Italy and Spain", *European Journal of Health Economics*, 21 (8), 1131-1147 基于欧洲的 SHARE 数据库，选取意大利和西班牙这两个非正式护理模式相似但长期护理保险给付方式不同的国家进行了研究，发现西班牙的长期护理保险按照服务给付（benefit-in-kind）的模式进行报销，从而减少了西班牙家庭的非正式护理供给；而意大利的长期护理保险提供的是现金给付（benefit-in-cash），因而增加了家庭的非正式护理服务。Bolin, K., Lindgren, B., Lundborg, P. (2008), "Informal and Formal Care Among Single-living Elderly in Europe", *Health Economics*, 17 (3), 393-409 发现，在长期护理保险参保者失能的早期，非正式护理随着长期护理保险的实施而减少，正式护理与非正式护理呈替代关系；而随着失能严重程度的上升，两种护理服务的替代关系减弱，甚至呈现出一定的互补关系，因而长期护理保险的实施会增加重度失能群体家庭的非正式护理。

① 以美国为例，Van Houtven, C. H., Coe, N. B., Skira, M. M., (2013), "The Effect of Informal Care on Work and Wages", *Journal of Health Economics*, 32 (1), 240-252 发现，美国的男性照料者比非男性照料者工作的可能性低；Skira, M. M., (2015), "Dynamic Wage and Employment Effects of Elder Parent Care", *International Economic Review*, 56 (1), 63-93 的研究也得出了类似的结论，即美国的女性照料者更可能为父母提供重症监护，从而就业的可能性比非照料者低。以加拿大为例，Lilly, M. B., Laporte, A., Coyte, P. C., (2010), "Do They Care Too Much to Work? The Influence of Caregiving Intensity on the Labor Force Participation of Unpaid Caregivers in Canada", *Journal of Health Economics*, 29 (6), 895-903 发现，家庭照料者的劳动参与率低于非照料者。以英国为例，Carmichael, F., Charles, S., (2003), "The Opportunity Costs of Informal Care: Does Gender Matter?", *Journal of Health Economics*, 22 (5), 781-803 发现，无论是男性还是女性，每周提供超过 10 小时的护理会降低其劳动参与率。以日本为例，相关研究也显示家庭照料者提供非正式护理对其劳动供给有负面影响 [Sugawara, S., Nakamura, J., (2014), "Can Formal Elderly Care Stimulate Female Labor Supply? The Japanese Experience", *Journal of the Japanese and International Economies*, 34, 98-115; Yamada, H., Shimizutani, S., (2015), "Labor Market Outcomes of Informal Care Provision in Japan", *Journal of the Economics of Ageing*, 6, 79-88]。

② 蒋承、赵晓军：《中国老年照料的机会成本研究》，《管理世界》2009 年第 10 期。

三个方面分析了长期护理保险对家庭成员劳动参与率的影响。

首先,已有研究从实证和理论方面关注了长期护理保险是否能够有效促进家庭成员的劳动供给,但结论目前仍存在争议。在实证研究方面,Fu 等发现,日本在首次引入长期护理保险后,社会劳动参与率显著提升;[①] Geyer 和 Korfhage 发现,德国长期护理保险的现金给付方式(benefits-in-cash)会抑制家庭成员的劳动供给,表明不同的待遇给付形式对家庭成员的劳动供给存在异质性影响;[②] Kim 和 Lim 发现,韩国的长期护理保险对非正式护理的挤出作用随失能者健康状况的不同存在差异,验证了长期护理保险对家庭成员劳动供给的影响不一定显著,而是在不同群体中存在异质性。[③] 综上,既有的实证研究无法确定长期护理保险对劳动供给一定存在正向的影响。在理论研究方面,一方面,长期护理保险存在"替代效应",在没有长期护理保险的情况下遭遇失能风险后,其家庭照料者可能会减少劳动供给,以陪伴和照顾失能者,[④] 而在有长期护理保险提供正式照料时,家庭照料者可能会用正式照料替代非正式护理,从而减少照料时间、增加其劳动供给;另一方面,长期护理保险存在"收入效应"(消费平滑效应),既有研究以动态的生命周期模型作为分析框架,[⑤] 认为健康风险对家庭收入产生了负向冲击,因此家庭成员会减少闲暇来增加劳动供给和收入,[⑥] 而长期护理保险对

[①] Fu, R., Noguchi, H., Kawamura, A., et al., (2017), "Spillover Effect of Japanese Long-term Care Insurance as an Employment Promotion Policy for Family Caregivers", *Journal of Health Economics*, 56, 103-112.

[②] Geyer, J., Korfhage, T., (2015), "Long-term Care Reform and the Labor Supply of Household Members-Evidence from A Quasi-experiment", Available at SSRN 2706538.

[③] Kim, H. B., Lim, W., (2015), "Long-term Care Insurance, Informal Care, and Medical Expenditures", *Journal of Public Economics*, 125, 128-142.

[④] Jeon, S. H., Pohl, R. V., (2017), "Health and Work in the Family: Evidence from Spouses' Cancer Diagnoses", *Journal of Health Economics*, 52, 1-18.

[⑤] Blundell, R., Pistaferri, L., Saporta-Eksten, I., (2016), "Consumption Inequality and Family Labor Supply", *American Economic Review*, 106 (2), 387-435.

[⑥] Fadlon, I., Nielsen, T. H., (2021), "Family Labor Supply Responses to Severe Health Shocks: Evidence from Danish Administrative Records", *American Economic Journal: Applied Economics*, 13 (3), 1-30.

健康风险进行了保障，具有一定的消费平滑作用，削弱了家庭成员增加劳动供给和收入的动机，还可能会导致家庭成员减少其劳动供给。综上，长期护理保险对家庭成员劳动供给的影响由"替代效应"和"收入效应"的总效应所决定，理论上难以确定长期护理保险对劳动供给影响的方向。

其次，已有文献表明，家庭照料者提供非正式护理会对其身心健康产生长期的负面影响，从而减少其劳动供给和收入，不利于家庭照料者在职场的表现。[1] 一方面，健康状况变差会导致家庭成员劳动生产率下降，不容易被雇主雇佣，应聘难度的上升和工资水平的下降同时降低了参与劳动的工作热情;[2] 另一方面，健康状况较差的个体对闲暇的偏好增加，从而倾向于退出劳动力市场。[3] 此外，由于员工的职场经验会随着全职工作时长的积累而增加，长期护理保险减轻了家庭成员的照料负担，激励照料者参与到全职工作中，从而进一步改善了家庭成员的职场表现。[4] 在家庭成员工作类型选择的相关研究方面，张良和徐翔发现，家庭照料对劳动参与的影响因工作类型存在差异：家庭照料会减少已婚个体非农就业的概率，增加农业劳动等时间较为灵活的工作的概率。[5] 而长期护理保险通过提供正式照料服务使家庭成员获得更多完整连续的工作时间，可能会增加个体非农就业的概率。田艳平发现，个体在选择

---

[1] Bauer, J. M., Sousa-Poza, A., (2015), "Impacts of Informal Caregiving on Caregiver Employment, Health, and Family", *Journal of Population Ageing*, 8 (3), 113-145; Kohl, N. M., Mossakowski, K. N., Sanidad, I. I., et al., (2019), "Does the Health of Adult Child Caregivers Vary by Employment Status in the United States?", *Journal of Aging and Health*, 31 (9), 1631-1651; Rellstab, S., Bakx, P., García-Gómez, P., et al., (2020), "The Kids are Alright-labor Market Effects of Unexpected Parental Hospitalizations in the Netherlands", *Journal of Health Economics*, 69, 102275.

[2] 张川川：《健康变化对劳动供给和收入影响的实证分析》，《经济评论》2011年第4期。

[3] 李琴、谭娜：《健康与老年人劳动供给关系研究综述》，《电子科技大学学报》（社科版）2019年第3期。

[4] Blundell, R., Costa Dias, M., Meghir, C., et al., (2016), "Female Labor Supply, Human Capital, and Welfare Reform", *Econometrica*, 84 (5), 1705-1753.

[5] 张良、徐翔：《家庭照料影响劳动参与存在性别差异吗》，《财经问题研究》2020年第8期。

职业时会受到居住安排的影响，居住在一起的家庭成员承担了更为繁重的照料负担，更倾向于选择文职等工作以获得较稳定的收入来源。[①] 而长期护理保险通过提供待遇给付提高了家庭抵御风险的能力，可能会降低个体选择稳定工作的意愿。

最后，既有研究表明长期护理保险可能通过一些潜在的传导机制影响家庭成员的劳动供给。第一，"替代效应"研究表明，家庭成员为了提供非正式护理会减少其休闲时间，[②] 长期护理保险提供的正式照料让家庭成员有了更多可支配的时间，这个时间将在休闲和劳动供给之间进行分配。第二，"收入效应"研究表明，长期护理保险为失能者家庭提供了一笔额外的非工资收入，会增加个体对闲暇的消费和需求，从而抑制家庭成员劳动供给的增加。第三，"健康提升效应"研究表明，家庭成员对失能者提供非正式护理会增加其心理压力和身体负担、降低其社会交往水平，对其健康存在负面影响，[③] 且家庭成员可能受到照料时间的约束而无暇就医，从而无法对其健康损耗进行补偿，[④] 而长期护理保险将家庭照料者从护理负担中解脱出来，增加了其提供劳动供给的动机和能力。上述研究启发本书关注长期护理保险如何通过不同传导机制影

---

① 田艳平：《农民工职业选择影响因素的代际差异》，《中国人口·资源与环境》2013年第1期。

② McGarry, K. M., (2006), "Does Caregiving Affect Work? Evidence Based on Prior Labor Force Experience", *Health Care Issues in the United States and Japan*, University of Chicago Press, 209-228; Schüz, B., Czerniawski, A., Davie, N., et al., (2015), "Leisure Time Activities and Mental Health in Informal Dementia Caregivers", *Applied Psychology: Health and Well-Being*, 7 (2), 230-248.

③ Sugisawa, A., Sugisawa, H., Nakatani, Y., et al., (1997), "Effect of Retirement on Mental Health and Social Well-being Among Elderly Japanese", *Japanese Journal of Public Health*, 44 (2), 123-130; Michaud, P.-C., Van Soest, A., (2008), "Health and Wealth of Elderly Couples: Causality Tests Using Dynamic Panel Data Models", *Journal of Health Economics*, 27 (5), 1312-1325; Coe, N. B., Van Houtven, C. H., (2009), "Caring for Mom and Neglecting Yourself? The Health Effects of Caring for an Elderly Parent", *Health Economics*, 18 (9), 991-1010; Schmitz, H., Westphal, M., (2015), "Short-and Medium-Term Effects of Informal Care Provision on Female Caregivers' Health", *Journal of Health Economics*, 42, 174-185.

④ 余央央、邹文玮、李华：《老年照料对家庭照料者医疗服务利用的影响——基于中国健康与养老追踪调查数据的经验研究》，《劳动经济研究》2017年第6期。

响家庭照料者的劳动供给。通过评估长期护理保险对家庭成员劳动供给的溢出效应，可以更加全面地了解长期护理保险制度对家庭福利水平的影响和对劳动力市场资源配置的作用。

三 健康保险的事前道德风险及对参保者健康行为的影响

作为一种广义的健康保险，长期护理保险降低了参保人在失能后面临的边际护理花费，因此可能会降低其在出险前防范相应疾病风险的投入，并增加其进行不健康行为的概率，即可能出现一定的"事前道德风险效应"。研究长期护理保险对参保者预防性健康行为的影响对完善中国长期护理保险制度、提升全民健康水平具有重要的理论意义和现实意义。

已有研究将道德风险分为"事前道德风险"（Ex-ante Moral Hazard）和"事后道德风险"（Ex-post Moral Hazard），相比于后者，学术界对事前道德风险的研究相对较少。[1] 事前道德风险是指由于加入健康保险可

---

[1] 目前学术界对事后道德风险的研究较为深入：在参保者个体层面，研究发现长期护理保险降低了正式护理服务产品的边际价格，因此失能个体的护理需求上升，参保者对家庭护理服务和养老院护理服务的使用会增加 [Konetzka, R. T., He, D., Dong, J., Nyman, J. A., (2019), "Moral Hazard and Long-term Care Insurance", *Geneva Papers on Risk and Insurance*: *Issues and Practice*, 44（2），231-251]，采用免赔额及比例共付方式能够有效降低上述事后道德风险行为，但该作用在不同病种参保者中存在异质性 [Fu, R., Noguchi, H., (2019), "Moral Hazard under Zero Price Policy: Evidence from Japanese Long-term Care Claims Data", *European Journal of Health Economics*, 20（6），785-799]；在参保者所在家庭层面，研究发现长期护理保险会在家庭内部带来事后道德风险，即长期护理保险的购买降低了子女提供非正式护理的动机 [Pauly, M. V., (1990), "The Rational Nonpurchase of Long-term Care Insurance", *Journal of Political Economy*, 98（1），153-168；Courbage, C., Zweifel, P., (2011), "Two-Sided Intergenerational Moral Hazard, Long-term Care Insurance, and Nursing Home Use", *Journal of Risk and Uncertainty*, 43（1），65-80]，且该效应受到长期护理保险给付方式的影响 [Klimaviciute, J., (2017), "Long-term Care Insurance and Intra-family Moral Hazard: Fixed vs. Proportional Insurance Benefits", *Geneva Risk and Insurance Review*, 42（2），87-116]；在护理服务供给层面，研究发现由于存在长期护理保险，护理机构通过诱导需求的方式提供了更多护理服务和药物供给 [Noguchi, H., Shimizutani, S., (2005), "Supplier-induced Demand in Japan's At-home Care Industry: Evidence from Micro-level Survey on Care Receivers", *Economic and Social Research Institute*, 33（1），23-49]。

以对发生的医疗费用进行一定比例的报销，参保人自付医疗费用减少，导致其减少对自身健康管理的投入，例如降低预防性医疗支出的投入和控制不良生活习惯的动机。1972 年，Ehrlich 和 Becker 首次基于健康生产函数构建了事前道德风险及自我保护产生的理论模型，发现由于健康保险降低了医疗服务的边际价格，个人对事前疾病防范的投入会减少。[1] Klick 和 Stratmann 发现，医疗保险覆盖糖尿病治疗费用之后，参保者保持均衡饮食和体育锻炼等健康习惯的可能性下降，其身体质量指数（BMI）显著提高、健康水平显著下降；[2] Yilma 等发现非洲加纳的国家健康保险计划减少了人们对疟疾的预防，降低了人们购买和使用杀虫剂处理过的蚊帐的意愿。[3] 基于中国的实证研究也显示，医疗保险降低了被保险人防范疾病风险的努力程度，导致参保者久坐、吸烟、过量饮酒、超重的概率增加，[4] 参加体育锻炼的概率下降。[5]

值得注意的是，虽然国内外许多学者从理论和实证方面发现了事前道德风险行为存在的证据，但是，健康保险究竟是否及通过何种途径影响人们防范风险的努力程度仍然存在较大争议。部分学者的研究结果表明，事前道德风险并不存在，个体不会因参加健康保险就放任自己的健康状况恶化。有关事前道德风险的相关文献的分布情况如表 2-1 所示。

---

[1] Ehrlich, I., Becker, G. S., (1972), "Market Insurance, Self-Insurance, and Self-Protection", *Journal of Political Economy*, 80（4），623-648.

[2] Klick, J., Stratmann, T., (2007), "Diabetes Treatments and Moral Hazard", *Journal of Law and Economics*, 50（3），519-538.

[3] Yilma, Z., Van Kempen, L., De Hoop, T., (2012), "A Perverse 'Net' Effect? Health Insurance and Ex-Ante Moral Hazard in Ghana", *Social Science & Medicine*, 75（1），138-147.

[4] 彭晓博、秦雪征：《医疗保险会引发事前道德风险吗？理论分析与经验证据》，《经济学（季刊）》2015 年第 1 期。

[5] 然而，也有部分研究认为健康保险不会显著引发事前道德风险行为，如 Courbage, C., Coulon, A. de, (2004), "Prevention and Private Health Insurance in the UK", *Geneva Papers on Risk and Insurance：Issues and Practice*, 29（4），719-727 利用英国家庭调查微观数据研究发现，商业健康保险对吸烟、运动等行为不存在显著影响。

表 2-1　　　　　　　　事前道德风险相关研究

论点	作者	主要发现
事前道德风险存在	Stanciole (2008)①	美国商业健康保险对参保人健康行为的选择具有显著的激励作用,增加了大量吸烟、缺乏锻炼和肥胖的倾向,但降低了大量饮酒的倾向
	Dave 和 Kaestner (2009)②	参加医疗保险可能引起个体对健康重视程度的下降,并增加吸烟、运动减少等风险健康行为,且对男性尤为显著
	De Preux (2011)③	加入美国医疗救助计划并未使老年群体显著改变其饮酒及吸烟的情况,但降低了其进行锻炼的频率和次数
	Barbaresco 等 (2015)④	23—25 岁与 27—29 岁年轻人在平价医疗法案实施后居民自评健康得到改善,但同时增加了饮酒等高风险行为,提升了车祸发生的概率
	彭晓博和秦雪征 (2015)⑤	中国新农合的参与显著改变了个体的生活方式,提高了其吸烟、饮酒、久坐、摄入高热量食物等风险健康行为的倾向,并引致体重超重概率的增加
	傅虹桥等 (2017)⑥	中国新农合参保的事前道德风险在不同健康群体中存在异质性:健康较好的群体中事前道德风险相对更强,而健康较差的人群中几乎不存在
	Bhattacharya 和 Packalen (2012)⑦	健康保险将导致较低的自我保护水平,增加慢性病的患病率,导致肥胖、吸烟和营养不良,对相关疾病的治疗费用也增加

---

① Stanciole, A. E., (2008), "Health Insurance and Lifestyle Choices: Identifying Ex-Ante Moral Hazard in the U. S. Market", *Geneva Papers on Risk and Insurance: Issues and Practice*, 33 (4), 627–644.

② Dave, D., Kaestner, R., (2009), "Health Insurance and Ex-Ante Moral Hazard: Evidence from Medicare", *International Journal of Health Care Finance and Economics*, 9 (4), 367.

③ De Preux, L. B., (2011), "Anticipatory Ex-Ante Moral Hazard and the Effect of Medicare on Prevention", *Health Economics*, 20 (9), 1056–1072.

④ Barbaresco, S., Courtemanche, C. J., Qi, Y., (2015), "Impacts of the Affordable Care Act Dependent Coverage Provision on Health-Related Outcomes of Young Adults", *Journal of Health Economics*, 40, 54–68.

⑤ 彭晓博、秦雪征:《医疗保险会引发事前道德风险吗? 理论分析与经验证据》,《经济学(季刊)》2015 年第 1 期。

⑥ 傅虹桥、袁东、雷晓燕:《健康水平、医疗保险与事前道德风险——来自新农合的经验证据》,《经济学(季刊)》2017 年第 2 期。

⑦ Bhattacharya, J., Packalen, M., (2012), "The Other Ex-ante Moral Hazard in Health", *Journal of Health Economics*, 31 (1), 135–146.

续表

论点	作者	主要发现
事前道德风险存在	Corso（2021）①	美国医疗救助计划的扩大使个人预防行为减少、吸烟概率增加且体力活动水平下降
事前道德风险不存在	Manning 等（1987）②	未发现事前道德风险存在的证据
	Courbage 和 de Coulon（2004）③	英国私人医疗保险会提高参保人的锻炼和定期检查的概率，并降低吸烟的概率，原因可能是参加保险会使参保人更加关注自己所面临的风险，进而采取健康改善行为
	黄枫和甘犁（2012）④	参保人一般不会有意去做可能有损健康之事
	Cotti 等（2019）⑤	参加美国医疗救助扩展计划导致了香烟、鼻烟、啤酒和白酒购买量的显著下降，且接受治疗人群购买戒烟产品可能性的增加，并未发现事前道德风险
	王红波和宫佳宁（2021）⑥	参加基本医疗保险不会带来吸烟和饮酒行为的增加；参加职工医保还会显著降低个体每月饮酒量

资料来源：笔者根据相关文献整理。

虽然针对健康保险事前道德风险的研究较为丰富，但世界范围内针对长期护理保险事前道德风险的研究非常少。已有研究大部分聚焦于该

---

① Corso, D., (2021), "Drawbacks and Aftermath of the Affordable Care Act: Ex-ante Moral Hazard and Inequalities in Health Care Access", *Journal of Public Health Research*, 10 (4), jphr-2021.
② Manning, W. G., Newhouse, J. P., Duan, N., et al., (1987), "Health Insurance and the Demand for Medical Care: Evidence from A Randomized Experiment", *American Economic Review*, 251-277.
③ Courbage, C., de Coulon, A., (2004), "Prevention and Private Health Insurance in the UK", *Geneva Papers on Risk and Insurance: Issues and Practice*, 29 (4), 719-727.
④ 黄枫、甘犁：《医疗保险中的道德风险研究——基于微观数据的分析》，《金融研究》2012年第5期。
⑤ Cotti, C., Nesson, E., Tefft, N., (2019), "Impacts of the ACA Medicaid Expansion on Health Behaviors: Evidence from Household Panel Data", *Health Economics*, 28 (2), 219-244.
⑥ 王红波、宫佳宁：《医疗保险中的事前道德风险真的存在吗——基于健康态度和健康行为的系统GMM检验》，《中国卫生政策研究》2021年第12期。

保险引发的事后道德风险，如参保者增加对养老院和正式护理服务的利用、[1] 家庭成员降低提供非正式护理服务的动机、[2] 减少家庭的预防性健康支出[3]等。而本书重点关注长期护理保险引发的参保者事前（失能之前）行为的变化，原因如下：首先，目前中国长期护理保险仍处于发展初期，其覆盖的项目主要是重度失能人员（部分地区同时覆盖中度失能人员和失智人员）的护理费用，除青岛市、南通市以外的长期护理保险试点城市并未对参保者的失能失智风险进行预防和延缓，定期体检、癌症筛查、运动指导等预防保健服务非常匮乏。因此理性个体在受到长期护理保险覆盖之后可能产生与健康保险类似的事前道德风险行为，导致个人对预防失能风险及相应疾病的投入下降，对参保者的健康风险和经济风险产生长期影响。其次，已有针对事前道德风险的研究得出的结论存在较大差异，并未达成共识，因而本书对长期护理保险是否引发事前道德风险问题的研究具有必要性。通过研究这一话题，本书不仅能够在一定程度上厘清事前道德风险是否存在，以丰富长期护理保险福利效应的评估维度；同时，本书还将根据长期护理保险的实施现状挖掘保险影响健康行为的传导机制及表现形式，从而得到事前道德风险存在的必要条件，弥补已有文献的研究不足。

此外，作为老龄化社会中政府和家庭面临的重要风险之一，长期护理风险在近几年才慢慢走入国人的视野。与医疗保险制度不同，中国长期护理保险制度建立和发展的时间较短，加之长期护理保险市场

---

[1] Konetzka, R. T., He, D., Dong, J., et al., (2019), "Moral Hazard and Long-term Care Insurance", *Geneva Papers on Risk and Insurance: Issues and Practice*, 44 (2), 231-251; Grabowski, D. C., Gruber, J., (2007), "Moral Hazard in Nursing Home Use", *Journal of Health Economics*, 26 (3), 560-577; Klimaviciute, J., Pestieau, P., Schoenmaeckers, J., (2020), "Long-term Care Insurance with Family Altruism: Theory and Empirics", *Journal of Risk and Insurance*, 87 (4), 895-918.

[2] Pauly, M. V., (1990), "The Rational Nonpurchase of Long-term Care Insurance", *Journal of Political Economy*, 98 (1), 153-168.

[3] Cremer, H., Lozachmeur, J.-M., Pestieau, P., (2016), "The Design of Long-term Care Insurance Contracts", *Journal of Health Economics*, 50, 330-339.

第二章 文献综述

的信息结构较为复杂，大多数居民对长期护理保险的认知还处于较为初步的水平。[1] 以往研究表明，在新政策运行初期，人们对政策文件的内涵与潜在的受益机会的认知会随着政策的普及而提升，[2] 该知识会在亲戚、朋友、邻里之间逐渐传播，从而改变个体的认知水平和应对态度。[3] 随着长期护理保险制度的建立和普及，参保者与医护人员、护理机构的接触机会增多，对失能风险和疾病风险的认知水平快速增长，个体的健康意识和健康素养也相应提升，[4] 预期风险认知和风险偏好也会发生改变。研究发现，使用长期护理服务会提高参保者及其家庭成员对

---

[1] 常见的与长期护理风险相关的风险认知和风险偏好包括：①有限理性，包括对风险的感知不足及较低的财务知识水平，如难以理解低概率高损失的事件 [Finkelstein, A., Mcgarry, K., (2006), "Multiple Dimensions of Private Information: Evidence from the Long-term Care Insurance Market", *American Economic Review*, 96 (4), 21; Brown, J. R., Finkelstein, A., (2007), "Why is the Market for Long-term Care Insurance So Small?", *Journal of Public Economics*, 91 (10), 1967-1991]；②非标准偏好，即个体对于现金、储蓄等长期护理保险替代品的偏好和对于家庭照料者提供的非正式护理的偏好 [Lambregts, T. R., Schut, F. T., (2020), "Displaced, Disliked and Misunderstood: A Systematic Review of the Reasons for Low Uptake of Long-term Care Insurance and Life Annuities", *Journal of the Economics of Ageing*, 17, 100236.]；③健康状态依存的效用函数，即失能状态和健康状态的消费边际效用有所差异 [Brown, J. R., Goda, G. S., McGarry, K., (2016), "Heterogeneity in State-dependent Utility: Evidence from Strategic Surveys", *Economic Inquiry*, 54 (2), 847-861]；④利他主义动机，即家庭成员将失能老人的健康状况与幸福程度纳入自身效用函数 [Courbage, C., Eeckhoudt, L., (2012), "On Insuring and Caring for Parents' Long-term Care Needs", *Journal of Health Economics*, 31 (6), 842-850] 及父母对家庭成员的遗赠动机 [Klimaviciute, J., Pestieau, P., Schoenmaeckers, J., (2020), "Long-term Care Insurance with Family Altruism: Theory and Empirics", *Journal of Risk and Insurance*, 87 (4), 895-918]；⑤框架效应（Narrow Framing），即对一个客观上相同问题的不同描述会导致人们产生不同的决策判断 [Gottlieb, D., Mitchell, O. S., (2020), "Narrow Framing and Long-term Care Insurance", *Journal of Risk and Insurance*, 87 (4), 861-893]。

[2] Chetty, R., Friedman, J. N., Saez, E., (2013), "Using Differences in Knowledge across Neighborhoods to Uncover the Impacts of the EITC on Earnings", *American Economic Review*, 103 (7), 2683-2721.

[3] Dammert, A. C., Galdo, J. C., Galdo, V., (2014), "Preventing Dengue through Mobile Phones: Evidence from A Field Experiment in Peru", *Journal of Health Economics*, 35, 147-161.

[4] Martin, L. T., Parker, R. M., (2011), "Insurance Expansion and Health Literacy", *JAMA: The Journal of the American Medical Association*, 306 (8), 874-875.

· 39 ·

未来失能风险的认知水平和健康知识认知水平。① 因此，长期护理保险可能通过宣传教育、早期干预、生活技能培训等向参保者普及失能的相关风险知识，且对参保者的周围人群（如家庭成员、同社区成员）的风险认知也可能存在溢出效应。

虽然这种可能存在的传导机制尚未得到深入的分析，但已有文献表明长期护理保险对于参保者及其家庭成员的预防性健康行为可能存在正向和负向两方面的影响。一方面，现有研究表明，长期护理保险可能会通过对参保者及其家庭成员的风险认知产生正向影响，从而对其预防性健康行为产生正向影响。如 Webb 发现，风险厌恶程度高的群体更愿意对预防性健康行为进行投资；② Goda 发现，社会医疗保险的引入会增加高收入群体购买商业保险的积极性。③ 另一方面，长期护理保险可能会通过影响参保者及其家庭成员的风险抵御动机对其预防性健康行为产生负面影响。现有研究发现，政府提供的社会保险通过提供待遇给付降低了参保者及其家庭成员对社会医疗保险体系的不安全感，④ 客观上提高了家庭抵御风险的能力，降低了家庭预防风险事故的动机。综上，中国政府推行的长期护理保险可能会通过影响参保者及其家庭成员的风险认知水平影响其预防性健康行为。本书对该"风险认知提升效应"的存在性和显著性进行了实证研究。

综上所述，现有的研究结论发现，长期护理保险对参保者及其家庭

---

① Zhou-Richter, T., Browne, M. J., Gründl, H., (2010), "Don't They Care? Or are They Just Unaware? Risk Perception and the Demand for Long-term Care Insurance", *Journal of Risk and Insurance*, 77 (4), 715–747.

② Webb, D. C., (2006), "Long-term Care Insurance, Annuities and Asymmetric Information: The Case for Bundling Contracts", London School of Economics and Political Science, LSE Library, No. 24507.

③ Goda, G. S., (2011), "The Impact of State Tax Subsidies for Private Long-term Care Insurance on Coverage and Medicaid Expenditures", *Journal of Public Economics*, 95 (7–8), 744–757.

④ Jaramillo, E. T., Willging, C. E., (2021), "Producing Insecurity: Healthcare Access, Health Insurance, and Wellbeing among American Indian Elders", *Social Science & Medicine*, 268, 113384.

成员产生了多个方面、较大程度的影响,各影响的传导机制也较为复杂。本书将在上述逻辑链条的指引下,对已有的关于长期护理保险制度效应的研究进行补充,重点探讨三个核心变量:住院决策、劳动供给决策、预防性健康投入决策,形成一条有关长期护理保险制度效应的较为完整的逻辑链条。

四 失能群体规模及其长期护理需求测算

进入 21 世纪以来,随着经济转型和社会转轨的双重深入,中国的人口结构发生了剧烈而深刻的变革,老龄化甚至高龄化及由此产生的慢性病常态化、失能常态化问题为中国医疗卫生系统和社会保障体系带来严峻挑战。统计数据显示,近十年来,中国 80 岁及以上老年人口年均增长率约 4.7%,显著高于 60 岁及以上老年人口的增长速度。[1] 因此,随着老年群体身体机能的逐年下降和失能、半失能群体规模的迅猛增长,居民对科学化、专业化长期护理服务的需求日益增长。

综合来看,国内外针对失能老年群体规模及其长期护理需求的预测研究主要分为两个方面:第一类聚焦于对失能老年群体长期护理需求的评估与分析。景跃军等测算表明,2054 年中国失能老年人口数量将达到峰值(约 4300 万人),失能老年人口占总人口的比重将由 1.2% 上升到 3.1%,并维持在这一水平;[2] 刘晓雪和钟仁耀对城市"双困"老年群体的人口规模进行了预测,发现到 2030 年将有约 905 万的"双困"老人;[3] 李晓鹤和刁力预测,失能老年群体规模呈逐年快速增长的趋

---

[1] 刘二鹏、张奇林:《失能老人子女照料的变动趋势与照料效果分析》,《经济学动态》2018 年第 6 期。

[2] 景跃军、李涵、李元:《我国失能老人数量及其结构的定量预测分析》,《人口学刊》2017 年第 6 期。

[3] 刘晓雪、钟仁耀:《我国城市"双困"老人护理社会救助的费用估算》,《安徽师范大学学报》(人文社会科学版)2018 年第 5 期。

势，并将于 2043—2045 年达到峰值（约 1 亿人）;[①] 王金营和李天然预测，失能老年人口占总人口的比重逐年上升，预计将于 2050 年达到占总人口 13.68% 的水平。[②] 第二类聚焦于对失能老年群体长期护理费用的测算与分析。李成波等[③]、朱大伟和于保荣[④]认为，失能等级的划分是老年护理标准制定的前提，采用工资性收入水平、最低生活成本等方法均可测算得出老年护理标准及其增长速度；杨团[⑤]、Bodily 和 Furman[⑥]测算发现，失能老年群体的长期护理费用预计到 2050 年将突破 2 万亿美元，超出普通家庭的承受范围，需要政府财政承担兜底性作用；刘晓雪和钟仁耀同样指出，失能老年群体长期护理费用占社会保障支出的比重将越来越高；[⑦] 李新平和朱铭来预测发现失能老年群体的长期护理费用将在 21 世纪中叶超过 1570 亿元（比 2016 年增长 23 倍），将带来沉重的经济负担和财政负担。[⑧]

综上，在全国范围内推广长期护理保险制度之前，应及时准确地对中国失能老年人口的规模、长期护理服务的规模和费用、长期护理保险的实施带来的潜在经济效应进行测算，以期为国家制定人口老龄化发展规划及构建多层次中国特色长期护理保障体系提供决策依据。

---

① 李晓鹤、刁力：《人口老龄化背景下老年失能人口动态预测》，《统计与决策》2019 年第 10 期。

② 王金营、李天然：《中国老年失能年龄模式及未来失能人口预测》，《人口学刊》2020 年第 5 期。

③ 李成波、张蕾、陈功：《当前我国养老服务工作的改进》，《中共中央党校学报》2013 年第 3 期。

④ 朱大伟、于保荣：《基于蒙特卡洛模拟的我国老年人长期照护需求测算》，《山东大学学报》（医学版）2019 年第 8 期。

⑤ 杨团：《农村失能老年人照料贫困问题的解决路径——以山西永济蒲韩乡村社区为例》，《学习与实践》2016 年第 4 期。

⑥ Bodily, S. E., Furman, B., (2016), "Long-term Care Insurance Decisions", *Decision Analysis*, 13 (3), 173-191.

⑦ 刘晓雪、钟仁耀：《我国城市"双困"老人护理社会救助的费用估算》，《安徽师范大学学报》（人文社会科学版）2018 年第 5 期。

⑧ 李新平、朱铭来：《基于转移概率矩阵模型的失能老年人长期照护保险缴费率分析——以天津市为研究对象》，《人口与发展》2019 年第 2 期。

第三章

长期护理保险制度的中国实践

一 制度背景

为保障失能老人获得便捷、廉价的护理和照料服务，近年来中国各级政府出台了一系列建立健全长期护理服务体系的政策文件，越来越多的商业保险公司、投资机构和护理服务供应商也参与到了长期护理服务体系的建设中，[①] 这些有益的实践提升了中国老年护理市场的活力和发展前景。然而，目前的长期护理服务市场增长面临重要挑战，其中缺乏全国性、系统性和可持续的长期护理融资机制成为阻碍其发展的重要原因之一。部分商业保险公司开始探索提供长期护理保险产品，为长期患有严重疾病的投保人提供资金支持。然而，由于商业长期护理保险缴费水平相对当前退休人员收入水平较高，大多数中老年人难以负担。因此，目前失能个体获得优质护理服务的能力在很大程度上取决于其支付能力。

与庞大的护理需求相比，目前中国用于长期护理的财政支出相对较少，仅限于：对"三无人员"（无生活来源、无劳动能力、无法定抚养义务人或法定抚养义务人丧失劳动能力而无力抚养的公民）的基本生活

---

① Glinskaya, E., Feng, Z., (2018), *Options for Aged Care in China: Building an Efficient and Sustainable Aged Care System*, World Bank Publications.

保障；为养老院、护理院及社区照料中心等设施建设提供补贴；向商业养老设施和社区照料中心的运营成本提供补贴；为特定省市的长期护理保险试点项目提供财政支持。① 此外，一些地方政府向有较大护理需求的老年人（如 80 岁及以上的老年人、没有子女且身体较弱的老年人）提供高龄津贴、服务补贴和护理补贴。总体而言，中国对养老服务的公共支出占 GDP 的比重相对较小，远低于 OECD 国家的平均水平。② 且资金来源较为分散，严重依赖福利彩票的销售收入。据估计，中国有约 60% 的老年福利相关支出来源于公共福利彩票基金，25% 由地方政府补贴，其余 15% 来自其他资金来源。③

为了满足老年群体日益增加的护理需求，提升高质量护理服务的可及性，建立来源可靠、发展可持续的护理服务付费模式，中国各试点城市近年来开展了多样化的长期护理保险模式探索。2016 年 6 月，中华人民共和国人力资源和社会保障部发布《关于开展长期护理保险制度试点的指导意见》，将 14 个省（直辖市）的 15 个城市设为长期护理保险试点城市、将山东省和吉林省设为两个重点联系省份，标志着中国长期护理保险制度试点在全国范围内的正式启动。2020 年 9 月，国家医疗保障局和财政部发布《关于扩大长期护理保险制度试点的指导意见》，将另外 14 个城市设为长期护理保险试点城市，并提供了可供地方政府参考的指导方针和实施原则。各级地方政府积极响应国家指示，进一步充实和完善了具体的试点实施方案和政策措施。④ 此外，许多城市自发探索建立了长期护理保险制度，截至 2025 年 1 月，长期护理保险试点

---

① Glinskaya, E., Feng, Z., (2018), *Options for Aged Care in China: Building an Efficient and Sustainable Aged Care System*, World Bank Publications.

② De la Maisonneuve, C., Martins, J. O., (2015), "The Future of Health and Long-term Care Spending", *OECD Journal: Economic Studies*, 2014 (1), 61–96.

③ Wiener, J. M., Feng, Z., Zheng, N. T., et al., (2018), "Long-term Care Financing: Issues, Options, and Implications for China", *Options for Aged Care in China: Building an Efficient and Sustainable Aged Care System*, Washington, DC: World Bank, 191–213.

④ Feng, Z., Guan, X., Feng, X., et al., (2014), "15 Long-term Care in China: Reining", *Regulating Long-term Care Quality: An International Comparison*, 409.

已推广至全国 27 个省份的 76 个城市。尽管不同试点城市的制度设计细节存在差异，但各地均以现有的基本医疗保险制度为基础，并逐步探索建立个人和企业的强制缴费制度。

中国的长期护理保险试点项目引起了学术界的广泛兴趣，诸多学者开展了一系列相关主题的研究。[1] 这些研究对中国长期护理保险制度总体情况进行了概述，并针对不同的政策细节进行了较为深入的研究。然而，由于中国长期护理保险各试点项目仍处于初步建立的阶段，各试点城市政策特征各异，与项目运行现状及其影响相关的数据也较为缺乏。基于以上原因，已有研究的严谨性参差不齐，研究结论也各不相同。

在已有研究的基础上，本章全面收集并综合评估了 76 个试点城市的长期护理保险制度特征，建立了较为规范的政策试点数据库，并分析比较了各地长期护理保险试点的优势、局限性和未来前景。政策文件的收集范围包括截至 2021 年 11 月中国中央政府和地方政府官方网站发布的长期护理保险相关政策文件、新闻稿，学者的期刊论文、报刊文章，以及由中国人民大学公共管理学院陈鹤教授团队编制的长期护理保险政策数据库。从上述资料中，本章归纳整理了若干长期护理保险制度的关

---

[1] Yang, W., He, J., Fang, L., et al., (2016), "Financing Institutional Long-term Care for the Elderly in China: A Policy Evaluation of New Models", *Health Policy and Planning*, 31 (10), 1391-1401; Lu, B., Mi, H., Zhu, Y., et al., (2017), "A Sustainable Long-term Health Care System for Aging China: A Case Study of Regional Practice", *Health Systems Reform*, 3 (3), 182-190; Li, B. R., (2018), "A Comparative Study of Long-term Care Insurance for the Elderly in Qingdao, Nantong and Shanghai", 4th Annual International Conference on Management, Economics and Social Development (ICMESD 2018), 139-144; Yang, J., Wang, S., DU, S., (2018), "Regional Comparison and Implications of China's Long-term Care Insurance System", *Chinese Journal of Health Policy*, 11 (4), 1-7; Wang, Q., Zhou, Y., Ding, X., et al., (2018), "Demand for Long-term Care Insurance in China", *International Journal of Environmental Research and Public Health*, 15 (1), 6; 王群、丁心蕊、刘弘毅等：《我国长期护理保险制度试点方案分析》，《卫生经济研究》2018 年第 6 期；Zhang, Y., Yu, X., (2019), "Evaluation of Long-term Care Insurance Policy in Chinese Pilot Cities", *International Journal of Environmental Research and Public Health*, 16 (20), 3826; Zhu, Y., Österle, A., (2019), "China's Policy Experimentation on Long-term Care Insurance: Implications for Access", *International Journal of Health Planning and Management*, 34 (4), 1661-1674; Chang, S., Yang, W., Deguchi, H., (2020), "Care Providers, Access to Care, and the Long-term Care Nursing Insurance in China: An Agent-based Simulation", *Social Science & Medicine*, 244, 112667。

键政策特征，包括目标人群、筹资机制、待遇领取资格、待遇设计、机构安排等方面。

二 顶层设计

除了 2016 年《关于开展长期护理保险制度试点的指导意见》（以下简称《指导意见》）和 2020 年《关于扩大长期护理保险制度试点的指导意见》发布的试点城市，截至 2021 年 11 月，长期护理保险试点已推广至全国 27 个省份的 76 个城市，按试点实施先后顺序分别为：青岛、潍坊、长春、日照、南通、上饶、济南、邢台、松原、北京[①]、吉林（市）、荆门、承德、上海、石河子、安庆、杭州（仅桐庐县）、成都、徐州（仅市区）、广州、临沂、嘉兴、通化、临汾、齐齐哈尔、苏州、聊城、泰安、宁波、重庆[②]、白山、滨州、济宁、克拉玛依、淄博、昌吉回族自治州、东营（仅垦利区）、台州、菏泽、烟台、长沙、威海、金华（仅义乌）、贺州、常州（仅武进区）、德州、无锡、扬州（仅市区）、枣庄、秦皇岛、舟山（仅岱山县）、呼伦贝尔（仅满洲里市）、乌鲁木齐、温州、泰州、延边朝鲜族自治州（仅珲春市）、唐山、石家庄[③]、天门、乌海、宜昌（夷陵区除外）、保定（仅定州市）、甘南藏族自治州、泉州（仅晋江市）、黔西南布依族苗族自治州、湘潭、天津、福州、昆明、汉中、呼和浩特、晋城、开封、盘锦、南宁、深圳（76 个试点城市所在省份见附录 A）。

76 个试点城市分布在全国各个省份，大多数试点城市（如上海、广州等）位于中国东部沿海省份，地处经济较为发达的地区。这些城市财政支出用于医疗卫生的比重相对较高，医保基金也更加充足，更适合

[①] 北京市海淀区于 2016 年实施居家养老失能护理互助保险试点；石景山区于 2020 年实施长期护理保险制度试点。
[②] 仅巴南区、大渡口区、石柱土家族自治县和垫江县。
[③] 仅新乐市、正定县、鹿泉区、栾城区。

第三章　长期护理保险制度的中国实践

启动长期护理保险试点。此外，石河子、满洲里等试点虽然在经济发展水平上较为普通，与其他试点城市相比在地理位置上较为孤立，但当地有大量的少数民族，在那里开展试点将为未来在全国范围内实施长期护理保险带来独特的示范价值。成都、重庆、昆明等是中国西南部地区人口较多的城市，每个城市都有大量的老年人。因此，各试点城市作为独特的研究案例，预期都能为中央政府进一步推广长期护理保险提供本土化的政策建议。

根据《指导意见》，长期护理保险试点的开展和推广旨在实现两个基本的政策目标：探索建立长期护理保险社会保障体系，以社会互助的方式筹集资金，为有需要的长期失能人士提供涵盖基本生活照料和专业医疗护理服务的财政支持体系；为中国在"十四五"时期（2021—2025年）建立完善的长期护理保险制度积累经验。各试点城市的主要任务包括：探索设计长期护理保险覆盖范围、筹资机制和待遇给付的具体政策；探索建立失能等级评估体系和确定待遇领取资格的标准；探索建立各供应商提供的长期护理服务的质量评估体系，规范合同签订过程和待遇报销方法；探索有效的长期护理保险监督管理评价机制。具体而言，《指导意见》在下述基本政策特征方面给予了各试点城市总体指导。

参保对象。在试点阶段，长期护理保险原则上主要覆盖参加城镇职工基本医疗保险（简称"职工医保"）的个人，部分试点城市可根据当地需要和实际情况将参保人群覆盖范围扩大到城乡居民基本医疗保险（简称"居民医保"）参保者。①

保障范围。长期护理保险旨在为卧床六个月及以上的重度失能人群（Barthel评分小于40分或5—6个ADL②项目受限）提供基本生活照料和专业医疗护理服务费用，部分试点城市可根据当地老龄化程度和基金

---

① 包括尚未转型的城镇居民基本医疗保险和新型农村合作医疗保险参保者。
② ADL（Activities of Daily Living）在康复医学中指日常生活能力，反映了人们在家庭（或医疗机构内）和在社区中最基本的生活能力。

充足情况为中度失能人群提供保障（少数城市还覆盖了失智人群），并根据当地经济发展水平逐步调整保障范围。

资金筹集。长期护理保险的筹资目标和筹资标准一般根据当地经济发展水平和长期护理需求，遵循"收支平衡、略有盈余"的一般原则确定。在试点阶段，长期护理保险一般通过从基本医保基金盈余中进行转移以及调整职工医保参保者缴费率的方式来筹集资金（一般为医保基金的特定百分比或固定金额）。许多试点城市设置了其他筹资机制，如地方政府财政补贴、个人缴费和企业缴费等，旨在建立多方共济、共担责任、与当地经济社会发展相适应的多渠道动态筹资机制。各试点城市的筹资标准各不相同，每人每年30—700元不等。

待遇支付。大多数试点城市采用"服务给付"的方式，对符合条件的护理费用根据失能水平和服务类型按不同的标准进行报销。部分试点城市报销总花费的固定百分比，并设定额度上限；部分试点城市按照每月（或每日）报销固定额度的方式进行报销，并对每月服务天数（或每日服务小时数）施加了限制。总体而言，一般报销比例约为护理服务实际花费的70%左右。为了鼓励失能者亲属提供居家护理，部分试点城市还为该类"亲情护理"设置了单独的补贴标准，对一段时间内连续接受居家护理的失能者给予一定的现金给付。

同时，《指导意见》还对各试点城市长期护理保险的管理服务方面提出要求。

基金管理。长期护理保险基金应用于指定用途，单独建账、单独核算，与其他现有的社会保险计划（如医疗保险、养老保险）的基金分开管理。

服务管理。各试点城市应建立健全长期护理保险管理运行机制，合理制定护理需求评估、分类和认证标准，明确待遇申请、领取和退出机制；进一步探索和完善对护理服务机构和从业人员的协议管理和监督稽核制度，做好参保缴费和待遇领取等信息的记录和管理；加强费用控制，实行预算管理，探索适宜的付费方式；引入第三方监管机制，加强对经办服务、护理服务等行为的监管。

经办管理。各试点城市应健全经办规程和服务标准、优化服务流程，加强对委托经办机构的协议管理和监督检查；加强长期护理保险经办管理能力建设，建立绩效评价、考核激励、风险防范等机制，引入社会力量参与经办服务；综合考虑服务人口、机构运行成本、工作绩效等因素，探索从长期护理保险基金中按比例或按定额支付经办服务费的方式；加快长期护理保险系统平台建设，促进"互联网+"创新技术的应用，逐步实现与协议护理服务机构及其他行业平台的互联互通和信息共享。

此外，《指导意见》还提出了支持长期护理保险未来发展的政策措施。

与其他社会保险制度相适应。统筹考虑长期护理保险应与其他社会保险制度的筹资和待遇标准，避免长期护理保险重复覆盖其他现有社会保险制度下已覆盖的费用。

进一步发展长期护理服务体系。各试点城市应齐心协力、共同促进长期护理服务体系的进一步发展，鼓励和引导社会力量参与建设和发展长期护理服务业。长期护理保险应通过政策设计鼓励失能者优先使用基于家庭和社区的护理服务（而不是机构护理服务），并鼓励护理机构将服务扩展至当地社区和家庭中。鼓励家庭照料者、邻里和志愿者为参保人提供护理和服务。

探索建立多层次的长期护理筹资机制。为满足不同层次的护理需求，各试点城市应积极建立社会救助、商业保险、慈善救济与长期护理保险相互补充的社会保障制度，鼓励各地探索养老补贴制度，满足低收入老人的长期养老需求；鼓励商业保险公司开发适销对路的保险产品和服务，以满足人们多样化、多层次的长期护理需求。

虽然在试点城市地方政府和商业保险公司的合作下，长期护理保险制度目前运行良好，但不少试点城市的政策细则仍在不断变动和改进中，不同试点城市长期护理保险制度碎片化较为严重。究竟什么样的长期护理保险制度能够更好地提升失能老人的福利水平,并同时兼顾效率和公平,仍是一个亟待解决的问题。上述各具特色的长期护理保险试点也为我们研究其政策效应提供了一个绝佳的准自然实验场。

三 各试点城市政策特点

如前所述,中国长期护理保险制度的制定过程为:首先由中央政府负责发布政策总体要求,但并不规定政策细节,旨在为各级地方政府提供一般性的指导。地方政府有权根据当地情况制定具体的长期护理保险实施细则并负责实施。因此,这一政策制定过程导致地方政府在制定和实施具体政策措施时拥有一定的自由度。根据现行政策文件及相关新闻报道,本节简要描述并比较了 76 个长期护理保险试点城市的主要政策特点、运营特征和制度安排。

(一) 参保对象

大多数长期护理保险试点从仅覆盖城镇职工基本医疗保险参保者开始,逐步将覆盖范围扩大到城乡居民基本医疗保险参保者(包括参加城镇居民基本医疗保险和新型农村合作医疗保险的个体),具体覆盖范围详见附录 A 表 A.1。目前,44 个试点城市只覆盖城镇职工基本医疗保险参保人群:潍坊、上饶、济南、承德、安庆、成都、广州、临沂、齐齐哈尔、聊城、泰安、宁波、重庆、滨州、济宁、淄博、昌吉、菏泽、烟台、长沙、威海、贺州、德州、扬州、枣庄、秦皇岛、乌鲁木齐、温州、通化、延边、天门、宜昌、保定、甘南、黔西南、湘潭、天津、福州、昆明、汉中、晋城、开封、盘锦、南宁;3 个城市覆盖城镇职工和城镇居民基本医疗保险的参保人群:长春、石河子、白山;29 个城市覆盖城镇职工和城乡居民基本医疗保险的参保人群:青岛、① 日照、南

---

① 青岛市在 2012 年年初步实施长期护理保险时仅覆盖城镇职工基本医疗保险参保人群,在 2015 年又将城乡居民基本医疗保险参保人群纳入覆盖范围。

通、邢台、松原、北京、吉林、荆门、上海，① 杭州、徐州、嘉兴、临汾、苏州、克拉玛依、东营、台州、金华、常州、无锡、舟山、呼伦贝尔、泰州、唐山、石家庄、乌海、泉州、呼和浩特、深圳。

(二) 保障范围

因年老、疾病或受伤而导致重度失能的参保者，在卧床六个月及以上后方可进行长期护理保险待遇的申请（部分试点城市将覆盖范围扩大到中度失能人群，如青岛、广州、南通、苏州等）。试点城市通常指定官方的评估机构或外聘第三方评估人员对申请人进行失能评估和护理需求评估，以确定其目前的依赖程度。各试点城市采用的评估量表有所差异，大部分试点城市基于 Barthel 量表对申请者的日常生活能力（ADL）进行评估（见表 3-1）。Barthel 量表满分 100 分，其中得分为 0—20 分的为"完全失能"，得分为 21—40 分的为"重度失能"，得分为 41—60 分的为"中度失能"，得分为 61—99 分的为"轻度依赖"，得分为 100 分的为完全独立。也有部分城市自行开发了失能评估量表，例如上海目前使用的老年人护理需求评估标准在吸收国际经验的基础上结合当地实践，兼顾失能者的年龄、自我照料能力和疾病严重程度进行评估；长春除覆盖失能群体以外，还将癌症患者纳入目标受益人群。此外，青岛、广州、滨州、烟台、深圳等城市将失智人群纳入评估范围，青岛还为失智人群建立了提供长期护理、短期护理和日托服务的日间照料中心（各试点城市对目标受益人群的规定详见附录 A 表 A.1）。

表 3-1　　Barthel 指数评定量表（Barthel Index）

序号	项目	完全依赖	需极大帮助	需部分帮助	完全独立
1	进食	—	0 分	5 分	10 分

---

① 上海仅涵盖 60 岁及以上的职工和居民。

续表

序号	项目	完全依赖	需极大帮助	需部分帮助	完全独立
2	洗澡	—	—	0分	5分
3	修饰	—	—	0分	5分
4	穿衣	—	0分	5分	10分
5	控制大便	—	0分	5分	10分
6	控制小便	—	0分	5分	10分
7	如厕	—	0分	5分	10分
8	床椅转移	0分	5分	10分	15分
9	平地行走	0分	5分	10分	15分
10	上下楼梯	—	0分	5分	10分

资料来源：Mahoney, F. I., (1965), "Functional Evaluation: The Barthel Index", *Maryland State Medical Journal*, 14 (2), 61-65。

（三）资金筹集

在各试点长期护理保险制度运行初期，长期护理保险的启动资金由已有的基本医疗保险基金划拨，每年基本医疗保险基金的划拨比例占长期护理保险基金的25%—100%不等。[①] 目前，中国长期护理保险基金大部分都来自上述基金，只有很小一部分来自个人和企业缴费，部分地方政府还会根据需要对长期护理保险基金进行补贴，各试点城市筹资渠道详见附录A表A.2。各地的筹资基数也存在差异：承德基于上一年的总工资计算；荆门则根据上一年城镇居民的人均可支配收入计算；上海、青岛、长春等根据医疗保险缴费基数计算。个人缴费金额通常为基本医保缴费基数（职工上年度平均薪酬）的较小比例（0.1%—0.3%不等）或固定金额（每人每年10—60元不等）。此外，上饶等少数城市还要求企业为职工缴纳一定数额的长期护理保险保费。

[①] 各试点城市医保基金划拨比例占长期护理保险基金总额的100%（上海等）、67%（安庆）、66%（青岛）、60%（长春）、58%（苏州）、50%（承德、齐齐哈尔）、40%（重庆）、30%（南通、上饶）、25%（荆门等）。

第三章　长期护理保险制度的中国实践

（四）待遇支付

大部分的长期护理保险试点城市根据护理的不同类型制定了相应的服务内容。根据护理服务内容的不同，护理服务可以分为两种类型：医疗护理和基本生活照料。根据服务地点的不同，护理服务可以分为三种类型：居家护理（简称"家护"），是指护理人员（包括专业护理人员和家庭照料者）在失能者的住所或社区日托中心提供服务，主要包括基本生活照料（如协助饮食、洗澡洗发、翻身、按摩、排泄护理、更换衣物、清洁居住环境、进行心理舒缓等）、初级临床护理（如鼻饲、睡眠护理、压疮护理、牙科护理、测量血压、测量血糖、氧疗、抽血、导管插入、慢性病护理等）、安全指导（如防跌倒指导）和康复训练（如饮食训练、被动运动等）；定点养老院提供的护理服务（又称"机构护理"，简称"院护"），是指在养老院等商业养老机构接受护理服务，包括提供食宿、日常生活必需品，以及进行基本生活照料、初级临床护理、安全指导和康复训练等；定点医疗机构提供的护理服务（简称"专护"），是指失能者在综合医院、专科医院、社区卫生中心、康复医院或慢性病医院接受临床护理服务，包括提供床位和更为专业的重症临床护理。符合条件的参保人可根据其失能等级评估结果选择在上述某一地点接受护理。上述护理服务的待遇支付标准和支付方式详见附录A表A.3。

不同试点城市为失能者提供的护理服务包也存在差异：承德为失能人群提供了23种机构护理服务和17种居家护理服务；青岛提供了60种家庭照料者无法独立提供的专业居家护理服务；南通提供了12种居家护理服务套餐（包含30种服务）；上海提供了42项服务；上饶的服务包中包括10个固定项目和28个可选项目；成都为失能者和失智者分别开发了单独的服务包。长期护理保险的报销比例因参保者所属基本医疗保险的类型不同而存在差异，如青岛和长春为职工医保参保者支付90%的护理费用，为居民医保参保者支付80%的护理费用。此外，不同地点的护理服务报销比例也有较大差异。以专护为例，青岛的报销限额为二级医院 180 元/天、三级医院 210 元/天、气管切开患者 300 元/天；南通的报销限额为重度失能人群 70 元/天、中度失能人群 30 元/天；承德的报销限额为一级医疗机构 70 元/天、二级医疗机构 80 元/天；广州机构护理和居家护理的报销比例分别为 75% 和 90%。平均而言，长期护理保险能够报销 70% 的护理费用，每人每天的支付上限平均约为 60 元。此外，在 76 个试点城市中，上海是唯一明确规定领取长期护理保险待遇最低年龄的城市，要求参保者必须年满 60 岁。

所有的长期护理保险试点均为失能者提供包括"家护""院护""专护"在内的服务给付（benefit-in-kind）；同时某些试点城市（如上海、南通、承德、上饶、重庆等）为选择并接受一段时间（通常为 6 个月）"亲情护理"的失能者提供了现金给付（benefit-in-cash），该类现金福利常被称为"居家护理服务补贴"或"小额护理补贴"，失能者可以任意选择"服务给付"或"现金给付"方式，如上海规定失能者每月每减少 1 小时的正式护理服务购买，即可获得 40 元的现金补贴。目前还没有数据显示哪种给付方式更具有吸引力，这也是学术界十分关注的重点话题。

（五）管理服务

实施长期护理保险需要政府各部门之间以及与商业机构之间的紧密合作。目前，各试点城市人社局、医保局、民政局、财政局及其他相关政府机构开展了密切合作，围绕长期护理保险试点的政策设计、实施和管理发布了多项政策文件，出台了多项配套措施。在中央政府层面，2018 年成立的国家医疗保障局负责牵头管理所有试点城市的长期护理保险项目，地方政府也在进行类似的政府机构重组。地方人社部门和医保部门为长期护理保险试点的开展和推进的主要监督管理部门，确保其符合国家总体方针。在实施长期护理保险试点的过程中，社会力量的引入起着重要作用，政府部门与有资质的商业保险公司、护理机构及评估机构的合作有利于促进护理服务和护理保险体系的完善，为进一步扩大长期护理保险覆盖范围奠定基础。

（六）运行现状

《2023年全国医疗保障事业发展统计公报》数据显示，2023年参加长期护理保险人数共1.83亿人，享受待遇人数134.29万人，占比约为0.73%；2023年基金收入243.63亿元，基金支出118.56亿元；长期护理保险定点服务机构8080家，护理服务人员30.28万人。由于各试点城市规模大小不同，目前长期护理保险在不同城市的受益人群数量也不尽相同。以上海市为例，截至2024年5月，约有73.5万人领取了长期护理保险待遇；截至2024年11月，青岛市已为13万名失能参保者提供了护理服务待遇给付；截至2023年年底，广州市有13.6万人受益于长期护理保险待遇给付；但在许多规模较小的城市，受益者数量偏少。由于无法获得各试点城市长期护理保险参保人数和待遇领取人数的完整、同步的数据，因此本书未对各试点城市的长期护理保险使用率进行比较分析。

总体而言，长期护理保险受益人的数量略低于申请人的数量，一方面是因为部分申请人未达到享受长期护理保险待遇的资格，另一方面原因在于申请长期护理保险待遇的过程较为烦琐（详见附录A图A.1），失能评估的过程通常需要耗费一个月及以上时间，部分健康状况较差的申请人在等待评估结果时不幸去世。因此在保证科学性和规范性的基础上进一步简化失能评估程序将可能使长期护理保险更快捷有效地惠及更多的申请者。

（七）配套设施

长期护理保险制度实施以来，中国养老服务设施呈现出稳步增长的发展势头。得益于对社区居家养老服务扶持力度的加大，社区养老服务设施的增幅显著升高。2012—2020年，中央财政累计投入271亿元用于支持养老服务设施建设。截至 2020 年年底,各类养老机构和设施总数达 32.9 万个、床位 821 万张,与 2012 年相比床位总数翻了一番。失能老年人护理补贴、养老服务补贴、高龄津贴分别惠及约 81.3 万名、535.0 万名、3104.5 万名老年人。① 民政部官方数据显示,② 全国各类社区养老服务设施从 2014 年年底的 5.9 万家,增至 2020 年年底的 29.1 万家,6 年间增长 23.2 万家,增幅达 393.2%;显著高于同期养老机构的增长幅度。进一步的分析显示,在社区养老服务设施中,社区养老照料机构的增长更突出,2019 年为 6.4 万家,在 2014 年的基础上增长 4.5 万家,增幅达 236.8%;而社区互助型养老服务设施 2019 年为 10.1 万家,比 2014 年增长 6.1 万家,增幅为 152.5%(见表 3-2)。

表 3-2　　　　　2014—2020 年养老服务机构发展情况　　　　单位:万家

类型	2014 年	2015 年	2016 年	2017 年	2018 年	2019 年	2020 年
养老机构	3.3^a	2.8	2.9	2.9	2.9	3.4	3.8
社区养老照料机构	1.9	2.6	3.5	4.3	4.5	6.4	—
社区互助型养老设施	4.0	6.2	7.6	8.3	9.1	10.1	—
社区养老机构	5.9	8.8	11.1	12.6	13.6	16.5	29.1
合计	9.2	11.6	14.0	15.5	16.5^b	19.9^b	32.9^c

注:a 2014 年养老机构为 3.3 万家,2015 年降至 2.8 万家,数据存在波动,大概率是数据质量问题;2015 年后数据相对稳定。b 2018 年公报发布的养老机构及设施总数为 16.8 万家,2019 年为 20.4 万家,与分项合计有出入。c 2020 年社区养老机构仅发布了总数,没有分照料机构与互助型养老设施,且总量在 2019 年的基础上增长 13 万家左右,应该是统计口径的调整所致。

资料来源:2014—2020 年《民政事业发展统计公报》,http://www.mca.gov.cn/article/sj/tjjb/sjsj/2020/202004.html。

① 新华社:《国新办举行扎实做好民政在全面小康中的兜底夯基工作发布会》,2021 年 9 月 17 日,https://www.gov.cn/xinwen/2021-09/17/content_5638100.htm。

② 由于社区养老服务设施的相关数据从 2014 年才开始发布,2012 年、2013 年没有对应的数据。

中国养老床位总体呈稳步增长的势头，其中社区养老床位数增幅显著高于机构养老床位数。2020年年末全国养老机构的床位达到483.1万张、社区留宿和日间照料床位340.7万张，分别比2014年增加92.8万和153.2万张，增幅分别为23.8%和81.7%。可以发现，社区养老床位数的增幅显著高于机构养老床位数（见图3-1）。

图3-1 2014—2020年养老机构床位与社区养老床位发展

资料来源：2014—2020年《民政事业发展统计公报》，中华人民共和国民政部，http://www.mca.gov.cn/article/sj/tjgb/。

四 本章小结

中国在建立和完善长期护理保险制度方面具有显著优势。76个长期护理保险试点项目都是以强制性的社会保险制度的原则进行设计的，这一政策特征有利于在最大限度上对全社会的长期护理风险进行分散和管理。在经营管理上，所有试点城市都依托中国发展较为成熟、覆盖范围极其广泛的基本医疗保险制度建立，具备完善的医疗卫生基础设施和可借鉴的政策框架，有利于高效快速地搭建新的长期护理保险政策框架，降低其管理运营成本。然而，中国长期护理保险试点也具有一些潜在的缺点，如各试点城市制度设计碎片化严重、不同群体之间（如职工医保和居民医保参保者之间、不同失能等级群体之间）待遇水平较为参差、公平性有待提高，领取待遇的审核标准过于严格，且非常依赖现有的基本医疗保险基金。下文将从参保对象、保障范围、资金筹集和待遇水平四个方面对目前长期护理保险试点存在的问题进行阐释。

第四章

长期护理保险对失能参保者住院服务利用的影响

随着中国人口老龄化程度的加深和老龄人口疾病谱的变化，慢性病逐渐替代急性病成为致残、致死的重要原因，为失能、失智老人提供高质量的长期护理服务是中国医疗卫生服务体系面临的重大挑战。第五次中国城乡老年人生活状况抽样调查显示，截至 2021 年，中国失能老年人约 3500 万人，占全体老年人的 11.6%。据测算，到 2035 年，中国失能老年人数将达到 4600 万人，到 2050 年达到 5800 万人左右。据估计，中国失能人群对医疗卫生服务（尤其是长期护理服务）的需求总金额将会从 2014 年的 0.12 万亿元上升至 2050 年的 1.60 万亿元。[1] 根据 Oliveira 和 Maisonneuve 的测算，2060 年 OECD 国家用于满足失能群体长期护理服务需求的财政支出将达到 GDP 的 2.5%。[2]

同时，长期以来中国的医疗卫生服务的供给过度依赖城市三甲医院的现象较为严重，基本的门诊、护理、保健、康复服务在三甲医院中占到较大比重，本应在基本医疗服务中承担重要职能的基层医院和

---

[1] Hu, H., Li, Y., Zhang, L., (2015), "Demand Assessment and Prediction of Long-term Care Services for the Elderly in China", *Chinese Population Science*, 3, 79–89.

[2] Oliveira Martins, J., de la Maisonneuve, C., (2015), "The Future of Health and Long-term Care Spending", *OECD Journal: Economic Studies*, 2014 (1), 61–96.

卫生院却并没有发挥相应的功能,其医疗床位和设施难以得到充分利用,[1] 以致"大医院门庭若市、小医院门可罗雀"的现象屡见不鲜。部分罹患慢性病的老年人由于缺乏充足的家庭支持,同时又难以支付养老院和护理院的高昂医疗费用,于是选择入住医院床位并利用基本医疗保险报销护理费用,这样的行为被称为"社会性住院"。研究表明,在英国、美国、日本、中国等老龄化程度较高的国家,老年人已成为医院床位的最大利用群体,[2] 健康护理资源的可及性较低是老年人在医院进行不必要住院的重要原因之一,该现象在空巢老人中尤为严重。[3] "社会性住院"浪费了大量的医疗资源,给医保基金和患者造成了沉重的经济负担。以美国为例,作为较早进入老龄化社会的国家之一,美国在控制老年群体医疗费用支出方面未取得显著成效,其原因部分在于拥有医疗保险的老年人将综合性医院作为获取护理服务的主要途径。研究表明,36%的住院糖尿病患者其实并不需要住院,该"无效"的医疗资源供给造成1.3亿美元的浪费。[4]

除了医疗资源的浪费,"社会性住院"还会对老年人的身体健康和

---

[1] Yip, W., Fu, H., Chen, A. T., et al., (2019), "10 Years of Health-care Reform in China: Progress and Gaps in Universal Health Coverage", *Lancet*, 394 (10204), 1192-1204.

[2] Chandra, A., Gruber, J., McKnight, R., (2010), "Patient Cost-Sharing and Hospitalization Offsets in the Elderly", *American Economic Review*, 100 (1), 193-213.

[3] Hammond, C. L., Pinnington, L. L., Phillips, M. F., (2009), "A Qualitative Examination of Inappropriate Hospital Admissions and Lengths of Stay", *BMC Health Services Research*, 9 (1), 1-9.

[4] 潜在可避免性住院(Potentially preventable hospitalization)也是造成医疗资源浪费的重要原因。潜在可避免性住院是指通过早期在社区或护理院进行干预和护理,能够使某些慢性病症状得到及时控制,可以避免患者接受住院医疗服务。基层卫生机构与社会护理资源匮乏、慢性病健康管理知识和经验欠缺、专科医院与全科医生之间信息沟通不畅是导致"潜在可避免性住院"和增加不必要住院时间的主要原因 [Hammond, C. L., Pinnington, L. L., Phillips, M. F., (2009), "A Qualitative Examination of Inappropriate Hospital Admissions and Lengths of Stay", *BMC Health Services Research*, 9 (1), 1-9]。据估算,在新加坡急症医院的老年床位中,高达49%的住院是潜在可避免的,其中最常见的几类非急症治疗分别为康复治疗、亚急性治疗和长期护理 [Zhou, K., Vidyarthi, A. R., Wong, C. H., et al., (2017), "Where to go If not the Hospital? Reviewing Geriatric Bed Utilization in an Acute Care Hospital in Singapore", *Geriatrics Gerontology International*, 17 (10), 1575-1583]。来自美国的研究同样发现,纽约州护理院的老人住院费用中有45%—55%用于潜在可避免性住院 [Walker, J. D.,(转下页)

精神健康造成损害。研究表明，随着老年人住院时长的增加，他们的生活质量会下降，并且在出院后也需要更多的护理服务。[①] 此外，他们也有更大的概率患上老年综合征[②]和医源性疾病，[③] 长期住院带来的高额医疗费用也给老年人及其家庭带来较大的经济负担，增加他们陷入贫困的概率。因此，减少"社会性住院"的比例，不仅能够降低个人和医保基金的医疗费用支出、提高医疗服务资源的配置和利用效率，还能提高人们的健康状况、生活质量和福利水平，促进居民转换目前被动的"事后疾病治疗"为更加主动的"事前健康管理"，有利于中国医疗卫生体系从"以疾病治疗为核心"向"以价值医疗为核心"转型。[④] 本书旨在检验中国长期护理保险制度试点对失能参保者住院服务利用的影响，以检验长期护理保险在医疗控费方面的作用和表现。本章研究路线如图 4-1 所示。

一 理论分析

为了给年老患病、丧失日常生活能力的老人提供护理保障和相应的

（接上页）Teare, G. F., Hogan, D. B., et al., (2009), "Identifying Potentially Avoidable Hospital Admissions from Canadian Long-term Care Facilities", *Medical Care*, 250-254]，总额高达 9.7 亿美元 [Grabowski, D. C., O'Malley, A. J., Barhydt, N. R., (2007), "The Costs and Potential Savings Associated with Nursing Home Hospitalizations", *Health Affairs*, 26 (6), 1753-1761]。

① Carlson, J. E., Zocchi, K. A., Bettencourt, D. M., et al., (1998), "Measuring Frailty in the Hospitalized Elderly: Concept of Functional Homeostasis", *American Journal of Physical Medicine Rehabilitation*, 77 (3), 252-257.

② Wald, H. L., (2012), "Prevention of Hospital-acquired Geriatric Syndromes: Applying Lessons Learned from Infection Control", *Journal of the American Geriatrics Society*, 60 (2), 364.

③ Mody, L., Bradley, S. F., Strausbaugh, L. J., et al., (2001), "Prevalence of Ceftriaxone- and Ceftazidime-Resistant Gram-Negative Bacteria in Long-term Care Facilities", *Infection Control Hospital Epidemiology*, 22 (4), 193-194.

④ 阳义南：《照护还是医疗：老年人健康支出的产出效率比较》，《统计研究》2016 年第 7 期。

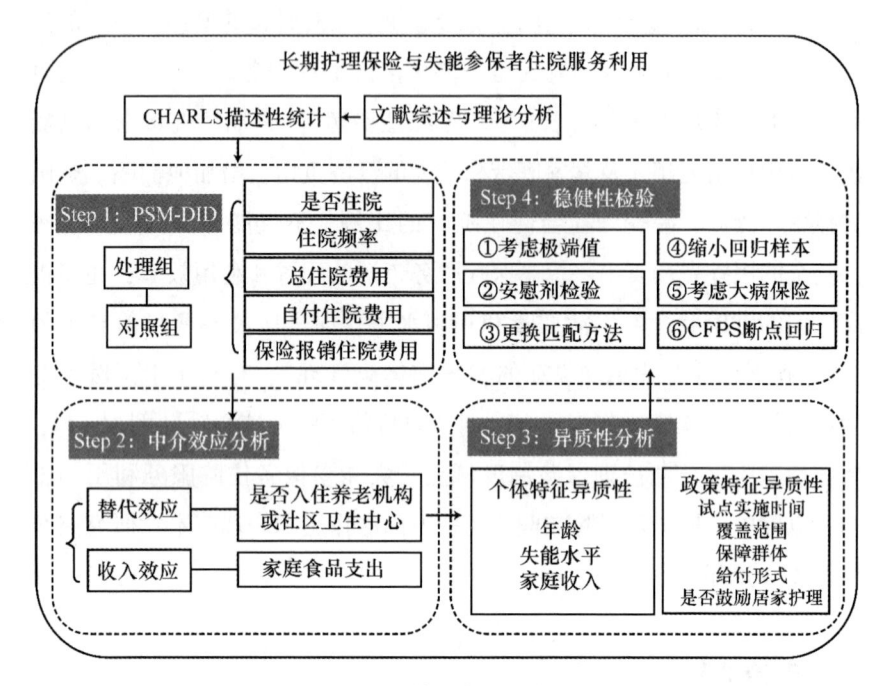

图 4-1　第四章研究路线

经济补偿，帮助其获得优质高效、价格低廉的长期护理服务，中国在2016年启动了长期护理保险试点项目。试点的推广为纠正不合理的医疗行为提供了良好的契机。一方面，随着长期护理保险制度的普及，试点城市的适老设施和养老文化得到了快速的发展，养老院、卫生院、社区护理中心等提供的机构护理服务及居家上门护理服务的可及性不断提高，为失能老人提供了更加经济便利的照护选择。① 因此，预期长期护理保险会通过"替代效应"减少"社会性住院"。② 例如 Costa-Font 等发现在西班牙进行扩大长期护理受益人资格的改革后，住院人数和住院

---

① 戴卫东：《"社会性住院"现象及其干预路径：一个文献分析》，《安徽师范大学学报》（人文社会科学版）2015年第1期。
② Brown, J. R., Finkelstein, A., (2007), "Why is the Market for Long-term Care Insurance So Small?", *Journal of Public Economics*, 91 (10), 1967–1991.

时间均有所下降；① Rapp 等发现，法国的居家护理补贴使得医院急诊率下降了 1.3%；② Gaughan 等发现，增加 10% 的养老院床位可以减少英国 6%—9% 的延迟出院比例；③ Hyun 等研究了长期护理对韩国老年人住院时间的影响，发现失能程度为 1 级和 2 级的长期护理受益人的住院时间分别减少 18.2% 和 7.2%。④ 另一方面，长期护理服务的可及性增加有利于老年人进行健康检查和慢性病管理，⑤ 使用更加便宜、合适的护理服务替代昂贵、过度的住院治疗，从而减少了"潜在可避免性住院"，提高了医疗支出的健康产出效率，产生一定的"健康提升效应"。

同时，也有研究表明，长期护理保险的实施为失能老人提供了一定的经济补偿，间接增加了受益者的收入水平，因此可能会刺激其医疗需求，使原本受到抑制的医疗和护理需求得以释放，导致人们使用"专护""院护"来替代"家护"的现象，不仅无法抑制人们的住院服务利用、控制医保费用支出，反而可能增加医保基金和长期护理基金的支付压力，产生"收入效应"。⑥ 来自日本的经验证据表明，长期护理保险的费用支出从 2000 年 4 万亿日元上涨到 2010 年 10.5 万亿日元，2012 年日本 65 岁及以上老人的人均护理费用高达 2832 美元，分别为同期英国、意大利、美国 65 岁及以上老年群体人均护理费用的 1.2 倍、1.5 倍

---

① Costa-Font, J., Jimenez-Martin, S., Vilaplana, C., (2018), "Does Long-term Care Subsidization Reduce Hospital Admissions and Utilization?", *Journal of Health Economics*, 58, 43-66.

② Rapp, T., Chauvin, P., Sirven, N., (2015), "Are Public Subsidies Effective to Reduce Emergency Care? Evidence from the PLASA Study", *Social Science & Medicine*, 138, 31-37.

③ Gaughan, J., Gravelle, H., Siciliani, L., (2015), "Testing the Bed-blocking Hypothesis: Does Nursing and Care Home Supply Reduce Delayed Hospital Discharges?", *Health Economics*, 24, 32-44.

④ Hyun, K.-R., Kang, S., Lee, S., (2014), "Does Long-term Care Insurance Affect the Length of Stay in Hospitals for the Elderly in Korea: A Difference-in-Difference Method", *BMC Health Services Research*, 14 (1), 1-7.

⑤ Lee, S. H., Ogawa, N., Matsukura, R., (2016), "Japan's Pension Reform, Labor Market Responses, and Savings", *Journal of the Economics of Ageing*, 8, 67-75.

⑥ 王晓亚、黄德海、卜鹏滨：《医疗保险的双重效应与居民医疗支出：作用机理及实证检验》，《当代经济科学》2018 年第 5 期。

和 1.9 倍。① 此外，也有研究发现长期护理保险能够提高参保者的风险认知水平，从而进一步诱导人们产生医疗卫生服务需求，增加人们的住院开支，即产生"风险认知提升效应"。

目前，中国长期护理保险尚处于试点阶段，关于长期护理保险对于医疗费用与就医行为的实证研究较为缺乏。其中，马超等、② 于新亮等③针对青岛市长期护理保险进行了政策评估，前者发现，长期护理保险在没有损害居民健康的前提下减少了当地居民的医疗资源利用，存在对住院费用的"替代效应"；后者发现，人均医疗费用短暂下降后迅速持续增高，表明长期护理保险释放了部分医疗需求，存在"收入效应"。Feng 等研究了上海市长期护理保险对住院费用的影响，发现长期护理保险的实施降低了患者在三甲医院的住院时长（下降41%）、住院费用（下降 17.7%）和医疗保险费用（下降 11.4%），1元的长期护理保险支出约可以降低 8.6 元的医疗保险支出，极具成本—收益效应。④ 上述研究均针对某一城市的试点展开，尚未有从全国范围内、针对各试点不同的政策特点进行住院费用评估的研究。本书使用 CHARLS 和 CFPS 两个具有全国代表性的微观数据库，采用倾向得分匹配下的双重差分法（PSM-DID）与断点回归法（RDD）研究了长期护理保险的实施与不同的失能者家庭医疗支出的关系。由于数据可得性的问题，本书仅从"替代效应"和"收入效应"两个角度进行中介机制检验。

---

① Ikegami, N., (2019), "Financing Long-term Care: Lessons from Japan", *International Journal of Health Policy and Management*, 8 (8), 462.
② 马超、俞沁雯、宋泽等：《长期护理保险、医疗费用控制与价值医疗》，《中国工业经济》2019 年第 12 期。
③ 于新亮、刘慧敏、杨文生：《长期护理保险对医疗费用的影响——基于青岛模式的合成控制研究》，《保险研究》2019 年第 2 期。
④ Feng, J., Wang, Z., Yu, Y., (2020), "Does Long-term Care Insurance Reduce Hospital Utilization and Medical Expenditures? Evidence from China", *Social Science & Medicine*, 258, 113081.

二 实证分析

(一)数据介绍

1. CHARLS 数据库

在主回归中,本书利用中国健康与养老追踪调查(China Health and Retirement Longitudinal Survey,CHARLS)数据库 2011 年、2013 年、2015 年、2018 年的数据考察了全国各试点城市中长期护理保险的引入对住院率和住院费用的影响。由于 CHARLS 数据库提供了个体所属城市的有关信息,因此,本书能够实现长期护理保险政策数据库与 CHARLS 数据库的匹配,进而将受到长期护理保险覆盖的人群(以下称为"处理组")与未受到覆盖的人群(以下称为"对照组")区分开来。由于 CHARLS 调查通常在每个调查年度的 7—8 月进行,而最后一个调查年度为 2018 年,因此,长期护理保险试点的处理组应为居住在 2018 年 6 月 30 日及之前实施长期护理保险政策的城市且被相应基本医保[①]覆盖的微观个体。图 4-2 展示了各城市开展长期护理保险试点的时间与 CHARLS 历次调查之间的关系。

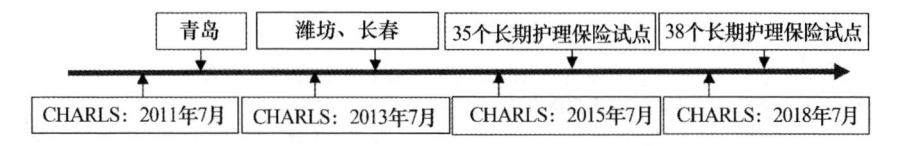

图 4-2 CHARLS 历次调查时间与各城市开展长期护理保险试点时间的关系

注:在 2018 年 6 月 30 日及之前(最后一轮 CHARLS 调查在 7—8 月开展),只有 38 个试点城市启动了长期护理保险试点。

[①] 值得注意的是,在不同的试点城市,处理组个体参加的基本医疗保险是不同的。在一些试点城市中,处理组个体均为参加职工医保的个体;而在另一些试点城市中,处理组个体为参加职工医保或居民医保的个体。

在 2018 年 6 月 30 日及之前实施长期护理保险政策的城市共计 38 个,① CHARLS 覆盖了其中的 23 个城市:② 青岛、潍坊、上饶、济南、吉林、荆门、承德、上海、安庆、杭州、成都、徐州、广州、临沂、嘉兴、临汾、齐齐哈尔、苏州、聊城、宁波、重庆、滨州、台州。CHARLS 数据库覆盖的城市数量共计 125 个,除了实施长期护理保险的 23 个处理组城市,还有 102 个可以作为对照组城市。③ 需要注意的是,并不是试点城市中的所有个体均为处理组。居住在试点城市但未被相应基本医疗保险覆盖的个体无法申请长期护理保险待遇,因此被列为对照组个体。④ 处理组和对照组城市如表 4-1 所示。

表 4-1　　　　　　　　处理组和对照组样本一览

序号	省份	处理组	对照组
1	安徽	安庆市中参加职工医保的受访者	(1) 安庆市中未参加职工医保的受访者; (2) 亳州市、六安市、宿州市、巢湖市、淮南市、阜阳市全体受访者
2	北京	—	北京市全体受访者
3	重庆	重庆市中参加职工医保的受访者	重庆市中未参加职工医保的受访者

---

① 由于北京市在 2018 年 6 月 30 日及之前实施的是居家养老失能护理互助保险,不是典型的长期护理保险,因此本书将北京市纳入对照组范围。

② CHARLS 并未覆盖其余的 15 个城市:长春、日照、南通、邢台、松原、石河子、泰安、白山、济宁、克拉玛依、淄博、昌吉回族自治州、东营、菏泽、烟台。

③ 然而,上述处理组和对照组的划分方式存在一定的内生性问题。在推广长期护理保险试点的过程中,老龄化较为严重、经济社会发展水平较高、医疗卫生资源较丰富、基本医疗保险基金相对充足的城市更有可能被选为或自发建立长期护理保险试点。为了解决这一问题,必须在对照组城市中选择与处理组在人口结构、经济发展水平、医疗卫生水平和基本医保覆盖率等方面相似的城市作为新的对照组,以满足城市层面的平行趋势。本书采用了倾向得分匹配的方法,见后文实证方法的介绍。

④ 本书划分处理组与对照组的依据为受访者所在地级市信息及其是否参加了相应的基本医疗保险,而并不是该受访者是否实际获得了长期护理保险待遇,因为我们无法知晓其是否卧床 6 个月以上及其准确的 Barthel 评分。因此,本书估计的不是传统的处理效应 (ATT),而是"意向处理效应"(Intention-to-Treat effect on the Treated, ITT)。

第四章 长期护理保险对失能参保者住院服务利用的影响

续表

序号	省份	处理组	对照组
4	福建	—	福州市、莆田市、漳州市、宁德市全体受访者
5	甘肃	—	兰州市、张掖市、平凉市、定西市全体受访者
6	广东	广州市中参加职工医保的受访者	(1) 广州市中未参加职工医保的受访者；(2) 佛山市、江门市、深圳市、清远市、潮州市、茂名市全体受访者
7	广西	—	南宁市、桂林市、玉林市、河池市全体受访者
8	贵州	—	黔南布依族苗族自治州、黔东南苗族侗族自治州全体受访者
9	河北	承德市中参加职工医保的受访者	(1) 承德市中未参加职工医保的受访者；(2) 保定市、沧州市、石家庄市全体受访者
10	河南	—	郑州市、信阳市、濮阳市、焦作市、洛阳市、平顶山市、周口市、安阳市全体受访者
11	黑龙江	齐齐哈尔市中参加职工医保的受访者	(1) 齐齐哈尔市中未参加职工医保的受访者；(2) 佳木斯市、哈尔滨市、鸡西市全体受访者
12	湖北	荆门市中参加职工医保或居民医保的受访者	(1) 荆门市中未参加职工医保且未参加居民医保的受访者；(2) 恩施土家族苗族自治州、襄阳市、黄冈市全体受访者
13	湖南	—	长沙市、娄底市、岳阳市、常德市、益阳市、邵阳市全体受访者
14	吉林	吉林市中参加职工医保或居民医保的受访者	(1) 吉林市中未参加职工医保且未参加居民医保的受访者；(2) 四平市全体受访者
15	江苏	徐州市、苏州市中参加职工医保或居民医保的受访者	(1) 徐州市、苏州市中未参加职工医保且未参加居民医保的受访者；(2) 宿迁市、扬州市、泰州市、盐城市、连云港市全体受访者
16	江西	上饶市中参加职工医保的受访者	(1) 上饶市中未参加职工医保的受访者；(2) 九江市、南昌市、吉安市、宜春市、景德镇市、赣州市全体受访者

续表

序号	省份	处理组	对照组
17	辽宁	—	鞍山市、锦州市、本溪市、朝阳市、大连市全体受访者
18	内蒙古	—	赤峰市、呼和浩特市、呼伦贝尔市、兴安盟、锡林郭勒盟全体受访者
19	青海	—	海东市全体受访者
20	山东	（1）青岛市中参加职工医保或居民医保的受访者；（2）潍坊市、济南市、临沂市、聊城市、滨州市中参加职工医保的受访者	（1）青岛市中未参加职工医保且未参加居民医保的受访者；（2）潍坊市、济南市、临沂市、聊城市、滨州市中未参加职工医保的受访者；（3）威海市、德州市、枣庄市全体受访者
21	山西	临汾市中参加职工医保或居民医保的受访者	（1）临汾市中未参加职工医保且未参加居民医保的受访者；（2）运城市、阳泉市、忻州市全体受访者
22	陕西	—	渭南市、榆林市、汉中市、宝鸡市全体受访者
23	上海	上海市中参加职工医保或居民医保的受访者	上海市中未参加职工医保且未参加居民医保的受访者
24	四川	成都市中参加职工医保的受访者	（1）成都市中未参加职工医保的受访者；（2）内江市、凉山彝族自治州、南充市、宜宾市、广安市、甘孜藏族自治州、眉山市、绵阳市、资阳市全体受访者
25	天津	—	天津市全体受访者
26	新疆	—	阿克苏地区全体受访者
27	云南	—	昆明市、昭通市、临沧市、丽江市、保山市、楚雄彝族自治州全体受访者
28	浙江	（1）杭州市、台州市、嘉兴市中参加职工医保或居民医保的受访者；（2）宁波市参加职工医保的受访者	（1）杭州市、台州市、嘉兴市中未参加职工医保且未参加居民医保的受访者；（2）宁波市未参加职工医保的受访者；（3）丽水市、湖州市全体受访者

注：1. 北京市在2018年6月30日及之前实施的是居家养老失能护理互助保险，不是典型的长期护理保险，因此，本书将北京市居民视为对照组。2. CHARLS数据共覆盖28个省份的125个城市，各城市受访者所属组别均已在表中列明；CHARLS数据未覆盖西藏、宁夏、海南、香港、澳门、台湾。

第四章 长期护理保险对失能参保者住院服务利用的影响

CHARLS 数据库 2011 年、2013 年、2015 年、2018 年总样本数为 80525 个，其中 45 岁及以上样本量为 78321 个。由于本书仅关注失能参保人的住院服务利用情况，因此我们筛选出存在 ADL 或 IADL 限制的受访者，具体筛选标准如下。

（1）若受访者因为健康或记忆方面的原因导致完成下述任一日常生活活动（ADL）时存在困难或无法完成，则纳入回归样本：①穿衣（包括从衣橱中拿出衣服、穿上衣服、扣上纽扣、系上腰带）；②吃饭（当饭菜准备好以后，自己吃饭定义为用餐，如夹菜）；③上厕所（包括蹲下、站起）；④控制大小便（自己能够使用导尿管或者尿袋算能够控制自理）；⑤洗澡；⑥起床、下床；⑦在椅子上坐时间久了再站起来；⑧平地行走 100 米；⑨连续不停地爬几层楼梯。[①]

（2）若受访者因为健康或记忆方面的原因导致完成下述任一工具性日常生活活动（IADL）时存在困难或无法完成，则纳入回归样本：①做家务（包括房屋清洁、洗碗盘、整理被褥和房间摆设）；②做饭（包括准备原材料、做饭菜、端上餐桌）；③自己去商店买食品杂货（包括决定买什么和付钱）；④打电话；⑤吃药（指的是能记得什么时间吃和吃多少）；⑥管钱（包括支付账单、记录支出项目、管理财物）。

值得注意的是，在中国大部分长期护理保险试点城市，申请保险待遇给付的参保者必须达到重度失能（Barthel 评分低于 40 分）的标准，部分城市将该标准放宽为中度失能（Barthel 评分为 40—60 分）。虽然只有失能到一定严重程度（通常为中度或重度失能）的参保者才能申请长期护理保险待遇给付，但由于长期护理保险的实施极大地促进了当地护理机构及适老设施的发展，因此对于部分尚未收到长期护理保险待遇给付的失能程度较轻的参保者，护理服务基础设施的完善等长期护理保险配套措施预期将会对其住院服务利用产生影响；同时，由于个体的失能程度进展较为迅速且难以逆转，因此本书认为轻度、中度和重度失

[①] 在目前各试点城市的政策文件中，申请长期护理保险待遇的失能者通常需要经过 Barthel 量表的严格评估，该量表的设计与上述九项日常活动基本相同。

能群体均已成为或未来很可能成为长期护理保险政策及其配套措施的潜在受益人，其住院决策将会受到影响。

在进行上述样本筛选后，共有17249个存在轻度、中度或重度失能的样本。作为稳健性检验，本书按照各城市的待遇申请标准筛选出新的处理组进行回归分析，相关结果详见本章第二节。

此外，由于受到医疗保险覆盖的群体的就医和住院决策与未受到任何医疗保险覆盖的群体存在较大的差异，本书排除了未被任何医疗保险覆盖的个体①（16100个样本），并删除解释变量、被解释变量、控制变量存在缺失值的样本。最终，本书的分析样本有11943个观测值（其中2011年2365个样本、2013年2829个样本、2015年3373个样本、2018年3376个样本），其中在2018年6月30日及之前被长期护理保险覆盖的样本量为733个（占6.14%），在2018年6月30日及之前未被长期护理保险覆盖的样本量为11210个（占93.86%）。虽然处理组样本量占比较少，但这并不妨碍双重差分法的有效性，② 同时较为庞大的对照组数据为本书进行异质性分析提供了充足的可供匹配的样本。由于后文中在双重差分前使用了倾向得分匹配方法，因此回归样本进一步减少为11616个。

2. CFPS数据库

相比CHARLS数据库，CFPS样本量更大、城市人口占比更高、中老年群体占比更小。以2018年为例，CFPS样本量为33097个，城镇居民占总人口的比重为46.0%，45岁及以上中老年人占总人口的比重为51.9%；而CHARLS为20813个，城镇居民占总人口的比重为40.3%，

---

① 相关问题是："您本人目前是否参加了以下医疗保险？（可多选）"。选项分别为：(1) 城镇职工医疗保险（医保）；(2) 城乡居民医疗保险（合并城镇居民和新型农村合作医疗保险）；(3) 城镇居民医疗保险；(4) 新型农村合作医疗保险（合作医疗）；(5) 公费医疗；(6) 医疗救助；(7) 商业医疗保险：单位购买；(8) 商业医疗保险：个人购买；(9) 城镇无业居民大病医疗保险；(10) 其他医疗保险；(11) 没有保险。

② Moser, P., Voena, A., (2012), "Compulsory Licensing: Evidence from the Trading with the Enemy Act", *American Economic Review*, 102 (1), 396-427.

45岁及以上中老年人占总人口的比重为98.9%。然而，CFPS无法获得个体所在地级市的信息，只能获得其所在省份信息。因此，本书仅使用CFPS分析在省（直辖市）级层面推广长期护理保险的城市（如上海、天津、重庆等）。

上海长期护理保险待遇领取标准与其他省份存在显著差异。《上海市长期护理保险试点办法》（沪府发〔2016〕110号）规定，"试点阶段，暂定为60周岁及以上、经评估失能程度达到评估等级二至六级且在评估有效期内的参保人员，可以享受长期护理保险待遇"。该政策为本书采用新的实证方法分析长期护理保险的控费作用提供了基础。由于60岁以下失能参保者无法申领长期护理保险待遇、60岁及以上人群有一定概率领取长期护理保险待遇给付，因此，60岁成为研究长期护理保险对失能参保者住院服务利用的重要断点。CFPS数据库中，上海2018年受访者共2577人，存在失能现象的个体共775人。[①] 本书进一步排除了未参与长期护理保险的个体（剩余样本698个），并删除解释变量、被解释变量、控制变量存在缺失值的样本。最终，本书的分析样本有628个观测值。

（二）变量定义

1. 解释变量

本书的解释变量为"是否受到长期护理保险覆盖"。当失能个体在

[①] 根据CFPS问卷内容，本书将具有以下ADL或IADL失能情况的个体纳入失能群体范围：（1）不能独立去户外活动（步行300米左右，如去车站、购物中心、停车场）；（2）不能独立进餐（准备一杯茶、掰馒头、夹菜）；（3）不能独立进行厨房活动（准备1—2人用的午餐：土豆削皮、切菜、烧肉、摆放餐桌、饭后擦桌子、洗碗）；（4）不能独立使用公共交通（乘坐居住区内的公共电车、汽车、火车、轮船，包括去车站、从车站回来、上下车船、车船内的转移、买票和找座位）；（5）不能独立购物（在当地商店和购物中心购物，包括与购物有关的活动，如进出商场、挑选商品、付款、将物品带回家）；（6）不能独立清洁卫生（收拾床铺、日常清洁、拖浴室地板、使用吸尘器、换被单、抹窗、倒垃圾）；（7）不能独立洗衣（包括洗衣的全过程：在洗衣房里或用自己的洗衣设备洗被单和衣服、衣服分类、选择洗衣程序、操作洗衣机、放进和取出衣服、晾干衣服、折叠和整理洗好的干衣服）；（8）受访者坐一段时间后不能马上从椅子上站起来；（9）受访者不能捡起地上的书。

2018年7月前参加了长期护理保险（户口所在地位于在当年及之前实施长期护理保险的城市且被相应职工医保/居民医保覆盖），该变量取值为1，否则取值为0。

2. 被解释变量

本书分析了各试点城市居民在受到长期护理保险政策冲击后住院行为的变化。被解释变量为：①受访者过去一年内是否在综合医院、全科医院、专科医院、中医院或乡镇卫生院住过院；②受访者过去一年在综合医院、全科医院、专科医院、中医院或乡镇卫生院接受住院治疗的次数；③受访者过去一年在综合医院、全科医院、专科医院、中医院或乡镇卫生院住院的总费用①（包括自付部分和报销部分的总费用）；④受访者过去一年在综合医院、全科医院、专科医院、中医院或乡镇卫生院住院费用的自付部分；⑤受访者过去一年在综合医院、全科医院、专科医院、中医院或乡镇卫生院住院费用中通过保险报销的部分。由于数据限制，本书未能针对参保者的次均住院时长和日均住院费用进行研究。上述被解释变量之间的关系如下：

总住院费用=自付住院费用+保险报销住院费用=住院频率×次均住院费用

3. 中介变量

为了检验"替代效应"，本书重点关注了居民在参加长期护理保险后前往养老机构、社区卫生服务中心或卫生服务站（而不是综合医院、全科医院、专科医院、中医院、乡镇卫生院）接受住院治疗的概率，该变量显示了个体对住院医疗机构类型的偏好。若"替代效应"存在，则预期失能参保者将增加其在养老机构、社区卫生服务中心或卫生服务站住院的概率。为了检验"收入效应"，本书选取了能够代表个体及其家庭基本生活消费的"家庭食品支出"，该变量显示了长期护理保险待

---

① 只包括付给医院的费用，不包括陪护的工资、自己或家人的交通费和住宿费，但包括医院病房费。

第四章　长期护理保险对失能参保者住院服务利用的影响

遇给付能否提升失能者及其家庭的消费水平，该项支出与同为基本生活需求的医疗支出具有较强的相关性。① 若"收入效应"存在，则预期失能参保者及其家庭的食品消费将会上升，各项生活必需品的需求会进一步得到释放。

4. 控制变量

回归的控制变量包括四个层次，分别为：①个人基本特征变量，年龄、年龄²、性别、民族、户口、②婚姻状况、受教育水平、自评健康状况、是否独居、罹患慢性病的数量、ADL失能数量、躯体/智力/视觉/听觉/言语功能残疾数量、医疗保险类型、养老金收入；②家庭特征变量，家庭是否拥有房产、家庭年收入、家庭金融资产数量（含存款）；③家庭关系变量，家庭规模、子女数量、兄弟姐妹数量、家庭内部经济转移；④地级市特征变量，户籍人口数、土地面积、人均GDP、一般公共预算支出、每千人口执业（助理）医师数、每千人口注册护士数。③ 表4-2列出了基础回归分析和中介机制分析中的解释变量、被解

---

① 高建刚、王冬梅：《城镇居民医疗支出的不均等性及影响因素分析》，《经济经纬》2010年第3期。

② 户口是指受访者的户籍类型，包括非农户口和农业户口。

③ 根据以往研究（李实、魏众、B.古斯塔夫森：《中国城镇居民的财产分配》，《经济研究》2000年第3期；王红玲：《中国城镇职工健康及医疗服务需求的模型分析》，《统计研究》2001年第5期；余央央：《老龄化对中国医疗费用的影响——城乡差异的视角》，《世界经济文汇》2011年第5期；王超群：《中国人均卫生费用增长的影响因素分解》，《保险研究》2013年第8期；颜琰：《我国人均卫生费用的主成分分析》，《中国卫生经济》2017年第12期），经济、人口和医疗卫生因素将会影响医疗费用支出。本书选取人均GDP作为衡量城市经济水平和人民生活水平的经济指标，选取户籍人口数作为衡量城市人口情况的指标，选取每千人口执业（助理）医师数、每千人口注册护士数作为衡量城市医疗水平的指标，并额外选择了土地面积、一般公共预算支出作为城市特征变量。其中，人均GDP、户籍人口数、每千人执业（助理）医师数、每千人注册护士数等根据《中国城市统计年鉴》《中国统计年鉴》以及各城市统计局、卫生和计划生育委员会网站相关数据计算得出。在地级市特征变量方面，本书尽可能多地控制了城市层面的宏观变量。但由于数据可得性问题，本书也存在一定的遗漏变量问题。然而，该问题的存在不会对本书的结果产生影响，这是因为宏观变量一般会从整体上影响一个城市的全体居民，而本书的处理组和对照组的选取并非在城市层面进行，而是在个体层面进行（如对于仅覆盖职工医保参保者的济南而言，仅29.5%的样本被纳入处理组，有70.5%的样本被纳入对照组）。因此，宏观变量无法取代长期护理保险成为造成处理组与对照组差异的原因。

释变量和控制变量，表 4-3 进行了描述性统计。

表 4-2　　　　　　　　　　　　变量定义

	变量	定义
解释变量	是否参加长期护理保险	受访者当年是否受到长期护理保险覆盖。若受访者居住在当年及之前已实施长期护理保险的城市且参加了相应的职工医保或居民医保，则取值为 1，否则取值为 0
被解释变量	是否住院	受访者过去一年内是否在综合医院、全科医院、专科医院、中医院、乡镇卫生院住过院（是=1，否=0）
	住院频率	受访者过去一年在综合医院、全科医院、专科医院、中医院、乡镇卫生院接受住院治疗的次数
	总住院费用	受访者过去一年在综合医院、全科医院、专科医院、中医院、乡镇卫生院住院的总费用（包括自付和报销部分的总费用）（元）
	自付住院费用	受访者过去一年在综合医院、全科医院、专科医院、中医院、乡镇卫生院住院费用的自付部分（元）
	保险报销住院费用	受访者过去一年在综合医院、全科医院、专科医院、中医院、乡镇卫生院住院费用中通过保险报销的部分（元）
中介变量	是否入住养老机构或社区卫生中心	受访者过去一年中最后一次接受住院治疗所在的医疗机构的类型是否为养老机构、社区卫生服务中心或卫生服务站（是=1，否=0）
	家庭食品支出	受访者家庭过去一年花了多少钱购买食品（不包括摆酒、办酒席、外出就餐、购买香烟、酒水等）（元）
个人基本特征变量	年龄	受访者的年龄
	男性	是=1，否=0
	汉族	是=1，否=0
	城镇地区	受访者所居住的区域：城镇区域=1，农村区域=0
	非农户口	是=1，否=0
	婚姻状况	已婚并与配偶共同居住=1，分居/离异/丧偶/从未结婚=0
	受教育水平	未受过正规教育=1，仅会读写=2，小学毕业=3，初中毕业及以上=4
	自评健康状况	非常差=1，较差=2，一般=3，较好=4，非常好=5
	独自居住	是=1，否=0

第四章 长期护理保险对失能参保者住院服务利用的影响

续表

	变量	定义
个人基本特征变量	慢性病数量	医生诊断出的下述14种慢性病的数量,包括:①高血压;②血脂异常[a];③糖尿病或高血糖;④癌症或恶性肿瘤[b];⑤慢性肺病[c];⑥慢性肝病[d];⑦心脏病、冠心病、心绞痛、充血性心力衰竭或其他心脏病;⑧中风;⑨慢性肾脏疾病[e];⑩慢性胃或其他消化系统疾病[f];⑪情绪、神经和精神问题;⑫记忆相关疾病;⑬关节炎或风湿病;⑭哮喘
	ADL失能数量	以下9项日常生活活动中的失能数量:穿衣、吃饭、上厕所、控制大小便、洗澡、起床和下床、久坐后站起、走100米、连续不停地爬几层楼
	残疾数量	以下5个方面的残疾数量:躯体/智力/视觉/听觉/言语
	医疗保险类型	城镇职工医疗保险=1,城镇居民医疗保险=2,新型合作医疗保险=3,城乡居民医疗保险=4,单位或个人购买的商业医疗保险=5,其他医疗保险=6
	养老金收入	受访者过去一年实际领取的养老金(元),包括:(1)公务员、事业单位职工、企业职工基本养老保险;(2)城乡居民基本养老保险;(3)新型农村基本养老保险;(4)补充养老保险(年金);(5)被征地农民养老保险;(6)高龄津贴;(7)其他商业养老保险
家庭特征变量	家庭是否拥有房产[g]	是=1,否=0
	家庭年收入	受访者所在家庭过去一年的总收入(万元)
	家庭金融资产(含存款)	受访者所在家庭金融资产与金融负债的差值,包括存款、现金、债券、股票、贷款、共同基金和住房公积金(万元)
	家庭规模	受访者所在家庭中一起吃饭的人数(不包括客人)
	子女数量	受访者的子女数量
	兄弟姐妹数量	受访者的兄弟姐妹数量
	家庭内部经济转移	受访者收到的子女给予的数额减去受访者给予子女的数额(万元)
地级市特征变量	户籍人口数	受访者所在地级市当年的户籍人口数(万人)
	土地面积	受访者所在地级市的面积(平方千米)
	人均GDP	受访者所在地级市的人均GDP(万元)
	一般公共预算支出	受访者所在地级市的一般公共预算支出(亿元)

续表

	变量	定义
地级市特征变量	每千人口执业（助理）医师数	受访者所在地级市医院和卫生院中执业（助理）医师数/户籍人口数×1000
	每千人口注册护士数	受访者所在地级市医院和卫生院中注册护士数/户籍人口数×1000

注：a 包括低密度脂蛋白、甘油三酯（TGs）和总胆固醇的升高，或高密度脂蛋白的低水平。b 不包括轻微的皮肤癌。c 例如慢性支气管炎、肺气肿（不包括肿瘤或癌症）。d 不包括脂肪肝、肿瘤和癌症。e，f 不包括肿瘤或癌症。g 如果受访者或其家庭成员拥有该房屋的部分产权，则视为拥有该房产。

资料来源：CHARLS。

（三）实证策略

1. 倾向得分匹配下的多期双重差分法（PSM-DID）

为了减少内生性偏差，国内外学者一般会采用工具变量法（IV）、倾向得分匹配法（PSM）、断点回归（RD）以及双重差分法（DID）等进行研究。与其他方法相比，DID 的操作更为简单，对样本量需求较少，且不需要寻找工具变量，因此，在近年来被广泛应用。较早在国内使用 DID 进行政策评估研究的文献是周黎安和陈烨对税费改革的研究，[1] 在针对长期护理保险对个体医疗支出影响的研究中，Hyun 等[2]也采用了这一方法。

DID 方法的基本原理是将样本分为处理组和对照组，处理组受到政策影响，而对照组不受政策影响，通过对二者随时间变化的趋势进行对比，得到该政策对被解释变量的影响。[3] 具体模型设定为：长期护理保

---

[1] Zhou, L. A., Chen, Y., (2005), "The Policy Effect of Tax-and-fees Reforms in Rural China: A Difference-in-differences Estimation", *Economic Research Journal*, 8 (5), A9.

[2] Hyun, K.-R., Kang, S., Lee, S., (2014), "Does Long-term Care Insurance Affect the Length of Stay in Hospitals for the Elderly in Korea: A Difference-in-Difference Method", *BMC Health Services Research*, 14 (1), 1-7.

[3] 值得注意的是，由表 4-1 可知，本书的水平为微观个体层面，而非城市层面。由于本书对受访者所在城市、医保类型及失能水平进行了详细的区分，因此在平行趋势满足的情况下（见图 4-3），本书研究的是"相对于未参保的失能个体，实施长期护理保险制度对参保的失能个体的影响"，而不是"在试点期间试点城市与非试点城市的不同"。

第四章 长期护理保险对失能参保者住院服务利用的影响

表4-3 描述性统计（倾向得分匹配后）

		总样本 (N=11616)				处理组 (N=716)				对照组 (N=10900)			
		均值	标准差	最小值	最大值	均值	标准差	最小值	最大值	均值	标准差	最小值	最大值
被解释变量	是否住院	0.188	0.391	0	1	0.178	0.383	0	1	0.189	0.392	0	1
	住院频率	0.301	0.858	0	24	0.277	0.848	0	13	0.303	0.860	0	24
	总住院费用	2537	13076	0	700000	3902	15264	0	140000	2447	12911	0	700000
	自付住院费用	1412	7074	0	200000	1978	9390	0	100000	1375	6888	0	200000
	保险报销住院费用	1125	7975	0	500000	1924	8758	0	137500	1072	7917	0	500000
中介变量	是否入住养老机构或社区卫生中心	0.108	0.310	0	1	0.121	0.326	0	1	0.107	0.309	0	1
	家庭食品支出	8773	10289	540	208000	10342	11092	600	180000	8670	10205	540	208000
个人基本特征变量	年龄	62.122	6.347	45	94	63.139	6.802	45	91	62.055	6.304	45	94
	男性	0.459	0.498	0	1	0.477	0.499	0	1	0.458	0.498	0	1
	汉族	0.968	0.175	0	1	0.989	0.104	0	1	0.967	0.179	0	1
	城镇地区	0.418	0.493	0	1	0.642	0.479	0	1	0.403	0.491	0	1
	非农户口	0.107	0.309	0	1	0.177	0.382	0	1	0.102	0.303	0	1
	婚姻状况	0.897	0.304	0	1	0.898	0.303	0	1	0.897	0.304	0	1
	受教育水平[a]	1.417	1.158	0	3	1.685	1.155	0	3	1.399	1.158	0	3
	自评健康[b]	2.588	0.918	1	5	2.675	0.915	1	5	2.582	0.919	1	5

续表

		总样本（N=11616）				处理组（N=716）				对照组（N=10900）			
		均值	标准差	最小值	最大值	均值	标准差	最小值	最大值	均值	标准差	最小值	最大值
个人基本特征变量	独自居住	0.117	0.322	0	1	0.108	0.310	0	1	0.118	0.323	0	1
	慢性病数量	2.101	1.795	0	13	2.088	1.872	0	13	2.102	1.789	0	12
	ADL失能数量	0.962	1.208	0	9	0.908	1.025	0	7	0.966	1.219	0	9
	残疾数量	0.927	0.858	0	5	0.787	0.757	0	4	0.936	0.864	0	5
	医疗保险类型c	2.825	0.703	1	6	2.366	0.982	1	4	2.855	0.668	1	6
家庭特征变量	养老金收入	3313	9994	0	400000	10112	15222	0	88000	2866	9364	0	400000
	家庭是否拥有房产	0.895	0.306	0	1	0.871	0.335	0	1	0.897	0.304	0	1
	家庭年收入	1.564	4.365	0	387	2.374	10.269	0	387	1.511	3.372	0	105
	家庭金融资产（含存款）	1.424	8.677	−20	200	4.325	15.225	−20	200	1.233	7.328	−20	200
家庭关系变量	家庭规模	3.186	1.809	1	16	3.022	1.579	1	10	3.197	1.822	1	16
	子女数量	3.359	1.795	0	18	2.912	1.578	0	10	3.388	1.805	0	18
	兄弟姐妹数量	3.980	1.998	0	15	3.641	1.968	0	11	4.002	2.001	0	15
	家庭内部经济转移	0.146	0.069	0	7	0.173	0.076	0	5	0.144	0.068	0	7
地级市特征变量	户籍人口数	159.442	230.608	15	2332	368.293	254.076	40	2332	145.723	226.501	15	1082
	土地面积	2382	3826.949	152	43263	3890	3631.128	370	43263	2283	3865.889	152	11760

第四章 长期护理保险对失能参保者住院服务利用的影响

续表

<table>
<tr><th rowspan="2"></th><th rowspan="2"></th><th colspan="4">总样本 (N=11616)</th><th colspan="4">处理组 (N=716)</th><th colspan="4">对照组 (N=10900)</th></tr>
<tr><th>均值</th><th>标准差</th><th>最小值</th><th>最大值</th><th>均值</th><th>标准差</th><th>最小值</th><th>最大值</th><th>均值</th><th>标准差</th><th>最小值</th><th>最大值</th></tr>
<tr><td rowspan="4">地级市特征变量</td><td>人均GDP</td><td>5.662</td><td>2.995</td><td>1</td><td>15</td><td>7.559</td><td>3.302</td><td>2</td><td>15</td><td>5.537</td><td>2.873</td><td>1</td><td>14</td></tr>
<tr><td>一般公共预算支出</td><td>225.252</td><td>590.809</td><td>8</td><td>6028</td><td>586.943</td><td>647.159</td><td>13</td><td>6028</td><td>201.493</td><td>587.224</td><td>8</td><td>4283</td></tr>
<tr><td>每千人口执业（助理）医师数</td><td>2.889</td><td>4.218</td><td>0.235</td><td>4.582</td><td>2.755</td><td>4.275</td><td>0.238</td><td>4.289</td><td>2.898</td><td>4.207</td><td>0.235</td><td>4.582</td></tr>
<tr><td>每千人口注册护士数</td><td>3.026</td><td>6.709</td><td>0.253</td><td>4.733</td><td>2.988</td><td>6.897</td><td>0.255</td><td>4.434</td><td>3.029</td><td>6.701</td><td>0.253</td><td>4.733</td></tr>
</table>

注：表中所有以货币为单位的变量均使用国家统计局公布的消费者价格指数调整至2011年的价格水平。a 受教育水平为多分类变量，未受过正规教育=0，仅会读写=1，小学毕业=2，中学毕业及以上=3。b 自评健康为多分类变量，非常差=1，差=2，一般=3，好=4，非常好=5。c 医疗保险类型为多分类变量，城镇职工医疗保险=1，城镇居民医疗保险=2，新型合作医疗保险=3，城乡居民医疗保险=4，单位或个人购买的商业医疗保险=5，其他医疗保险=6。

资料来源：CHARLS。

险的影响=（处理组住院服务利用$_{试点实施后}$-处理组住院服务利用$_{试点实施前}$）-（对照组住院服务利用$_{试点实施后}$-对照组住院服务利用$_{试点实施前}$）。因此，长期护理保险对处理组的平均处理效应（Average Treatment Effect on the Treated，ATT）可表示为：

$$ATT^{DID} = E\left(Y_{i,t+s}^{T} - Y_{i,t}^{T} \mid X_i, LTCI_i = 1\right) - E\left(Y_{i,t+s}^{C} - Y_{i,t}^{C} \mid X_i, LTCI_i = 1\right) \tag{4-1}$$

其中，$LTCI_i = 1$是指自身或其家庭成员的户口所在地位于实施长期护理保险的城市且被相应职工医保/居民医保覆盖的个体。下脚标$t+s$与t分别表示被长期护理保险覆盖前后，$Y_{i,t+s}^{T}$和$Y_{i,t+s}^{C}$分别指处理组和对照组的预防性健康行为。$Y_{i,t+s}^{T} - Y_{i,t}^{T}$与$Y_{i,t+s}^{C} - Y_{i,t}^{C}$分别表示处理组和对照组在被长期护理保险覆盖前后的预防性健康行为的差异。从2012年开始，长期护理保险试点在不同的城市陆续启动，试点启动时间横跨CHARLS的第二期（2013年）、第三期（2015年）和第四期（2018年）调查。因此，本书采用多期双重差分法（Staggered DID，也称"渐进双重差分法"或"交错双重差分法"）进行研究。

多期双重差分法具有广泛的应用，[①] 但近来其回归方法的科学性引发了学术界的热烈探讨。部分研究者认为，传统的多期双重差分回归将早期被处理的样本视为晚期处理效应的对照组，从而引发回归偏差。简单而言，若将回归样本分为三组：A组（在$t=1$期受到处理）、B组（在$t=2$期受到处理）和C组（从未受到处理），则在计算$t=2$期的处理效应时，传统的多期双重差分法错误地将A组纳入对照组，从而导致回归结果有偏。因此，应在回归前对能否采用传统的多期双重差分法进行评估和检验。[②] 考虑到传统的多期双重差分法的这一缺点，本书在

[①] Callaway, B., Sant' Anna, P. H., (2021), "Difference-in-Differences with Multiple Time Periods", *Journal of Econometrics*, 225 (2), 200-230.

[②] Baker, A. C., Larcker, D. F., Wang, C. C., (2022), "How Much Should We Trust Staggered Difference-in-Differences Estimates?", *Journal of Financial Economics*, 144 (2), 370-395; Goodman-Bacon, A., (2021), "Difference-in-Differences with Variation in Treatment Timing", *Journal of Econometrics*, 225 (2), 254-277.

研究较晚期被处理样本时将早期实施长期护理保险的城市（仅青岛、潍坊）删除，保证了多期双重差分法的无偏性。① 回归方程为：

$$Y_{it}=\beta_0+\beta_1 DID_{it}+\beta_X X_{it}+\delta_t+\mu_c+\eta_{ct}+\varepsilon_{it} \qquad (4-2)$$

其中，被解释变量 Y_{it} 表示 t 期个体 i 的住院服务利用情况。由于住院频率和住院费用存在偏态分布，因此本书将相应变量进行了对数处理。解释变量 DID_{it} 是一个虚拟变量，标志着长期护理保险的引入。由于不同城市的个人在不同的时间参与长期护理保险，对于四期的 CHARLS 数据，$DID_{it}=$（0，1，1，1）、$DID_{it}=$（0，0，1，1）和 $DID_{it}=$（0，0，0，1）分别表示个人从 2013 年开始、②从 2015 年开始③和从 2018 年开始④被长期护理保险覆盖。其系数 β_1 表示长期护理保险引入后处理组被解释变量相对于对照组的变化；X_{it} 是由一系列控制变量；δ_t 是年份固定效应，用于捕捉个体的住院服务利用随时间的变化趋势；μ_c 为城市固定效应，显示了不随时变的城市层面的不可观测特征的差异；η_{ct} 是城市×年份固定效应，捕捉了城市层面上随时变的不可观测特征；ε_{it} 为误差项。

需要注意的是，DID 方法的运用需要具备一定的前提条件，即处理组和对照组需要具有共同的时间趋势，即在没有长期护理保险介入的情况下，处理组和对照组在 2011—2018 年的住院服务利用的变化应该是相同的。也可以理解为，处理组和对照组除了在长期护理保险参保方面存在不同以外，其他的变量变化趋势在 2011—2018 年都是平行的。这个假设保证了处理组和对照组的随机性，是使用 DID 方法的前提。⑤ 平行趋势假设方程如下：

---

① 事实上，考虑到本书较早期处理组样本量非常少（仅有青岛和潍坊两个城市），且对照组样本量远高于处理组样本量（约为处理组样本量的 13 倍），因此采用传统的多期双重差分法对回归结果并不产生影响。
② 仅青岛市。
③ 仅潍坊市。
④ 剩余 21 个城市。
⑤ Heckman, J., Ichimura, H., Smith, J., et al.，（1998），"Characterizing Selection Bias Using Experimental Data"，*Econometrica*，1017-1098.

$$Y_{it}=\beta_0+\sum_{j=-7}^{3}\gamma_j DID_{i,t+j}+\beta_X X_{it}+\delta_t+\mu_c+\eta_{ct}+\varepsilon_{it} \qquad (4-3)$$

其中，$j=-7$，-6，-5，-4，-3，-2，-1 表示在不同试点城市引入长期护理保险之前的第 7 年、第 6 年、第 5 年、第 4 年、第 3 年、第 2 年和第 1 年，其系数 γ_j 代表了长期护理保险引入前处理组和对照组之间被解释变量的差异。① 如果 γ_j 与 0 没有显著差异（$j=-7$，-6，-5，-4，-3，-2，-1），我们认为平行趋势假设得到了验证。

然而，上述平行趋势假设往往很难满足。在进行长期护理保险对居民住院决策影响的政策效应分析中，由于长期护理保险试点的选择具有一定的非随机性，经济发展水平较高、老龄化程度较严重、医疗卫生资源和医保基金较充足的城市更容易被选为或自发建立长期护理保险试点，因此直接进行双重差分分析存在一定的选择偏差。加之可能存在一些不可观测因素影响个体的住院决策，存在未包含在回归方程中的非线性项的影响，内生性问题较为突出。为了解决这一问题，本部分采用了双重差分倾向得分匹配法（Propensity Score Matching Difference-in-Difference，PSM-DID）来进一步对研究进行优化。PSM-DID 方法的基本原理是在进行双重差分（DID）之前，先对样本数据进行倾向得分匹配（PSM），即通过可观测变量，为每一个处理组个体匹配一个倾向得分相近的对照组个体（倾向得分相同是指通过 Logit 回归得到的参加长期护理保险的概率相同）。这样匹配得到的处理组与对照组个体除长期护理保险参保状态不同以外，其他特征变量是相似的，可以认为具有共同趋势。PSM-DID 方法倾向得分匹配可以消除长期护理保险试点选择的非随机性导致的选择偏差和混杂偏差，② 并消除不随时间变化的不可观测的个体差异，被广泛应用在公共政策分析中，是解决样本内生性的

---

① 本书在第四章以长期护理保险实施前或实施后的年份为单位，逐年关注了个体的平行趋势，这是因为后续异质性分析中有针对政策实施年份的异质性分析。在第五、第六章中不涉及针对政策实施年份的异质性分析，因此第五、第六章均以长期护理保险实施前或实施后的 CHARLS 调查期为单位逐期关注了个体的平行趋势，以保证各期样本量大体相当。

② Rosenbaum, P. R., Rubin, D. B., (1983), "The Central Role of the Propensity Score in Observational Studies for Causal Effects", *Biometrika*, 70 (1), 41-55.

第四章 长期护理保险对失能参保者住院服务利用的影响

较为有效的方法。

首先，我们使用 Logit 回归得到每个样本的倾向得分：

$$Pr(LTCI_{it}=1) = logit(\beta_0+\beta_X X_{it}+\varepsilon_{it}) \qquad (4-4)$$

其中，$Pr(LTCI_{it}=1)$ 为个体 i 在 t 期被长期护理保险覆盖的概率，为其倾向得分；$logit$ 代表正态累积分布函数；X_{it} 是个人、家庭和地级市层面上的匹配协变量。考虑到本书只研究失能个体，样本数量有限，所以主要采用对样本量要求较低的非参数方法，即高斯核匹配方法进行匹配。在后续的稳健性检验中还采取了一阶近邻匹配进行进一步验证，结果显示采用不同的匹配方法并不会影响结论的成立[1]。匹配后，若样本满足平衡性检验，则可以进行后续的双重差分回归，以获得处理效应：

$$ITT = \frac{1}{N_T}\sum_{i \in T \cap S}\left[(Y_{i,t+s}^1-Y_{i,t}^0) - \sum_{j \in C \cap S}w_{ij}(Y_{j,t+s}^0-Y_{j,t}^0)\right] \qquad (4-5)$$

其中，下标 i 和 j 分别表示处理组 T 和对照组 C 中的个体；S 表示共同支撑域，w_{ij} 表示核匹配的权重。

检验倾向得分匹配结果是否有效的最主要标准是考察其是否较好地平衡了数据，即匹配后的变量在处理组和对照组之间是否存在显著差异。理想的匹配结果是各个协变量在处理组和对照组中均不存在显著差异。表 4-4 显示了利用协变量对总样本进行核匹配的结果，可以看到，与匹配前相比，匹配后的 P 值均有所上升（或维持在大于 0.1 的水平），即所有变量在匹配后均达到或保持了平衡，保证了处理组和对照组之间不存在显著性差异（见表 4-4）。因此，采用核匹配对总样本进行匹配的结果满足了下一步进行双重差分的条件。经过倾向得分匹配，

---

[1] 具体而言，对对照组中的每个个体，将其倾向得分与处理组个体的倾向得分之间的差值在一定的带宽范围内（如 0.05）进行反向加权［Heckman, J. J., Ichimura, H., Todd, P. E., (1997), "Matching as an Econometric Evaluation Estimator: Evidence from Evaluating a Job Training Program", *Review of Economic Studies*, 64 (4), 605-654］，倾向得分位于带宽之外的样本将被排除在公共支撑域之外。这种方法的优点在于可以充分利用样本信息，因此被广泛用于政策和改革效果的评估［Zhou, Y., Cao, R., (2017), "The Impact of the New Rural Insurance on the Labor Supply Behavior of Rural Middle-aged and Elderly People: A Study Based on the PSM-DID Method", *Population and Economy*, 5, 97-107］。

回归的总样本量由11943减少至11616。通过进一步检验可知，被解释变量在匹配后都通过了平行趋势检验（见图4-3）。

表4-4　　　　　　总样本倾向得分匹配平衡性检验结果

	变量	匹配前		匹配后	
		t	P>|t|	t	P>|t|
个人特征变量	年龄	2.2	0.028	0.42	0.678
	年龄^2	2.3	0.021	0.44	0.662
	男性	1.05	0.293	0.16	0.876
	汉族	1.36	0.175	0.18	0.858
	城镇地区	0.05	0.439	0.02	0.782
	非农户口	3.86	0.000	0.57	0.570
	婚姻状况	0.92	0.359	0.38	0.706
	受教育水平	3.69	0.000	0.37	0.713
	自评健康	-2.65	0.008	-0.29	0.77
	独自居住	0.52	0.600	0.1	0.918
	慢性病数量	-1.46	0.145	0.11	0.911
	ADL失能数量	-2.97	0.003	-0.29	0.77
	残疾数量	-3.39	0.001	-0.34	0.731
	医疗保险类型	6.06	0.000	0.48	0.633
	养老金收入	17.02	0.000	1.53	0.127
家庭特征变量	家庭是否拥有房产	1.08	0.280	0.13	0.897
	家庭年收入	4.51	0.000	1.52	0.129
	家庭金融资产	5.54	0.000	1.23	0.219
	家庭规模	-1.21	0.227	-0.01	0.996
	子女数量	-9.26	0.000	-1.02	0.308
	兄弟姐妹数量	-2.15	0.031	-0.34	0.734
	家庭内部经济转移	0.05	0.964	-0.02	0.981

第四章　长期护理保险对失能参保者住院服务利用的影响

续表

变量		匹配前		匹配后	
		t	P>|t|	t	P>|t|
地级市特征变量	户籍人口数	0.4	0.691	0.01	0.992
	土地面积	-0.5	0.614	-0.06	0.950
	人均GDP	-2.07	0.039	-0.26	0.796
	一般公共预算支出	-1.89	0.059	-0.01	0.994
	每千人执业（助理）医师数	-1.56	0.118	-0.16	0.872
	每千人注册护士数	-1.46	0.145	0.11	0.911

注：表中的P值是对原假设"变量在处理组和对照组之间不存在显著性差异"的检验结果，P>0.1，说明不能拒绝原假设，即变量在处理组和对照组之间不存在显著性差异。

值得注意的是，本书并不能直接观察到失能参保者是否真正领取了长期护理保险待遇给付。由CHARLS数据中的变量，我们只能获悉受访者是否居住在长期护理保险试点城市、是否被长期护理保险覆盖、是否存在失能情况，但无法获得其他与长期护理保险待遇给付标准相关的信息（如受访者是否由于疾病或失能卧床六个月及以上、其Barthel评分是否低于临界值）。因此，本书的估计值为"意向处理效应"（Intention-to-Treat effect on the Treated, ITT），[①] 而不是传统的"平均处理效应"（Average Treatment effect on the Treated, ATT）。"意向处理效应"的估计值一般较为保守，低于传统的"平均处理效应"，因此本书结果可以视为长期护理保险政策处理效应的下界。

---

① Dolls, M., Doerrenberg, P., Peichl, A., et al., (2018), "Do Retirement Savings Increase in Response to Information About Retirement and Expected Pensions?", *Journal of Public Economics*, 158, 168-179; Huang, W., Zhang, C., (2021), "The Power of Social Pensions: Evidence from China's New Rural Pension Scheme", *American Economic Journal: Applied Economics*, 13 (2), 179-205.

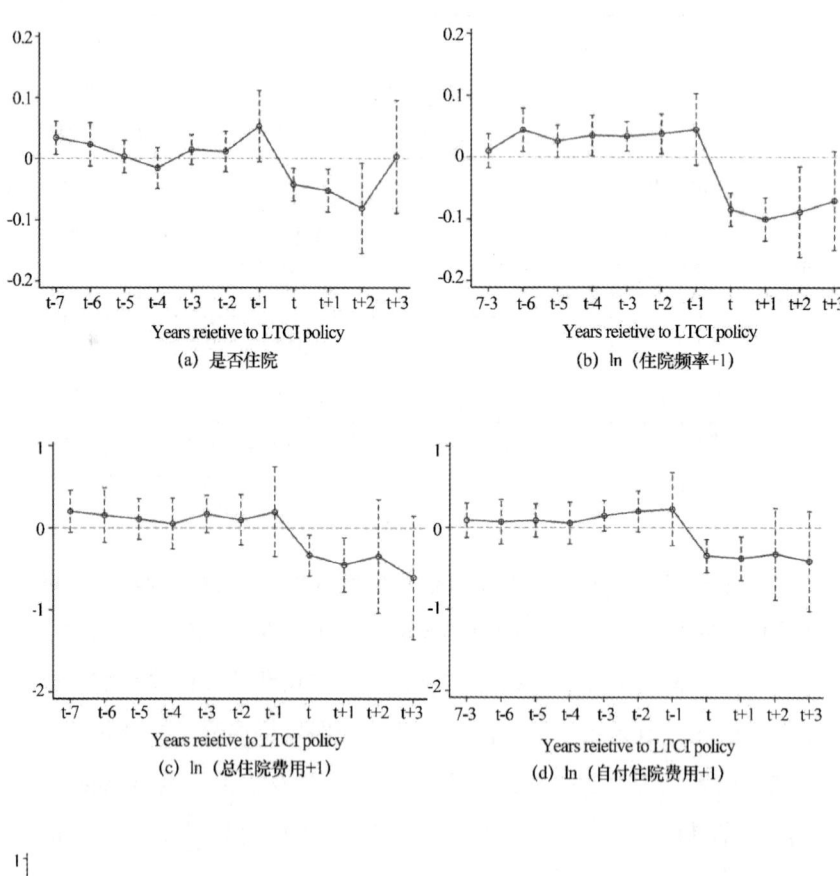

图 4-3 平行趋势检验

2. 意向处理效应（ITT）

受数据质量和样本的限制，本书无法直接获得高质量的核心解释变量——"受访者目前是否享受过/正在享受长期护理保险待遇"。虽然CHARLS数据库于2018年将长期护理保险相关问题引入问卷中，如"您本人目前是否参加了长期护理保险？""您本人以前是否参加过长期护理保险？""您在养老机构就诊/住院的护理费用和康复费用是否可以报销？""您是否享受过长期护理保险的待遇？""长期护理保险帮您支付或部分支付了哪些服务的费用？""过去一个月您购买长期护理险服务的总支出多少元？其中长期护理保险支付多少元？""长期护理保险对您支付长期护理服务费用有多大帮助？"然而，上述变量的数据质量较差、可用性较低，因而本书未使用相关变量直接进行回归分析。

为了尽可能精确地划分制度效应的处理组和对照组，考虑到各试点城市长期护理保险参保对象、保障范围的不同，本书首先根据受访者所在城市和基本医保参保情况，尽可能细致地对处理组和对照组进行了区分（见表4-1）；其次，本书删除了健康及失能程度较低的个体，大幅提高了样本中受访者对长期护理服务的需求，使该部分群体有较大概率享受长期护理保险待遇。然而，由于失能者的长期护理保险待遇申请审批较为严格、耗费时间较长，所以并非所有的失能参保者都已经或正在享受长期护理保险待遇，因此本书的处理组存在识别不够精准的问题——部分本应被划为对照组的受访者被错误地划分为处理组，这将对后续实证结果产生一定的影响。事实上，本书实证部分（包括第四章和第五章）的回归结果为"意向处理效应"（ITT），[1] 而非传统的平均处理效应（ATT）。

相较于ATT，ITT估计得到的处理效应的绝对值较低。这是因为，

---

[1] Keele, L., (2015), "The Statistics of Causal Inference: A View from Political Methodology", *Political Analysis*, 23 (3), 313-335; McCoy, C. E., (2017), "Understanding the Intention-to-treat Principle in Randomized Controlled Trials", *Western Journal of Emergency Medicine*, 18 (6), 1075.

在满足平行趋势假设的条件下，对照组个体（见图4-4中C部分）及本应划分为对照组的处理组个体（见图4-4中B部分）未受到长期护理保险政策的处理，因而其各类状态变量（如健康水平）及决策变量（如消费水平）预期都将沿已有的趋势发展下去；而处理组个体（见图4-4中A部分）由于受到了长期护理保险政策的处理，其各类状态变量及决策变量预期将会发生改变，从而偏离原有的发展趋势。因此，B部分被错划入处理组将对实际处理效应（ATT）产生稀释，从而导致ITT的回归结果低于传统的ATT效应。在这种情况下，如果本书的ITT回归结构依旧显著，则可以推断出实际处理效应具有更高的显著性。因此，虽然本书所用的意向处理效应难以准确评估长期护理保险的制度效应，但其为真实制度效应提供了一个下限，依旧具有较高的现实意义和实践价值。许多类似文献也采用意向处理效应对养老金宣传效果、[①] 特殊教育方式成果、[②] 手术疗效[③]等进行了评估。

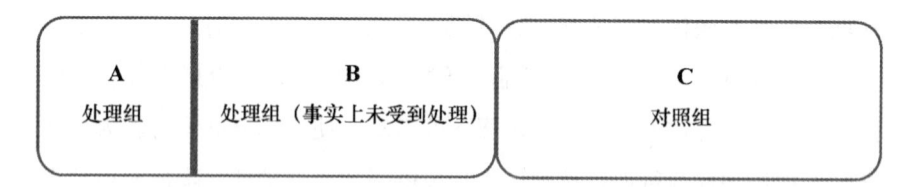

A	B	C
处理组	处理组（事实上未受到处理）	对照组

图4-4 ITT模型中的处理组与对照组

资料来源：笔者整理绘制。

[①] Dolls, M., Doerrenberg, P., Peichl, A., et al., (2018), "Do Retirement Savings Increase in Response to Information about Retirement and Expected Pensions?", *Journal of Public Economics*, 158, 168-179.

[②] Mohamed Rohani, M., Ahmad Fuad, N., Ahmad, M.S., et al., (2022), "Impact of the Special Care Dentistry Education on Malaysian Students' Attitudes, Self-efficacy and Intention to Treat People with Learning Disability", *European Journal of Dental Education*, 26 (4), 741-749.

[③] Recuero-Díaz, J.L., Royo-Crespo, I., Gómez de-Antonio, D., et al., (2022), "Treatment and Intention-to-treat Propensity Score Analysis to Evaluate the Impact of Video-assisted Thoracic Surgery on 90-day Mortality after Anatomical Resection for Lung Cancer", *European Journal of Cardio-Thoracic Surgery*, 62 (3), ezac122.

3. 中介效应模型（Mediating Effect Model）

中介效应是指解释变量（X）的部分解释作用是通过中介变量（M）传导给被解释变量（Y）的。许多学者使用逐步法对中介效应进行检验，① 具体步骤如图 4-5 所示。中介效应检验的第一步为检验 X 对 Y 的"总效应" c 是否显著，第二步为检验"中介效应"（或称"间接效应"）ab 是否显著异于 0，第三步为判断中介效应的类型（如部分中介效应、完全中介效应、遮掩效应等）。

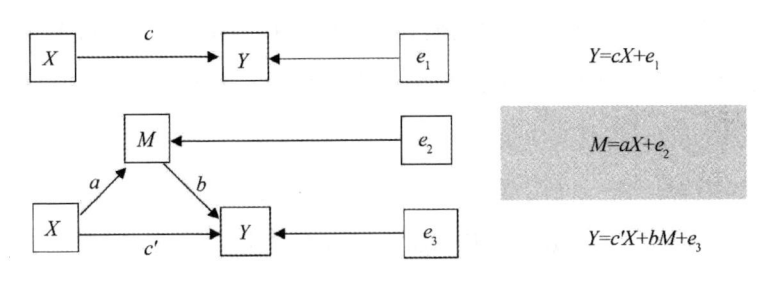

$$Y = cX + e_1$$

$$M = aX + e_2$$

$$Y = c'X + bM + e_3$$

图 4-5　中介模型示意

资料来源：温忠麟、叶宝娟：《中介效应分析：方法和模型发展》，《心理科学进展》2014 年第 5 期。

在本章中，为了验证参保者入住养老机构或社区卫生中心（替代效应）及家庭食品支出（收入效应）在长期护理保险影响失能参保者住院服务利用中所发挥的作用，首先要检验长期护理保险对中介变量（是否入住养老机构或社区卫生中心、家庭食品支出）的影响是否显著，因为只有在长期护理保险切实对失能参保者入住养老机构或社区卫生中心的概率及家庭在食品消费中的支出产生影响的前提下，在本书的语境下探讨其中介效应才是有意义的。在长期护理保险影响中介变量的前提下，下一步就可以对"替代效应"和"收入效应"的大小进行量化，判断其在长期护理保险对失能参保者住院决策影响过程中发挥了什么样

---

① Baron, R. M., Kenny, D. A., (1986), "The Moderator-mediator Variable Distinction in Social Psychological Research: Conceptual, Strategic, and Statistical Considerations", *Journal of Personality and Social Psychology*, 51 (6), 1173.

的作用。这一影响机制实际上是一种中介效应。为了对这一中介效应是否存在进行检验，我们借鉴了温忠麟和叶宝娟①有关中介效应的研究步骤，分别对长期护理保险的直接效应和中介变量的间接效应进行验证。

首先，我们对本书研究背景下的中介效应逻辑框架进行分析。在本书研究的问题中，主要自变量为长期护理保险的实施（变量 DID）。要研究的主要中介变量 $Channel_{it}$ 为参保者"是否入住养老机构或社区卫生中心"和"家庭食品支出"：若个体被长期护理保险覆盖，则记为 $Channel_{it}^1$；若个体未被长期护理保险覆盖，则记为 $Channel_{it}^0$。主要被解释变量为失能参保者是否住院、住院频率、住院费用，用 $Y_{it}(Channel_{it})$ 来表示，个体 i 的因果总效应表示为 $\delta_{it}=Y_{it}(Channel_{it}^1)-Y_{it}(Channel_{it}^0)$。自变量、被解释变量、中介变量之间存在三个重要的关系式：

$$Y_{it}=\beta_{10}+cDID_{it}+\beta_{1X}X_{it}+\delta_{1t}+\mu_{1c}+\eta_{1ct}+\varepsilon_{1it} \quad (4-6)$$

$$Channel_{it}=\beta_{20}+aDID_{it}+\beta_{2X}X_{it}+\delta_{2t}+\mu_{2c}+\eta_{2ct}+\varepsilon_{2it} \quad (4-7)$$

$$Y_{it}=\beta_{30}+c'DID_{it}+bChannel_{it}+\beta_{3X}X_{it}+\delta_{3t}+\mu_{3c}+\eta_{3ct}+\varepsilon_{3it} \quad (4-8)$$

其中，c 代表参加长期护理保险对失能参保者住院服务利用影响的"总效应"；a 代表参加长期护理保险对中介变量的影响；b 是指在控制了自变量（长期护理保险参保）以后，中介变量对失能参保者住院服务利用的中介效应；c' 则是指在控制了中介变量以后，自变量（长期护理保险）对失能参保者住院服务利用的直接效应。因此，由 $Channel_{it}$ 介导的"中介效应"应该表示为 ab。如果经过检验后，$ab\neq0$ 成立，则说明中介效应存在，即长期护理保险对失能参保者住院决策的负向作用至少有一部分是通过影响其入住养老机构等的概率和影响其所在家庭的食品支出来实现的，长期护理保险的"替代效应"和"收入效应"存在。

要验证 $ab\neq0$，目前公认的方法主要有两种：一是分步检验，逐步

---

① 温忠麟、叶宝娟：《中介效应分析：方法和模型发展》，《心理科学进展》2014 年第 5 期。

检验 $a \neq 0$ 和 $b \neq 0$，即分别对（4-7）式和（4-6）式进行回归，检验回归中自变量和中介变量的系数是否都显著；[1] 二是直接检验 $ab \neq 0$，目前主流的检验方法主要有 Sobel 法[2]和 Bootstrap 法，与后者相比，前一种检验方法要求 $\hat{a}\hat{b}$（$\hat{a}$ 和 $\hat{b}$ 分别是 a 和 b 的估计值）总体符合正态分布假设，而这一假设是较难满足的，容易降低检验效率，因此 Bootstrap 法比 Sobel 法更合适。实际上，如果分步检验结果成立，即 $a \neq 0$ 和 $b \neq 0$ 的结论都成立，那么直接检验的结果一定是成立的；反之则不一定。所以，第一种检验方法成立的结果是相对更强的。但是，它的缺陷也很明显，因为它要求两个方程同时都得到显著的回归结果，这在很多时候是不能实现的。换句话来说，如果分步检验结果成立，即可以验证中介效应的存在，那么直接检验的结果一定是成立的；但是如果分步检验的结果不成立，并不一定说明中介效应不存在，还需进一步通过直接检验（Sobel 法或 Bootstrap 法）来判断。在近些年有关中介效应的研究当中，大多使用 Bootstrap 法进行中介效应检验。为了尽可能全面地对替代效应和收入效应等中介效应机制进行检验，本部分采用了温忠麟和叶宝娟[3]提出的五步检验法（逻辑流程图见图 4-6）。

第一步，对（4-5）式进行回归，检验自变量对被解释变量的"总效应" c，即参加长期护理保险对失能参保者住院服务利用的"总效应"。若 c 显著（$c \neq 0$），则按"中介效应"立论；否则按"遮掩效应"[4] 立论。但无论是否显著，都进行后续检验。

---

[1] Baron, R. M., Kenny, D. A., (1986), "The Moderator-mediator Variable Distinction in Social Psychological Research: Conceptual, Strategic, and Statistical Considerations", *Journal of Personality and Social Psychology*, 51 (6), 1173.

[2] Sobel, M. E., (1982), "Asymptotic Confidence Intervals for Indirect Effects in Structural Equation Models", *Sociological Methodology*, 13, 290–312.

[3] 温忠麟、叶宝娟：《中介效应分析：方法和模型发展》，《心理科学进展》2014 年第 5 期。

[4] 如果 ab 与 c' 的符号相同，说明自变量与中介变量对被解释变量的影响方向是一致的，这代表着中介变量在自变量发挥作用的过程中起到了一定的推动作用。但如果二者的符号相反，自变量与中介变量对被解释变量的影响方向是相反的，这代表中介变量对自变量发挥作用的过程起到了一定的抵消作用，我们称这种作用为遮掩效应。如果遮掩效应存在，最终得到的"总效应"系数 c 会比直接效应系数 c' 小，甚至 c 不显著。

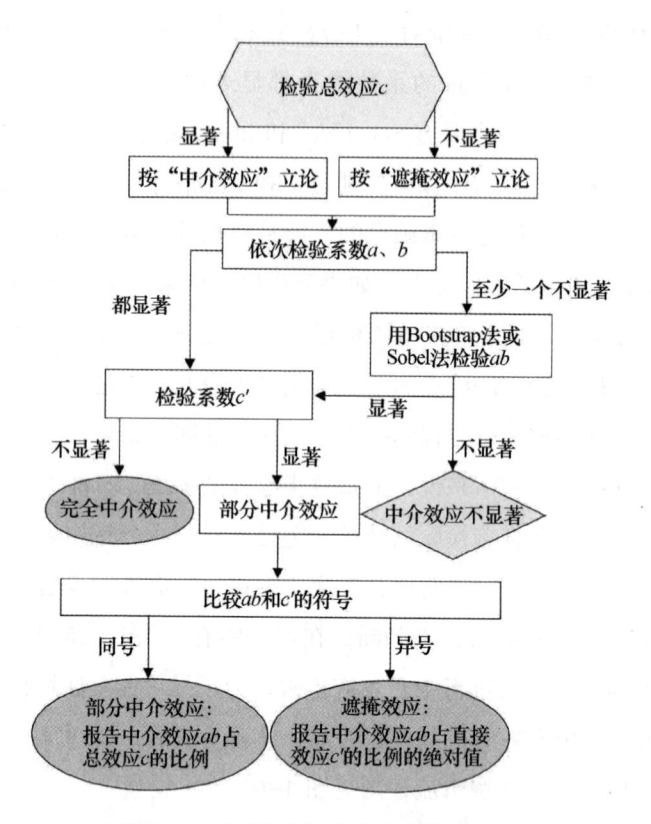

图 4-6 "五步法"中介效应检验流程

注：六边形部分表示中介效应检验的起点，圆形和菱形部分表示中介效应检验的终点，其中圆形部分表示存在显著的中介效应或遮掩效应，菱形部分表示不存在显著的中介效应或遮掩效应。

资料来源：温忠麟、叶宝娟：《中介效应分析：方法和模型发展》，《心理科学进展》2014年第5期。

第二步，依次检验（4-6）式的系数 a 和（4-7）式的系数 b，如果两个都显著（$a \neq 0$ 且 $b \neq 0$），则说明中介效应显著，转至第四步；如果至少有一个不显著，则进行第三步。

第三步，用 Bootstrap 法（自助抽样法）直接检验"中介效应"ab 是否显著，原假设为 $H_0: ab = 0$。如果显著拒绝 H_0，则中介效应显著，进行第四步；否则中介效应不显著，停止分析。

第四步，分析是"完全中介效应"还是"部分中介效应"，检验(4-7)式中自变量对被解释变量的"直接效应"c'是否显著异于0。如果不显著，则说明直接效应不显著（"完全中介效应"），长期护理保险对失能参保者住院服务利用的影响能够完全被中介变量解释；如果显著，则说明在上述中介效应之外，仍然存在直接效应或其他影响机制（"部分中介效应"），继续分析第五步。

第五步，比较 c' 和 ab 的符号是否相同。如果同号，则属于"部分中介效应"，报告"中介效应"ab 占"总效应"c 的比重 ab/c。如果异号，则存在"遮掩效应"，即中介变量会部分抵消自变量对被解释变量的影响，报告"中介效应"ab 占"直接效应"c' 的比重的绝对值 $|ab/c'|$。

4. 两部模型（Two-Part Model）

在分析失能参保者的住院服务利用时，若样本中存在大量零住院费用支出，则不符合样本随机误差正态分布的假设，将导致估计误差。Duan 等[①]提出两部模型的方法进行修正：

第一部分是选择模型：当 $z^* = X\alpha + \varepsilon > 0$ 时，$z=1$；否则 $z=0$。

第二部分是支出模型：当 $z=1$ 时，$\ln y = X\beta + \mu$。

其中，$\varepsilon \sim N(0, 1)$，$\mu \sim N(0, \sigma^2)$。可知：

$$E(y \mid z=1, X) = \Phi(X\alpha) \exp(X\beta + \sigma^2/2) \quad (4-9)$$

对于失能参保者"是否住院"的 0—1 虚拟变量，本书采用 logit 模型估计长期护理保险对失能参保者是否住院的影响；对于失能参保者的住院频率、总住院费用、自付住院费用、保险报销住院费用，本书在对相应被解释变量取对数后，采用极大似然法对上述两部模型进行估计。

5. 断点回归法（Regression Discontinuity Design，RDD）

上海市规定长期护理保险的待遇领取者必须为年满 60 周岁的参保

[①] Duan, N., Manning, W. G., Morris, C. N., et al., (1983), "A Comparison of Alternative Models for the Demand for Medical Care", *Journal of Business Economic Statistics*, 1 (2), 115-126.

人,[①] 在切实得到长期护理保险待遇之前和之后，参保者的住院服务利用存在较大区别。因此，我们可以利用60岁这一申请长期护理保险的政策节点进行断点回归（Regression Discontinuity Design，RDD），进一步验证长期护理保险在减少社会性住院问题方面所起的积极作用。然而，使用CHARLS数据库进行断点回归存在一定的问题。由于断点回归法要求在年龄断点附近存在较多的样本，而CHARLS数据库中2018年上海市的样本量非常少（仅有62个样本），因此难以得到可靠的回归结果。在广泛搜集其他适宜数据库后，本书发现CFPS数据库中2018年上海市的样本较多（1858个），可以被用作进行断点回归的样本。若不同数据库的回归结果仍具有一致性，则能够有力地验证长期护理保险对住院服务利用的影响。[②] 如果个体在60岁以前绝对不可能领取长期护理保险待遇，在达到60岁后肯定可以领取待遇，即个体接受处理的概率在断点前后从0直接变为1，则可以被看作精确断点（Sharp RD），有如下关系式：

$$D_i = \begin{cases} 1, age_i \geq 60 \ (Z_i \geq 0) \\ 0, age_i < 60 \ (Z_i < 0) \end{cases} \quad (4-10)$$

其中，D_i 代表能否领取长期护理保险待遇，一般被称为处理变量。age_i 代表年龄，一般被称为驱动变量或分组变量。在RDD具体操作中，我们一般要将驱动变量做进一步处理，将其转化成以0值为中心的变量，即 Z_i（$Z_i = age_i - 60$）。（4-10）式代表了精确断点情况下处理变量和驱动变量的关系：个体年龄如果大于或等于60岁（$Z_i \geq 0$），则其领取长期护理保险待遇的概率会从0提高到1。

然而，长期护理保险待遇的发放要视申请者的失能情况和卧床时间而定，并非所有年满60岁的参保者都能得到长期护理保险给付。因此，

[①] 详情参见 https://www.shanghai.gov.cn/nw39327/20200821/0001-39327_51124.html 和 http://rsj.sh.gov.cn/tylbx_17284_17284/20200617/t0035_1390121.html#。

[②] 正文部分不采用CFPS数据库进行倾向得分匹配下的双重差分法研究的原因：CFPS数据库无法确定受访者居住于哪个城市，因此无法区分处理组与对照组。

存在一些已经达到60岁的参保者未能领取长期护理保险待遇的情况，因此60岁前后D_i并非从0到1的，而是从0提升到了一个较高的概率。这样的断点关系被称为模糊断点（Fuzzy RD，FRD）关系。处理变量和驱动变量有如下关系式：

$$D_i = \begin{cases} D_i^1, age_i \geq 60 \ (Z_i \geq 0) \\ 0, age_i < 60 \ (Z_i < 0) \end{cases} \quad (4-11)$$

其中，D_i^1是指参保者在60岁后领取长期护理保险待遇的概率，是一个小于1的数。① 模糊断点回归实质上是工具变量方法的一种特殊应用。因为驱动变量可以看作处理变量的工具变量，在本部分的问题中，我们可以把参保者年龄看作领取长期护理保险待遇的一个工具变量。该变量具有一定的外生性，很难被参保者自身操控。被解释变量Y_i（住院服务利用）与处理变量D_i和驱动变量Z_i之间的关系可以表示为：

$$Y_i = \alpha + \beta D_i + \gamma f(Z_i) + \varepsilon_i \quad (4-12)$$

其中，$f(Z_i)$是中心化驱动变量Z_i的一个多项式函数，ε_i为残差项。

（四）总样本分析

利用倾向得分匹配得到的处理组和对照组数据，本部分使用CHARLS数据库2011—2018年的四期样本对长期护理保险对中国失能参保者的住院服务利用的影响进行了具有全国代表性的估计。在对0—1虚拟变量"是否住院"的回归中采用的是面板Logit回归，对住院频率、总住院费用、自付住院费用、保险报销住院费用采用的均为取对数后的固定效应回归。表4-5展示了长期护理保险对各被解释变量的边际效应，由表中数据可知，相对于对照组，长期护理保险使处理组失能参保者的住院概率（-3.4个百分点）、住院频率（-9.3%）、年度总住

---

① 由于CFPS数据库中未披露受访者是否领取长期护理保险待遇的变量，因此本书无法验证处理变量（领取长期护理保险待遇）和驱动变量（年龄）之间的关系。

院费用（-15.3%）、自付住院费用（-19.5%）和保险报销住院费用（-11.7%）均显著下降。该结果说明，长期护理保险的实施对失能参保者的住院服务利用具有显著的负向影响。可能的原因是，长期护理保险通过降低机构护理的边际成本，帮助失能参保者入住专业护理机构或具有医疗资质的养老机构，对产生的护理服务费进行报销，直接转移了许多之前在医院住院的失能参保者，降低了医疗费用，有效缓解了"社会性住院"问题。

表 4-5　长期护理保险的实施对失能参保者住院服务利用的影响

变量	(1) 是否住院	(2) ln（住院频率+1）	(3) ln（总住院费用+1）	(4) ln（自付住院费用+1）	(5) ln（保险报销住院费用+1）
DID	-0.034*** (0.0011)	-0.093*** (0.031)	-0.153** (0.068)	-0.195*** (0.065)	-0.117* (0.067)
样本量	11616	11616	11616	11616	11616
Pseudo-R^2	0.086	0.120	0.097	0.097	0.087
控制变量	是	是	是	是	是
年份固定效应	是	是	是	是	是
城市固定效应	是	是	是	是	是
城市×年份固定效应	是	是	是	是	是

注：括号内为标准误，聚类到城市层面。控制变量包括个人基本特征变量（年龄、年龄^2、性别、民族、居住地区、户口类型、婚姻状况、受教育水平、自评健康、独自居住、慢性病数量、ADL失能数量、残疾数量、医疗保险类型、养老金收入）、家庭特征变量（家庭是否拥有房产、家庭年收入、家庭金融资产）、家庭关系变量（家庭规模、子女数量、兄弟姐妹数量、家庭内部经济转移）、所在城市特征变量［户籍人口数、土地面积、人均GDP、一般公共预算支出、每千人执业（助理）医师数、每千人注册护士数］。***、**、*分别表示在1%、5%和10%水平下显著。

(五) 机制分析

接下来,本书对长期护理保险影响失能参保者住院服务利用的两种中介机制进行分析。首先,从"替代效应"的角度看,长期护理保险的实施与相关配套设施的建设增加了机构护理和居家护理服务的可及性,为失能参保者提供了更便宜、更便捷的护理选择。因此,以往依赖入住医院以获得护理服务的个人将会增加对养老院、社区卫生中心等机构护理服务的使用。其次,从"收入效应"的角度来看,长期护理保险待遇给付(尤其是现金待遇)为失能参保者家庭带来了一笔非工资性转移支付,预期将增加较为贫困家庭的基本生活支出(如食品消费)。同样作为必需消费品的医疗服务预期也将会增加。收入效应与替代效应方向相反,二者互相削弱。

本节研究长期护理保险对失能参保者住院服务利用影响的中介机制。首先,本书研究长期护理保险是否通过提高失能参保者入住养老机构、社区卫生服务中心或卫生服务站住院部的概率,从而降低了他们在综合医院、全科医院、专科医院、中医院和乡镇卫生院的住院服务利用。接着,我们探讨长期护理保险是否会通过增加家庭在食品方面的支出,从而同步增加住院医疗花费。

1. 替代效应

以往文献发现,引入长期护理保险后,当地长期护理服务的便捷性和可及性都得到了改善,失能参保者有机会入住更加便宜、质量更有保证的养老机构等寻求机构护理服务,这可能会降低其在医院接受住院护理服务的动机。首先,本书检验了长期护理保险对失能参保者入住养老机构、社区卫生服务中心或卫生服务站的影响。因为只有在长期护理保险确实可以增加人们入住上述机构的概率的条件下,探讨本书前述的"替代效应"才是有意义的。接着,本书对入住养老院等机构的间接影响进行了量化,并判断其在长期护理保险对失能参保者住院服务利用的影响方面发挥了什么样的作用。

本书使用温忠麟和叶宝娟[①]五步法进行检验。由于以上所描述的五步分析法中的第一步已经在本章第二节第四小节（总样本分析）中进行了检验，因此，此处直接进行第二步，即分别对 a 和 b 的显著性进行检验，所采用的方式是分别对（4-6）式和（4-7）式进行 DID 面板回归（见表 4-6）。可以看出，参加长期护理保险增加了失能参保者入住养老院等机构的影响系数（DID 的系数）为正但并不显著 [见第（1）列]，也就是说，$a \neq 0$ 并不能得到验证。但是，在对 $b \neq 0$ 进行检验时，在控制了长期护理保险变量以后，入住养老院等机构对失能参保者住院服务利用的影响系数显著为负 [见第（2）—（6）列]，所以 $b \neq 0$ 是成立的。表 4-6 中的回归结果说明利用分步检验的方法尚不能证明中介效应的存在。但正如温忠麟和叶宝娟五步法中第二步所提出的，这样的结果并不能说明中介效应本身不存在，可能只是因为分步检验的要求过于严格。因此，还需要进一步用 Bootstrap 法检验 $a \times b \neq 0$ 是否成立。

表 4-6　　是否入住养老院等机构作为中介变量（替代效应）

变量	(1) 是否入住养老院等机构	(2) 是否住院	(3) ln（住院频率+1）	(4) ln（总住院费用+1）	(5) ln（自付住院费用+1）	(6) ln（保险报销住院费用+1）
DID	0.063 (0.050)	-0.028*** (0.009)	-0.068** (0.030)	-0.126** (0.056)	-0.167*** (0.055)	-0.085** (0.038)
是否入住养老院等机构	—	-0.095* (0.054)	-0.391** (0.174)	-0.434** (0.193)	-0.439** (0.193)	-0.343** (0.152)
样本量	11616	11616	11616	11616	11616	11616
Pseudo-R^2	0.169	0.088	0.120	0.100	0.097	0.090
控制变量	是	是	是	是	是	是

---

① 温忠麟、叶宝娟：《中介效应分析：方法和模型发展》，《心理科学进展》2014 年第 5 期。

第四章　长期护理保险对失能参保者住院服务利用的影响

续表

变量	(1) 是否入住养老院等机构	(2) 是否住院	(3) ln（住院频率+1）	(4) ln（总住院费用+1）	(5) ln（自付住院费用+1）	(6) ln（保险报销住院费用+1）
年份固定效应	是	是	是	是	是	是
城市固定效应	是	是	是	是	是	是
城市×年份固定效应	是	是	是	是	是	是

注：括号内为标准误，聚类到城市层面。控制变量包括个人基本特征变量（年龄、年龄^2、性别、民族、居住地区、户口类型、婚姻状况、受教育水平、自评健康、独自居住、慢性病数量、ADL失能数量、残疾数量、医疗保险类型、养老金收入）、家庭特征变量（家庭是否拥有房产、家庭年收入、家庭金融资产）、家庭关系变量（家庭规模、子女数量、兄弟姐妹数量、家庭内部经济转移）、所在城市特征变量［户籍人口数、土地面积、人均GDP、一般公共预算支出、每千人执业（助理）医师数、每千人注册护士数］。***、**、*分别表示在1%、5%和10%水平下显著。

Bootstrap法实际上是一种重复取样方法，从原始样本中有放回地取样，可以得到与原始样本容量相同的很多个样本，从这些取样得到的样本中，可以得到与样本数量相同的 $a \times b$ 的估计值，将这些估计值按顺序进行排列，最终可以得到有关 $a \times b$ 估计的90%置信区间。对 $a \times b \neq 0$ 成立的判断标准是这一置信区间内不包括0值。表4-7列示了Bootstrap法检验的结果。从结果可以看到，在90%的置信区间内，$a \times b \neq 0$ 的假设是成立的，因此失能参保者入住养老院等机构的中介效应存在，可以接着进行第四步的分析。

从表4-6的结果可以看出，代表长期护理保险对失能参保者住院服务利用的直接影响的系数 c' 同样显著为负。以上结果证明了入住养老院等机构虽然会起到中介作用，但只是"部分中介效应"，并不能完全解释长期护理保险对失能参保者住院服务利用的影响机制。这也是比较容易理解的,因为长期护理保险除了会通过改变失能参保者选择养老院护理来影响其住院服务利用,还会通过居家护理等其他护理服务形式影响失能参保者的住院决策;此外,"收入效应"及其他不可观测因素也可能影响人们的住院决策。

通过对比表4-7中中介效应系数 ab 和直接效应系数 c' 的符号(对应表4-6中DID的系数),可以看到二者是同号的,因此入住养老院等机构在长期护理保险对失能参保者住院服务利用的影响过程中起到的是中介效应(而非遮掩效应),中介变量对自变量的影响过程起到的是推动作用(而非抵消作用)。以被解释变量"是否住院"为例,通过计算,中介效应与总效应的比值为 $|ab/c| = 0.063×(-0.095)/(-0.034) = (-0.006)/(-0.034) = 17.60\%$,即中介变量"入住养老院等机构"的间接影响占到长期护理保险总效应的17.60%。可以发现,失能参保者入住养老院等机构带来的替代效应约占总效应的14%—26%。

表4-7　　　　　　　　Bootstrap法检验替代效应

	是否住院	ln(住院频率+1)	ln(总住院费用+1)	ln(自付住院费用+1)	ln(保险报销住院费用+1)
中介效应 $(a×b)$	-0.006*	-0.025**	-0.027*	-0.028*	-0.022
总效应 (c)	-0.034***	-0.093***	-0.153**	-0.195***	-0.117*
中介效应与总效应的比值 $\|ab/c\|$	17.60%	26.49%	17.87%	14.18%	18.47%
样本量	11616	11616	11616	11616	11616
重复取样次数	1000	1000	1000	1000	1000

注:***、**、*分别表示在1%、5%和10%水平下显著。

2. 收入效应

已有文献发现,个体及其家庭的可支配收入的增加通常会提升其对

第四章 长期护理保险对失能参保者住院服务利用的影响

基本生活消费品的边际消费倾向（Marginal Propensity to Consume, MPC），[①] 产生一定的消费需求诱导效应。对于失能参保者而言，长期护理保险待遇给付是一类非工资性转移支付，可能会增加家庭对各类基本消费品的支出，[②] 如食品消费、[③] 医疗消费[④]等。本书探讨了长期护理保险引入后家庭的食品消费是否有所增加，并据此检验了长期护理保险是否通过增加失能参保者家庭的支出而增加了其对住院服务的利用。由表4-8可知，长期护理保险对家庭食品支出的影响系数（DID的系数）为正但并不显著［见第（1）列］，也就是说，$a\neq 0$ 并不能得到验证。但是，在对 $b\neq 0$ 进行检验时，发现在控制了长期护理保险变量以后，家庭食品支出对失能参保者住院服务利用的影响系数显著为正［见第（2）—（6）列］，所以 $b\neq 0$ 是成立的。与上文中"替代效应"类似，下一步本书将使用Bootstrap法检验系数乘积 $ab\neq 0$ 是否成立。

表4-8　　　　　　家庭食品支出作为中介变量（收入效应）

变量	(1) ln（家庭食品支出+1）	(2) 是否住院	(3) ln（住院频率+1）	(4) ln（总住院费用+1）	(5) ln（自付住院费用+1）	(6) ln（保险报销住院费用+1）
DID	0.104 (0.087)	-0.040* (0.023)	-0.116** (0.052)	-0.179** (0.080)	-0.217** (0.096)	-0.147* (0.084)

[①] Carroll, C., Slacalek, J., Tokuoka, K., et al., (2017), "The Distribution of Wealth and the Marginal Propensity to Consume", *Quantitative Economics*, 8 (3), 977-1020.

[②] 劣等品的消费会随着收入的增加而减少，本书的分析不涉及该类商品。

[③] Liu, H., Zhong, F., (2009), "Food Consumption and Demand Elasticity: Evidence from Household Survey Data", *Journal of Nanjing Agricultural University (Social Sciences Edition)*, 9 (3), 36-43.

[④] Di Matteo, L., (2003), "The Income Elasticity of Health Care Spending", *European Journal of Health Economics*, 4 (1), 20-29; Farag, M., NandaKumar, A., Wallack, S., et al., (2012), "The Income Elasticity of Health Care Spending in Developing and Developed Countries", *International Journal of Health Care Finance and Economics*, 12 (2), 145-162.

续表

变量	（1）ln（家庭食品支出+1）	（2）是否住院	（3）ln（住院频率+1）	（4）ln（总住院费用+1）	（5）ln（自付住院费用+1）	（6）ln（保险报销住院费用+1）
ln（家庭食品消费+1）	0.055***(0.018)	0.222***(0.074)	0.246***(0.078)	0.207***(0.070)	0.292***(0.078)	—
样本量	11616	11616	11616	11616	11616	11616
Pseudo-R^2	0.082	0.090	0.117	0.097	0.097	0.090
控制变量	是	是	是	是	是	是
年份固定效应	是	是	是	是	是	是
城市固定效应	是	是	是	是	是	是
城市×年份固定效应	是	是	是	是	是	是

注：括号内为标准误，聚类到城市层面。控制变量包括个人基本特征变量（年龄、年龄^2、性别、民族、居住地区、户口类型、婚姻状况、受教育水平、自评健康、独自居住、慢性病数量、ADL失能数量、残疾数量、医疗保险类型、养老金收入）、家庭特征变量（家庭是否拥有房产、家庭年收入、家庭金融资产）、家庭关系变量（家庭规模、子女数量、兄弟姐妹数量、家庭内部经济转移）、所在城市特征变量［户籍人口数、土地面积、人均GDP、一般公共预算支出、每千人执业（助理）医师数、每千人注册护士数］。***、**、*分别表示在1%、5%和10%水平下显著。

表4-9列示了Bootstrap法检验的结果。从结果可以看到，在90%的置信区间内，$ab \neq 0$的假设是成立的。因此，失能参保者的食品支出一定程度上介导了长期护理保险对住院服务利用的影响。此外，可以发现代表长期护理保险对失能参保者住院服务利用的直接影响的系数c'显著为负。通过对比表4-9中中介效应系数ab和直接效应系数c'的符号，可以看到二者是异号的，自变量与中介变量对被解释变量的影响方向是相反的，这代表中介变量对自变量发挥作用的过程起到了一定的抵消作

用。因此，收入效应在长期护理保险对失能参保者住院服务利用的影响过程中起到的是"遮掩效应"，中介变量对自变量的影响过程起到的是抵消作用（而非促进作用），直接效应系数 c' 大于总效应系数 c。以被解释变量"是否住院"为例，通过计算，"遮掩效应"与"直接效应"[1]的比值的绝对值为 | ab/c' | = | 0.104×0.055/ (−0.040) | = | 0.006/ (−0.040) | = 14.40%，即中介变量"家庭食品消费"的间接影响占到自变量长期护理保险直接影响的 14.40%。可以发现，长期护理保险通过增加失能参保者的家庭食品消费带来的收入效应占总效应的比重为 10%—21%。

表 4-9   Bootstrap 法检验收入效应

	是否住院	ln（住院频率+1）	ln（总住院费用+1）	ln（自付住院费用+1）	ln（保险报销住院费用+1）
中介效应（$a×b$）	0.006*	0.023*	0.026*	0.022	0.030**
直接效应（c'）	−0.040*	−0.116**	−0.179**	−0.217**	−0.147*
中介效应与直接效应的比值 | ab/c' |	14.40%	19.89%	14.33%	9.94%	20.61%
样本量	11616	11616	11616	11616	11616
重复取样次数	1000	1000	1000	1000	1000

注：***、**、* 分别表示在 1%、5% 和 10% 水平下显著。

（六）异质性分析

1. 个体特征异质性

对于个体特征存在异质性的群体而言，其就医行为及住院服务的需求弹性都存在差异。本节从失能者的年龄、失能水平和家庭收

---

[1] 由于"收入效应"在长期护理保险影响失能参保者住院服务利用过程中扮演的角色为"遮掩效应"，因此预期直接效应 c' 的绝对值大于总效应 c 的绝对值。为了保证"中介效应"占比为小于 1 的数，此处呈现的是"中介效应"（ab）占"直接效应"（c'）的比值的绝对值，即 | ab/c' | 。

入水平三个维度分析了长期护理保险影响失能参保者住院服务利用的异质性。

(1) 年龄

以60岁为分界线,60岁以上和以下的失能参保者受到长期护理保险的影响机制和程度存在较大不同。首先,随着年龄的增长,居民的身体健康状况变差,老年群体的失能概率远高于中青年群体,因此能够申请并获得长期护理保险待遇给付的个体年龄普遍较大,预期该部分群体的住院服务利用会受到更大影响。其次,在某些试点地区(如上海),60岁是政策规定的能够申请长期护理保险待遇的年龄,在60岁之前,个体虽然参加了长期护理保险,但无法申请相关的待遇给付,因此其住院服务利用可能不会发生变化。因此,60岁及以上群体受到长期护理保险的激励程度与60岁以下群体具有较大不同。从上述角度来看,长期护理保险对60岁及以上老年人的住院服务利用的影响会更加显著。但是从另一个角度来看,随着年龄的增大和失能程度的加重,相对于年龄较小(60岁以下)的群体,年龄较大(60岁及以上)的失能参保者进行住院场所转移的能力和动力更弱。因此,长期护理保险可能对60岁及以上失能参保者的住院服务利用的影响并没有预想的那样显著。

综合以上分析,以60岁为分界点,长期护理保险对60岁以下失能参保者的住院服务利用和对60岁及以上失能参保者的住院服务利用的影响究竟哪一个更加显著是不确定的。因此,要研究长期护理保险推广过程中对住院服务利用的影响,有必要以60岁为分界线,分别研究60岁及以上和60岁以下人群的住院费用对长期护理保险的反应程度,以此来分析长期护理保险的控费效果主要是由哪一类群体造成的。

与总样本的研究一样,对分样本的异质性分析也采用了PSM-DID的研究方法。为了对不同年龄下长期护理保险控费效应的影响进行异质性分析,本书分别在60岁及以上和60岁以下样本中进行了倾向得分匹配,匹配后的样本均通过了平衡性检验(未在文中展示),即匹配后的样本达到了在处理组和对照组间不存在显著差异的目标,达到了理想的

第四章　长期护理保险对失能参保者住院服务利用的影响

匹配结果。表 4-10 分别列示了 60 岁以下分样本和 60 岁及以上分样本住院服务利用的双重差分结果。结果表明，长期护理保险对 60 岁及以上失能参保者住院服务利用的影响较 60 岁以下的失能参保者更为显著和强烈。这说明，与 60 岁以下失能参保者相比，60 岁及以上失能参保者的住院服务利用产生了更显著的下降。部分原因在于，随着年龄的上

表 4-10　　　　　　　　　　年龄异质性

变量	(1) 是否住院	(2) ln（住院频率+1）	(3) ln（总住院费用+1）	(4) ln（自付住院费用+1）	(5) ln（保险报销住院费用+1）
60 岁以下分样本				
DID	-0.031 (0.026)	-0.089 (0.074)	-0.140* (0.080)	-0.187** (0.083)	-0.058 (0.077)
样本量	5760	5760	5760	5760	5760
Pseudo-R^2	0.102	0.117	0.110	0.102	0.098
60 岁及以上分样本				
DID	-0.036** (0.016)	-0.097** (0.043)	-0.166** (0.074)	-0.202** (0.090)	-0.122* (0.070)
样本量	5852	5852	5852	5852	5852
Pseudo-R^2	0.098	0.118	0.108	0.100	0.099
组间系数差异检验 t 值	12.5***	7.1***	18.2***	9.3***	46.9***

注：括号内为标准误，聚类到城市层面。回归中均控制了控制变量、年份固定效应、城市固定效应、城市×年份固定效应的影响。控制变量包括个人基本特征变量（年龄、年龄²、性别、民族、居住地区、户口类型、婚姻状况、受教育水平、自评健康、独自居住、慢性病数量、ADL 失能数量、残疾数量、医疗保险类型、养老金收入）、家庭特征变量（家庭是否拥有房产、家庭年收入、家庭金融资产）、家庭关系变量（家庭规模、子女数量、兄弟姐妹数量、家庭内部经济转移）、所在城市特征变量 [户籍人口数、土地面积、人均 GDP、一般公共预算支出、每千人执业（助理）医师数、每千人注册护士数]。***、**、* 分别表示在 1%、5% 和 10%水平下显著。

升，个体的"场所依赖"（Place Attachment）[1]现象更为明显，许多60岁及以上老人倾向于在熟悉的环境中接受照料，即相对于在医院住院，个体更倾向于选择居家接受照料。因此在长期护理保险制度实施后，60岁及以上老人住院服务的利用下降非常显著。

（2）失能水平

已有研究发现，由于"场所依赖"（Place Attachment）的影响，许多失能参保者倾向于在熟悉的环境中接受照料，即相对于在医院和养老院中接受"专护"和"院护"，许多失能者更倾向于选择居家护理（无论是由专业护理人员上门护理还是由家庭成员进行亲情护理）。相比失能程度较重的个体，轻度失能及中度失能的住院个体进行护理地点转移的动机更强、转移更容易实现，因此有更强的动机减少医院的住院服务利用并回到熟悉的住所，故具有更高的政策弹性。而对于重度失能的老人而言，由于疾病进展迅速且往往不可逆，这部分老人可能即将面临生命的终结，往往难以进行居住地点的转移。表4-11展示了我们分别对有三项及以下ADL失能或IADL失能的轻度失能和中度失能群体的回归结果，以及对有四项及以上ADL失能或IADL失能的重度失能群体的回归结果。[2]上述分类标准与Katz量表对轻度、中度及重度失能群体的划分较为一致。

与总样本的研究一致，本书对分样本的异质性分析也采用了PSM-DID的方法。为了对不同失能程度参保者的住院服务利用的变化进行异

---

[1] 场所依赖是环境心理学中的一个重要概念，它指的是将个体与某个特定场所联系在一起的一系列情感。参见 Cocco, J. F., Lopes, P., (2020), "Aging in Place, Housing Maintenance, and Reverse Mortgages", *Review of Economic Studies*, 87 (4), 1799-1836。

[2] 除了Barthel量表，Katz量表也是一种常见的评估失能程度的量表。对洗澡、穿着、如厕、转移、大小便控制、进食6项评定项目中，全部能够自理的评定为A级；只有1项依赖的评定为B级；只有洗澡和其余5项之一依赖的评定为C级；洗澡、穿着和其余4项之一依赖的评定为D级；洗澡、穿着、如厕和其余3项之一依赖的评定为E级；洗澡、穿着、如厕、转移和其余2项之一依赖的评定为F级；所有项目均依赖的评定为G级。本部分的异质性分析将所有失能群体分为有3项及以下ADL失能或IADL失能的群体，有4项及以上ADL失能或IADL失能的群体，分别近似对应于Katz量表的轻度失能（B级）和中度失能（C级和D级），重度失能（E、F、G级）。

第四章　长期护理保险对失能参保者住院服务利用的影响

表4-11　　　　　　　　　　失能水平异质性

变量	(1) 是否住院	(2) ln（住院频率+1）	(3) ln（总住院费用+1）	(4) ln（自付住院费用+1）	(5) ln（保险报销住院费用+1）
轻度、中度失能（有三项及以下ADL失能或IADL失能的群体）					
DID	-0.037** (0.016)	-0.098* (0.056)	-0.168* (0.096)	-0.207** (0.092)	-0.129* (0.074)
样本量	11383	11383	11383	11383	11383
Pseudo-R^2	0.094	0.097	0.100	0.092	0.091
重度失能（有四项及以上ADL失能或IADL失能的群体）					
DID	-0.024 (0.028)	-0.026 (0.055)	-0.150 (0.155)	0.022* (0.013)	-0.105 (0.186)
样本量	233	233	233	233	233
Pseudo-R^2	0.093	0.098	0.090	0.092	0.090
组间系数差异检验 t 值	-12.0***	-19.4***	-2.8***	-38.0***	-4.7***

注：1. 由于重度失能群体样本量较少（处理组和对照组个体分别只有16个和217个），因此样本回归系数的估计更容易受到噪音的影响。2. 括号内为标准误，聚类到城市层面。回归中均控制了控制变量、年份固定效应、城市固定效应、城市×年份固定效应的影响。控制变量包括个人基本特征变量（年龄、年龄^2、性别、民族、居住地区、户口类型、婚姻状况、受教育水平、自评健康、独自居住、慢性病数量、ADL失能数量、残疾数量、医疗保险类型、养老金收入）、家庭特征变量（家庭是否拥有房产、家庭年收入、家庭金融资产）、家庭关系变量（家庭规模、子女数量、兄弟姐妹数量、家庭内部经济转移）、所在城市特征变量［户籍人口数、土地面积、人均GDP、一般公共预算支出、每千人执业（助理）医师数、每千人注册护士数］。***、**、*分别表示在1%、5%和10%水平下显著。

质性分析，本书分别对两组样本进行了倾向得分匹配，匹配后的样本均通过了平衡性检验。表4-11分别列示了两组群体住院服务利用的双重差分结果，可以发现，长期护理保险对失能程度较轻的群体的住院服务利用的影响更为显著，而对失能程度较重的群体的影响并不显著（甚至其自付住院费用出现了小幅上升）。这说明，失能严重程度较低的参保者对长期护理保险的反应更为强烈，能够更多地受益于长期护理保险待遇及护理服务市场的发展。因此，在长期护理保险的政策制定过程中，应更加重视轻度及中度失能个体，注重满足其护理服务需求。

(3) 家庭收入水平

家庭收入是人们进行投资、储蓄、消费等一系列决策重要决定因素之一，住院费用支出作为生活基本消费之一，会受到家庭收入水平和富裕程度的影响。家庭收入越低，个体在进行住院决策时会受到更紧的预算约束限制，长期护理保险待遇给付能够起到的边际效应就会越大，收入效应更有可能占据主导地位；而家庭收入越高，个体在进行住院决策时就拥有更多的自主权，长期护理保险待遇给付能够起到的边际效应就会越小，替代效应更有可能占据主导地位。而另一种观点认为，在大部分试点城市，长期护理保险待遇给付以参保者失能并购买相应护理服务为基础，收入较低的群体越有可能成为政策的"顺从者"，由医院住院改为政策报销范围内的"居家护理"和"机构护理"，从而满足享受待遇的要求；而收入较高的群体对这一政策的敏感性较低、反应较为缓慢，因此长期护理保险的控费作用可能并不显著。上述哪一假设成立，需要通过更进一步的统计分析进行验证。

本书分别以家庭总收入的25%分位数（5000元）、50%分位数（12000元）和90%分位数（60000元）为依据，将所有失能参保者分为样本量相近的四组。家庭总收入小于或等于5000元的为低收入组，家庭总收入大于5000元且小于等于12000元的为较低收入组；家庭总收入大于12000元且小于等于60000元的为较高收入组；家庭总收入大于60000元的为高收入组。与总样本的研究一样，对分样本的异质性分析也采用PSM-DID的研究方法。表4-12展示了以家庭收入为基础进行的分组回归结果。

可以发现，随着家庭收入的增加，长期护理保险对失能参保者的住院服务利用的影响呈现"U"形关系（而非线性关系），即住院服务利用先下降后上升（显著性先上升后下降）。总体而言，长期护理保险的实施对较高收入群体（12000元<家庭总收入≤60000元）的住院服

利用产生的影响最为显著。上述结果可能的原因在于：对低收入家庭而言，失能参保者在长期护理保险实施前的医疗需求未得到充分满足，而长期护理保险待遇给付增加了其支付能力，因此释放了其被压抑的住院需求，增加了其住院服务利用，产生"收入效应"（经检验，长期护理保险对低收入家庭失能参保者的食品消费也显著上升）；对于高收入家庭而言，失能参保者在长期护理保险实施前就有能力入住专业的商业护理机构或雇用护工进行居家护理，其"社会性住院"动机较弱，因此政策执行后其住院服务利用未发生显著变化。而对于家庭收入处于中等水平（见表4-12中的"较低收入群体"和"较高收入群体"）的失能参保者，长期护理保险促进了其使用养老机构护理及居家护理替代"社会性住院"，且长期护理保险带来的"收入效应"被"替代效应"抵消，最后呈现出住院服务利用下降的趋势。

表4-12　　　　　　　　　家庭收入水平异质性

变量	(1) 是否住院	(2) ln（住院频率+1）	(3) ln（总住院费用+1）	(4) ln（自付住院费用+1）	(5) ln（保险报销住院费用+1）
低收入群体（家庭总收入≤5000元）					
DID	0.075* (0.043)	0.090** (0.040)	0.098* (0.056)	0.073 (0.061)	0.124* (0.071)
样本量	3056	3056	3056	3056	3056
Pseudo-R^2	0.092	0.096	0.094	0.094	0.090
较低收入群体（5000元<家庭总收入≤12000元）					
DID	-0.036* (0.021)	-0.074* (0.042)	-0.077* (0.044)	-0.072 (0.060)	-0.094** (0.042)
样本量	3108	3108	3108	3108	3108
Pseudo-R^2	0.094	0.100	0.093	0.094	0.092

续表

变量	(1) 是否住院	(2) ln（住院频率+1）	(3) ln（总住院费用+1）	(4) ln（自付住院费用+1）	(5) ln（保险报销住院费用+1）
较高收入群体（12000元<家庭总收入≤60000元）					
DID	-0.087** (0.039)	-0.188*** (0.060)	-0.232*** (0.077)	-0.282*** (0.094)	-0.212** (0.094)
样本量	2684	2684	2684	2684	2684
Pseudo-R²	0.094	0.104	0.093	0.094	0.092
高收入群体（家庭总收入>60000元）					
DID	0.008 (0.024)	0.043 (0.038)	0.066 (0.055)	0.078* (0.046)	0.053 (0.045)
样本量	2740	2740	2740	2740	2740
Pseudo-R²	0.093	0.098	0.092	0.096	0.090
组间系数差异检验 t 值	-74.8***	45.7***	21.9***	-3.5***	44.9***

注：1. 括号内为标准误，聚类到城市层面。2. 回归中均控制了控制变量、年份固定效应、城市固定效应、城市×年份固定效应的影响。3. 控制变量包括个人基本特征变量（年龄、年龄²、性别、民族、居住地区、户口类型、婚姻状况、受教育水平、自评健康、独自居住、慢性病数量、ADL失能数量、残疾数量、医疗保险类型、养老金收入）、家庭特征变量（家庭是否拥有房产、家庭年收入、家庭金融资产）、家庭关系变量（家庭规模、子女数量、兄弟姐妹数量、家庭内部经济转移）、所在城市特征变量［户籍人口数、土地面积、人均GDP、一般公共预算支出、每千人执业（助理）医师数、每千人注册护士数］。4. ***、**、*分别表示在1%、5%和10%水平下显著。5. 组间系数差异检验 t 值为各组系数两两对比后选取的绝对值最小的 t 值。

2. 政策特征异质性

针对不同的长期护理保险试点城市，本书挖掘了其异质性的政策特征，用于研究长期护理保险的制度设计如何对失能参保者的住院服务利用产生影响。经过整理归纳，本书将23个长期护理保险试点城市按照

第四章 长期护理保险对失能参保者住院服务利用的影响

试点实施时间、覆盖人群医保类型、保障群体、是否提供现金给付及是否鼓励居家护理五个维度进行分类，如表4-13所示。

表4-13　　　　　　　　　政策异质性一览

维度		试点城市名称	数量
试点实施时间	不满一年	广州、临沂、嘉兴、临汾、齐齐哈尔、苏州、聊城、宁波、重庆、滨州、台州	11个
	满一年但不满两年	吉林、荆门、承德、上海、安庆、杭州、成都、徐州	8个
	满两年	青岛、潍坊、上饶、济南	4个
覆盖人群医保类型	职工医保+居民医保	青岛、吉林、荆门、上海、杭州、徐州、嘉兴、临汾、苏州、台州	10个
	仅职工医保	潍坊、上饶、济南、承德、安庆、成都、广州、临沂、齐齐哈尔、聊城、宁波、重庆、滨州	13个
保障群体	中度+重度失能	青岛、潍坊、济南、上海、徐州、广州、临沂、苏州、聊城、滨州、台州	11个
	仅重度失能	上饶、吉林、荆门、承德、安庆、杭州、成都、嘉兴、临汾、齐齐哈尔、宁波、重庆	12个
是否提供现金给付	是	上饶、吉林、荆门、承德、上海、安庆、杭州、成都、徐州、滨州	10个
	否	青岛、潍坊、济南、广州、临沂、嘉兴、临汾、齐齐哈尔、苏州、聊城、宁波、重庆、台州	13个
是否鼓励居家护理	是	潍坊、济南、荆门、上海、成都、徐州、临沂、嘉兴、临汾、聊城、台州	11个
	否	青岛、上饶、吉林、承德、安庆、杭州、广州、齐齐哈尔、苏州、宁波、重庆、滨州	12个

资料来源：笔者根据政策文件整理归纳。

（1）试点实施年份

本书分析了实施长期护理保险试点政策的时间长度对长期护理保险

影响失能参保者住院费用的异质性。根据各城市实施长期护理保险的时间，本书将处理组的23个城市分为截至2018年7月实施长期护理保险不满一年的11个城市（广州、临沂、嘉兴、临汾、齐齐哈尔、苏州、聊城、宁波、重庆、滨州、台州）、满一年但不满两年的8个城市（吉林、荆门、承德、上海、安庆、杭州、成都、徐州）和实施两年以上的4个城市（青岛、潍坊、上饶、济南）。分别以上述城市为处理组，以在2018年7月前未实施长期护理保险的城市为对照组，进行三次双重差分回归分析。在每次回归前，均对处理组和对照组样本进行倾向得分匹配。① 回归结果如表4-14所示。

表4-14　　　　　　　　　试点实施时间异质性

变量	(1) 是否住院	(2) ln（住院频率+1）	(3) ln（总住院费用+1）	(4) ln（自付住院费用+1）	(5) ln（保险报销住院费用+1）
实施长期护理保险不满一年的11个城市					
DID	-0.015** (0.007)	-0.053 (0.068)	-0.030 (0.053)	0.007 (0.048)	-0.114** (0.051)
样本量	11276	11276	11276	11276	11276
Pseudo-R²	0.081	0.102	0.098	0.076	0.082
实施长期护理保险满一年但不满两年的8个城市					
DID	-0.044*** (0.015)	-0.184*** (0.058)	-0.186*** (0.046)	-0.243*** (0.080)	-0.148** (0.066)
样本量	11176	11176	11176	11176	11176
Pseudo-R²	0.076	0.124	0.104	0.094	0.088
实施长期护理保险两年以上的4个城市					

---

① 匹配后，各控制变量均满足平衡性检验。由于篇幅限制，本书未展示三组子样本的平衡性检验结果。

续表

变量	(1) 是否住院	(2) ln（住院频率+1）	(3) ln（总住院费用+1）	(4) ln（自付住院费用+1）	(5) ln（保险报销住院费用+1）
DID	0.008 (0.027)	-0.026 (0.052)	0.012 (0.032)	0.033* (0.019)	-0.049 (0.047)
样本量	11040	11040	11040	11040	11040
Pseudo-R^2	0.088	0.112	0.088	0.098	0.105
组间系数差异检验 t 值	-87.5***	-33.3***	-71.5***	-81.5***	43.2***

注：1. 括号内为标准误，聚类到城市层面。2. 回归中均控制了控制变量、年份固定效应、城市固定效应、城市×年份固定效应的影响。3. 控制变量包括个人基本特征变量（年龄、年龄^2、性别、民族、居住地区、户口类型、婚姻状况、受教育水平、自评健康、独自居住、慢性病数量、ADL失能数量、残疾数量、医疗保险类型、养老金收入）、家庭特征变量（家庭是否拥有房产、家庭年收入、家庭金融资产）、家庭关系变量（家庭规模、子女数量、兄弟姐妹数量、家庭内部经济转移）、所在城市特征变量［户籍人口数、土地面积、人均GDP、一般公共预算支出、每千人执业（助理）医师数、每千人注册护士数］。4. ***、**、*分别表示在1%、5%和10%水平下显著。5. 组间系数差异检验 t 值为各组系数两两对比后选取的绝对值最小的 t 值。

由表4-14结果可知，虽然长期护理保险能够降低失能参保者的住院服务利用，但是该效应随着长期护理保险实施时间的延长而呈现"U"形关系。对于实施时间不满一年的城市而言，由于CHARLS统计的是受访者过去一年在综合医院、全科医院、专科医院、中医院和乡镇卫生院的住院情况，因此长期护理保险对住院服务利用的控费效果并不够显著，只有住院概率（-1.5个百分点）和保险报销住院费用（-11.4%）的下降初现端倪。随着时间的推移，当长期护理保险实施时长超过一年但不足两年时，长期护理保险对失能参保者住院费用的控制效果逐步体现，住院概率（-4.4个百分点）、住院频率（-18.4%）、总住院费用（-18.6%）、自付住院费用（-24.3%）和保险报销住院费用（-14.8%）都出现了较为明显的下降。然而，值得注意的是，长期护理保险的控费作用并没有随着时间的延长而增加。在对实施长期护理保险两年以上的试点城市进行回归后发现，长期护理保险不仅无法降低失能参保者的住院服务利用，反而在增加了个人的自付住院费用。该结论与于新亮等[①]的结论相似，即在长期护理保险政策实施初期，由于失能参保者的护理需求尚未得到大规模的释放，其"替代效应"占据主导地位，因此住院服务利用出现下降；而当长期护理保险政策实施一段时间后，由于医疗资源紧缺，失能参保者空出的医院床位又被新的患者占用，抵消了之前节省的住院费用；同时，之前被迫选择居家护理的参保者的护理需求也逐渐得到释放，并通过间接增加收入水平的路径使其住院服务利用需求得到释放。因此，随着长期护理保险实施时间的延长，住院服务利用的水平呈现出先下降、后回升的整体趋势。

（2）覆盖人群医保类型

已有研究显示，由于城乡居民收入水平存在差异、城乡医疗卫生机构专业水平也各不相同，因此不同居住地的居民可能具有差异化的就医行为和就业习惯，其对长期护理保险政策的反映也将存在差异。由于目前中国各试点城市的长期护理保险制度均依托基本医疗保险制度建立，因此所有试点城市均将职工医保参保群个体纳入覆盖范围，部分试点城市额外将居民医保参保个体也纳入保障范围。本书引入了虚拟变量 $policy_{it}^{urban}$ 来刻画这一特征，$policy_{it}^{urban}=0$ 表示截至2018年7月仅覆盖职工医保参保者的13个长期护理保险试点城市（潍坊、上饶、济南、承德、安庆、成都、广州、临沂、齐齐哈尔、聊城、宁波、重庆、滨州）；$policy_{it}^{urban}=1$ 表示截至2018年7月同时覆盖职工医保和居民医保参保者的10个长期护理保险试点城市（青岛、吉林、荆门、上海、杭州、徐州、嘉兴、临汾、苏州、台州）。本书以居住在不同类型试点城市的失能参保者为处理组、以居住在未实施长期护理保险试点城市的失能个体

---

① 于新亮、刘慧敏、杨文生：《长期护理保险对医疗费用的影响——基于青岛模式的合成控制研究》，《保险研究》2019年第2期。

为对照组进行了倾向得分匹配，并展示了相应的双重差分回归结果。①可以发现，仅覆盖职工医保的长期护理保险对失能参保者的住院服务利用的影响更为显著。如表4-15所示，仅覆盖职工医保的长期护理保险显著降低了失能参保者的住院概率（-3.8个百分点）、住院频率（-11.4%）、总住院费用（-16.5%）、自付住院费用（-19.3%）和保险报销住院费用（-12.8%）；而同时覆盖职工医保和居民医保的长期护理保险虽然也显著降低了失能参保者的住院服务利用，但其效应强度弱于仅覆盖职工医保的试点城市。部分原因在于，居民医保参保个体一般居住在农村地区，当地的养老院和护理院建设尚不完善，失能参保者出院后入住护理机构的可及性较低，因此，预期这部分群体对长期护理保险政策的实施反应较为迟缓。将该部分群体纳入处理组将对长期护理保险的政策效应产生稀释，因而可以发现同时覆盖职工医保和居民医保参保者的试点城市的长期护理保险的降费作用虽然显著，但略小于仅覆盖职工医保参保者的试点城市。这启示我们，应加大对农村地区护理机构的建设，提供农村互助幸福院等养老服务设施的护理保障能力。

表4-15 覆盖人群医保类型异质性

变量	(1) 是否住院	(2) ln（住院频率+1）	(3) ln（总住院费用+1）	(4) ln（自付住院费用+1）	(5) ln（保险报销住院费用+1）
同时覆盖职工医保和居民医保参保者的10个试点城市					
DID	-0.032 (0.027)	-0.072** (0.032)	-0.126** (0.056)	-0.196*** (0.065)	-0.102* (0.058)

① 在分析仅覆盖职工医保的长期护理保险试点城市的处理效应时，处理组为居住在相应试点城市的失能参保者，对照组为居住在未实施任何长期护理保险试点的城市的失能个体。匹配后获得样本9252个，控制变量的平衡性测试均通过。在分析同时覆盖职工医保和居民医保的长期护理保险的处理效应时，处理组为居住在相应试点城市的失能参保者，对照组为居住在未实施任何长期护理保险试点的城市的失能个体。匹配后获得样本9172个，控制变量的平衡性测试均通过。

续表

变量	(1) 是否住院	(2) ln（住院频率+1）	(3) ln（总住院费用+1）	(4) ln（自付住院费用+1）	(5) ln（保险报销住院费用+1）
样本量	9172	9172	9172	9172	9172
Pseudo-R²	0.087	0.120	0.098	0.097	0.087
仅覆盖职工医保参保者的 13 个试点城市					
DID	-0.038* (0.022)	-0.114*** (0.033)	-0.165*** (0.055)	-0.193*** (0.064)	-0.128** (0.057)
样本量	9252	9252	9252	9252	9252
Pseudo-R²	0.086	0.120	0.097	0.096	0.088
组间系数差异检验 t 值	16.5***	87.7***	47.7***	-3.2***	30.7***

注：括号内为标准误，聚类到城市层面。回归中均控制了控制变量、年份固定效应、城市固定效应、城市×年份固定效应的影响。控制变量包括个人基本特征变量（年龄、年龄²、性别、民族、居住地区、户口类型、婚姻状况、受教育水平、自评健康、独自居住、慢性病数量、ADL 失能数量、残疾数量、医疗保险类型、养老金收入）、家庭特征变量（家庭是否拥有房产、家庭年收入、家庭金融资产）、家庭关系变量（家庭规模、子女数量、兄弟姐妹数量、家庭内部经济转移）、所在城市特征变量 [户籍人口数、土地面积、人均 GDP、一般公共预算支出、每千人执业（助理）医师数、每千人注册护士数]。***、**、* 分别表示在 1%、5% 和 10% 水平下显著。

（3）保障群体

不同试点对待遇领取资格的规定存在差异，"严格型"长期护理保险试点城市只为符合要求的重度失能（Barthel 评分<40）群体提供待遇给付，另外一部分较为"宽松型"试点城市同时覆盖了重度失能和中度失能群体（Barthel 评分<60）。已有研究发现，随着个体失能程度的加重，个体需要的护理服务专业性程度上升，因此护理院、养老院等机构对该部分群体的吸引力下降。因此，覆盖失能程度较轻阶段（如中度失能）群体的长期护理保险预期会对失能参保者的住院服务利用产生更大的影响。本书引入了虚拟变量 $policy_{it}^{target}$ 来刻画这一特征，$policy_{it}^{target}=0$

第四章 长期护理保险对失能参保者住院服务利用的影响

表示截至 2018 年 7 月仅覆盖重度失能群体的 12 个 "严格型" 长期护理保险试点城市（上饶、吉林、荆门、承德、安庆、杭州、成都、嘉兴、临汾、齐齐哈尔、宁波、重庆）；$policy_{it}^{target}=1$ 表示截至 2018 年 7 月同时覆盖中度和重度失能群体的 11 个 "宽松型" 长期护理保险试点城市（青岛、潍坊、济南、上海、徐州、广州、临沂、苏州、聊城、滨州、台州）。本书分别以居住在上述试点城市的失能参保者为处理组、以居住在未实施任何长期护理保险试点城市的失能者为对照组进行了倾向得分匹配，并展示了相应的双重差分回归结果。① 可以发现，"宽松型" 长期护理保险对失能参保者的住院服务利用的处理效应更为显著。

表 4-16　　　　　　　　　　保障群体异质性

变量	(1)是否住院	(2)ln（住院频率+1）	(3)ln（总住院费用+1）	(4)ln（自付住院费用+1）	(5)ln（保险报销住院费用+1）
同时保障中度和重度失能群体的 11 个 "宽松型" 试点城市					
DID	-0.042*** (0.014)	-0.122*** (0.041)	-0.176** (0.078)	-0.255*** (0.085)	-0.114* (0.064)
样本量	9239	9239	9239	9239	9239
Pseudo-R^2	0.085	0.121	0.096	0.097	0.087
仅保障重度失能群体的 12 个 "严格型" 试点城市					
DID	-0.030* (0.017)	-0.034 (0.090)	-0.105* (0.060)	-0.102 (0.185)	-0.118* (0.066)
样本量	9086	9086	9086	9086	9086
Pseudo-R^2	0.086	0.119	0.097	0.098	0.086

---

① 在分析 "严格型" 长期护理保险试点城市的处理效应时，处理组为居住在 "严格型" 长期护理保险试点城市的失能参保者，对照组为居住在未实施长期护理保险的城市的失能者。匹配后获得样本 9086 个，控制变量的平衡性测试均通过。在分析 "宽松型" 长期护理保险的处理效应时，处理组为居住在 "宽松型" 长期护理保险试点城市的失能参保者，对照组为居住在未实施长期护理保险的城市的失能者。匹配后获得样本 9239 个，控制变量的平衡性测试均通过。

续表

变量	（1） 是否住院	（2） ln（住院频率+1）	（3） ln（总住院费用+1）	（4） ln（自付住院费用+1）	（5） ln（保险报销住院费用+1）
组间系数差异检验 t 值	−52.2***	−85.4***	−69.0***	−72.1***	4.2***

注：括号内为标准误，聚类到城市层面。回归中均控制了控制变量、年份固定效应、城市固定效应、城市×年份固定效应的影响。控制变量包括个人基本特征变量（年龄、年龄^2、性别、民族、居住地区、户口类型、婚姻状况、受教育水平、自评健康、独自居住、慢性病数量、ADL 失能数量、残疾数量、医疗保险类型、养老金收入）、家庭特征变量（家庭是否拥有房产、家庭年收入、家庭金融资产）、家庭关系变量（家庭规模、子女数量、兄弟姐妹数量、家庭内部经济转移）、所在城市特征变量［户籍人口数、土地面积、人均 GDP、一般公共预算支出、每千人执业（助理）医师数、每千人注册护士数］。***、**、* 分别表示在 1%、5% 和 10%水平下显著。

如表 4-16 所示，"宽松型"长期护理保险显著降低了失能参保者的住院概率（−4.2 个百分点）、住院频率（−12.2%）、总住院费用（−17.6%）、自付住院费用（−25.5%）和保险报销住院费用（−11.4%）；而"严格型"长期护理保险降低了失能参保者的住院概率（−3.0 个百分点）、总住院费用（−10.5%）和保险报销住院费用（−11.8%），但对住院频率和自付住院费用无显著影响。该结果与个体的失能水平异质性一致，可能的原因在于相比于重度失能群体，中度失能群体更有能力对长期护理保险政策作出反应，形成并执行出院或入住养老院及护理机构的决策。而重度失能群体对专业医疗护理的要求较高，难以在短时间内离开医院入住合适的护理设施。

（4）是否提供现金给付

本节研究了待遇给付形式对是否会改变长期护理保险影响失能参保者住院服务利用的途径和强度。已有研究发现，现金形式的长期护理保险待遇给付（以下简称"现金给付"）为失能群体及其家庭提供了一笔现金转移支付，从而通过"收入效应"释放了失能参保者的医疗需求，增加了其住院服务利用。目前，中国所有的长期护理保险试点项目都为失能者提供服务给付，即按一定比例或额度报销其在医院/机构/居家接受正式护理服务所产生的费用。部分长期护理保险试点城市在为失能群体提供护理服务费用报销外，还额外提供了"现金给付"选项，或直接以现金给付的形式给予失能者家庭一定额度的补贴。在这种情况下，如果失能者选择享受现金待遇，则长期护理保险只起到了增加家庭非工作收入的作用，而无法引导失能参保者减少"社会性住院"行为。本书引入了虚拟变量 $policy_{it}^{benefit}$，其中 $policy_{it}^{benefit}=0$ 表示只提供服务给付（benefit-in-kind）的 13 个长期护理保险试点城市（青岛、潍坊、济南、广州、临沂、嘉兴、临汾、齐齐哈尔、苏州、聊城、宁波、重庆、台州），$policy_{it}^{benefit}=1$ 表示额外提供现金给付（benefit-in-cash）的 10 个试点城市（上饶、吉林、荆门、承德、上海、安庆、杭州、成都、徐州、滨州）。本书分别以居住在上述试点城市的失能参保者为处理组、以居住在未实施长期护理保险试点城市的失能者为对照组进行了倾向得分匹配，并展示了相应的双重差分回归结果。[①] 由表 4-17 结果可以发现，仅提供服务给付的试点城市对失能参保者住院概率的影响略小于同时提供现金给付的试点城市；而仅提供服务给付的城市对失能参保者住院频率、总住院费用、自付住院费用、保险报销住院费用的影响略大于同时提供现金给付的试点城市。可能的原因在于，虽然现金给付形式未显著影响个体住院的概率，但其作为一笔转移支付释放了家庭的医疗需求，导致医疗花费的下降趋势部分被抵消。因此，试点城市在进行政策设计时应着重发挥保险待遇的护理保障功能，避免其沦为简单的转移支付工具。

[①] 在分析"有现金给付"的长期护理保险试点城市的处理效应时，处理组为参加"有现金给付"长期护理保险的失能者，对照组为未参加任何长期护理保险的失能者。匹配后获得样本 8896 个，控制变量的平衡性测试均通过。在分析"无现金给付"长期护理保险的处理效应时，处理组为参加"无现金给付"长期护理保险的失能者，对照组为未参加任何长期护理保险的失能者。匹配后获得样本 9024 个，控制变量的平衡性测试均通过。

表 4-17　　　　　　　　　是否提供现金给付异质性

变量	（1）是否住院	（2）ln（住院频率+1）	（3）ln（总住院费用+1）	（4）ln（自付住院费用+1）	（5）ln（保险报销住院费用+1）
同时提供服务给付和现金给付的 10 个试点城市					
DID	-0.036*** (0.012)	-0.090*** (0.030)	-0.096 (0.080)	-0.158*** (0.053)	-0.111* (0.064)
样本量	8896	8896	8896	8896	8896
Pseudo-R²	0.085	0.121	0.096	0.097	0.087
仅提供服务给付的 13 个试点城市					
DID	-0.033*** (0.011)	-0.095*** (0.032)	-0.178** (0.079)	-0.203*** (0.055)	-0.121* (0.069)
样本量	9024	9024	9024	9024	9024
Pseudo-R²	0.086	0.119	0.097	0.098	0.086
组间系数差异检验 t 值	-17.4***	10.8***	69.0***	55.8***	10.1***

注：括号内为标准误，聚类到城市层面。回归中均控制了控制变量、年份固定效应、城市固定效应、城市×年份固定效应的影响。控制变量包括个人基本特征变量（年龄、年龄²、性别、民族、居住地区、户口类型、婚姻状况、受教育水平、自评健康、独自居住、慢性病数量、ADL 失能数量、残疾数量、医疗保险类型、养老金收入）、家庭特征变量（家庭是否拥有房产、家庭年收入、家庭金融资产）、家庭关系变量（家庭规模、子女数量、兄弟姐妹数量、家庭内部经济转移）、所在城市特征变量［户籍人口数、土地面积、人均 GDP、一般公共预算支出、每千人执业（助理）医师数、每千人注册护士数］。***、**、* 分别表示在 1%、5% 和 10% 水平下显著。

（5）是否鼓励居家护理

在中国许多试点城市的制度设计中，居家护理作为一种成本更为低廉的护理形式受到了长期护理保险政策的倾斜。以嘉兴为例，失能参保者享受专护服务的自付比例为 15%—25%、享受院护服务的自付比例为 15%，而享受家护服务的自付比例降为 10%。类似的政策设计鼓励家庭充分调动其内部的护理资源（如鼓励部分家庭成员自我选择成为照料者），以弥补目前国内护理基础设施缺乏的不足。而在另外一些城市，居家护理的报销额度低于专护和院护。以苏州为例，失能者享受专护服务的自付比例为40%、享受院护服务的自付比例为45%，而享受家护服务的自付比例提升为50%。由于许多城市对失能者享受"专护"设定了一定的失能等级，只有失能程度比政策规定更严重的个体才能入住医院享受"专护"，因此试点城市对专护服务的"鼓励"一定程度上反映了政策制定者对因失能程度过高而无法选择居家护理的失能者的政策倾斜。为了刻画上述政策差异，本书引入了虚拟变量 $policy_{it}^{home}$，其中 $policy_{it}^{home}=1$ 表示鼓励居家护理的11个试点城市（潍坊、济南、荆门、上海、成都、徐州、临沂、嘉兴、临汾、聊城、台州），$policy_{it}^{home}=0$ 表示鼓励专护、院护或无明显倾向的12个试点城市（青岛、上饶、吉林、承德、安庆、杭州、广州、齐齐哈尔、苏州、宁波、重庆、滨州）。本书分别以居住在上述试点城市的失能参保者为处理组、以居住在未实施长期护理保险试点城市的失能者为对照组进行了倾向得分匹配，并展示了相应的双重差分回归结果。[①]

表 4-18　　　　　　　　是否鼓励居家护理异质性

变量	(1) 是否住院	(2) ln（住院 频率+1）	(3) ln（总住院 费用+1）	(4) ln（自付住院 费用+1）	(5) ln（保险报销 住院费用+1）
鼓励居家护理的11个试点城市				
DID	-0.044*** (0.012)	-0.121* (0.069)	-0.128 (0.107)	-0.106 (0.161)	-0.082 (0.068)

---

① 在分析"鼓励居家护理型"的长期护理保险试点城市的处理效应时，处理组为参加"鼓励居家护理"长期护理保险的失能者，对照组为未参加任何长期护理保险的失能者。匹配后获得样本8924个，控制变量的平衡性测试均通过。在分析"其他型"长期护理保险的处理效应时，处理组为参加"其他型"长期护理保险的失能者，对照组为未参加任何长期护理保险的失能者。匹配后获得样本9006个，控制变量的平衡性测试均通过。

变量	(1) 是否住院	(2) ln（住院频率+1）	(3) ln（总住院费用+1）	(4) ln（自付住院费用+1）	(5) ln（保险报销住院费用+1）
样本量	8924	8924	8924	8924	8924
Pseudo-R²	0.085	0.121	0.096	0.097	0.087
	鼓励专护、院护或无明显倾向的12个试点城市					
DID	-0.030*** (0.010)	-0.085* (0.049)	-0.192*** (0.058)	-0.278* (0.159)	-0.153* (0.087)
样本量	9006	9006	9006	9006	9006
Pseudo-R²	0.086	0.119	0.097	0.098	0.086
组间系数差异检验 t 值	-84.9***	-40.3***	49.9***	72.0***	60.8***

注：括号内为标准误，聚类到城市层面。回归中均控制了控制变量、年份固定效应、城市固定效应、城市×年份固定效应的影响。控制变量包括个人基本特征变量（年龄、年龄²、性别、民族、居住地区、户口类型、婚姻状况、受教育水平、自评健康、独自居住、慢性病数量、ADL失能数量、残疾数量、医疗保险类型、养老金收入）、家庭特征变量（家庭是否拥有房产、家庭年收入、家庭金融资产）、家庭关系变量（家庭规模、子女数量、兄弟姐妹数量、家庭内部经济转移）、所在城市特征变量[户籍人口数、土地面积、人均GDP、一般公共预算支出、每千人执业（助理）医师数、每千人注册护士数]。***、**、*分别表示在1%、5%和10%水平下显著。

由表4-18结果可以发现，鼓励居家护理的试点城市对失能参保者住院概率（-4.4个百分点）、住院频率（-12.1%）的影响均比其他的试点城市更显著，但对总住院费用（-12.8%）、自付住院费用（-10.6%）和保险报销住院费用（-8.2%，不显著）的影响小于其他的试点城市。可能的原因在于，鼓励居家护理的试点城市居民有更强的激励出院后选择居家接受上门护理或亲情护理，因此其住院概率和频率的下降更为明显。然而，对居住在鼓励居家护理的城市但仍选择住院的失能参保者，其选择出院的成本预期高于选择住院的成本，因此可以合理推断其对医院服务的需求弹性更小，因而长期护理保险的实施对其医疗需求的释放

第四章　长期护理保险对失能参保者住院服务利用的影响

效应更强，因此总体来看其住院费用的下降幅度较小。这启示我们，试点城市在进行政策设计时应结合当地护理服务市场发展的实际情况有针对性地对专护、院护或家护进行政策倾斜，以促进多种护理服务方式优势互补、协调发展。

（七）稳健性检验

为了检验回归结果的稳健性，本书进行了6项稳健性检验，以分析确认回归结果的可信度。在稳健性检验1中，本书排除了被解释变量取极端值时对回归结果的影响；在稳健性检验2中，本书进行了安慰剂测试，在"伪政策年份"研究了长期护理保险对住院服务利用的影响；在稳健性检验3中，本书将倾向得分匹配框架更换为"K最近邻匹配"（K-NNM）和"广义精确匹配"（CEM），随后对双重差分结果进行了分析；在稳健性检验4中，本书将样本替换为符合长期护理保险待遇领取条件的中重度失能参保者；在稳健性检验5中，本书考虑了大病保险的推广对被解释变量的影响；在稳健性检验6中，本书将数据库更换为CFPS数据，并以60岁为断点对上海市失能参保者的住院服务利用进行了断点回归。

1. 考虑极端值的影响

由于回归结果易受到被解释变量极端值的影响，少数个体的住院服务利用可能会对回归结果造成较大波动，影响回归结果的有效性。因此，本书在进行倾向得分匹配和双重差分前对各被解释变量[①]在98%水平上进行了删失，只保留被解释变量在[1%, 99%]区间内的样本。回归结果如表4-19中Panel A所示。可以发现，长期护理保险对失能参保者的住院服务利用的影响与总样本分析中的结论在方向、大小和显著性上均保持一致。

---

① 本书未对"是否住院"变量进行删失，因为它是只取0或1的虚拟变量。

2. "伪实施年份"安慰剂检验

除了青岛市和潍坊市,其他所有21个被CHARLS覆盖的长期护理保险试点都是在2015年8月至2018年7月启动实施的。[①] 排除青岛市和潍坊市数据后,本书的"多期DID"方法退化为"单期DID"方法,长期护理保险政策效果仅在CHARLS的2018年数据中体现。因此,本书将青岛市、潍坊市数据排除,并选择2011年8月至2013年7月(如2012年)和2013年8月至2015年7月(如2014年)作为长期护理保险"伪实施年份"进行安慰剂检验。若失能参保者住院服务利用的下降确实由长期护理保险试点引起,则DID的系数在"伪实施年份"将不显著异于0。表4-19中Panel B展示了安慰剂检验回归结果,可以发现,长期护理保险在"伪实施年份"未对住院服务利用产生显著影响,从而验证了本书的结论。

3. 更换倾向得分匹配方法

已有采用倾向得分匹配方法的文献通常使用不同的匹配方法以验证回归结果不会受到匹配方法的影响。因此,本书更换了正文中的核匹配方法为K阶最近邻匹配法(K-Nearest Neighbor Matching, K-NNM)和广义精确匹配法(Coarsened Exact Matching, CEM),[②] 并在不同的匹配框架下进行双重差分回归,以验证本书正文部分结论的稳健性。表4-19中Panel C显示了不同匹配框架下长期护理保险对住院服务利用的结果效果,可以发现回归结果依旧具有稳健性。

4. 更换回归样本为中重度失能群体

在本书的主回归中,失能群体被界定为因为健康或记忆原因导致

[①] 长期护理保险于2012年首次在青岛市实施,最初只覆盖参加城镇职工医保的群体;2015年,长期护理保险推广至青岛市的城乡居民。此外,长期护理保险于2015年引入潍坊市。在安慰剂检验中,本书删除了青岛市和潍坊市的样本。

[②] Iacus, S. M., King, G., Porro, G., (2012), "Causal Inference Without Balance Checking: Coarsened Exact Matching", *Political Analysis*, 1-24.

完成日常生活活动（ADL）存在困难或无法完成,[①] 或因为健康或记忆原因导致完成工具性日常生活活动（IADL）存在困难或无法完成[②]的受访者。然而，只有失能到一定严重程度（通常为中度或重度失能）的参保者才能申请长期护理保险待遇给付。为了对本书的主回归结果进行补充和验证，本部分按照各试点城市的待遇申请标准（失能等级达到中度或重度失能）筛选出新的处理组，并使用失能水平在中度及以上且居住在未实施长期护理保险的城市的居民为对照组，重新进行了倾向得分匹配下的双重差分回归（见表4-19中Panel D的回归结果）。可以发现，长期护理保险的实施显著降低了失能参保者的住院概率、住院频率及自付住院费用，稳健性检验回归结果与主回归结果保持一致。

5. 排除大病保险政策实施的潜在影响

城乡居民大病保险是在基本医疗保障的基础上对大病患者发生的高额医疗费用给予进一步保障的制度安排，其目的是切实解决人民群众因病致贫、因病返贫的突出问题。2012年8月，国家发展改革委等六部委发布《关于开展城乡居民大病保险工作的指导意见》，明确建立大病保险制度，减轻城乡居民的大病负担。由于各城市实施大病保险制度的时间较为分散，且与长期护理保险试点的推广存在时间上的重合，因此为了排除大病保险实施对住院费用的影响对本书回归结果的干扰，本节根据各城市实施大病保险的时间建立了标志大病保险实施的变量 $DID_{it}^{大病保险}$（构造方法与长期护理保险实施

[①] 包括：①穿衣（包括从衣橱中拿出衣服、穿上衣服、扣上纽扣、系上腰带）；②吃饭（当饭菜准备好以后，自己吃饭定义为用餐，如夹菜）；③上厕所（包括蹲下、站起）；④控制大小便（自己能够使用导尿管或者尿袋算能够控制自理）；⑤洗澡；⑥起床、下床；⑦在椅子上坐时间久了再站起来；⑧平地行走100米；⑨连续不停地爬几层楼梯。

[②] 包括：①做家务（包括房屋清洁、洗碗盘、整理被褥和房间摆设）；②做饭（包括准备原材料、做饭菜、端上餐桌）；③自己去商店买食品杂货（包括决定买什么和付钱）；④打电话；⑤吃药（指的是能记得什么时间吃和吃多少）；⑥管钱（包括支付账单、记录支出项目、管理财物）。

虚拟变量 DID_{it} 相似），并考察了该变量对住院费用的影响。在加入变量 $DID_{it}^{大病保险}$ 后，变量 DID_{it} 的回归结果依旧显著（见表 4-19 的 Panel E），表明主回归中失能参保者住院服务利用的减少确实来自长期护理保险制度的实施。

表 4-19　　　　　　　　　　稳健性检验

变量	（1）是否住院	（2）ln（住院频率+1）	（3）ln（总住院费用+1）	（4）ln（自付住院费用+1）	（5）ln（保险报销住院费用+1）
Panel A：对被解释变量极端值进行删失					
DID	-0.086* (0.049)	-0.101* (0.058)	-0.138** (0.061)	-0.079* (0.045)	—
样本量	10456	10456	10456	10456	—
Pseudo-R^2	0.116	0.094	0.102	0.093	
Panel B："伪实施年份"安慰剂检验[a]					
DID_{2012}	0.029 (0.044)	0.067 (0.056)	0.025 (0.051)	-0.042 (0.055)	0.068 (0.057)
样本量	8703	8703	8703	8703	8703
Pseudo-R^2	0.103	0.100	0.102	0.097	0.109
DID_{2014}	0.056 (0.047)	0.028 (0.053)	-0.032 (0.067)	-0.082 (0.069)	0.016 (0.053)
样本量	8703	8703	8703	8703	8703
Pseudo-R^2	0.099	0.098	0.108	0.098	0.110
Panel C：采用"K-NNM"（K=4）或"CEM"匹配框架					
DID^{NNM}	-0.034*** (0.011)	-0.093*** (0.031)	-0.153** (0.068)	-0.195*** (0.065)	-0.117* (0.067)
样本量	11616	11616	11616	11616	11616

续表

变量	(1) 是否住院	(2) ln(住院频率+1)	(3) ln(总住院费用+1)	(4) ln(自付住院费用+1)	(5) ln(保险报销住院费用+1)
Pseudo-R²	0.086	0.119	0.097	0.097	0.087
DID^{CEM}	-0.032** (0.014)	-0.094*** (0.031)	-0.160*** (0.053)	-0.178*** (0.055)	-0.152** (0.068)
样本量	11592	11592	11592	11592	11592
Pseudo-R²	0.089	0.108	0.092	0.097	0.090
Panel D：更换回归样本为中重度失能群体					
DID_{it}	-0.070* (0.040)	-0.164* (0.094)	-0.182 (0.152)	-0.228* (0.130)	-0.143 (0.119)
样本量	468	468	468	468	468
Pseudo-R²	0.074	0.092	0.082	0.085	0.079
Panel E：加入标志大病保险实施的虚拟变量					
DID_{it}	-0.032*** (0.011)	-0.105*** (0.035)	-0.141*** (0.047)	-0.088* (0.049)	-0.139*** (0.046)
$DID_{it}^{大病保险}$	0.020* (0.011)	0.048* (0.027)	0.022 (0.030)	-0.102** (0.045)	0.145** (0.064)
样本量	11616	11616	11616	11616	11616
Pseudo-R²	0.106	0.122	0.102	0.108	0.099

注：括号内为标准误，聚类到城市层面。回归中均控制了控制变量、年份固定效应、城市固定效应、城市×年份固定效应的影响。控制变量包括个人基本特征变量（年龄、年龄²、性别、民族、居住地区、户口类型、婚姻状况、受教育水平、自评健康、独自居住、慢性病数量、ADL失能数量、残疾数量、医疗保险类型、养老金收入）、家庭特征变量（家庭是否拥有房产、家庭年收入、家庭金融资产）、家庭关系变量（家庭规模、子女数量、兄弟姐妹数量、家庭内部经济转移）、所在城市特征变量[户籍人口数、土地面积、人均GDP、一般公共预算支出、每千人执业（助理）医师数、每千人注册护士数]。***、**、*分别表示在1%、5%和10%水平下显著。a 伪实施年份检验仅使用2011年、2013年、2015年数据。

6. 更换数据库采用断点回归法估计

本书使用 CFPS 数据库研究了失能参保者的住院服务利用行为。① CFPS 数据库目前公开的数据包括 2010 年、2012 年、2014 年、2016 年、2018 年数据,由于 CFPS 数据库中样本所在地级市的信息不可得,仅能知道其属于哪个省(自治区、直辖市),因此本书仅分析了在全省(自治区、直辖市)范围内实施长期护理保险的城市。通过总结各试点城市特征可知,上海市规定失能参保者领取长期护理保险待遇的前提条件是年满 60 周岁,本书以此为断点进行了回归分析。上海市于 2017 年 1 月 1 日②起开始实施长期护理保险,至 2018 年 CFPS 调查时政策实施满一年有余。自长期护理保险政策实施以来,上海市大力建设综合为老服务中心及社区嵌入式养老设施,出台了一系列配套政策。同时,2016 年 11 月上海市松江区、虹口区入选第一批中央财政支持开展居家和社区养老服务改革试点地区名单;2017 年 11 月长宁区、金山区入选第二批名单;2018 年 5 月奉贤区、杨浦区入选第三批名单;闵行区和徐汇区又分别于 2019 年 8 月和 2020 年 2 月入选第四批和第五批名单。至 2019 年年末,上海市共有养老机构 724 家,床位 15.16 万张;社区老年人日间服务中心 720 家,助餐服务场所 1020 个;长期护理保险服务惠及 49.3 万老年人,重度残疾人护理补贴发放超过 5 亿元。③ 鉴于上海市长期护理保险的良好运行状况,本书对该市长期护理保险对失能参保者住院服务利用的影响进行研究,结论具有较高的借鉴意义。

---

① 不使用 CHARLS 数据库进行断点回归分析的原因:断点回归方法中的年龄断点仅适用于上海市(其他试点城市未对待遇申请者的年龄进行限制),CHARLS 中 2018 年上海市的样本量非常少(仅有 62 个),而 CFPS 数据库中 2018 年上海市的样本较多(有 1858 个),因此本书仅使用 CFPS 进行了断点回归分析。不使用 CFPS 数据库进行倾向得分匹配下的双重差分研究的原因:CFPS 数据库无法确定受访者居住于哪个城市,因此无法区分处理组与对照组。

② 上海市政府于 2017 年 1 月 1 日在其 16 个区中的 3 个区(徐汇区、普陀区、金山区)先进行了试点,然后在 2018 年在全市范围内启动了长期护理保险项目。

③ 上海市统计局:《2019 年上海市国民经济和社会发展统计公报》,2020 年 3 月 9 日,https://tjj.sh.gov.cn/tjgb/20200329/05f0f4abb2d448a69e4517f6a6448819.html。

第四章　长期护理保险对失能参保者住院服务利用的影响

表4-20　CFPS 数据库核心变量的描述性统计

变量	样本数	均值	标准差	最小值	p10	p50	p90	最大值
过去12个月是否因病住院	628	0.201	0.401	0	0	0	1	1
住院总费用（元）	628	4826.603	20553.770	0	0	0	10000	400000
年龄	628	63.461	10.110	45	49	64	76	93
男性	628	0.483	0.500	0	0	0	1	1
汉族	628	0.998	0.041	0	1	1	1	1
城镇地区	628	0.791	0.407	0	0	1	1	1
非农户口	628	0.728	0.445	0	0	1	1	1
已婚	628	0.902	0.298	0	1	1	1	1
受教育年数	628	7.463	4.534	0	0	9	12	19
自评健康[a]	628	2.580	1.096	1	1	3	4	5
独自居住	628	0.075	0.263	0	0	0	0	1
患有慢性病	628	0.664	0.473	0	0	1	1	1
参加养老保险	628	0.736	0.441	0	0	1	1	1
拥有的净房产价值（万元）	628	332.042	323.450	0	50	244	770	2180

· 129 ·

续表

变量	样本数	均值	标准差	最小值	p10	p50	p90	最大值
家庭年收入（万元）	628	4.680	4.360	0	1.2	3.6	9	50
家庭金融资产（万元）	628	30.440	77.888	0	0	10	67	1050
转移性收入（万元）	628	4.560	3.734	0	0	4	9.8	19.2
家庭规模	628	3.310	1.577	1	2	3	5	10
子女数量	628	1.451	0.722	0	1	1	2	4

注：表中所有以货币为单位的变量均使用国家统计局公布的消费者价格指数调整至 2010 年的价格水平。a 自评健康为多分类变量，非常差＝1，差＝2，一般＝3，好＝4，非常好＝5。p10 表示十分位数，p50 表示中位数，p90 表示九十分位数。

资料来源：CFPS 2018 年上海市居民数据。

第四章 长期护理保险对失能参保者住院服务利用的影响

本部分选取2018年上海市参加职工医保或居民医保的失能群体[①]为研究对象，选取"住院总费用"作为被解释变量，该变量统计了受访者过去12个月住院总共花费的钱数（包含自付部分、已报销和预计可报销的部分），单位为元。该费用包括用于医疗方面的费用（如医药费、治疗费、病房费），也包括用于住宿、吃饭、请看护、红包费等方面花的钱。本书进行断点回归时使用的带宽是Stata自带的最优带宽选择命令。图4-7展示了驱动变量（参保者年龄）与被解释变量（住院总费用）之间的关系，可以发现，被解释变量在参保者年龄60岁时向下跳跃，即参保者60岁以后，其住院总费用有较为明显的下降。但随着年龄的增长，失能参保者的住院总费用又开始上升。这是比较容易理解的，因为参保者年龄的上升伴随健康问题的增多，其住院总费用将逐渐攀升。

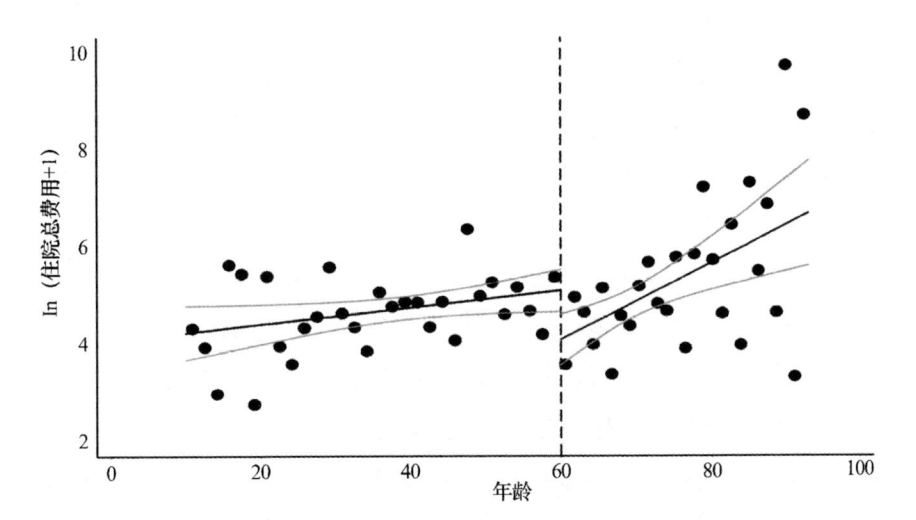

图4-7 驱动变量（年龄）与失能参保者住院总费用之间的关系

资料来源：根据CFPS数据库整理得到。

[①] 此处失能指的是完成下列任一身体运动能力存在障碍的受访者：（1）受访者的双手能够接触到颈根；（2）受访者的双手能够接触到后腰；（3）受访者能坐一段时间后马上从椅子上站起来；（4）受访者能捡起地上的书；（5）受访者能自转一圈。

三 本章小结

本章主要研究了长期护理保险对失能参保者住院服务利用的直接影响和中介机制,即参加长期护理保险的失能参保者的住院概率、住院频率、住院费用的变化情况,主要分为理论分析与实证检验两个部分。在理论分析部分,通过总结已有文献,发现长期护理保险对失能参保者的住院决策存在四条方向不同的传导机制,其中"替代效应"和"健康提升效应"会降低住院服务利用,"收入效应"和"风险认知提升效应"会增加住院服务利用。受限于数据可得性,本书对"替代效应"和"收入效应"两条传导机制进行了验证。

从总体样本来看,长期护理保险确实会显著降低失能参保者的住院服务利用。从不同分样本的异质性分析来看,60岁以上分样本、失能程度较高的分样本、家庭收入中等水平的分样本的住院服务利用的减少更为显著,这些异质性分析巩固了对总样本的研究结果,也使得对长期护理保险控费作用的研究更加全面。由中介效应分析可以发现,首先,从"替代效应"的角度看,长期护理保险试点的推广能够促进当地养老文化的形成和养老服务设施的建设,为失能参保者提供了更便宜便捷的护理选择,增加了失能群体购买机构护理服务的可及性,使原本选择"社会性住院"的个人可以转移至养老院和社区卫生中心。其次,从"收入效应"的角度来看,长期护理保险待遇给付为失能者家庭带来了额外的收入,放松了其预算约束,扩大了家庭日常基本消费支出,因此其医疗支出和住院费用相应增加。本书发现,"替代效应"和"收入效应"同时存在、互相抵消,最终"替代效应"占据主导地位。

本书的结果从减少"社会性住院"的角度对长期护理保险的影响进行分析:长期护理保险不仅为失能参保者提供了护理保障和经济支持,也在优化医疗资源配置、促进护理服务市场的高质量发展和价值医疗的实现中发挥了重要作用,提高了社会总体福利水平,为缓解中国老龄化问题给医疗卫生系统带来的巨大压力提出了一种解决方案，为其他老龄化国家提高医疗卫生资源配置效率提供了示范。预期未来在中国长期护理保险试点工作提速扩面的大背景下，会有更多的失能患者领取长期护理保险待遇，从而进一步节约中国的医疗卫生资源。

第五章

长期护理保险对家庭照料者劳动供给的影响

劳动力供给的数量和质量是影响经济产出和国家发展动力的关键要素之一。在当前老龄化程度不断加深的背景下，劳动力供给数量减少成为影响中国经济发展不可忽视的现象，如何扩大劳动供给以维持经济的较快增长成为许多老龄化国家亟待解决的问题。然而，快速的老龄化伴随着失能群体规模的增加，人们对家庭照料的需求不断增加。数据显示，2017年，26个OECD国家中有50%的65岁及以上老年人存在日常生活能力（ADL）障碍；有17%的老人在日常生活能力方面存在严重障碍。[1] 这些老人在生活起居和医疗护理方面需要较多的外界帮助，来自亲密家庭成员的非正式护理成为重要的照料服务来源。[2] 对于处在工作年龄的家庭照料者而言，非正式护理和劳动供给存在时间冲突。这导致部分家庭照料者退出劳动力市场，进一步加剧了老龄化引起的劳动供给不足问题。

---

[1] Indicators, O., Hagvísar, O., (2019), *Health at a Glance 2019: OECD Indicators*, OECD Publishing, Paris.

[2] Bhattacharyya, O., Delu, Y., Wong, S. T., et al., (2011), "Evolution of Primary Care in China 1997-2009", *Health Policy*, 100 (2-3), 174-180; Geyer, J., Haan, P., Korfhage, T., (2017), "Indirect Fiscal Effects of Long-term Care Insurance", *Fiscal Studies*, 38 (3), 393-415; Meng, Q., Tang, S., (2010), "Universal Coverage of Health Care in China: Challenges and Opportunities", World Health Report.

第五章　长期护理保险对家庭照料者劳动供给的影响

长期护理保险的实施不仅会对参保者的决策产生直接影响，而且会对参保者的家庭成员的决策产生间接影响，其中就包括对家庭照料者劳动供给的影响。已有研究发现，长期护理保险的实施能够在一定程度上促进当地正式护理服务市场的发展，增加失能老人入住专业护理服务机构的概率，因此能够降低家庭照料者的照料负担，从而增加其劳动供给。因此，研究长期护理保险对失能者家庭成员的溢出效应能够从整个家庭的角度出发，为提高全社会的劳动供给水平带来启发。然而，长期护理保险的待遇给付也可能产生"收入效应"，在一定程度上导致劳动力供给行为扭曲、劳动参与率下降。因此，面对老龄化背景下长期护理保险涉及的各方面复杂的博弈关系，如何设计长期护理保险政策成为完善社会保障体系不可忽视的重要议题。

基于以下考虑，本书以配偶为研究对象，探索了长期护理保险影响家庭照料和劳动供给的机制：首先，配偶和子女通常是失能老人最主要的非正式护理者，而在目前生育率下降、家庭规模缩小的人口结构背景下，预期配偶将日益成为非正式家庭照料的重要来源。[①] 其次，失能老人与其配偶基本年龄相当，在目前渐进式延迟退休的政策背景下，越来越多的低龄老人（60—69 岁的老人）倾向于继续留在劳动力市场中，因此这部分老人面临着兼顾照料与工作的困境。最后，由于数据可得性的限制，选择配偶作为研究对象能够实现失能老人与其照料者的精确匹配，提高研究结果的可靠性。

本部分研究了长期护理保险对家庭照料者（以配偶为例）劳动供给的影响。在理论分析部分，本书求解了个体如何在参加长期护理保险后最优化自身效用水平的问题，从模型角度分离了长期护理保险对劳动供给的两个效应："替代效应"和"收入效应"。在实证检验部分，为了减少内生性，使研究结果更加稳健，本书利用长期护理保险从试点到

[①] Ryan, L. H., Smith, J., Antonucci, T. C., et al., (2012), "Cohort Differences in the Availability of Informal Caregivers: Are the Boomers at Risk?", *Gerontologist*, 52 (2), 177-188.

推广所形成的准自然实验，采用了 PSM-DID 的方法进行研究。本章研究路线如图 5-1 所示。

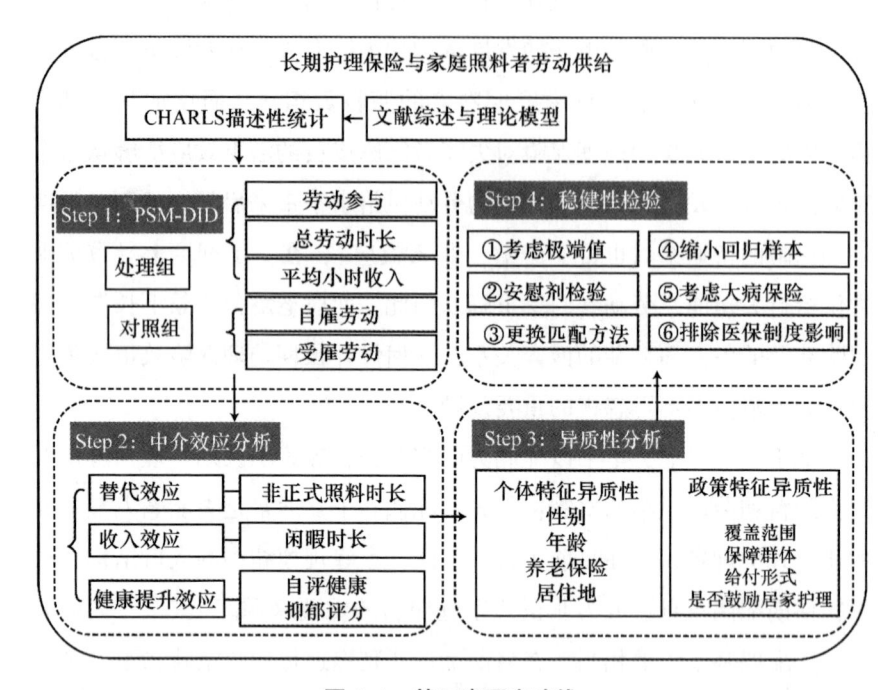

图 5-1 第五章研究路线

一 理论分析

基于 Ando 和 Modigliani[①] 对生命周期理论模型的设定，本书从两方面入手在"家庭理性"层面构建了劳动供给的决策模型：一方面，在时间总量一定的情况下考虑个体在劳动时间、休闲时间、家庭照料时间之间的分配和替代问题；另一方面，以个体为家庭决策分析的单位、考虑个体的偏好异质性，构建了在获得长期护理保险预期待遇给付的情况

[①] Ando, A., Modigliani, F., (1963), "The 'Life Cycle' Hypothesis of Saving: Aggregate Implications and Tests", *American Economic Review*, 53 (1), 55–84.

下的劳动供给决策模型。参考荆涛等①的模型，本书进一步考虑了长期护理保险通过影响家庭照料者的非正式护理时间对其健康水平产生的影响，构建了长期护理保险影响家庭照料者劳动供给的理论模型。

假设代表性个体仅为工资接收者，无法影响整体工资水平，其每期的总时间为1，在劳动 l_t、闲暇 e_t、家庭照料 g_t 之间分配，即 $l_t+e_t+g_t=1$，且 $0<l_t<1$，$0<e_t<1$，$0<g_t<1$。假设在第 t 期个人的效用函数为 $U(c_t, e_t, h_t)$，个体效用取决于个人消费水平 c_t、闲暇时间 e_t、健康水平 h_t，其中健康水平 $h_t=h(g_t)$ 是家庭照料的函数，由于家庭照料将会给照料者带来较大的护理负担，危害其健康水平，因此有 $h'(g_t)<0$，不妨设 $h_t=h(g_t)=(1-g_t)^2$，则 $h'(g_t)=2(g_t-1)$。$U[c_t, e_t, h_t(g_t)]$ 满足一阶导数 $U'(\cdot)>0$、二阶导数 $U''(\cdot)<0$。个人的效用函数表示为：

$$U(c_t, e_t, g_t) = \frac{c_t^{1-\theta}}{1-\theta} + (1+\varphi)\frac{e_t^{1-\theta}}{1-\theta} + (1+\gamma)\frac{(1-g_t)^{2(1-\theta)}}{1-\theta} \quad (5-1)$$

假设 $U[c_t, e_t, h_t(g_t)]$ 为相对风险厌恶系数不变（Constant Relative Risk Aversion，CRRA）的效用函数，其中 θ 为相对风险规避系数。θ 越大，则消费者越倾向于规避跨期的大幅变化。参数 φ 与 γ 分别表示不同群体对闲暇 e_t 和健康水平 h_t 的异质性偏好系数。在 θ 接近于1的特殊情形下，效用函数可以简化为对数形式：

$$U(c_t, e_t, g_t) = \ln c_t + (1+\varphi)\ln e_t + 2(1+\gamma)\ln(1-g_t) \quad (5-2)$$

Ando 和 Modigliani② 对生命周期理论模型的设定中，将 t 期个人消费水平 c_t 设定为资源禀赋总量的 q_t 比例（q_t 取决于个体性别、年龄等特征及资产回报率等因素），总资源由 t 期工资性收入 $w_t l_t$、$t-1$ 期财产性收入 A_{t-1}、长期护理保险预期待遇给付 $E(LTCI)$ 及其他收入 M_t 构

---

① 荆涛、邢慧霞、王文卿：《长期护理保险政策促进劳动就业效应研究——来自11个试点城市的经验数据》，《价格理论与实践》2021年第6期。
② Ando, A., Modigliani, F., (1963), "The 'Life Cycle' Hypothesis of Saving: Aggregate Implications and Tests", *American Economic Review*, 53 (1), 55-84.

成，则消费的预算约束形式为：

$$c_t = q_t [A_{t-1} + w_t (1-e_t-g_t) + E(LTCI) + M_t] \qquad (5-3)$$

其中，w_t 为个体 t 期税后单位时长的工资收入，$E(LTCI)$ 为年老或者失能需要照料时得到的长期护理保险待遇给付，A_{t-1} 为财产性收入。个人通过选择最优的消费水平 c_t、闲暇时间 e_t 及健康水平 h_t 来最大化效用函数，由此可构建拉格朗日函数如下：

$$L = \ln c_t + (1+\varphi)\ln e_t + (1+\gamma)\ln h_t(g_t) + \lambda\{q_t[A_{t-1} + w_t(1-e_t-g_t) + E(LTCI) + M_t] - c_t\} \qquad (5-4)$$

对拉格朗日函数关于 c_t、e_t 及 g_t 求导，得：

$$\frac{q_t w_t}{c_t} = \frac{1+\varphi}{e_t} = \frac{2(1+\gamma)}{1-g_t} \qquad (5-5)$$

进一步求解可得：

$$e_t = (1+\varphi)\chi_t \qquad (5-6)$$

$$g_t = 1 - 2(1+\gamma)\chi_t \qquad (5-7)$$

$$l_t = 1 - e_t - g_t = (1-\varphi+2\gamma)\chi_t \qquad (5-8)$$

$$h_t = 4[(1+\gamma)\chi_t]^2 \qquad (5-9)$$

其中，$\chi_t = \dfrac{A_t + E(LTCI) + M_t}{(4+\varphi+2\gamma)w_t}$。可以看出：

$$\frac{\partial e_t}{\partial E(LTCI)} = \frac{\partial e_t}{\partial \chi_t} \cdot \frac{\partial \chi_t}{\partial E(LTCI)} = \frac{1+\varphi}{(4+\varphi+2\gamma)w_t} > 0 \qquad (5-10)$$

$$\frac{\partial g_t}{\partial E(LTCI)} = \frac{\partial g_t}{\partial \chi_t} \cdot \frac{\partial \chi_t}{\partial E(LTCI)} = \frac{-2(1+\gamma)}{(4+\varphi+2\gamma)w_t} < 0 \qquad (5-11)$$

$$\frac{\partial l_t}{\partial E(LTCI)} = \frac{\partial l_t}{\partial \chi_t} \cdot \frac{\partial \chi_t}{\partial E(LTCI)} = \frac{1-\varphi+2\gamma}{(4+\varphi+2\gamma)w_t} \qquad (5-12)$$

$$\frac{\partial h_t}{\partial E(LTCI)} = \frac{\partial h_t}{\partial \chi_t} \cdot \frac{\partial \chi_t}{\partial E(LTCI)} = 8\left[\frac{1+\gamma}{(4+\varphi+2\gamma)w_t}\right]^2 [A_t + E(LTCI) + M_t] \qquad (5-13)$$

即引入长期护理保险后，家庭照料者的闲暇时间 e_t 增加，照料时

第五章 长期护理保险对家庭照料者劳动供给的影响

间 g_t 下降，健康水平 h_t 上升（长期护理保险的"健康提升效应"），劳动时间 l_t 的变化取决于 $(1-\varphi+2\gamma)$ 的符号。当个体对闲暇的偏好程度较高或对健康的偏好程度较低时（如 $\varphi>1+2\gamma$），引入长期护理保险后家庭照料者的劳动供给减少；当个体对闲暇的偏好程度较低或对健康的偏好较高时（如 $\varphi<1+2\gamma$），引入长期护理保险后家庭照料者的劳动供给增加；当个体对闲暇的偏好程度处于临界值水平时（如 $\varphi=1+2\gamma$），引入长期护理保险后家庭照料者的劳动供给不发生改变。以下对这三种情况进行讨论。

当 $\varphi>1+2\gamma$ 时，个体对闲暇的偏好较为强烈，因此长期护理保险的待遇给付在更大程度上体现出"转移支付"的功能，因此长期护理保险政策通过"收入效应"对劳动就业产生消极影响。待遇给付越高 E ($LTCI$)，劳动供给越少。该消极效应随着照料者工资水平 w_t 的降低而变得更加显著。

当 $\varphi<1+2\gamma$ 时，个体对消费及健康的偏好较为强烈，因此长期护理保险的待遇给付在更大程度上体现出"替代非正式护理"的功能，因此长期护理保险政策通过"替代效应"对劳动就业产生积极影响。待遇给付越高 E ($LTCI$)，劳动供给越高。该积极效应随着照料者工资水平 w_t 的降低而变得更加显著。

当 $\varphi=1+2\gamma$ 时，个体对消费、闲暇及健康的偏好达到平衡状态，因此长期护理保险的待遇给付的"替代效应"和"收入效应"相互抵消，最终对劳动就业未产生显著影响。

在实证中，许多学者也发现了上述两种效应。部分研究发现，当个体面临失能风险时，为了提供非正式护理，其家庭成员通常会减少闲暇时间和劳动时间以提供照料，[1] 因而闲暇与非正式护理负相关。部分研究认为，在为患者提供非正式护理时，家庭照料者倾向于花费更多时间

---

[1] McGarry, K., (2007), "Does Caregiving Affect Work? Evidence Based on Prior Labor Force Experience", *Health Care Issues in the United States and Japan*, University of Chicago Press, 209-228; White-Means, S. I., Chang, C. F., (1994), "Informal Caregivers' Leisure Time and Stress", *Journal of Family and Economic Issues*, 15 (2), 117-136.

陪伴其失能家人，享受共同的休闲时光；① 同时照料者为了缓解护理负担带来的压力，也倾向于寻求更多的休闲活动，因而闲暇与非正式护理正相关。在引入长期护理保险后，家庭照料者预期将减少非正式护理供给，因而获得了更多的可支配时间。综上，长期护理保险政策对劳动就业的影响具有不确定性，取决于时间"替代效应"和"收入效应"的相对大小。当"替代效应"大于"收入效应"时，劳动就业增加；当"替代效应"小于"收入效应"时，劳动供给减少。

除了上述"替代效应"与"收入效应"两个机制，已有研究发现，沉重的护理负担会增加家庭照料者身体负担和精神压力，降低其社会互动水平，对其身心健康水平产生危害；② 此外，由于部分失能程度较重的老人所需护理时间长、护理强度大，许多家庭照料者的基本生活所需时间被挤占，因而没有足够的时间进行健康保健和就医问诊，常常处于亚健康状态。③ 上述由非正式护理导致的健康状况恶化会对家庭照料者的劳动供给产生两方面的不利影响④：一方面，健康状况恶化将导致工作效率下降，从而阻碍家庭照料者参与就业或得到晋升，降低了其工作热情；另一方面，健康状况差、工资收入变低的个体倾向于退出劳动力市场。⑤ 而在实施长期护理保险后，家庭照料者将使用部分正式护理服

---

① Michaud, P. -C., Vermeulen, F., (2011), "A Collective Labor Supply Model with Complementarities in Leisure: Identification and Estimation by Means of Panel Data", *Labor Economics*, 18 (2), 159-167.

② Zhang, X., Zhao, X., Harris, A., (2009), "Chronic Diseases and Labor Force Participation in Australia", *Journal of Health Economics*, 28 (1), 91-108.

③ Yu, Y., Feng, J., (2018), "The Impact of Family Care on the Utilization of Medical Services for the Elderly (in Chinese)", *Economics (Quarterly)*, 17 [69 (03)], 56-81.

④ Lilly, M. B., Laporte, A., Coyte, P. C., (2007), "Labor Market Work and Home Care's Unpaid Caregivers: A Systematic Review of Labor Force Participation Rates, Predictors of Labor Market Withdrawal, and Hours of Work", *Milbank Quarterly*, 85 (4), 641-690; Schmitz, H., Westphal, M., (2017), "Informal Care and Long-term Labor Market Outcomes", *Journal of Health Economics*, 56, 1-18.

⑤ Li, Q., Tan, N., (2019), "A Review of Research on the Relationship Between Health and the Labor Supply of the Elderly (in Chinese)", *Journal of University of Electronic Science and Technology of China (Social Science Edition)*, 21 (3), 38-47.

务替代家庭照料,[①] 从而家庭照料者的护理负担得到减轻,进而其健康状况得到改善,劳动供给将进一步增加。[②] 因此,本书同样关注了该机制如何介导长期护理保险对家庭照料者劳动供给的影响。

此外,由于家庭成员的劳动供给由劳动的质量和数量同时决定,对于劳动供给质量的探讨也具有重要的现实意义。已有研究对长期护理保险对劳动供给质量和工作类型等的影响关注较少,虽然有研究探讨了非正式护理对家庭成员劳动供给数量(工作时长)或质量(单位时间的工资)的影响,[③] 但是少有研究同时关注长期护理保险对劳动供给质量、数量和工作类型等多方面的共同影响。

二 实证分析

(一) 数据介绍

本部分使用的数据库为中国健康与养老追踪调查(CHARLS)。该数据库的简要介绍、科学性和研究老龄化问题的可行性问题已在本书第四章进行了介绍。本部分仅就第五章所用样本进行说明。CHARLS 数据库覆盖了 2011 年、2013 年、2015 年、2018 年共 80525 个样本。由于本书研究的是失能群体配偶的劳动供给状况,因此本书删除了单身、离异、丧偶的样本和独居的样本(剩余 66927 个样本)。

由于长期护理保险仅对失能群体提供待遇给付,因此,本书删掉了配偶健康的样本,仅保留配偶存在轻度、中度、重度失能情况的个体,

[①] Huang, F., Fu, W., (2017), "Government Purchase or Home Care? An Empirical Analysis Based on the Substitution Effect of Family Caregiving", *Nankai Economic Research*, 1, 136-152.

[②] Strumpf, E., (2011), "Medicaid's Effect on Single Women's Labor Supply: Evidence from the Introduction of Medicaid", *Journal of Health Economics*, 30 (3), 531-548.

[③] Lilly, M. B., Laporte, A., Coyte, P. C., (2007), "Labor Market Work and Home Care's Unpaid Caregivers: A Systematic Review of Labor Force Participation Rates, Predictors of Labor Market Withdrawal, and Hours of Work", *Milbank Quarterly*, 85 (4), 641-690; Schmitz, H., Westphal, M., (2017), "Informal Care and Long-term Labor Market Outcomes", *Journal of Health Economics*, 56, 1-18.

具体筛选标准为若受访者因为健康或记忆方面的原因导致完成日常生活活动（ADL）存在困难或无法完成,① 或因为健康或记忆方面的原因导致完成工具性日常生活活动（IADL）存在困难或无法完成,② 则纳入回归样本。筛选后剩余回归样本13942个。

值得注意的是，虽然只有失能到一定严重程度（通常为中度或重度失能）的参保者才能申请长期护理保险待遇给付，但由于长期护理保险的实施极大地促进了当地护理机构及适老设施的发展，因此对于部分尚未收到长期护理保险待遇给付的失能程度较轻的参保者，护理服务基础设施的完善等长期护理保险配套措施预期将会对其照料方式的选择产生影响；同时，由于个体的失能程度进展较为迅速且难以逆转，因此本书认为轻度、中度和重度失能群体的家庭照料者的劳动决策和职业规划均会受到长期护理保险的影响。作为稳健性检验，本书按照各城市待遇申请标准筛选出新的处理组进行回归分析，相关结果详见第四章第二节第七小节"更换回归样本为中重度失能群体的配偶"。

进一步地，本书进一步将样本缩小为被失能配偶选择为照料者③的样本（剩余样本量为4708个），并删除已经完成退休手续的样本④（剩余样本量为4250个）。最后，本书删除了在被解释变量、中介变量和控制变量中存在缺失值的样本，最后得到3966个观测值（其中，2011年

---

① 包括：①穿衣（包括从衣橱中拿出衣服、穿上衣服、扣上纽扣、系上腰带）；②吃饭（当饭菜准备好以后，自己吃饭定义为用餐，如夹菜）；③上厕所（包括蹲下、站起）；④控制大小便（自己能够使用导尿管或者尿袋算能够控制自理）；⑤洗澡；⑥起床、下床；⑦在椅子上坐时间久了再站起来；⑧平地行走100米；⑨连续不停地爬几层楼梯。

② 包括：①做家务（包括房屋清洁、洗碗盘、整理被褥和房间摆设）；②做饭（包括准备原材料、做饭菜、端上餐桌）；③自己去商店买食品杂货（包括决定买什么和付钱）；④打电话；⑤吃药（指的是能记得什么时间吃和吃多少）；⑥管钱（包括支付账单、记录支出项目、管理财物）。

③ 相关问题为："请问在穿衣、洗澡、吃饭、起床、如厕、家务、做饭、购物、打电话、吃药、管钱等困难中，都有谁帮助您？"若受访者的配偶选择"配偶帮助我"，则将该样本纳入回归样本。

④ 本书通过以下两个问题确认个体是否退休或退职：（1）您是否已经办理了退休手续，包括提前退休，或内退？（注：退休是指从政府部门、事业单位和企业单位退休，以及参加了基本养老保险的灵活就业人员所办理的退休。开始领取城居保、新农保、城乡居民养老保险金，不算是办理了退休手续。）（2）您是否办理了退职手续？若受访者上述两个问题中任一答案为"是"，则视为"已退休或退职"。

888个，2013年965个，2015年1001个，2018年1112个；处理组样本279个，对照组样本3687个）。由于后文中在双重差分前使用了倾向得分匹配方法，因此回归样本进一步减少为3856个。

在上述3966个观测值中，63.3%为女性样本，这与女性照料者更容易自我选择成为家庭照料者有关；40.67%的个体居住在城镇地区，该比重低于全国平均水平，[1] 这体现了CHARLS调研对象大部分居住在农村地区；60岁及以上老年人占比为58.1%，这反映了失能群体的配偶照料者的年龄普遍偏高的特点。虽然60岁及以上的配偶照料者年龄偏大，但对其劳动供给问题的研究依然具有必要性和可行性。就必要性而言，来自日本和美国的统计数据显示，65—69岁人群的劳动参与率分别高达42.7%和30.8%，[2] 表明在许多老龄化程度较深的国家，60岁及以上群体继续留在劳动力市场中进行劳动供给的情况越来越普遍，预期将对增加老年群体收入水平、促进本国经济发展起到积极作用，因此有必要对相关群体的劳动行为进行研究；就可行性而言，由于本书排除了退休/退职对配偶照料者劳动供给的潜在影响，且许多配偶照料者居住在农村地区，当地自雇劳动（如农业劳作）的工作机会十分普遍且较为灵活，因此照料者在从护理负担中解脱出来后能够自主决定是否增加劳动供给。此外，值得注意的是，对于年龄过大的照料者，应警惕其"无休止劳动"带给自身和家庭的效用损失问题。[3]

（二）变量定义

1. 解释变量

本书的解释变量为配偶"是否受到长期护理保险覆盖"。当失能参

---

[1] 根据《中国人口和就业统计年鉴2019》，2018年中国常住人口城镇化率为59.6%。
[2] Bureau of Labor Statistics，(2016)，"Labor Force Statistics from the Current Population Survey"，Bureau of Labor Statistics.
[3] 谭娜、周先波：《中国农村老年人"无休止劳动"存在吗——基于年龄和健康对劳动供给时间影响的研究》，《经济评论》2013年第2期。

保者的配偶①在 2018 年 7 月前参加了长期护理保险（户口所在地位于在当年及之前实施长期护理保险的城市且被相应职工医保/居民医保覆盖），该变量取值为 1，否则取值为 0。

2. 被解释变量

在 CHARLS 数据库中，我们通过下列问题来确认受访者的工作状况：" 过去一年您有没有：①为自家干农活②或从事个体或私营经济活动（自雇劳动）;③ ②为其他雇主干农活或受雇于公司/个人并领取工资（受雇劳动），并且至少 10 天？"针对上述两种工作类型，若受访者的回答为"是",④ 或受访者回答"否"但表示"目前在找工作"，则将其工作状态记为"参与劳动"；若受访者的回答为"否"且"目前没有找工作"，则将其工作状态记为"不参与劳动"。此外，本书还研究了长期护理保险对受访者工作时间和小时收入的影响。⑤ 具体而言，本书研究了受访者过去一年参与不同类型工作的总劳动时间，包括自雇劳动时间、受雇劳动时间和二者的年总工作时间之和。⑥ 本书还研究了受访者过去一年参与不同类型工作的小时收入水平，包括自雇劳动小时收入、受雇劳动小时收入及二者的加权平均小时收入。各年份失能参保者的配偶照料者的工作状态如图 5-2 所示。

3. 中介变量

在机制分析部分，本书关注了长期护理保险对配偶照料者劳动供给

---

① 由于 CHARLS 数据库能通过受访者 ID 准确识别其配偶，但无法通过 ID 识别其子女或其他家庭成员，因此本书仅分析了参加长期护理保险对失能参保个体配偶的劳动供给的影响。

② 干农活指的是从事农业生产经营活动，包括种地、管理果树、采集农林产品、养鱼、打鱼、养牲畜以及去市场销售自家生产的农产品等。

③ 包含不拿工资为家庭经营帮工等，但不包含家务劳动。

④ 在职培训、带工资的假期（如节假日或临时放假）及不扣工资的病假都算作"参与劳动"。

⑤ 已有研究表明，受雇劳动和自雇劳动在招聘程序、工作内容、职业晋升和工资收入方面存在较大差异，因此不同职业的劳动者对长期护理保险的劳动供给弹性可能不同。参见 Mandel, H., Semyonov, M., (2014), "Gender Pay Gap and Employment Sector: Sources of Earnings Disparities in the United States 1970-2010", Demography, 51 (5), 1597-1618。

⑥ 本书中，"非正式家庭照料"时间被归为"护理时间"，与"劳动时间"或"闲暇时间"严格互斥。

第五章 长期护理保险对家庭照料者劳动供给的影响

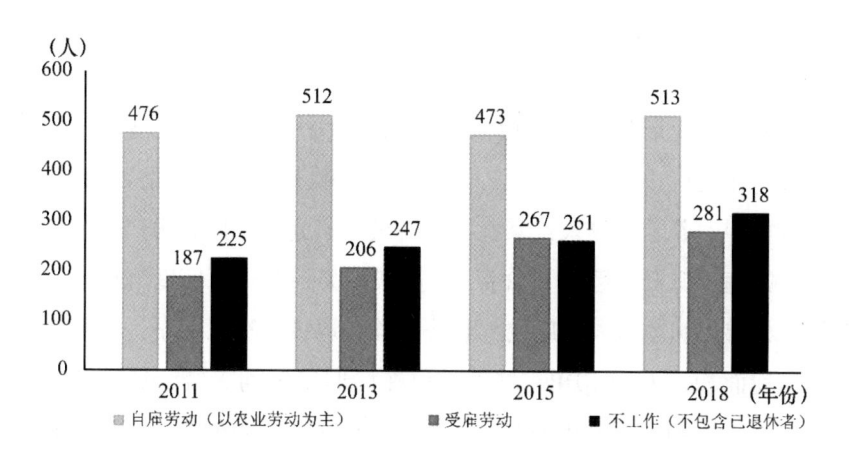

```
(人)
600
500   476        512              513
400                    473
300              267 261    281 318
              206 247
200   187 225
100
  0
     2011      2013      2015      2018  (年份)
     ■自雇劳动(以农业劳动为主) ■受雇劳动 ■不工作(不包含已退休者)
```

图 5-2 失能参保者的配偶照料者的工作状态

注：自雇劳动中约 84.4%的自雇劳动者从事农业劳动。

资料来源：CHARLS 2011-2018。

溢出效应的三个中介变量：配偶照料者的非正式护理时长（用于检验替代效应）、闲暇时间（用于检验收入效应）和配偶照料者的健康状况（用于检验健康提升效应）。在第一个机制"替代效应"中，本书关注了配偶照料者在过去一年内帮助了失能配偶多少小时（每天帮助小时数×每月帮助天数×12），以研究长期护理保险是否通过降低家庭照料时间来影响照料者的劳动供给；在第二个机制"收入效应"中，本书关注了配偶照料者过去一年的闲暇时间，若"收入效应"存在，即长期护理保险待遇给付增加了个体在各类消费品（含"休闲"）上的支出，则预期将观测到照料者闲暇时间的增加；对于第三个机制，本书关注了配偶照料者的身心健康水平，包括其自评健康状况和抑郁评分[①]，这些变量被广泛用作衡量中老

[①] 有研究发现，个体的抑郁水平和心理疾病状况会对其劳动供给产生显著影响。参见 Yıkılkan, H., Aypak, C., Görpelioğlu, S., (2014), "Depression, Anxiety and Quality of Life in Caregivers of Long-term Home Care Patients", *Archives of Psychiatric Nursing*, 28 (3), 193-196。

年群体健康水平的指标。①

4. 控制变量

回归的控制变量包括四个层次，分别为：个人基本特征变量，年龄、年龄²、性别、民族、户口、②婚姻状况、受教育水平、是否独居、医疗保险类型、养老金收入；家庭特征变量，家庭是否拥有房产、家庭年收入、家庭金融资产数量（含存款）；家庭关系变量，家庭规模、子女数量、兄弟姐妹数量、家庭内部经济转移；地级市特征变量，户籍人口数、土地面积、人均 GDP、城镇单位在岗职工平均工资、城镇登记失业率。表 5-1 列出了基础回归分析和中介机制分析中的被解释变量和控制变量，表 5-2 进行了描述性统计。

表 5-1　　　　　　　　　　　　变量定义

	变量	定义
解释变量	是否参加长期护理保险	受访者当年是否受到长期护理保险覆盖。若受访者居住在当年及之前已实施长期护理保险的城市且参加了相应的职工医保或居民医保，则取值为1，否则取值为0
被解释变量	劳动参与	受访者在过去一年是否参与劳动（是=1，否=0）
	自雇劳动参与	受访者在过去一年是否参与自雇劳动[a]（是=1，否=0）
	受雇劳动参与	受访者在过去一年是否参与受雇劳动[b]（是=1，否=0）
	总劳动时长	受访者在过去一年参与自雇劳动和受雇劳动的总小时数
	自雇劳动时长	受访者在过去一年参与自雇劳动的小时数
	受雇劳动时长	受访者在过去一年参与受雇劳动的小时数

---

① Garthwaite, C., Gross, T., Notowidigdo, M. J., (2014), "Public Health Insurance, Labor Supply, and Employment Lock", *Quarterly Journal of Economics*, 129 (2), 653–696; Langley, P., Müller-Schwefe, G., Nicolaou, A., et al. (2010), "The Impact of Pain on Labor Force Participation, Absenteeism and Presenteeism in the European Union", *Journal of Medical Economics*, 13 (4), 662–672; Ojeda, V. D., Frank, R. G., McGuire, T. G., et al., (2010), "Mental Illness, Nativity, Gender and Labor Supply", *Health Economics*, 19 (4), 396–421; Zhang, X., Zhao, X., Harris, A., (2009), "Chronic Diseases and Labor Force Participation in Australia", *Journal of Health Economics*, 28 (1), 91–108.

② 户口是指受访者的户籍类型，包括非农户口和农业户口。

续表

	变量	定义
被解释变量	平均小时收入	受访者过去一年参与自雇劳动和受雇劳动的总收入与相应时长的比值
	自雇劳动小时收入	受访者在过去一年参与自雇劳动的收入与相应时长的比值
	受雇劳动小时收入	受访者在过去一年参与受雇劳动的收入与相应时长的比值
中介变量	非正式护理时长	受访者在过去一年为因身体功能障碍而在穿衣、饮食、洗澡、上下床等方面出现问题的配偶提供的非正式护理小时数
	闲暇时长	受访者在过去一年在社交活动[c]和轻度体力活动（如散步）中花费的小时数
	自评健康	非常差=1，较差=2，一般=3，较好=4，非常好=5
	抑郁评分[d]	根据受访者对以下问题的回答构造的 CES-D 抑郁量表评分（满分30）：①我因一些小事而烦恼；②我在做事时很难集中精力；③我感到情绪低落；④我觉得做任何事都很费劲；⑤我对未来充满希望；⑥我感到害怕；⑦我的睡眠不好；⑧我很愉快；⑨我感到孤独；⑩我觉得我无法继续我的生活
个人基本特征变量	年龄	受访者的年龄
	男性	男性=1，女性=0
	汉族	汉族=1，少数民族=0
	居住在城镇地区	受访者居住在城镇地区=1，农村地区=0
	非农户口	非农户口=1，农业户口=0
	受教育水平	未受过正规教育=1，仅会读写=2，小学毕业=3，初中毕业及以上=4
	医疗保险类型	城镇职工医疗保险=1，城镇居民医疗保险=2，新型合作医疗保险=3，城乡居民医疗保险=4，单位或个人购买的商业医疗保险=5，其他医疗保险=6
	养老金收入	受访者过去一年实际领取的养老金（元），包括：①公务员、事业单位职工、企业职工基本养老保险；②城乡居民基本养老保险；③新型农村基本养老保险；④补充养老保险（年金）；⑤被征地农民养老保险；⑥高龄津贴；⑦其他商业养老保险

续表

	变量	定义
家庭特征变量	家庭是否拥有房产[e]	是=1, 否=0
	家庭年收入	受访者所在家庭过去一年的总收入（万元）
	家庭金融资产	受访者所在家庭金融资产与金融负债的差值，包括存款、现金、债券、股票、贷款、共同基金和住房公积金（万元）
家庭关系变量	家庭规模	受访者所在家庭中一起吃饭的人数（不包括客人）
	子女数量	受访者的子女数量
	兄弟姐妹数量	受访者的兄弟姐妹数量
	家庭内部经济转移	受访者收到的子女给予的数额减去受访者给予子女的数额（万元）
地级市特征变量	户籍人口数	受访者所在地级市当年的户籍人口数（万人）
	土地面积	受访者所在地级市的面积（平方千米）
	人均GDP	受访者所在地级市的人均GDP（万元）
	在岗职工平均工资	受访者所在地级市上年度城镇单位在岗职工平均工资（元）
	城镇登记失业率	受访者所在地级市城镇登记失业率（%）

注：a 自雇劳动分为自雇农业劳动和自雇非农劳动，其中前者包括种地、管理果树、采集农林产品等种植业和林业经营活动，饲养牲畜等畜牧业经营活动，以及养殖水产品等渔业经营活动；后者包括从事个体或者私营经济活动，以及不拿工资为家庭经营活动帮工（不包括家务劳动或其他无薪劳动，如志愿工作）。b 受雇劳动是指在正规部门（包括政府部门、事业单位、非营利机构、企业、个体户、农户、居民户及其他）工作。c 社交活动包括串门、跟朋友交往、打麻将、下棋、打牌、去社区活动室、跳舞、健身、练气功、参加社团组织活动、志愿者活动或者慈善活动、上学或者参加培训课程、炒股（基金及其他金融证券）、上网（包括聊天、看新闻、看视频、玩游戏、理财）及其他社交活动。d 完整的CES-D量表包括20个问题，每个问题的分值为0—3分，总分为60分。已有文献将抑郁评分在0—15分的人视为"非抑郁"，16—20分的人视为"轻度抑郁"，21—25分的人视为"中度抑郁"，26—60分的人视为"重度抑郁"。① 由于CHARLS问卷只询问了受访者关于上述10个问题的回答，因此本书判断抑郁症的标准相应进行了调整。e 如果受访者或其家庭成员拥有该房屋的部分产权，视为拥有该房产。

资料来源：CHARLS。

---

① Radloff, L. S. (1977), "The CES-D Scale: A Self-Report Depression Scale for Research in the General Population", *Applied Psychological Measurement*, 1 (3), 385-401.

第五章　长期护理保险对家庭照料者劳动供给的影响

表 5-2　描述性统计（倾向得分匹配后）

		总样本（N=3856）				处理组（N=272）				对照组（N=3584）			
		均值	标准差	最小值	最大值	均值	标准差	最小值	最大值	均值	标准差	最小值	最大值
被解释变量	劳动参与	0.630	0.483	0	1	0.466	0.499	0	1	0.642	0.479	0	1
	自雇劳动参与	0.416	0.493	0	1	0.302	0.459	0	1	0.425	0.494	0	1
	受雇劳动参与	0.213	0.410	0	1	0.164	0.370	0	1	0.217	0.412	0	1
	总劳动时长	1133	1327	0	5840	1088	1381	0	5840	1136	1321	0	5840
	自雇劳动时长	837	1189	0	5840	601	1132	0	5840	855	1191	0	5840
	受雇劳动时长	296	812	0	5840	487	1001	0	5840	281	795	0	5840
	平均小时收入	9.528	77.966	0	5000	12.632	48.121	0	1149	9.293	79.145	0	5000
	自雇劳动小时收入	5.303	80.586	0	5000	4.203	48.552	0	1149	5.387	81.838	0	5000
	受雇劳动小时收入	21.308	12.056	0	1034	23.033	42.431	0	1034	21.177	7.997	0	345
中介变量	非正式护理时长	238.027	958.983	0	6570	277.392	998.843	0	6570	235.039	953.492	0	6570
	闲暇时长	682.404	1455	0	5475	683.496	1319	0	5475	682.321	1461	0	5475
	自评健康[a]	2.936	0.966	1	5	3.115	0.954	1	5	2.922	0.967	1	5
	抑郁评分	4.315	5.455	0	24	3.162	4.954	0	24	4.403	5.475	0	24

· 149 ·

续表

		总样本 (N=3856)			处理组 (N=272)				对照组 (N=3584)			
		均值	标准差	最小值	最大值	均值	标准差	最小值	最大值	均值	标准差	最小值	最大值
个人基本特征变量	年龄	64.928	11.052	45	101	62.088	9.321	45	101	65.144	11.451	45	98
	男性	0.370	0.483	0	1	0.355	0.479	0	1	0.371	0.483	0	1
	汉族	0.960	0.197	0	1	0.994	0.077	0	1	0.957	0.203	0	1
	居住在城镇地区	0.405	0.491	0	1	0.615	0.487	0	1	0.389	0.488	0	1
	非农户口	0.069	0.254	0	1	0.179	0.383	0	1	0.061	0.239	0	1
	受教育水平[b]	1.503	1.191	0	3	1.745	1.172	0	3	1.485	1.192	0	3
	医疗保险类型[c]	2.819	0.703	1	6	2.364	0.982	1	4	2.854	0.668	1	6
	养老金收入	4045	11182	0	200000	9840	16606	0	99600	3605	10694	0	200000
家庭特征变量	家庭是否拥有房产	0.853	0.354	0	1	0.831	0.375	0	1	0.855	0.352	0	1
	家庭年收入	1.574	4.367	0	387	2.377	10.265	0	387	1.513	3.372	0	105
	家庭金融资产	4.602	52.122	−20	176	8.666	53.332	−20	100	4.294	51.963	−20	176
	家庭规模	3.048	1.733	1	16	3.088	1.514	1	9	3.045	1.745	1	16
家庭关系变量	子女数量	3.185	1.916	0	23	2.662	1.547	0	10	3.225	1.931	0	23
	兄弟姐妹数量	3.673	2.147	0	16	3.719	1.934	0	11	3.669	2.156	0	16
	家庭内部经济转移	0.144	0.071	0	7	0.171	0.077	0	5	0.142	0.069	0	7

第五章 长期护理保险对家庭照料者劳动供给的影响

续表

		总样本（N=3856)				处理组（N=272)				对照组（N=3584)			
		均值	标准差	最小值	最大值	均值	标准差	最小值	最大值	均值	标准差	最小值	最大值
地级市特征变量	户籍人口数	161.595	233.609	15	2332	368.943	254.085	40	2332	145.859	226.508	15	1082
	土地面积	2323	3826	152	43263	4068	3631	370	43263	2191	3865	152	11760
	人均GDP	5.803	2.995	1	15	7.585	3.302	2	15	5.668	2.874	1	14
	在岗职工平均工资	32478	43955	3718	149843	38247	40355	4327	149843	32040	44579	3718	142983
	城镇登记失业率	4.447	3.391	0.055	6.394	4.385	3.235	0.055	6.394	4.452	3.421	0.071	6.198

注：表中所有以货币为单位的变量均使用国家统计局公布的消费者价格指数调整至2011年的价格水平。a自评健康为多分类变量，非常差=1，差=2，一般=3，好=4，非常好=5。b受教育水平为多分类变量，未受过正规教育=0，仅会读写=1，小学毕业=2，中学毕业及以上=3。c医疗保险类型为多分类变量，新型合作医疗保险=1，城镇居民医疗保险=2，城乡居民医疗保险=3，城镇职工医疗保险=4，单位或个人购买的商业医疗保险=5，其他医疗保险=6。

资料来源：CHARLS。

(三) 实证策略

1. 倾向得分匹配下的多期双重差分法（PSM-DID）

为了解决因遗漏协变量和非线性项而导致的内生性问题,[①] 与第四章相似，本书采用倾向得分匹配下的双重差分法（PSM-DID）来减少选择偏误对回归结果的影响。由于各试点城市长期护理保险实施的时间并不相同，因此本书采用多期双重差分法。考虑到传统多期双重差分法可能造成的回归结果的偏差，本书在研究较晚期被处理样本时将早期实施长期护理保险的城市（仅青岛市、潍坊市）删除，保证了多期双重差分法的无偏性。本书用下式估算长期护理保险对配偶照料者劳动供给的溢出效应：

[①] 以往研究表明，劳动供给与家庭照料之间存在内生性问题，部分劳动意愿低的家庭成员自我选择成为非正式护理者 [Lilly, M. B., Laporte, A., Coyte, P. C., (2007), "Labor Market Work and Home Care's Unpaid Caregivers: A Systematic Review of Labor Force Participation Rates, Predictors of Labor Market Withdrawal, and Hours of Work", *Milbank Quarterly*, 85 (4), 641-690]，从而失能者更多地使用居家护理服务，而非入住专业护理机构并申请长期护理保险待遇 [Henz, U., (2004), "The Effects of Informal Care on Paid-work Participation in Great Britain: A Life-course Perspective", *Ageing and Society*, 24, 851; Van Houtven, C. H., Coe, N. B., Skira, M. M., (2013), "The Effect of Informal Care on Work and Wages", *Journal of Health Economics*, 32 (1), 240-252]。一些研究使用工具变量（IV）法解决该内生性问题 [Heitmueller, A., (2007), "The Chicken or the Egg? Endogeneity in Labor Market Participation of Informal Carers in England", *Journal of Health Economics*, 26 (3), 536-559; Coe, N. B., Van Houtven, C. H., (2009), "Caring for Mom and Neglecting Yourself? The Health Effects of Caring for an Elderly Parent", *Health Economics*, 18 (9), 991-1010; Leigh, A., (2010), "Informal Care and Labor Market Participation", *Labor Economics*, 17 (1), 140-149; Van Houtven, C. H., Coe, N. B., Skira, M. M., (2013), "The Effect of Informal Care on Work and Wages", *Journal of Health Economics*, 32 (1), 240-252]，一些研究使用倾向得分匹配框架下的双重差分法（PSM-DID）解决内生性问题 [Stuart, E. A., Huskamp, H. A., Duckworth, K., et al., (2014), "Using Propensity Scores in Difference-in-Differences Models to Estimate the Effects of a Policy Change", *Health Services and Outcomes Research Methodology*, 14 (4), 166-182; Gebel, M., Voßemer, J., (2014), "The Impact of Employment Transitions on Health in Germany: A Difference-in-Differences Propensity Score Matching Approach", *Social Science & Medicine*, 108, 128-136]。然而，本书并不会面临此类内生性问题，这是因为处理组和对照组几乎是由中央政府和地方政府选择的，个体无法决定自己是否参加长期护理保险。由于长期护理保险一般先在经济发展水平高、老龄化程度严重及医保基金充足的试点城市实施，因此本书使用地级市层面的变量（户籍人口数、土地面积、人均GDP、在岗职工平均工资、城镇登记失业率）对处理组和对照组个体进行了倾向得分匹配。

第五章　长期护理保险对家庭照料者劳动供给的影响

$$Y_{it}=\beta_0+\beta_1 DID_{it}+\beta_X X_{it}+\delta_t+\mu_c+\eta_{ct}+\varepsilon_{it} \qquad (5-14)$$

其中，Y_{it} 是配偶照料者 i 在 t 期的劳动供给。解释变量 DID_{it} 为虚拟变量，标志着长期护理保险的引入。DID_{it} =（0，1，1，1），DID_{it} =（0，0，1，1）及 DID_{it} =（0，0，0，1）分别代表照料者的配偶从2013年（仅青岛市）、2015年（仅潍坊市）或2018年（其他21个试点城市）开始被长期护理保险覆盖。其系数 β_1 表示在实施长期护理保险后，处理组相对于对照组的被解释变量的变化，即为长期护理保险的处理效应。X_{it} 是由一系列控制变量；δ_t 是年份固定效应，用于捕捉被解释变量随时间的变化趋势；μ_c 为城市固定效应，显示了不随时变的城市层面的不可观测特征的差异；η_{ct} 是城市×年份固定效应，捕捉了城市层面上随时变的不可观测特征；ε_{it} 为误差项。进行双重差分法回归的前提是被解释变量的平行趋势假设得到满足，[①] 即：

$$Y_{it}=\beta_0+\sum_{j=-3}^{1}\gamma_j DID_{i,t+j}+\beta_X X_{it}+\delta_t+\mu_c+\eta_{ct}+\varepsilon_{it} \qquad (5-15)$$

其中，$j=-3$，-2，-1 代表在长期护理保险试点实施前的第3期、第2期和第1期。[②] 其系数 γ_j 代表了长期护理保险引入前处理组和对照组在被解释变量上的差异。如果对 $j=-3$，-2，-1 都有 γ_j 与0没有显著差异，则认为平行趋势假设成立。

与第四章相似，为了解决长期护理保险试点选择过程中的非随机性导致的选择偏误和混杂偏误，[③] 并消除不随时间变化的不可观测的个体异质性，本部分采用了双重差分倾向得分匹配法（PSM-DID）来进一步对研究进行优化。首先，我们使用 Logit 回归得到每个样本的倾向得分：

[①] Moser, P., Voena, A., (2012), "Compulsory Licensing: Evidence from the Trading with the Enemy Act", *American Economic Review*, 102（1），396-427.

[②] 本书在第四章以长期护理保险实施前或实施后的年份为单位逐年关注了个体的平行趋势，这是因为后续异质性分析中有针对政策实施年份的异质性分析。在第五、第六章中不涉及针对政策实施年份的异质性分析，因此第五、第六章均以长期护理保险实施前或实施后的 CHARLS 调查期为单位逐期关注了个体的平行趋势，以保证各期样本量大体相当。

[③] Rosenbaum, P. R., Rubin, D. B., (1983), "The Central Role of the Propensity Score in Observational Studies for Causal Effects", *Biometrika*, 70（1），41-55.

$$Pr(LTCI_{it}=1) = logit(\beta_0+\beta_X X_{it}+\varepsilon_{it}) \quad (5-16)$$

其中，$Pr(LTCI_{it}=1)$ 为个体 i 在 t 期被长期护理保险覆盖的概率，为其倾向得分；$logit$ 代表正态累积分布函数；X_{it} 是个人、家庭和地级市层面上的匹配协变量。① 匹配后，本书样本量由3966个变为3856个（其中处理组样本272个，对照组样本3584个），样本的平衡性测试得到满足（见表5-3）。

表5-3　　　　总样本倾向得分匹配平衡性检验结果

变量		匹配前		匹配后	
		t	P>|t|	t	P>|t|
个人特征变量	年龄	1.56	0.118	0.16	0.872
	年龄^2	1.89	0.059	0.01	0.994
	男性	0.43	0.670	0.17	0.862
	汉族	-3.39	0.001	-0.34	0.731
	城镇地区	0.92	0.359	0.38	0.706
	非农户口	1.32	0.188	0.18	0.858
	受教育水平	0.4	0.691	0.01	0.992
	医疗保险类型	0.05	0.964	-0.02	0.981
	养老金收入	-5.04	0.003	-0.49	0.626
家庭特征变量	家庭是否拥有房产	0.07	0.945	-0.04	0.967
	家庭年收入	-2.07	0.039	-0.26	0.796
	家庭金融资产	17.02	0.005	1.53	0.127
家庭关系变量	家庭规模	1.08	0.280	0.13	0.897
	子女数量	-2.15	0.031	-0.34	0.734

---

① 已有研究发现，不同性别、年龄、民族、受教育程度、家庭规模、家庭收入、家庭金融资产的照料者的劳动供给对长期护理保险的政策反应弹性是不同的（Schmitz and Westphal，2015），本书在进行倾向得分匹配时考虑了上述因素。

续表

变量		匹配前		匹配后	
		t	P>|t|	t	P>|t|
家庭关系变量	兄弟姐妹数量	4.51	0.003	1.52	0.129
	家庭内部经济转移	-9.26	0.009	-1.02	0.308
地级市特征变量	户籍人口数	3.81	0.008	0.88	0.378
	土地面积	-1.21	0.227	-0.01	0.996
	人均GDP	5.54	0.006	1.23	0.219
	在岗职工平均工资	-1.46	0.145	0.11	0.911
	城镇登记失业率	-1.66	0.098	-0.18	0.857

注：表中的P值是对原假设"变量在处理组和对照组之间不存在显著性差异"的检验结果，若P>0.1则说明不能拒绝原假设，即变量在处理组和对照组之间不存在显著性差异。

在倾向得分匹配后，双重差分模型的前提假设——平行趋势检验在被解释变量和中介变量（非正式护理时长、休闲时长、自评健康状况和抑郁评分）中均得到了满足，如图5-3所示。①

2. 中介效应模型（Mediating Effect Model）

在自变量 DID_{it}、被解释变量、中介变量之间存在三个重要的关系式：

$$Y_{it} = \beta_{10} + cDID_{it} + \beta_{1X}X_{it} + \delta_{1t} + \mu_{1c} + \eta_{1ct} + \varepsilon_{1it} \quad (5-17)$$

$$Channel_{it} = \beta_{20} + aDID_{it} + \beta_{2X}X_{it} + \delta_{2t} + \mu_{2c} + \eta_{2ct} + \varepsilon_{2it} \quad (5-18)$$

$$Y_{it} = \beta_{30} + c'DID_{it} + bChannel_{it} + \beta_{3X}X_{it} + \delta_{3t} + \mu_{3c} + \eta_{3ct} + \varepsilon_{3it} \quad (5-19)$$

---

① 值得注意的是，本书并不能直接观察到失能参保者是否真正领取了长期护理保险待遇给付。由CHARLS数据中的变量，我们只能获悉受访者是否居住在长期护理保险试点城市、是否被长期护理保险覆盖、是否存在失能情况，但无法获得其他与长期护理保险待遇给付标准相关的信息（如受访者是否由于疾病或失能卧床六个月及以上、其Barthel评分是否低于临界值）。因此，本书的估计值为"意向处理效应"（Intention-to-Treat effect on the Treated, ITT），而不是传统的"平均处理效应"（Average Treatment effect on the Treated, ATT）。ITT的估计值一般较为保守，低于传统的ATT，因此本书结果可以视为长期护理保险政策处理效应的下界。

因变量

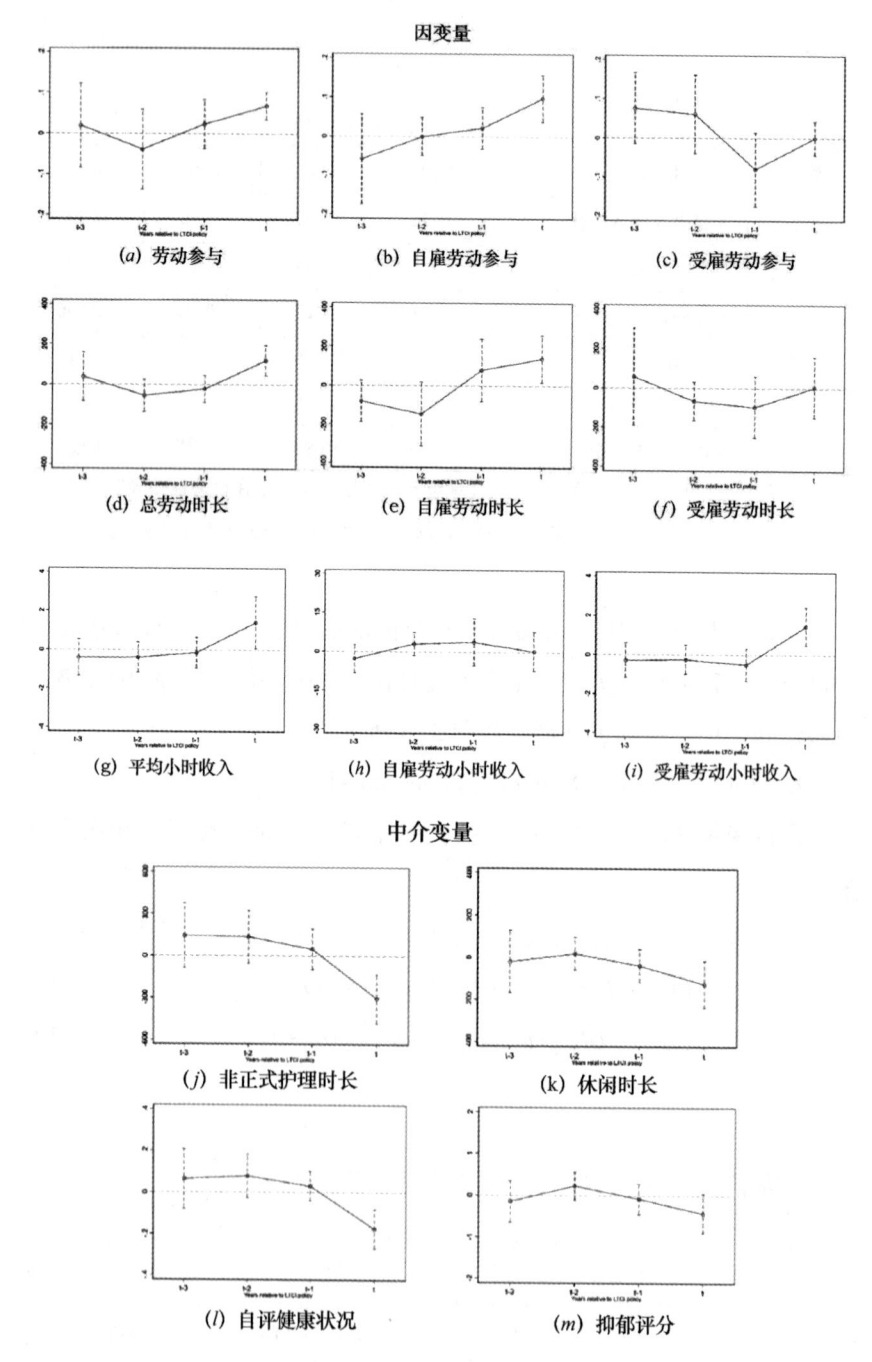

(a) 劳动参与　　(b) 自雇劳动参与　　(c) 受雇劳动参与

(d) 总劳动时长　　(e) 自雇劳动时长　　(f) 受雇劳动时长

(g) 平均小时收入　　(h) 自雇劳动小时收入　　(i) 受雇劳动小时收入

中介变量

(j) 非正式护理时长　　(k) 休闲时长

(l) 自评健康状况　　(m) 抑郁评分

图 5-3　平行趋势检验

第五章　长期护理保险对家庭照料者劳动供给的影响

与第四章相似,本部分使用的也是温忠麟和叶宝娟[①]提出的五步检验法。

第一步,对(5-17)式进行回归,检验自变量对被解释变量的"总效应"c,即参加长期护理保险对失能参保者住院服务利用的"总效应"。若c显著($c\neq0$),则按"中介效应"立论;否则按"遮掩效应"[②]立论。但无论是否显著,都进行后续检验。

第二步,依次检验(5-18)式的系数a和(5-19)式的系数b,如果两个都显著($a\neq0$且$b\neq0$),则说明中介效应显著,转至第四步;如果至少有一个不显著,则进行第三步。

第三步,用Bootstrap法直接检验"中介效应"ab是否显著,原假设为H_0:$ab=0$。如果显著拒绝H_0,则中介效应显著,进行第四步;否则中介效应不显著,停止分析。

第四步,分析是"完全中介效应"还是"部分中介效应",检验(5-19)式中自变量对被解释变量的"直接效应"c'是否显著异于0。如果不显著,则说明直接效应不显著("完全中介效应"),长期护理保险对失能参保者住院服务利用的影响能够完全被中介变量解释;如果显著,则说明在上述中介效应之外,仍然存在直接效应或其他影响机制("部分中介效应"),继续分析第五步。

第五步,比较ab和c'的符号是否相同。如果同号,则属于"部分中介效应",报告"中介效应"占"总效应"的比例ab/c。如果异号,则存在"遮掩效应",即中介变量会部分抵消自变量对被解释变量的影响,报告"中介效应"(ab)与"直接效应"(c')的比例的绝对值$|ab/c'|$。

[①] 温忠麟、叶宝娟:《中介效应分析:方法和模型发展》,《心理科学进展》2014年第5期。

[②] 如果ab与c'的符号相同,说明自变量与中介变量对被解释变量的影响方向是一致的,这代表着中介变量在自变量发挥作用的过程中起到了一定的推动作用。但如果二者的符号相反,自变量与中介变量对被解释变量的影响方向是相反的,这代表中介变量对自变量发挥作用的过程起到了一定的抵消作用,我们称这种作用为遮掩效应。如果遮掩效应存在,最终得到的"总效应"系数c会比直接效应系数c'小,甚至变得不显著。

3. 有序 Logit 模型（Ordered Logit Model）

考虑到自评健康状况可以成为研究长期护理保险影响配偶照料者劳动供给的重要中介变量，且自评健康作为离散变量存在一定的高低排序关系，故需要采用有序 Logit 模型对此类计量模型进行估计。Fullerton 和 Xu[①] 通过研究发现，相比于其他的计量模型，多元有序 Logit 模型更适合于估计较为明确的有序等级指标。对于以概率形式呈现的自评健康状况 $P(y=i\mid x)$，$i\in N$ 且 $0\leqslant i\leqslant I$，有序 Logit 模型的标准形式为：

$$P(y=0\mid x) = logit(r_0 - x'\beta)$$
$$P(y=i\mid x) = logit(r_i - x'\beta) - logit(r_{i-1} - x'\beta) \quad (5-20)$$
$$P(y=I\mid x) = 1 - logit(r_{I-1} - x'\beta)$$

其中，$logit(\cdot)$ 表示 Logistic 函数形式的累积分布函数，即 $logit(r_i - x'\beta) = \dfrac{\exp(r_i - x'\beta)}{1+\exp(r_i - x'\beta)}$。$r_0, \cdots, r_i, \cdots, r_I$ 被称为多元有序 Logit 模型的切点，可按照切点位置将自评健康对应的潜变量进行分段估计。多元有序 Logit 模型通常利用极大似然估计法开展参数估计，因此可以基于此类方法建立相应的计量模型，确定长期护理保险对配偶照料者自评健康的影响。

（四）总样本分析

利用倾向得分匹配得到的处理组和对照组数据，本部分使用 CHARLS 数据库 2011—2018 年的四期样本对长期护理保险对中国配偶照料者的劳动供给的影响进行了具有全国代表性的估计。在对 0—1 虚拟变量"劳动参与""自雇劳动参与""受雇劳动参与"的回归中采用的是面板 Logit 回归，对"总劳动时长""自雇劳动时长""受雇劳动时长""平均小时收入""自雇劳动小时收入""受雇劳动小时收入"采

[①] Fullerton, A. S., Xu, J., (2016), *Ordered Regression Models: Parallel, Partial, and Non-parallel Alternatives*, CRC Press.

用的均为一般的固定效应模型。表5-4展示了长期护理保险对各被解释变量的边际效应,由第(1)、第(4)、第(7)列数据可知,相比对照组而言,长期护理保险使处理组配偶照料者的总体劳动参与概率提升8.5个百分点,总劳动时长提升139小时/年(约23分钟/日),平均小时收入提升1.9元。可能的原因在于,长期护理保险通过降低机构护理的边际成本,促进失能参保者入住专业的护理机构或具有医疗资质的养老机构,直接转移了许多之前在家庭中接受配偶照料的失能者,降低了配偶照料者的护理负担,释放了增加了其劳动供给。该劳动供给的增加不仅体现在许多家庭照料者选择重新进入劳动力市场(或许多因家庭照料负担打算退出劳动力市场的工作者选择继续留在劳动力市场中),许多仍未退出劳动力市场的家庭照料者选择增加劳动时长,也体现在配偶照料者的劳动效率提升并带来小时工资的升高。已有研究表明,照料负担的减轻有利于家庭照料者获得连续的大段可支配时间,增加了其选择全职工作的可能性,而全职工作有利于劳动者快速积累工作经验、提高生产效率,因而提高了他们的收入。该结果对理解长期护理保险对家庭照料的影响具有十分重要的意义——长期护理保险对配偶照料者劳动供给的促进作用不仅表现为简单的护理时间与劳动时间的置换,更表现为社会生产率的增加。

表5-4　　长期护理保险对配偶照料者劳动供给的溢出效应

	(1)	(2)	(3)
	劳动参与	自雇劳动参与	受雇劳动参与
DID	0.085*** (0.028)	0.050* (0.029)	0.033 (0.028)
样本量	3856	3856	3856
Pseudo-R^2	0.098	0.094	0.092

续表

	（1）	（2）	（3）
	劳动参与	自雇劳动参与	受雇劳动参与
	（4）	（5）	（6）
	总劳动时长	自雇劳动时长	受雇劳动时长
DID	139.203*** (36.401)	102.324*** (34.108)	37.457 (35.195)
样本量	3856	3856	3856
R^2	0.121	0.127	0.120
	（7）	（8）	（9）
	平均小时收入	自雇劳动小时收入	受雇劳动小时收入
DID	1.939** (0.862)	0.774 (0.899)	2.104** (0.935)
样本量	3856	3856	3856
R^2	0.031	0.033	0.032

注：括号内为标准误，聚类到城市层面。回归中均控制了控制变量、年份固定效应、城市固定效应、城市×年份固定效应的影响。控制变量包括个人基本特征变量（年龄、年龄^2、性别、民族、居住地区、户口类型、受教育水平、医疗保险类型、养老金收入）、家庭特征变量（家庭是否拥有房产、家庭年收入、家庭金融资产）、家庭关系变量（家庭规模、子女数量、兄弟姐妹数量、家庭内部经济转移）、所在城市特征变量（户籍人口数、土地面积、人均GDP、在岗职工平均工资、城镇登记失业率）。***、**、*分别表示在1%、5%和10%水平下显著。

进一步的，本书研究了长期护理保险对不同类型的劳动供给的影响。由表5-4第（2）、第（3）、第（5）、第（6）、第（8）、第（9）列结果可知，相比对照组，长期护理保险增加了处理组配偶照料者的自雇劳动参与率（增加5.0个百分点）、自雇劳动时长（增加102小时/年，即约16.8分钟/日）、受雇劳动小时收入（2.1元）。可以发现，长期护理保险对不同类型劳动供给的溢出效应存在异质性。由于自雇劳动（含农业自雇和非农自雇）的工作时间较为灵活，护理负担下降的配偶照料者可以立即投入自雇劳动生产中，延长其工作时间；而由于受雇劳动（包含农业受雇和非农受雇）的工作性质正规、工作内容正式、工作日程固定，其应聘及入职程序均较为烦琐，[1] 因此配偶照料者在短时间内难以提高受雇劳动参与率和受雇劳动时长。此时，长期护理保险对护理负担的减轻将激励劳动者提高生产效率或寻求职业发展，[2] 进而表现为小时收入的升高。已有研究印证了本书结论，发现与失能家庭成员同住会影响人们的职业选择，照料者有更大概率选择自雇劳动，部分原因在于其允许个人根据自身偏好自由支配时间进行劳动供给。[3]

（五）机制分析

本节通过中介变量检验了长期护理保险对配偶照料者劳动供给的间接影响。如前所述，长期护理保险对照料者劳动供给的影响可能存在三个重要机制：替代效应、收入效应、健康提升效应。首先，本书研究了长期护理保险是否通过减少配偶照料者的非正式护理时长，释放了更多的劳动供给（"替代效应"）。其次，本书探讨了长期护理保险待遇给付在多大程度上能够作为家庭的非工资性收入提高个体的消费意愿，从而增加配偶照料者的闲暇、降低其工作意愿（"收入效应"）。最后，本书研究了长期护理保险是否减轻了配偶的护理负担并改善了其身心健康水平，从而进一步增加了其劳动供给（"健康提升效应"）。

---

[1] 受雇劳动通常面临较为复杂的招聘和入职程序，因此个体很难在短时间内找到合适工作。此外，配偶照料者的年龄通常在50—70岁，这些人一旦离开劳动力市场，就难以重返岗位，主要原因在于其健康状况不佳或难以胜任岗位职责。

[2] 此外，已有研究发现，工作时间与工作效率之间存在正相关关系（Blundell et al., 2016），这表明全职工作比兼职工作更有利于提高劳动者的收入水平。

[3] Dispenza, F., Brennaman, C., Harper, L. S., et al., (2019), "Career Development of Sexual and Gender Minority Persons Living with Disabilities", *Counseling Psychologist*, 47 (1), 98-128; Thompson, C. A., Prottas, D. J., (2006), "Relationships Among Organizational Family Support, Job Autonomy, Perceived Control, and Employee Well-Being", *Journal of Occupational Health Psychology*, 11 (1), 100.

1. 替代效应

假设理性个体将每日的 24 小时时间在以下三类活动中进行分配：劳动供给（L）、闲暇（E）、非正式护理（C）和其他活动（如吃饭、睡觉、穿衣等基本生活必需时间）。劳动供给、闲暇和非正式护理严格互斥。在实施长期护理保险后，预期因提供非正式护理而未能参与劳动或未能提供合意劳动时长的配偶照料者将使用正式护理服务替代非正式护理服务，并将节省下来的时间用于增加劳动供给。表 5-5 将非正式护理时长作为长期护理保险增加配偶照料者劳动供给的中介变量。

从表 5-5 第（1）列可以发现，长期护理保险的实施的确降低了配偶照料者的非正式护理时长，非正式护理时长被挤出约 98.5 小时/年（16.2 分钟/日）。上述结果证实，长期护理保险为失能者的配偶照料者提供了采用正式护理替代非正式护理的机会，有利于降低配偶照料者的护理负担、获得更多的可支配时间。由第（2）列至第（10）列数据可知，非正式护理时长对配偶照料者不同类型劳动的参与率、劳动时长和小时收入均存在显著的负向影响。上述步骤为中介效应检验的第二步，该步结果表明，由"非正式护理时长"介导的长期护理保险的中介效应（"替代效应"）存在。

表 5-5 配偶照料者非正式护理时长作为中介变量（替代效应）

	（1）非正式护理时长	（2）劳动参与	（3）自雇劳动参与	（4）受雇劳动参与	（5）总劳动时长
DID	-98.541** (43.796)	0.073*** (0.024)	0.042** (0.019)	0.033 (0.028)	117.228** (52.101)
非正式护理时长	—	-0.000*** (0.000)	-0.000*** (0.000)	-0.000*** (0.000)	-0.223*** (0.019)

第五章 长期护理保险对家庭照料者劳动供给的影响

续表

	(1)	(2)	(3)	(4)	(5)
	非正式护理时长	劳动参与	自雇劳动参与	受雇劳动参与	总劳动时长
样本量	3856	3856	3856	3856	3856
R^2	0.098	0.113	0.108	0.103	0.178
	(6)	(7)	(8)	(9)	(10)
	自雇劳动时长	受雇劳动时长	平均小时收入	自雇劳动小时收入	受雇劳动小时收入
DID	87.740* (50.137)	26.026 (32.567)	1.742* (0.995)	0.577 (0.592)	1.808* (1.033)
非正式护理时长	-0.148*** (0.009)	-0.116*** (0.005)	-0.002* (0.001)	-0.002* (0.001)	-0.003** (0.001)
样本量	3856	3856	3856	3856	3856
R^2	0.168	0.182	0.032	0.027	0.032

注：括号内为标准误，聚类到城市层面。回归中均控制了控制变量、年份固定效应、城市固定效应、城市×年份固定效应的影响。控制变量包括个人基本特征变量（年龄、年龄^2、性别、民族、居住地区、户口类型、受教育水平、医疗保险类型、养老金收入）、家庭特征变量（家庭是否拥有房产、家庭年收入、家庭金融资产）、家庭关系变量（家庭规模、子女数量、兄弟姐妹数量、家庭内部经济转移）、所在城市特征变量（户籍人口数、土地面积、人均GDP、在岗职工平均工资、城镇登记失业率）。***、**、*分别表示在1%、5%和10%水平下显著。

接下来可直接略过第三步进行第四步的分析。由表5-5第（2）列至第（10）列中DID的系数可知，系数c'显著，因此上述中介效应为部分中介效应。表5-6报告了中介效应占总效应的比例ab/c，可以发现非正式护理时长的减少对配偶照料者劳动供给的增加起到的间接影响约为总效应的10%—16%。

表 5-6　　　　　　　　　中介效应占比（替代效应）

	劳动参与	自雇劳动参与	受雇劳动参与	总劳动时长	自雇劳动时长
中介效应（a×b）	0.012***	0.008**		21.975**	14.584*
总效应（c）	0.085***	0.050*	—	139.203***	102.324***
中介效应与总效应的比值|ab/c|	14.12%	16.00%		15.79%	14.25%
样本量	3856	3856		3856	3856
	受雇劳动时长	平均小时收入	自雇劳动小时收入	受雇劳动小时收入	
中介效应（a*b）		0.197*		0.296*	
直接效应（c）	—	1.939**	—	2.104**	
中介效应与总效应的比值|ab/c|		10.16%		14.05%	
样本量		3856		3856	

注：***、**、*分别表示在1%、5%和10%水平下显著。

2. 收入效应

长期护理保险的实施将为符合要求的失能参保者及其家庭带来非工资性收入，能够增加个体的感知财富，[①] 起到平滑消费的作用，缓解失能带来的居民消费水平的下降。[②] 从这个角度来看，长期护理保险待遇给付能够通过增加失能参保者家庭的消费支出（含对闲暇的购买）起到抑制配偶照料者劳动供给的效应（"收入效应"）。本节首先探讨了

[①] Bai, C., Chi, W., Liu, T. X., et al., (2021), "Boosting Pension Enrollment and Household Consumption by Example: A Field Experiment on Information Provision", *Journal of Development Economics*, 150, 102622.

[②] Goda, G. S., Manchester, C. F., Sojourner, A. J., (2014), "What will my Account Really be Worth? Experimental Evidence on How Retirement Income Projections Affect Saving", *Journal of Public Economics*, 119, 80-92.

第五章 长期护理保险对家庭照料者劳动供给的影响

长期护理保险是否能够增加配偶照料者的闲暇时间，进而研究了闲暇时间是否成为长期护理保险影响配偶照料者劳动供给的中介变量，结果如表 5-7 所示。①

表 5-7　　　配偶照料者闲暇时长作为中介变量（收入效应）

	（1）	（2）	（3）	（4）	（5）
	闲暇时长	劳动参与	自雇劳动参与	受雇劳动参与	总劳动时长
DID	43.123 (35.936)	0.090*** (0.030)	0.055** (0.024)	0.033 (0.035)	148.216*** (49.405)
闲暇时长	—	-0.000*** (0.000)	-0.000*** (0.000)	-0.000** (0.000)	-0.209*** (0.070)
样本量	3856	3856	3856	3856	3856
R^2	0.204	0.107	0.097	0.110	0.179
	（6）	（7）	（8）	（9）	（10）
	自雇劳动时长	受雇劳动时长	平均小时收入	自雇劳动小时收入	受雇劳动小时收入
DID	109.526*** (36.509)	45.144 (46.030)	1.982** (0.881)	0.817 (0.681)	2.147*** (0.716)
闲暇时长	-0.167** (0.074)	-0.178** (0.079)	-0.001* (0.000)	-0.001* (0.000)	-0.001* (0.001)

---

① 值得注意的是，非正式护理和闲暇时间之间可能存在相关关系。Finkelstein 和 Mcgarry [Finkelstein, A., Mcgarry, K., (2006), "Multiple Dimensions of Private Information: Evidence from the Long-term Care Insurance Market", *American Economic Review*, 96（4），21] 发现，女性照料者经常通过减少休闲时间以提供非正式护理，二者呈负相关关系；而 Michaud 和 Vermeulen [Michaud, P.-C., Vermeulen, F., (2011), "A Collective Labor Supply Model with Complementarities in Leisure: Identification and Estimation by Means of Panel Data", *Labor Economics*, 18（2），159-167] 以及 Jeon 和 Pohl [Jeon, S.H., Pohl, R.V., (2017), "Health and Work in the Family: Evidence from Spouses' Cancer Diagnoses", *Journal of Health Economics*, 52, 1-18] 发现，个体将在进行非正式护理的同时陪伴失能配偶一起享受更多的闲暇时间，因此二者呈正相关关系。本书忽略了这种相关性，仅将闲暇时间看作家庭消费支出的一部分。

续表

	(6)	(7)	(8)	(9)	(10)
	自雇劳动时长	受雇劳动时长	平均小时收入	自雇劳动小时收入	受雇劳动小时收入
样本量	3856	3856	3856	3856	3856
R^2	0.164	0.188	0.033	0.028	0.033

注：括号内为标准误，聚类到城市层面。回归中均控制了控制变量、年份固定效应、城市固定效应、城市×年份固定效应的影响。控制变量包括个人基本特征变量（年龄、年龄^2、性别、民族、居住地区、户口类型、受教育水平、医疗保险类型、养老金收入）、家庭特征变量（家庭是否拥有房产、家庭年收入、家庭金融资产）、家庭关系变量（家庭规模、子女数量、兄弟姐妹数量、家庭内部经济转移）、所在城市特征变量（户籍人口数、土地面积、人均GDP、在岗职工平均工资、城镇登记失业率）。***、**、*分别表示在1%、5%和10%水平下显著。

可以发现，长期护理保险对配偶照料者的闲暇时长的影响并不显著，但这并不能说明"收入效应"不存在，继续进行中介效应检验的第三个步骤，即用Bootstrap法直接检验$H_0: ab=0$。由表5-7可知，除了小时收入变量，H_0能够被显著拒绝，因此闲暇时间对劳动参与及劳动时长的中介效应存在。进一步地，由于表5-7中系数c'显著异于0，且ab和c'异号，因此存在"遮掩效应"，即中介变量（闲暇时长）会部分抵消自变量（长期护理保险）对被解释变量（劳动供给）的影响，控制中介变量后长期护理保险对劳动供给的影响变得更大或更加显著。"收入效应"的存在表明长期护理保险实施后配偶照料者增加了其对"闲暇消费品"的支出，因而一定程度上抑制了劳动供给的增加，该效应仅存在于劳动参与变量和劳动时长变量，而在小时收入变量中并不显著。表5-8报告了中介效应与直接效应的比例的绝对值$|ab/c'|$，可以发现"收入效应"占直接效应的比重约为6%—9%。①

---

① 由于"收入效应"为"遮掩效应"，有$|c'|>|c|$，因此本处汇报的是中介效应ab占直接效应c'的比重。

表 5-8　　　　　　　　　中介效应占比（收入效应）

	劳动参与	自雇劳动参与	受雇劳动参与	总劳动时长	自雇劳动时长
中介效应（$a*b$）	-0.005**	-0.005**		-9.013**	-7.202*
直接效应（c'）	0.086***	0.052**		150.342***	108.936***
中介效应与直接效应的比值|ab/c'|	5.56%	9.09%	—	6.08%	6.58%
样本量	3856	3856		3856	3856
重复取样次数	1000	1000		1000	1000
	受雇劳动时长	平均小时收入	自雇劳动小时收入	受雇劳动小时收入	
中介效应（$a*b$）		-0.043		-0.043	
直接效应（c'）		1.960**		2.328***	
中介效应与直接效应的比值|ab/c'|	—	—	—	—	
样本量		3856		3856	
重复取样次数		1000		1000	

注：***、**、*分别表示在1%、5%和10%水平下显著。

3. 健康提升效应

本部分检验了身心健康状况是否在促进配偶照料者进行劳动供给方面起到了中介作用。已有研究表明，健康状况的改善有利于个体增加其劳动供给、改善其在工作场所的表现（如提高生产率）。[1] 在实施长期护理保险之前，非正式护理负担可能会损害配偶照料者的身心健康，[2]

---

[1] Ganapathy, V., Graham, G. D., DiBonaventura, M. D., et al., (2015), "Caregiver Burden, Productivity Loss, and Indirect Costs Associated with Caring for Patients with Poststroke Spasticity", *Clinical Interventions in Aging*, 10, 1793; Ozturk, Y., Kose, T., (2019), "Health, Time Allocation and Work: Empirical Evidence from Turkey", *Applied Economics*, 51 (51), 5609-5622.

[2] Alfakhri, A. S., Alshudukhi, A. W., Alqahtani, A. A., et al., (2018), "Depression Among Caregivers of Patients with Dementia", *Journal of Health Care Organization, Provision, and Financing*, 55, 0046958017750432; Barnay, T., Juin, S., (2016), "Does Home Care for Dependent Elderly People Improve Their Mental Health?", *Journal of Health Economics*, 45, 149-160.

降低其自评健康水平并增加其被诊断为抑郁症的风险，从而减少其劳动供给。① 长期护理保险实施后，失能者使用方便、廉价的正式护理服务的可及性提高，因而非正式护理负担减弱，从而有利于改善配偶照料者的健康状况，提升其进行劳动供给的热情。本书选择两个指标作为长期护理保险的"健康提升效应"的中介变量：自评健康状况、抑郁评分。在以往文献中这两个指标被广泛应用于评价受访者的身心健康②和精神健康状况。③

需要注意的是，此处的"健康提升效应"与前文所述"替代效应"之间存在许多相同点和不同点。相同点在于，两条机制均由配偶照料者非正式护理时长的下降引起；不同点在于，"替代效应"强调在客观方面，配偶照料者因为失能个体入住养老机构而获得更多自由支配时间，从而增加劳动供给，其逻辑链为"长期护理保险的实施降低了照料者的非正式护理时长，其可支配时间增多，因而劳动供给增加"；而"健康提升效应"强调在主观方面，配偶照料者因为健康水平提升而更有意愿参与劳动，其逻辑链为"长期护理保险的实施降低了照料者的非正式护理时长，其生理和心理健康水平得到提

---

① Andersen, M., (2015), "Heterogeneity and the Effect of Mental Health Parity Mandates on the Labor Market", *Journal of Health Economics*, 43, 74-84; Chatterji, P., Alegria, M., Lu, M., et al., (2007), "Psychiatric Disorders and Labor Market Outcomes: Evidence from the National Latino and Asian American Study", *Health Economics*, 16 (10), 1069-1090.

② Bauer, U. E., Briss, P. A., Goodman, R. A., et al., (2014), "Prevention of Chronic Disease in the 21st Century: Elimination of the Leading Preventable Causes of Premature Death and Disability in the USA", *Lancet*, 384 (9937), 45-52; Reingle, J. M., Jennings, W. G., Piquero, A. R., et al., (2014), "Is Violence Bad for Your Health? An Assessment of Chronic Disease Outcomes in A Nationally Representative Sample", *Justice Quarterly*, 31 (3), 524-538.

③ Achat, H., Kawachi, I., Spiro, A., et al., (2000), "Optimism and Depression as Predictors of Physical and Mental Health Functioning: The Normative Aging Study", *Annals of Behavioral Medicine*, 22 (2), 127-130; Guney, S., Kalafat, T., Boysan, M., (2010), "Dimensions of Mental Health: Life Satisfaction, Anxiety and Depression: A Preventive Mental Health Study in Ankara University Students Population", *Procedia-Social and Behavioral Sciences*, 2 (2), 1210-1213; Yıkılkan, H., Aypak, C., Görpelioğlu, S., (2014), "Depression, Anxiety and Quality of Life in Caregivers of Long-term Home Care Patients", *Archives of Psychiatric Nursing*, 28 (3), 193-196.

升，因而劳动供给增加"。由二者的逻辑链条可知，两条机制逻辑链条的前半部分存在重合，但"健康提升效应"的逻辑链更长，可以看作在"替代效应"的基础上新增了"健康提升"环节。因此，在"替代效应"成立的前提下，判断"健康提升效应"是否成立仅需验证该新增逻辑环节即可。

表5-9显示了长期护理保险对配偶照料者的健康提升效应。通过提供更便宜、更方便的正式护理服务，失能者的配偶可以从沉重的护理负担中解脱出来，有利于其回归健康的生活方式。从表5-9第（1）、第（2）列数据可知，长期护理保险显著提高了配偶照料者的自评健康水平（平均提高0.323）、① 显著降低了配偶照料者的抑郁评分（平均降低1.086分），表明在引入长期护理保险后配偶照料者的身体和心理健康状况均有所改善。表5-9第（3）列至第（11）列显示了在控制中介变量后长期护理保险对配偶照料者的劳动供给的影响。可以发现，c'依旧显著。因此，长期护理保险的"健康提升效应"仅为其对配偶照料者劳动供给的溢出效应的"部分中介效应"。通过简单计算可得，"健康提升效应"约占总效应的10%—22%（见表5-10）。

表5-9　　配偶身心健康状况作为中介变量（健康提升效应）

	(1) 自评健康	(2) 抑郁评分	(3) 劳动参与	(4) 自雇劳动参与	(5) 受雇劳动参与	(6) 总劳动时长
DID	0.323** (0.144)	-1.086** (0.483)	0.070*** (0.023)	0.039** (0.017)	0.023 (0.020)	103.239** (45.884)

---

① 由边际效应分析可知，长期护理保险对配偶照料者自评健康为"非常差"的概率降低36.7%、"较差"的概率降低19.4%、"一般"的概率提升26.6%、"较好"的概率提升15.9%、"非常好"的概率提升13.6%。

续表

	（1）	（2）	（3）	（4）	（5）	（6）
	自评健康	抑郁评分	劳动参与	自雇劳动参与	受雇劳动参与	总劳动时长
自评健康	0.023*** (0.007)	0.017** (0.008)	0.015** (0.007)	40.673** (18.077)	—	—
抑郁评分	-0.007** (0.003)	-0.005** (0.002)	-0.005** (0.002)	-16.558** (7.564)	—	—
样本量	3856	3856	3856	3856	3856	3856
R^2	0.076	0.122	0.101	0.095	0.100	0.179
	（7）	（8）	（9）	（10）	（11）	
	自雇劳动时长	受雇劳动时长	平均小时收入	自雇劳动小时收入	受雇劳动小时收入	
DID	79.603* (45.487)	14.040 (36.143)	1.737* (0.993)	0.571 (0.608)	1.865** (0.829)	
自评健康	35.170** (15.631)	35.560** (15.804)	0.314** (0.140)	0.300** (0.133)	0.370** (0.164)	—
抑郁评分	-10.461* (5.978)	-10.986* (6.278)	-0.093* (0.053)	-0.098* (0.056)	-0.110* (0.063)	
样本量	3856	3856	3856	3856	3856	
R^2	0.173	0.191	0.032	0.035	0.036	

注：括号内为标准误，聚类到城市层面。回归中均控制了控制变量、年份固定效应、城市固定效应、城市×年份固定效应的影响。控制变量包括个人基本特征变量（年龄、年龄²、性别、民族、居住地区、户口类型、受教育水平、医疗保险类型、养老金收入）、家庭特征变量（家庭是否拥有房产、家庭年收入、家庭金融资产）、家庭关系变量（家庭规模、子女数量、兄弟姐妹数量、家庭内部经济转移）、所在城市特征变量（户籍人口数、土地面积、人均GDP、在岗职工平均工资、城镇登记失业率）。***、**、*分别表示在1%、5%和10%水平下显著。

表 5-10　　　　　　中介效应占比（健康提升效应）

	劳动参与	自雇劳动参与	受雇劳动参与	总劳动时长	自雇劳动时长
中介效应（a×b）	0.015**	0.011*	—	35.965**	22.722*
总效应（c）	0.085***	0.050*		139.203***	102.324***
中介效应与总效应的比值|ab/c|	17.68%	21.84%		22.36%	22.20%
样本量	3856	3856		3856	3856
	受雇劳动时长	平均小时收入	自雇劳动小时收入	受雇劳动小时收入	
中介效应（a×b）		0.203*		0.239*	
直接效应（c）		1.939**		2.104**	—
中介效应与总效应的比值|ab/c|	—	10.44%	—	11.36%	
样本量		3856		3856	

注：***、**、*分别表示在1%、5%和10%水平下显著。

（六）异质性分析

1. 个体特征异质性

由于具有不同个体特征（如性别、年龄、居住地）的家庭照料者的劳动供给弹性存在差异，长期护理保险的实施预期将对不同群体产生异质性的劳动供给溢出效应。[①] 本节重点关注了长期护理保险的劳动供给溢出效应在不同性别、年龄、养老保险、居住地群体中的差异。

（1）性别

近年来，中国女性群体的受教育程度不断提高，劳动参与率也随之上升。与传统的家庭妇女相比，受教育程度较高的女性面临更大的平衡

---

① Carmichael, F., Charles, S., (2003), "The Opportunity Costs of Informal Care: Does Gender Matter?", *Journal of Health Economics*, 22 (5), 781-803.

工作职责和照料负担的压力。① 已有研究发现，面对同样的护理负担，女性比男性更有可能自我选择成为家庭照料者或牺牲工作时间来照料失能家庭成员，② 而男性只有在别无选择的情况下才会成为家庭照料者。此外，女性照料者为失能家庭成员提供的非正式护理的强度比男性更大，从而具有相对更低的劳动参与率。③ 因此，对被解释变量"劳动参与"而言，在实施长期护理保险试点后，男性照料者预期将对试点的实施更为敏感，因此长期护理保险实施后男性照料者可能会快速返回劳动市场中；而对被解释变量"劳动时长"而言，由于女性倾向于提供连续性、高强度的非正式护理服务，因而其劳动供给时长及效率对长期护理保险的弹性将比男性更强。本节针对不同性别的子样本分别进行了倾向得分匹配和双重差分回归。首先将样本分为性别不同的两组，针对每组的处理组和对照组进行倾向得分匹配④。表 5-11 中 Panel A 显示了不同性别群体的溢出效应的差异。可以发现，在"劳动参与"变量，长期护理保险对男性照料者的处理效应（增加 8.9 个百分点）更大，而对女性照料者的影响相对较小（6.8 个百分点）。这表明，由于家庭照料责任而不得不退出劳动力市场的男性对长期护理保险政策的实施更加敏感，将会在试点政策实施后更大程度地提升自身的劳动参与率。而对于

---

① Makita, M., (2010), "Gender Roles and Social Policy in an Ageing Society", *International Journal of Ageing and Later Life*, 5 (1), 77-106.

② Lilly, M. B., Laporte, A., Coyte, P. C., (2010), "Do They Care Too Much to Work? The Influence of Caregiving Intensity on the Labor Force Participation of Unpaid Caregivers in Canada", *Journal of Health Economics*, 29 (6), 895-903; Skira, M. M., (2015), "Dynamic Wage and Employment Effects of Elder Parent Care", *International Economic Review*, 56 (1), 63-93; Sugawara, S., Nakamura, J., (2014), "Can Formal Elderly Care Stimulate Female Labor Supply? The Japanese Experience", *Journal of the Japanese and International Economies*, 34, 98-115; Yamada, H., Shimizutani, S., (2015), "Labor Market Outcomes of Informal Care Provision in Japan", *Journal of the Economics of Ageing*, 6, 79-88.

③ Skira, M. M., (2015), "Dynamic Wage and Employment Effects of Elder Parent Care", *International Economic Review*, 56 (1), 63-93.

④ 在男性照料者组中，匹配后获得样本 1416 个；在女性照料者组中，匹配后获得样本 2440 个。两组的控制变量的平衡性测试均通过。

"劳动时长"和"小时收入"变量而言，长期护理保险对女性照料者的影响更大（劳动时长增加 169.6 小时、小时收入提升 2.27 元），对男性照料者的影响相对较小（劳动时长增加 126.5 小时、小时收入提升 1.11 元，后者并不显著）。这是因为在面对日益加重的护理负担时，与已经成为家庭照料者的男性相比，已经成为家庭照料者的女性将会投入更多的时间和精力用于照顾失能者。因此，当长期护理保险试点政策实施后，男性照料者更倾向于回归劳动力市场；而女性照料者更倾向于增加劳动时长，以更好地兼顾劳动责任与家庭责任。

（2）年龄

在年龄方面，近年来随着居民预期寿命的延长，劳动者选择离开劳动力市场的年龄不断增加，延迟退休的情况增多。[1] 不同年龄段的个体对长期护理保险等政策的劳动供给弹性可能存在差异：对年龄较小的群体而言，其劳动能力相对较强，因而对外在政策的反应较为剧烈，劳动的供给弹性相对较高；对年龄较大的群体而言，其劳动能力相对较弱，因而对外在政策的反应较为温和，劳动的供给弹性相对较低。[2] 对于年龄偏大的配偶照料者，研究其劳动供给决策依然具有必要性和可行性。在必要性方面，来自日本和美国的统计数据显示，65—69 岁人群的劳动参与率分别高达 42.7%和 30.8%，[3] 表明在许多老龄化程度较深的国家，60 岁及以上群体继续留在劳动力市场中进行劳动供给的情况越来越普遍；在可行性方面，由于本书排除了已退休/退职的群体，且 CHARLS 数据库中的受访者居住在农村地区，当地自雇劳动（如农业劳作）的工作机会十分普遍且劳动时间较为灵活，因此照料者在从护理负

---

[1] Hirazawa, M., Yakita, A., (2017), "Labor Supply of Elderly People, Fertility, and Economic Development", *Journal of Macroeconomics*, 51, 75-96.

[2] Lee, S. H., Ogawa, N., Matsukura, R., (2016), "Japan's Pension Reform, Labor Market Responses, and Savings", *Journal of the Economics of Ageing*, 8, 67-75.

[3] Bureau of Labor Statistics, (2016), "Labor Force Statistics from the Current Population Survey", Bureau of Labor Statistics.

担中解脱出来后能够自主决定是否增加劳动供给，本部分对配偶照料者劳动供给年龄异质性的分析也不受个体因退休而离开劳动力市场的影响。

根据样本的年龄中位数（59岁），本书将样本分为数量大致相等的两组：59岁及以下的年轻群体（约占总样本的45%）和60岁及以上的老年群体（约占总样本的55%），并针对各年龄组的子样本分别进行了倾向得分匹配。[①] 在表5-11的Panel B中，可以发现长期护理保险的引入更有效地刺激了年轻照料者的劳动供给（劳动参与提升10.6个百分点、劳动时长提升201个小时、小时收入提升2.5元），这侧面印证了年轻的配偶照料者对劳动力市场具有较强的留恋、更容易返回劳动市场并找到较好的工作机会。相比之下，年龄较大的配偶照料者的劳动供给增长幅度较小且显著程度较低（劳动参与提升6.0个百分点、劳动时长提升113个小时、小时收入的提升不显著），这是因为其健康状况和劳动能力随年龄的增加而下降，因此其提高劳动供给的意愿相较年轻群体更低。[②] 虽然如此，回归结果显示60岁及以上的配偶照料者的劳动参与和劳动时长有所增加，这与CHARLS数据库中受访者以农村居民居多有关，该部分受访者参与自雇劳动（如农业劳作）的成本较低（无须经过招聘等程序）、灵活性较高（照料者可根据自身健康状况调整劳动时间），因此其劳动供给的增加也属合理情况。通过对不同类型劳动的回归分析可知（由于篇幅限制未在表5-11中展示），59岁及以下的年轻照料者的自雇劳动时长（增加131小时）和受雇劳动时长（增加62小时）均显著增加，而60岁及以上的老年照料者的自雇劳动时长有显著上升（增加71小时）、受雇劳动时长未发生显著变化。

[①] 在59岁及以下照料者组中，匹配后获得样本1632个；在60岁及以上照料者组中，匹配后获得样本2024个。两组的控制变量的平衡性测试均通过。

[②] 此外，值得注意的是，对于年龄过大的照料者，应警惕其"无休止劳动"带给自身和家庭的效用损失问题。

表 5-11　配偶照料者的性别、年龄与是否参加养老保险异质性

	劳动参与		总劳动时长		平均小时收入	
Panel A：配偶照料者的性别异质性						
	（1）男性照料者	（2）女性照料者	（3）男性照料者	（4）女性照料者	（5）男性照料者	（6）女性照料者
DID	0.089*** (0.030)	0.068** (0.029)	126.527** (56.234)	169.694*** (56.565)	1.112 (0.927)	2.268*** (0.756)
样本量	1416	2440	1416	2440	1416	2440
R^2	0.101	0.110	0.171	0.178	0.132	0.138
组间系数差异检验 t 值	21.4***		-22.9***		-42.0***	
Panel B：配偶照料者的年龄异质性						
	（7）59岁及以下	（8）60岁及以上	（9）59岁及以下	（10）60岁及以上	（11）59岁及以下	（12）60岁及以上
DID	0.106*** (0.035)	0.060* (0.035)	201.334*** (67.111)	113.477* (64.844)	2.486* (1.421)	1.326 (1.632)
样本量	1632	2024	1632	2024	1632	2024
R^2	0.094	0.102	0.178	0.180	0.144	0.125
组间系数差异检验 t 值	39.5***		40.1***		22.6***	
Panel C：配偶照料者是否参加养老保险异质性						
	（13）参加养老保险	（14）不参加养老保险	（15）参加养老保险	（16）不参加养老保险	（17）参加养老保险	（18）不参加养老保险
DID	0.076** (0.034)	0.106** (0.047)	126.930** (56.413)	160.453** (71.312)	2.146** (0.954)	1.242 (0.994)
样本量	3236	580	3236	580	3236	580
R^2	0.091	0.098	0.153	0.177	0.131	0.126

续表

	劳动参与	总劳动时长	平均小时收入
组间系数差异检验 t 值	−18.3***	−12.6***	20.9***

注：括号内为标准误，聚类到城市层面。回归中均控制了控制变量、年份固定效应、城市固定效应、城市×年份固定效应的影响。控制变量包括个人基本特征变量（年龄、年龄²、性别、民族、居住地区、户口类型、受教育水平、医疗保险类型、养老金收入）、家庭特征变量（家庭是否拥有房产、家庭年收入、家庭金融资产）、家庭关系变量（家庭规模、子女数量、兄弟姐妹数量、家庭内部经济转移）、所在城市特征变量（户籍人口数、土地面积、人均GDP、在岗职工平均工资、城镇登记失业率）。***、**、* 分别表示在1%、5%和10%水平下显著。

（3）养老保险

作为老年群体重要的收入来源，养老保险预期会对个体的劳动供给决策和退休决策产生影响。[①] 长期护理保险与养老保险同属社会保险的范畴，二者之间的交互作用及其对参保个体的总体影响将成为重要的研究课题。本部分对参加和未参加养老保险的失能群体进行了异质性分析，发现参加养老保险的配偶照料者的劳动供给对长期护理保险政策的敏感性降低，而未参加养老保险的配偶照料者在长期护理保险政策实施后较大幅度地提升了自身的劳动参与率（提升10.6个百分点）和总体劳动时长（增加160.5小时/年），以应对目前或将来无养老金收入的老年生活。然而，未参加养老保险的配偶照料者的平均小时收入未发生显著变化，而参加养老保险的配偶照料者的平均小时收入显著提升2.1元。这表明，虽然未参加养老保险的个体有更强的劳动供给意愿，但是其劳动生产率未得到显著改善，因此长期护理保险只是影响了未参加养老保险群体的劳动供给的"量"；而参加养老保险的个体预期将得到充足的老年经济保障，因此其劳动供给的增加主要体现为小时收入的提

[①] Feldstein, M., (1976), "Social Security and Saving: The Extended Life Cycle Theory", *American Economic Review*, 66 (2), 77−86.

升，说明长期护理保险影响了参加养老保险群体的劳动供给的"质"。因此，在推行长期护理保险制度的同时，应更加注重不同社会保险制度之间的衔接和相互作用，从"系统性"的角度将各社会保险制度作为有机的整体为居民提供充分的老年护理保障和经济保障。

(4) 居住地

由于中国不同地区在经济发展水平、人口年龄结构及劳动力市场结构方面存在较大差异，因此长期护理保险对不同地区的配偶照料者的劳动供给的溢出效应预期也将存在差异。已有文献发现，东部沿海地区外向型经济发展较快，以劳动密集为特征的加工制造业对劳动力产生了大量需求，工资水平也相对较高，[1] 因此对护理负担减轻的配偶照料者回归劳动力市场、增加劳动供给提供了较高的吸引力；而中西部地区由于就业机会相对较少、劳动需求较低，预期长期护理保险对劳动供给的刺激作用较弱。表5-12展示了不同地区长期护理保险对不同地区配偶照料者劳动供给的影响。由于2018年7月前推行长期护理保险的城市绝大部分位于东部地区[2]和中部地区[3]（西部地区仅重庆市和成都市实施了长期护理保险制度），因此本书仅针对上述两个地区的长期护理保险的溢出效应进行了研究。可以发现，就"劳动参与"情况而言，东部地区配偶照料者的"劳动参与"对长期护理保险的政策敏感性更高（提升9.0个百分点），该变量的提升主要来自东部地区"受雇劳动参与"概率的增加（提升5.2个百分点）；而中部地区配偶照料者的"劳动参与"的增加（提升6.5个百分点）主要体现在"自雇劳动参与"（提升6.0个百分点）中，这与东部地区受雇劳动机会多、薪酬较为优越有关。就"劳动时长"情况而言，东部地区和中部地区的劳动时长的增长大小相当，增量的主要来源为"自雇劳动时长"的延长。就

---

[1] 周丽萍：《基于产业结构演进的农业剩余劳动力转移与就业研究》，农业出版社2013年版，第52—55页。

[2] 包括15个城市：青岛市、上海市、临沂市、台州市、嘉兴市、宁波市、广州市、徐州市、承德市、杭州市、济南市、滨州市、潍坊市、聊城市、苏州市。

[3] 包括6个城市：上饶市、临汾市、吉林市、安庆市、荆门市、齐齐哈尔市。

"小时收入"情况而言,东部地区的平均小时收入的增长比中部地区更为显著,这与东部地区完善的家庭照料者再就业基础设施和良好的就业环境有关。

表 5-12　　　　　　　　　　家庭照料者居住地异质性

	(1) 劳动参与		(2) 自雇劳动参与		(3) 受雇劳动参与	
	东部地区	中部地区	东部地区	中部地区	东部地区	中部地区
DID	0.090*** (0.029)	0.065** (0.029)	0.039* (0.022)	0.060** (0.027)	0.052* (0.030)	0.009 (0.021)
样本量	1328	1260	1328	1260	1328	1260
Pseudo-R^2	0.102	0.094	0.092	0.083	0.100	0.091
组间系数差异检验 t 值	21.9***		-21.7***		42.0***	
	(4) 总劳动时长		(5) 自雇劳动时长		(6) 受雇劳动时长	
	东部地区	中部地区	东部地区	中部地区	东部地区	中部地区
DID	125.830*** (41.943)	144.309*** (48.103)	80.534* (46.019)	108.331** (48.147)	40.280 (57.733)	36.205 (50.780)
样本量	1328	1260	1328	1260	1328	1260
R^2	0.185	0.178	0.192	0.193	0.139	0.149
组间系数差异检验 t 值	-10.4***		-15.0***		1.9*	
	(7) 平均小时收入		(8) 自雇劳动小时收入		(9) 受雇劳动小时收入	
	东部地区	中部地区	东部地区	中部地区	东部地区	中部地区
DID	2.021** (0.898)	1.165 (0.971)	0.646 (0.617)	0.793 (0.661)	2.578** (1.146)	1.823* (1.042)
样本量	1328	1260	1328	1260	1328	1260
R^2	0.172	0.169	0.166	0.162	0.158	0.170

续表

	（7）平均小时收入		（8）自雇劳动小时收入		（9）受雇劳动小时收入	
	东部地区	中部地区	东部地区	中部地区	东部地区	中部地区
组间系数差异检验 t 值	23.3***		-5.9***		17.5***	

注：1. 由于 2018 年 7 月前推行长期护理保险的城市绝大部分位于中部地区和东部地区（西部地区仅重庆市和成都市实施了长期护理保险制度），因此本表仅针对东部地区和中部地区的长期护理保险的溢出效应进行了研究。2. 括号内为标准误，聚类到城市层面。回归中均控制了控制变量、年份固定效应、城市固定效应、城市×年份固定效应的影响。控制变量包括个人基本特征变量（年龄、年龄^2、性别、民族、居住地区、户口类型、受教育水平、医疗保险类型、养老金收入）、家庭特征变量（家庭是否拥有房产、家庭年收入、家庭金融资产）、家庭关系变量（家庭规模、子女数量、兄弟姐妹数量、家庭内部经济转移）、所在城市特征变量（户籍人口数、土地面积、人均 GDP、在岗职工平均工资、城镇登记失业率）。***、**、* 分别表示在 1%、5% 和 10% 水平下显著。

2. 政策特征异质性

针对不同的长期护理保险试点城市，本书挖掘了其异质性的政策特征，用于研究长期护理保险的制度设计（覆盖人群医保类型、待遇领取资格、待遇给付形式、是否鼓励居家护理）如何对家庭照料者的劳动供给产生影响。

（1）覆盖人群医保类型

由于城乡居民收入水平存在差异、参加的劳动类型（如自雇或受雇）也各不相同，因此不同居住地的居民可能具有差异化的劳动供给行为，家庭照料者对长期护理保险政策的反映也将存在差异。本部分关注了仅覆盖职工医保的长期护理保险和同时覆盖职工医保、居民医保的长期护理保险对家庭照料者劳动供给的异质性影响，具体做法与第四章相似：$policy_{it}^{urban}=0$ 表示截至 2018 年 7 月仅覆盖职工医保参保者的 13 个长期护理保险试点城市；$policy_{it}^{urban}=1$ 表示截至 2018 年 7 月同时覆盖职工医保和居民医保参保者的 10 个长期护理保险试点城市。本书以居住在不同类型试点城市的失能参保者为处理组、以居住在未实施长期护理保险试点城市的失能个体为对照组进行了倾向得分匹配,并展示了相应的双重差分回归结果。① 由表 5-13 中 Panel A 可以发现,同时覆盖职工医保和居民医保的长期护理保险增加了配偶照料者的劳动参与(9.9 个百分点)和总劳动时长(144 小时/年),且相比仅覆盖职工医保的试点城市更为显著。部分原因在于,居民医保参保个体及其配偶一般居住在农村地区,其提供劳动供给的方式(如从事农业劳动及为家庭经营活动帮工等)较为灵活,因此由照料者身份转换为劳动者身份的成本较低、较为迅速;而职工医保参保个体及其配偶一般居住在城镇地区,农业劳动等自雇劳动机会较少、受雇劳动机会较多,由于受雇劳动的搜索和匹配成本较高、时间较长,该部分群体对长期护理保险的反应相对较小。因此,应加大长期护理保险制度对居民医保参保个体的保障,这不仅有利于促进公平,也能够更大程度上释放家庭照料者的劳动供给,增加失能者家庭收入。不过,由于配偶照料者的年龄相对较大(与失能者年龄相似),因此也应警惕"无休止劳动"带给家庭的效用损失。②

(2)保障群体

不同试点对待遇领取资格的规定存在差异,"严格型"长期护理保险试点城市只为符合要求的重度失能群体提供待遇给付,另外一部分较为"宽松型"试点城市同时覆盖了重度失能和中度失能群体。已有研究发现,正式护理与非正式的家庭照料之间呈现替代关系是有条件的,正式护理不一定能够替代非正式护理服务。③ 随着个体失能程度的加重,

---

① 在分析仅覆盖职工医保的长期护理保险试点城市的处理效应时,处理组为居住在相应试点城市的失能参保者的配偶照料者,对照组为居住在未实施任何长期护理保险试点的城市的失能个体的配偶照料者。匹配后获得样本 3652 个,控制变量的平衡性测试均通过。在分析同时覆盖职工医保和居民医保的长期护理保险的处理效应时,处理组为居住在相应试点城市的失能参保者的配偶照料者,对照组为居住在未实施任何长期护理保险试点的城市的失能个体的配偶照料者。匹配后获得样本 3572 个,控制变量的平衡性测试均通过。

② 谭娜、周先波:《中国农村老年人"无休止劳动"存在吗——基于年龄和健康对劳动供给时间影响的研究》,《经济评论》2013 年第 2 期。

③ Fischer, B., Müller, K.-U., (2020), "Time to Care? The Effects of Retirement on Informal Care Provision", *Journal of Health Economics*, 73, 102350.

表 5-13　　　　　覆盖人群医保类型及保障群体异质性

	劳动参与		总劳动时长		平均小时收入	
Panel A：覆盖人群医保类型异质性						
	（1）职工	（2）职工+居民	（3）职工	（4）职工+居民	（5）职工	（6）职工+居民
DID	0.074** (0.033)	0.099*** (0.033)	130.003* (74.287)	144.329** (64.146)	2.049* (1.171)	1.903 (1.858)
样本量	3652	3572	3652	3572	3652	3572
R^2	0.102	0.099	0.121	0.119	0.034	0.033
组间系数差异检验 t 值	−32.2***		−8.8***		4.0***	
Panel B：保障群体异质性（是否保障中度失能群体）						
	（7）严格型	（8）宽松型	（9）严格型	（10）宽松型	（11）严格型	（12）宽松型
DID	0.059* (0.034)	0.102*** (0.034)	98.790* (56.451)	155.262* (88.721)	0.956 (1.797)	2.248* (1.285)
样本量	3636	3528	3636	3528	3636	3528
R^2	0.104	0.105	0.111	0.114	0.033	0.035
组间系数差异检验 t 值	−53.5***		−32.2***		−34.9***	

注："严格型"是指仅覆盖重度失能群体的试点城市；"宽松型"是指同时覆盖中度和重度失能群体的试点城市。受篇幅限制，本表未展示不同劳动类型（自雇、受雇）的变量。括号内为标准误，聚类到城市层面。回归中均控制了控制变量、年份固定效应、城市固定效应、城市×年份固定效应的影响。控制变量包括个人基本特征变量（年龄、年龄²、性别、民族、居住地区、户口类型、受教育水平、医疗保险类型、养老金收入）、家庭特征变量（家庭是否拥有房产、家庭年收入、家庭金融资产）、家庭关系变量（家庭规模、子女数量、兄弟姐妹数量、家庭内部经济转移）、所在城市特征变量（户籍人口数、土地面积、人均GDP、在岗职工平均工资、城镇登记失业率）。***、**、*分别表示在1%、5%和10%水平下显著。

非正式护理和正式护理之间的替代关系逐渐减弱；在失能程度最重的阶段即个体面临较大死亡风险的终末期，正式护理与非正式护理之间甚至呈现出一定的互补关系。[①] 因此，覆盖失能程度较轻阶段（如中度失能）群体的长期护理保险预期会对配偶照料者的劳动供给产生更大影响。与第四章相似，本书引入了虚拟变量 $policy_{it}^{target}$ 来刻画这一特征，$policy_{it}^{target}=0$ 表示截至 2018 年 7 月仅覆盖重度失能群体的 12 个"严格型"长期护理保险试点城市；$policy_{it}^{target}=1$ 表示截至 2018 年 7 月同时覆盖中度和重度失能群体的 11 个"宽松型"长期护理保险试点城市。

本书分别以配偶居住在上述试点城市的家庭照料者为处理组、以配偶居住在未实施长期护理保险试点城市的家庭照料者为对照组进行了倾向得分匹配，并展示了相应的双重差分回归结果。[②] 可以发现，"宽松型"长期护理保险对配偶照料者劳动供给的处理效应更为显著。如表5-13 的 Panel B 所示，"宽松型"长期护理保险显著提高了配偶照料者劳动参与率（10.2 个百分点）、劳动时长（155.3 小时/年）和小时收入水平（2.2 元）；而"严格型"长期护理保险虽然也增加了配偶照料者的劳动参与率（5.9 个百分点）和劳动时长（98.8 小时/年），但该效应弱于"宽松型"长期护理保险制度，同时"严格型"长期护理保险对配偶照料者的小时收入水平影响并不显著。可能的原因在于，相比于中度失能群体，重度失能个体的配偶照料者难以完全从护理负担中解脱出来，因此其劳动供给尚未得到完全释放。

（3）是否提供现金给付

本节研究了待遇给付形式对是否会改变长期护理保险影响配偶照料

[①] Bonsang, E., (2009), "Does Informal Care from Children to Their Elderly Parents Substitute for Formal Care in Europe?", *Journal of Health Economics*, 28 (1), 143-154; Huang, F., Fu, W., (2017), "Government Purchase or Home Care? An Empirical Analysis Based on the Substitution Effect of Family Caregiving", *Nankai Economic Research*, 1, 136-152.

[②] 在分析"严格型"长期护理保险试点城市的处理效应时，处理组为配偶参加"严格型"长期护理保险的家庭照料者，对照组为配偶在未实施长期护理保险的城市的家庭照料者。匹配后获得样本 3626 个，控制变量的平衡性测试均通过。在分析"宽松型"长期护理保险的处理效应时，处理组为配偶参加"宽松型"长期护理保险的家庭照料者，对照组为配偶在未实施长期护理保险的城市的家庭照料者。匹配后获得样本 3528 个，控制变量的平衡性测试均通过。

者劳动供给的途径和强度。已有研究发现，现金给付可能会减少家庭照料者的劳动供给，如德国的公共长期护理保险制度为失能群体提供一笔现金转移支付，从而对家庭照料者的劳动供给产生了负面影响。[①] 目前，中国所有的长期护理保险试点项目都为失能者提供了服务给付，即按一定比例或额度报销其在医院/机构/居家接受正式护理服务所产生的费用。部分长期护理保险试点城市在为失能群体提供护理服务费用报销外，还额外提供了"现金给付"选项，部分城市直接以现金给付的形式给予失能者家庭一定额度的补贴，另一部分城市允许失能者家庭选择家人提供的"亲情护理"并按月给培训合格的家庭照料者支付固定的费用。在这种情况下，如果失能者选择享受现金待遇，而并不使用正式护理服务替代家庭非正式护理服务，则长期护理保险只起到了增加家庭非工作收入的作用，而无法减轻配偶照料者的护理负担。[②] 因此，本书预计长期护理保险在不同的补偿方式下对配偶劳动供给产生不同的影响。本书设定 $policy_{it}^{benefit}=0$ 表示只提供服务给付（benefit-in-kind）的长期护理保险试点城市，$policy_{it}^{benefit}=1$ 表示额外提供现金给付（benefit-in-cash）的试点城市，并分别以配偶居住在上述试点城市的家庭照料者为处理组、以配偶居住在未实施长期护理保险试点城市的家庭照料者为对照组进行了倾向得分匹配，并展示了相应的双重差分回归结果。[③] 在表 5-14 的 Panel A 中，可以发现仅提供服务给付的长期护理保险试点对配偶照料者的劳动供给带来了显著的正向溢出作用，如劳动参与率

[①] Geyer, J., Haan, P., Korfhage, T., (2017), "Indirect Fiscal Effects of Long-term Care Insurance", *Fiscal Studies*, 38（3），393-415.

[②] Campbell, J. C., Ikegami, N., Gibson, M. J., (2010), "Lessons from Public Long-term Care Insurance in Germany and Japan", *Health Affairs*, 29（1），87-95.

[③] 在分析"有现金给付"的长期护理保险试点城市的处理效应时，处理组为配偶参加"有现金给付"长期护理保险的家庭照料者，对照组为配偶在未实施长期护理保险的城市的家庭照料者。匹配后获得样本 3456 个，控制变量的平衡性测试均通过。在分析"无现金给付"长期护理保险的处理效应时，处理组为配偶参加"无现金给付"长期护理保险的家庭照料者，对照组为配偶在未实施长期护理保险的城市的家庭照料者。匹配后获得样本 3596 个，控制变量的平衡性测试均通过。

增加 8.9 个百分点、劳动时长上升 151.6 小时/年、小时收入上升 2.6 元；与仅提供服务给付的试点相比，提供额外现金给付的长期护理保险试点城市对配偶照料者劳动供给的处理效应减小且显著程度降低。该结果出现的原因在于，对于选择现金给付的失能者及其家庭而言，长期护理保险待遇仅增加了家庭的非工资性收入，失能个体的非正式护理需求未发生显著变化，因而配偶照料者的劳动供给难以得到有效释放。①

表 5-14　是否提供现金给付及是否鼓励居家护理异质性

	劳动参与		总劳动时长		平均小时收入	
Panel A：是否提供现金给付					
	(1) 有现金给付	(2) 无现金给付	(3) 有现金给付	(4) 无现金给付	(5) 有现金给付	(6) 无现金给付
DID	0.058 (0.055)	0.089* (0.051)	115.054 (145.203)	151.576* (86.615)	1.528 (1.588)	2.572* (1.470)
样本量	3456	3596	3456	3596	3456	3596
R^2	0.105	0.103	0.111	0.113	0.031	0.032
组间系数差异检验 t 值	-24.6***		-12.9***		-28.7***	
Panel B：是否鼓励居家护理					
	(7) 是	(8) 否	(9) 是	(10) 否	(11) 是	(12) 否
DID	-0.013 (0.078)	0.109* (0.074)	-22.420 (88.526)	142.129* (59.077)	1.428 (1.193)	2.010 (1.679)
样本量	3324	3500	3324	3500	3324	3500
R^2	0.095	0.098	0.120	0.118	0.030	0.032

---

① Geyer 和 Korfhage [Geyer, J., Korfhage, T., (2015), "Long-term Care Insurance and Carers' Labor Supply: A Structural Model", *Health Economics*, 24 (9), 1178-1191] 对德国长期护理保险对照料者劳动供给的影响进行评估，发现了相似的结论，即服务给付对劳动供给有正向影响，而现金给付政策会降低劳动供给且降低幅度大于前者提到的正向影响。

续表

	(7) 是	(8) 否	(9) 是	(10) 否	(11) 是	(12) 否
组间系数差异检验 t 值	-66.3***		-90.7***		-16.4***	

注：Panel B 中标注为"否"的试点城市采取鼓励专护、院护或无任何倾向的制度设计。括号内为标准误，聚类到城市层面。回归中均控制了控制变量、年份固定效应、城市固定效应、城市×年份固定效应的影响。控制变量包括个人基本特征变量（年龄、年龄^2、性别、民族、居住地区、户口类型、受教育水平、医疗保险类型、养老金收入）、家庭特征变量（家庭是否拥有房产、家庭年收入、家庭金融资产）、家庭关系变量（家庭规模、子女数量、兄弟姐妹数量、家庭内部经济转移）、所在城市特征变量（户籍人口数、土地面积、人均 GDP、在岗职工平均工资、城镇登记失业率）。***、**、* 分别表示在 1%、5% 和 10% 水平下显著。

(4) 是否鼓励居家护理

在中国许多试点城市的制度设计中，居家护理作为一种成本更为低廉的护理形式受到了长期护理保险政策的倾斜，这样的政策设计鼓励家庭充分调动其内部的照料资源，以弥补目前国内护理基础设施缺乏的不足。而在另外一些城市，居家护理的报销额度等于或低于专护和院护。与第四章相似，为了刻画上述政策差异，本书引入了虚拟变量 $policy_{it}^{home}$，其中 $policy_{it}^{home}=1$ 表示鼓励居家护理的 11 个试点城市，$policy_{it}^{home}=0$ 表示鼓励专护、院护或无明显倾向的 12 个试点城市。本书分别以居住在上述试点城市的失能参保者的配偶照料者为处理组、以居住在未实施长期护理保险试点城市的失能者的配偶照料者为对照组进行了倾向得分匹配，并展示了相应的双重差分回归结果。① 由表 5-14 的 Panel B 可知，鼓励专护、院护或无明显倾向的试点城市增加了配偶照料者的劳动参与（10.9 个百分点）、劳动总时长（142.1 小时/年）和

---

① 在分析"鼓励居家护理型"长期护理保险试点城市的处理效应时，处理组为参加"鼓励居家护理"长期护理保险的失能者的配偶照料者，对照组为未参加任何长期护理保险的失能者的配偶照料者。匹配后获得样本 3324 个，控制变量的平衡性测试均通过。在分析"其他型"长期护理保险的处理效应时，处理组为参加"其他型"长期护理保险的失能者的配偶照料者，对照组为未参加任何长期护理保险的失能者的配偶照料者。匹配后获得样本 3500 个，控制变量的平衡性测试均通过。

小时收入（2.0元），且该效应强于鼓励居家护理的试点城市。可能的原因在于，鼓励居家护理的试点城市居民有更强的激励选择居家接受上门护理或亲情护理，因此家庭照料者的劳动供给难以充分释放，其重返劳动力市场的概率较小，甚至可能出现劳动者自我选择成为家庭照料者的现象，如表5-14第（7）、第（9）列显示长期护理保险降低了配偶照料者的劳动参与（-1.3个百分点）和劳动时长（-22.4小时/年）；而鼓励专护、院护或无明显倾向的试点城市中失能者搬入养老院、护理院等机构的动机更强，因此家庭照料者的劳动供给得到了更为有效的释放。

（七）稳健性检验

本书在PSM-DID框架下研究了长期护理保险对配偶照料者劳动供给的溢出效应。针对主回归部分的结论，本书进行了6项稳健性检验，以验证结果的可信度。在稳健性检验1中，本书排除了被解释变量的极端值可能导致的回归系数的偏差。在稳健性检验2中，本书在"伪实施年份"进行了安慰剂检验。在稳健性检验3中，本书采用了不同的匹配方法进行研究，包括"K-最近邻匹配"（K-Nearest Neighbor Matching, K-NNM）和"广义精确匹配"（Coarsened Exact Matching, CEM）。在稳健性检验4中，本书将回归样本更换为符合长期护理保险待遇领取条件的中重度失能参保者的配偶照料者；在稳健性检验5中，本书考虑了大病保险政策的实施对回归结果的潜在影响；在稳健性检验6中，本书研究了主回归中的溢出效应是不是由长期护理保险政策实施之外的因素（如基本医疗保险）引起，以排除可能影响回归结果的其他机制。

1. 考虑极端值的影响

由于被解释变量的极端值可能会对回归结果带来较大影响，因此本书对劳动供给变量存在极端值的样本进行了删除。本书在98%的水平上进行了删失，即在1%和99%分位数上删去被解释变量取极端值的样本，保留被解释变量位于总范围［1%，99%］区间内的样本（由于变量"劳动参与"仅取值0或1，因此未进行删失；由于变量"劳动时长"的最小值为 0，且在 0 附件分布较为密集，因此仅删除了该变量极端大的取值，而未删除极端小的取值）。此外，本书还对原始样本的劳动供给变量进行了取对数处理，随后进行双重差分回归。结果如表 5-15 中 Panel A 所示。可以发现，主回归部分结论依然稳健，长期护理保险对配偶照料者的劳动供给具有显著的溢出效应。

2. "伪实施年份"安慰剂检验

由于 90% 以上的长期护理保险试点都是在 2015 年 8 月至 2018 年 7 月之间启动的，因此本书选择 2011 年 8 月至 2013 年 7 月（如 2012 年）和 2013 年 8 月至 2015 年 7 月（如 2014 年）作为伪实施年份进行安慰剂试验，其中回归样本去掉青岛市（2012 年实施长期护理保险）和潍坊市（2015 年实施长期护理保险）及 2018 年全部样本，经匹配后剩余样本 6792 个。若劳动供给的增加的确由长期护理保险的实施引起，则能够观察到安慰剂检验的"伪处理效应"是不显著的。在表 5-15 的 Panel B 中，我们未发现显著的劳动供给溢出效应，这表明本书主要回归结果均通过了安慰剂检验。

3. 更换倾向得分匹配方法

在已有研究中，"K—最近邻匹配"和"广义精确匹配（CEM）"[①]是较为常用的倾向得分匹配方法。本书将主回归部分的核匹配方法更换为上述两种匹配方法，之后进行了同样的双重差分回归。表 5-15 中 Panel C 显示了采用该匹配方法后得出的双重差分回归结果。可以发现，长期护理保险的溢出效应依然稳健。

4. 更换回归样本为中重度失能群体的配偶

在本书的主回归中，失能群体被界定为因为健康或记忆原因导致完成日常生活活动（ADL）存在困难或无法完成、[②] 或因为健康或记忆原

---

① Iacus, S. M., King, G., Porro, G.,（2012），"Causal Inference Without Balance Checking: Coarsened Exact Matching"，*Political Analysis*, 1-24.

② 包括：①穿衣（包括从衣橱中拿出衣服、穿上衣服、扣上纽扣、系上腰带）；②吃饭（当饭菜准备好以后，自己吃饭定义为用餐，如夹菜）；③上厕所（包括蹲下、站起）；④控制大小便（自己能够使用导尿管或者尿袋算能够控制自理）；⑤洗澡；⑥起床、下床；⑦在椅子上坐时间久了再站起来；⑧平地行走 100 米；⑨连续不停地爬几层楼梯。

因导致完成工具性日常生活活动（IADL）存在困难或无法完成①的受访者。然而，只有失能到一定严重程度（通常为中度或重度失能）的参保者才能申请长期护理保险待遇给付。为了对本书的主回归结果进行补充和验证，本部分按照各试点城市的待遇申请标准（失能等级达到中度或重度失能）筛选出符合长期护理保险待遇领取资格的失能者，将其配偶照料者设为新的处理组，并使用失能水平在中度及以上且居住在未实施长期护理保险的城市的居民的配偶照料者为对照组，重新进行了倾向得分匹配下的双重差分回归，如表5-15中Panel D的回归结果。可以发现，长期护理保险的实施显著增加了家庭照料者的劳动参与、总劳动时长、自雇劳动时长和受雇劳动小时收入，稳健性检验回归结果与主回归结果保持一致。

5. 排除大病保险政策实施的潜在影响

2012年8月，国家发展改革委等六部委发布《关于开展城乡居民大病保险工作的指导意见》，明确建立大病保险制度。由于各城市实施大病保险制度的时间较为分散，且与长期护理保险试点的推广存在时间上的重合，因此为了排除大病保险的实施对患者配偶劳动供给的影响对本书回归结果的干扰，本节根据各城市实施大病保险的时间建立了标志大病保险实施的变量 $DID_{it}^{大病保险}$（构造方法与长期护理保险实施虚拟变量 DID_{it} 相似），并考察了该变量对配偶照料者劳动供给的影响。在加入变量 $DID_{it}^{大病保险}$ 后，变量 DID_{it} 的回归结果依旧显著（见表5-15中Panel E），表明主回归中配偶照料者劳动供给的增加确实来自长期护理保险制度的实施（而非大病保险的影响）。

6. 排除基本医疗保险制度的潜在影响

在长期护理保险试点推广的同一时间，中国基本医疗保险制度也出

---

① 包括：①做家务（包括房屋清洁、洗碗盘、整理被褥和房间摆设）；②做饭（包括准备原材料、做饭菜、端上餐桌）；③自己去商店买食品杂货（包括决定买什么和付钱）；④打电话；⑤吃药（指的是能记得什么时间吃和吃多少）；⑥管钱（包括支付账单、记录支出项目、管理财物）。

台了一系列改革措施。因此，配偶照料者的劳动供给的增加是否由此类基本医疗保险的变化引起？本书研究了处理组和对照组配偶照料者之间基本医疗保险使用频率的差异，以排除配偶照料者劳动供给增加是由与基本医疗保险改革相关的其他潜在因素引起的可能性。由于基本医疗保险改革措施在很大程度上影响了参保者使用该保险进行报销的行为，因此本书使用"职工医保使用频率""居民医保使用频率""公费医疗使用频率""医疗保险使用总频率""自付比率"作为被解释变量研究了长期护理保险的实施对上述变量的影响。可以发现，个体的医疗保险使用频率未发生显著变化（见表5-15中Panel F），这表明配偶照料者的劳动供给的增加不应归因于基本医疗保险的变化。

三　本章小结

本章主要研究了长期护理保险对配偶照料者劳动供给的直接影响和中介机制，即参加长期护理保险的失能群体的配偶照料者在劳动参与、自雇劳动参与、受雇劳动参与、总劳动时长、自雇劳动时长、受雇劳动时长、平均小时收入、自雇劳动小时收入、受雇劳动小时收入的变化情况，主要分为两个部分：理论模型与实证检验。在理论模型部分，本书构建了包含非正式护理的家庭照料者效用函数模型，通过拉格朗日函数求解了其效用最大化问题，发现长期护理保险对家庭照料者的劳动供给存在方向不同的传导机制，其中"替代效应"会增加劳动供给，"收入效应"会降低劳动供给。在实证检验部分，本书对上述两条机制及"健康提升效应"进行了中介效应检验。

从总体样本来看，长期护理保险确实能够增加配偶照料者的劳动供给，但对于不同类型劳动的提升作用体现在不同的方面：对自雇劳动而言，长期护理保险提升了配偶照料者劳动时长；对受雇劳动而言，长期护理保险提升了其小时收入水平。由中介效应分析可以发现，首先，从

表 5-15　稳健性检验

	(1)	(2)	(3)	(4)	(5)	(6)	(7)	(8)	(9)
	劳动参与	自雇劳动参与	受雇劳动参与	总劳动时长	自雇劳动时长	受雇劳动时长	平均小时收入	自雇劳动小时收入	受雇劳动小时收入

Panel A：考虑极端值的影响

				对被解释变量极端值进行删失					
DID		—		159.983*** (53.328)	90.463* (51.693)	63.676 (53.063)	1.271* (0.726)	0.645 (0.727)	1.394* (0.797)
样本量				3664	3664	3664	3472	3472	3472
R^2				0.196	0.180	0.195	0.143	0.115	0.129

				将被解释变量取对数					
DID		—		0.427*** (0.122)	0.353*** (0.118)	0.224* (0.128)	0.052* (0.029)	0.037 (0.029)	0.059** (0.026)
样本量				3856	3856	3856	3856	3856	3856
R^2				0.194	0.202	0.211	0.184	0.135	0.124

Panel B："伪实施年份" 安慰剂检验[a]

				2012 年安慰剂检验					
DID_{2012}	0.031 (0.021)	0.035 (0.029)	-0.021 (0.021)	31.251 (74.513)	50.359 (47.446)	-59.108 (37.783)	0.826 (2.713)	2.069 (2.639)	-0.077 (0.407)

第五章 长期护理保险对家庭照料者劳动供给的影响

续表

	（1）劳动参与	（2）自雇劳动参与	（3）受雇劳动参与	（4）总劳动时长	（5）自雇劳动时长	（6）受雇劳动时长	（7）平均小时收入	（8）自雇劳动小时收入	（9）受雇劳动小时收入
样本量	2892	2892	2892	2892	2892	2892	2892	2892	2892
R^2	0.082	0.094	0.102	0.109	0.130	0.192	0.136	0.128	0.123
\multicolumn{10}{c}{2014年安慰剂检验}
DID_{2014}	0.022 (0.021)	0.038* (0.022)	-0.017 (0.017)	-30.439 (55.554)	-4.503 (49.229)	-25.936 (42.282)	7.673 (6.830)	7.605 (6.888)	0.111 (0.473)
样本量	2892	2892	2892	2892	2892	2892	2892	2892	2892
R^2	0.088	0.098	0.099	0.113	0.125	0.188	0.128	0.122	0.120
Panel C：更换倾向得分匹配方法
DID^{NNM}	0.059*** (0.019)	0.044*** (0.016)	0.015 (0.015)	142.851** (56.313)	113.600** (49.606)	41.054 (42.613)	0.845 (2.577)	1.393 (3.002)	1.024** (0.502)
样本量	3856	3856	3856	3856	3856	3856	3856	3856	3856
R^2	0.096	0.094	0.102	0.177	0.123	0.189	0.032	0.026	0.022
DID^{CEM}	0.055*** (0.019)	0.039** (0.017)	0.016 (0.015)	140.730** (61.395)	113.916** (54.033)	39.480 (42.860)	0.933 (2.659)	1.320 (2.899)	1.079** (0.510)

续表

	(1)	(2)	(3)	(4)	(5)	(6)	(7)	(8)	(9)
	劳动参与	自雇劳动参与	受雇劳动参与	总劳动时长	自雇劳动时长	受雇劳动时长	平均小时收入	自雇劳动小时收入	受雇劳动小时收入
样本量	3824	3824	3824	3824	3824	3824	3824	3824	3824
R^2	0.115	0.108	0.097	0.338	0.247	0.319	0.070	0.082	0.201

Panel D: 更换回归样本为中重度失能群体的配偶

	(1)	(2)	(3)	(4)	(5)	(6)	(7)	(8)	(9)
DID^{NNM}	0.098* (0.056)	0.062 (0.052)	0.037 (0.055)	165.504* (94.574)	122.821* (70.183)	47.120 (72.613)	2.381 (1.984)	1.332 (1.702)	3.021* (1.726)
样本量	156	156	156	156	156	156	156	156	156
R^2	0.096	0.092	0.090	0.111	0.117	0.110	0.033	0.035	0.033

Panel E: 加入标志大病保险实施的虚拟变量

	(1)	(2)	(3)	(4)	(5)	(6)	(7)	(8)	(9)
DID_{it}	0.080*** (0.027)	0.058* (0.033)	0.032 (0.030)	134.230*** (44.743)	95.453** (42.424)	40.362 (43.325)	2.129* (1.217)	0.554 (1.280)	2.323* (1.327)
DID_{it} 大病保险	0.009 (0.008)	0.002 (0.007)	0.007 (0.010)	12.892 (28.435)	−23.482 (30.325)	35.214 (29.390)	0.283 (0.242)	0.299 (0.246)	0.252 (0.245)
样本量	3856	3856	3856	3856	3856	3856	3856	3856	3856
R^2	0.094	0.090	0.092	0.110	0.112	0.108	0.030	0.030	0.032

第五章 长期护理保险对家庭照料者劳动供给的影响

续表

Panel F：排除基本医疗保险制度的潜在影响

	(1) 劳动参与	(2) 自雇劳动参与	(3) 受雇劳动参与	(4) 总劳动时长	(5) 自雇劳动时长	(6) 受雇劳动时长	(7) 平均小时收入	(8) 自雇劳动小时收入	(9) 受雇劳动小时收入
	(1) 职工医保使用频率	(2) 居民医保使用频率	(3) 公费医疗使用频率		(4) 医疗保险使用总频率				(5) 自付比率
DID	0.017 (0.022)	−0.012 (0.036)	−0.026 (0.023)		0.933 (0.778)				0.016 (0.015)
样本量	3856	3856	3856		3856				3856
R²	0.152	0.115	0.112		0.126				0.129

注：括号内为标准误，聚类到城市层面。回归中均控制了控制变量、年份固定效应、城市固定效应、城市×年份固定效应的影响。控制变量包括个人基本特征变量（年龄、年龄²、性别、民族、居住地区、户口类型、受教育水平、医疗保险类型、养老金收入），家庭特征变量（家庭是否拥有房产、家庭收入、家庭金融资产）、家庭关系变量（家庭规模、子女数量、兄弟姐妹数量、家庭内部经济转移）、所在城市特征变量（户籍人口数、土地面积、人均GDP、在岗职工平均工资、城镇登记失业率）。***、**、*分别表示在1%、5%和10%水平下显著。a伪实施年份检验仅使用2011年、2013年、2015年数据。

· 193 ·

"替代效应"的角度看，长期护理保险试点的推广能够有效降低配偶照料者的非正式护理负担，有利于其重返劳动市场、延长劳动时间或提高劳动生产率。其次，从"收入效应"的角度来看，长期护理保险待遇给付放松了失能者所在家庭的预算约束，增加了家庭消费支出，具体表现为配偶照料者闲暇时间的增加，因此长期护理保险对劳动供给的提升作用被部分抵消。最后，从"健康提升效应"的角度可以看出，长期护理保险能够提升配偶照料者的身心健康水平，从而进一步提升了其劳动供给的动力和能力。本书发现，"替代效应""收入效应"和"健康提升效应"同时存在，最终体现为长期护理保险显著提升了配偶照料者的劳动供给。

在异质性分析部分，本书首先研究了各试点城市政策设计的差异对配偶照料者劳动供给的异质性影响。可以发现，同时覆盖重度和中度失能者的长期护理保险试点城市的劳动供给溢出效应高于仅覆盖重度失能者的城市；提供现金给付的长期护理保险试点城市的劳动供给溢出效应低于不提供现金给付的试点城市。这一结论对中国未来改进长期护理保险制度设计提供了参考。其次，本书针对不同个体特征进行了分样本回归，发现长期护理保险对配偶照料者劳动供给的溢出效应在性别和年龄上存在差异：对男性而言，长期护理保险的实施增加了其增加劳动参与的概率，表明因护理责任而离开劳动市场的男性群体具有重返劳动市场的强烈动机；对女性而言，长期护理保险增加了其劳动时长和小时收入，表明在实施长期护理保险制度前女性更倾向于减少劳动时长以平衡工作与家庭照料责任。此外，研究发现长期护理保险对年轻照料者的劳动供给增加效果显著高于老年群体，这与前者较高的劳动积极性和劳动能力密切相关。最后，本书对不同区域的长期护理保险试点进行了研究，发现东部地区的受雇劳动供给增长较为显著，而西部地区则以自雇劳动供给的增加为主要特征，这与不同地区劳动市场结构的完善程度有关。

随着中国人口老龄化程度的加深，劳动供给短缺将成为限制中国经济增长的重要因素。中国长期护理保险的实施对劳动供给的促进作用为解决这一问题提供了解决思路，为其他老龄化国家提供了良好的制度范本。长期护理保险对家庭照料者劳动供给的积极作用能够在一定程度上提高家庭总体收入水平，减少贫困的发生；同时，由于税收和社会保险缴费都以劳动收入为基础，因而长期护理保险对劳动供给的提升将增加政府的税收收入，提高社会保障缴费水平；最后，由家庭收入提升、个体护理负担减小、健康水平提升等积极效应可知，长期护理保险具有显著的社会福利提升效应，将在长期促进经济的持续增长。可以预期，从长远来看，扩大长期护理保险的覆盖范围和提高长期护理保险的待遇水平都将进一步刺激中国失能群体家庭照料者的劳动供给。

第六章

长期护理保险对居民预防性健康行为的影响

2016年10月发布的《"健康中国2030"规划纲要》指出,"人民健康是民族昌盛和国家富强的重要标志,预防是最经济最有效的健康策略"。居民的预防性健康投入的增加预期能够减少疾病的发生、延缓失能失智的发展进程,在提高全民健康状况和福利水平的同时减轻个人及政府的医疗卫生负担。作为一种新生事物,长期护理保险制度在中国的实施预期将会对参保者及其周围人群(如家庭成员、邻居等)的健康决策产生影响,从不同渠道增加或减少居民的预防性健康行为。一方面,长期护理保险的宣传和普及会增加个体对失能风险的认知、提升个体的健康素养,长期护理保险的失能预防措施也能够起到延缓老年群体失能进程的作用,该效应广泛地存在于参保者及其周围人群中。另一方面,长期护理保险的"护理保障"和"经济补偿"降低了失能者的自付护理费用,预期将削弱个体防范失能风险的努力程度,该效应仅存在于参加长期护理保险的群体中。上述两种效应方向相反、相互削弱,共同构成了本书的第三个研究主题:长期护理保险对居民预防性健康行为的影响。

本章首先基于 Ehrlich 和 Becker[1] 对健康保险引发事前道德风险行

---

[1] Ehrlich, I., Becker, G. S., (1972), "Market Insurance, Self-Insurance, and Self-Protection", *Journal of Political Economy*, 80 (4), 623-648.

为的框架,构建了长期护理保险影响参保者预防性健康行为的理论模型。接着,本书使用中国健康与养老追踪调查(CHARLS)2011—2018年数据,基于中国长期护理保险各试点城市的特征,采用多期双重差分模型、中介效应模型及空间溢出效应模型考察了长期护理保险实施后试点居民的预防性健康行为的变化。随后,本书对长期护理保险改变个体健康行为的机制进行了分析,研究发现,一方面,长期护理保险存在"事前道德风险效应",它降低了参保者在失能后面临的边际护理成本,从而降低了其防范相应疾病风险的投入,对预防性健康行为起到了负面作用;另一方面,长期护理保险存在"健康风险认知提升效应",它能够提高个体对自身健康状况的关注,从而增加其预防性健康行为。

本章的研究结果在完善中国长期护理保险制度、提升全民健康管理水平方面具有重要的理论意义和现实意义。根据研究结果,笔者建议中国在推行长期护理保险试点时,应更加重视失能风险的科普和宣传工作,增加对预防保健类服务项目的报销额度,帮助试点居民提前管控与失能相关的疾病风险。本章研究路线如图6-1所示。

一 理论分析

通常而言,事前道德风险(ex-ante moral hazard)指健康保险可能会对参保人的防损动机产生影响,表现为参保人的个体行为更加具有风险性,[1]如增加吸烟、饮酒、久坐及不合理饮食等行为的概率。这些不健康的行为方式不仅直接损耗参保人的健康水平,[2]还会对其周边人群

---

[1] Zweifel, P., Manning, W. G., (2000), "Moral Hazard and Consumer Incentives in Health Care", *Handbook of Health Economics*, 1, 409-459.

[2] Lopez, A. D., Mathers, C. D., Ezzati, M., et al., (2006), "Global and Regional Burden of Disease and Risk Factors, 2001: Systematic Analysis of Population Health Data", *Lancet*, 367 (9524), 1747-1757; Plunk, A. D., Syed-Mohammed, H., Cavazos-Rehg, P., et al., (2014), "Alcohol Consumption, Heavy Drinking, and Mortality: Rethinking the J-Shaped Curve", *Alcoholism: Clinical and Experimental Research*, 38 (2), 471-478.

产生"溢出效应"(如被动吸烟现象)。① 上述不健康生活方式将大幅增加疾病的发生风险,因此如果事前道德风险大量存在于健康保险领域,即随着健康保险覆盖面的扩展,参保人的不健康行为显著增加的话,那么健康保险的净福利收益将显著降低。因此,通过研究事前道德风险为健康保险政策的系统性评估提供经验证据十分必要。

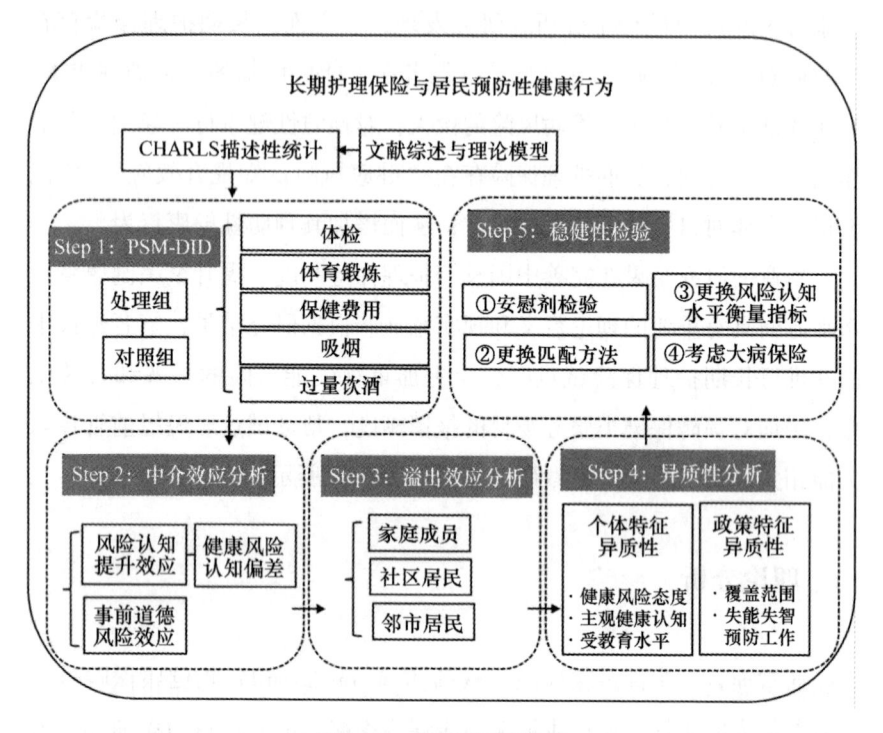

图 6-1 第六章研究路线

已有文献指出,医疗保险市场存在的信息不对称问题是导致事前道德风险广泛存在的主要原因。Ehrlich 和 Becker② 的论文是医疗保险引起

---

① Qin, X., Lu, T., (2014), "Does Health Insurance Lead to Ex-Ante Moral Hazard? Evidence From China's New Rural Cooperative Medical Scheme", *Geneva Papers on Risk and Insurance: Issues and Practice*, 39 (4), 625–650.

② Ehrlich, I., Becker, G. S., (1972), "Market Insurance, Self–Insurance, and Self–Protection", *Journal of Political Economy*, 80 (4), 623–648.

的事前道德风险的早期研究之一，研究者基于健康生产函数首次探讨了医疗保险带来的事前道德风险，发现由于医疗保险降低了医疗服务的边际价格，个人对事前疾病防范的投入会减少；Klick 和 Stratmann[①] 同样发现，医疗保险覆盖糖尿病治疗费用之后，糖尿病患者保持健康饮食和体育锻炼等健康习惯的可能性下降，其 BMI（身体质量指数）因此显著提高；[②] 基于中国的实证研究显示，医疗保险降低了被保险人防范疾病风险的努力程度，导致参保者久坐、吸烟、饮酒、体重超重的概率增加。

与医疗保险所致事前道德风险相似，目前中国的长期护理保险主要为失能参保者提供护理保障和经济补偿，参保者在失能后使用正式护理服务的边际成本下降，因此，相比未参保者，参保者可能会降低防范相应疾病风险的投入，并增加进行不健康行为的概率，即可能出现一定的"事前道德风险效应"。同时，除了青岛、南通等少数试点城市，大部分试点城市未把预防和延缓失能作为政策设计方向之一。因此，理性个体在受到长期护理保险覆盖之后，可能会减少对预防失能风险及相应疾病的投入，对参保者的健康风险及其家庭的长期经济风险产生影响。

然而，长期护理保险的发展和普及可能通过提高参保个体的健康素养和对自身健康状况的关注程度来影响个体的预防性健康行为。与中国发展较为成熟的医疗保险不同，长期护理保险建立和发展的时间较短，对大多数人而言是一类新鲜事物。伴随着长期护理保险制度的建立，参保者与医护人员、护理机构的接触机会增多，对失能风险和疾病风险的认知水平可能会提高，预期个体的健康意识和健康素养将相应改变，从而影响个体的风险偏好行为。同时，由于知识的传播在家庭和社区内部

---

① Klick, J., Stratmann, T., (2007), "Diabetes Treatments and Moral Hazard", *Journal of Law and Economics*, 50 (3), 519-538.

② 然而，也有部分研究认为，健康保险不会显著引发事前道德风险行为，如 Courbage, C., Coulon, A. de, (2004), "Prevention and Private Health Insurance in the UK", *Geneva Papers on Risk and Insurance: Issues and Practice*, 29 (4), 719-727 利用英国家庭调查微观数据研究发现，商业健康保险对吸烟、运动等行为不存在显著影响。

十分普遍，家庭成员参加长期护理保险并使用相应的护理服务会对个体起到示范作用，也可能增加其预防性健康行为。

综上，长期护理保险可能通过两个渠道影响个体的预防性健康行为："事前道德风险效应"和"健康风险认知提升效应"，本章研究内容将围绕这两个效应展开。参考 Ehrlich 和 Becker[①] 的分析框架，本书构建了长期护理保险与预防性健康行为的理论模型。假设消费者面临两种状态（失能，健康）：个体失能状态发生的概率为 p，个体未失能的健康状态发生的概率为 $1-p$，两种状态下的收入禀赋分别为 $I_{失能}$ 和 $I_{健康}$。假设预防性健康行为会降低损失发生概率：$p=p(r)$，其中 r 为个体预防失能风险的努力程度，$p'(r) \leq 0$。在没有保险的情况下，消费者的期望效用函数可以表示为：

$$EU = [1-p(r)] U(I_{健康}-r) + p(r) U(I_{失能}-r) \quad (6-1)$$

假设 $U(\cdot)$ 满足效用函数的一般特性：$U'(\cdot) > 0$ 且 $U''(\cdot) < 0$。最优的预防性健康行为 r 应该最大化上述期望效用。求（6-1）式关于 r 的偏导数 $\dfrac{\partial EU}{\partial r}$ 并令其等于 0，可得期望效用最大化的一阶条件：

$$-p'(r)[U_{健康}-U_{失能}] = p(r) U'_{失能} + [1-p(r)] U'_{健康} \quad (6-2)$$

其中，$U_{健康} = U(I_{健康}-r)$ 代表未失能状态下的效用，$U_{失能} = U(I_{失能}-r)$ 代表失能状态下的效用。（6-2）式的左边表示预防性健康行为的边际收益，即预防性健康行为降低失能发生概率所带来的效用增加值；右边表示边际成本，即预防性健康行为带来的效用减少值。在均衡状态，边际收益等于边际成本。

在加入长期护理保险后，（6-1）式改写为：

$$EU = [1-p(r)] U(I_{健康}-r-c) + p(r) U(I_{失能}-r+s) \quad (6-3)$$

其中，c 表示长期护理保险覆盖人群每人每年的保费支出（虽然目前中国大部分长期护理保险试点不要求个人缴费，但未来建立健全个人缴费制度已达成共识），s 表示失能后获得的待遇补偿（保额）。虽然对

[①] Ehrlich, I., Becker, G. S., (1972), "Market Insurance, Self-Insurance, and Self-Protection", *Journal of Political Economy*, 80 (4), 623-648.

第六章 长期护理保险对居民预防性健康行为的影响

于个体而言，保费 c 与赔付 s 无关，但对同一统筹地区的所有参保者而言，根据保险精算公平原则，c 与 s 存在一定相关性：一般而言，c 越高则 s 越高。可以将 c 设为 s 的函数，令其为 $c=\eta(r)s$，其中 $\eta(r)$ 为单位保额的保费（保险的价格）。一般保险价格与消费者的预防性健康行为数量 r 负相关，即 $\eta'(r) \leq 0$。(6-3) 式可以改写为：

$$EU = [1-p(r)] U[I_{健康}-r-\eta(r)s] + p(r) U(I_{失能}-r+s)$$

(6-4)

对 EU 求关于 r 的偏导数并令其等于 0，可得个体在参加长期护理保险后期望效用最大化的一阶条件：

$$-p'(r^*)[U_{健康}-U_{失能}] = p(r^*) U'_{失能} + [1-p(r^*)][1+s\eta'(r^*)] U'_{健康}$$

(6-5)

其中，$U_{失能} = U(I_{失能}-r^*+s)$ 代表失能状态下的效用，$U_{健康} = U[I_{健康}-r^*-s\eta(r^*)]$ 代表未失能状态下的效用，且满足 $U_{失能}<U_{健康}$。r^* 表示使得期望效用最大化的预防性健康行为。由于中国目前的长期护理保险制度在保费设计方面采用各试点城市统一定价（同一城市地区的参保者缴纳的保费相同①），保费的缴纳并不与个人的健康行为和预防性健康行为挂钩，因此本书假定 $\eta'(r) = 0$，即 $\eta(r) = a$，此时（6-5）式可以改写为：

$$-p'(r^*)[U(I_{健康}-r^*-sa) - U(I_{失能}-r^*+s)]$$
$$= p(r^*) U'(I_{失能}-r^*+s) + [1-p(r^*)] U'(I_{健康}-r^*-sa)$$

(6-6)

(6-6) 式等号左边代表采取预防性健康行为（如采用更健康的生活方式）后，由于失能概率下降带来的效用增加值；右边代表由于预防性健康行为的支出增加带来的效用下降值。道德风险的产生机制在于，保险的购买降低了预防性健康行为。因此，考察预防性健康行为 r^* 和

---

① 部分试点城市长期护理保险缴费水平及方式在农村和城镇地区略有不同，此处假设同一试点采取相同的缴费标准。

保险购买量（保额）s 的关系 dr^*/ds 成为模型分析的关键。将（6-6）式两边对 s 求导，整理可得：

$$\frac{dr^*}{ds} = \frac{p(r^*)U''_{失能} - a[1-p(r^*)]U''_{健康} - p'(r^*)(U'_{失能} + aU'_{健康})}{p(r^*)U''_{失能} + [1-p(r^*)]U''_{健康} - 2p'(r^*)(U'_{失能} - U'_{健康}) - p''(r^*)(U_{健康} - U_{失能})}$$

$$= \left(-\frac{\partial^2 EU}{\partial s \partial r} \middle/ \frac{\partial^2 EU}{\partial r^2}\right)\bigg|_{r=r^*}$$

(6-7)

其中，$U_{失能} = U(I_{失能} - r^* + s)$ 代表失能状态下的效用，$U_{健康} = U(I_{健康} - r^* - sa)$ 代表未失能状态下的效用。由于分母是期望效用 EU 对 r 的二阶偏微分，① 因此其数值小于0：

$$\frac{\partial^2 EU}{\partial r^2}\bigg|_{r=r^*} < 0 \quad (6-8)$$

因此判断（6-7）式的符号只需确定分子的符号。分子为期望效用 EU 对 r 和 s 的二阶偏微分的相反数 $-\frac{\partial^2 EU}{\partial s \partial r}\bigg|_{r=r^*}$。设个体的效应函数为相对风险厌恶系数（设为 θ）不变（Constant Relative Risk Aversion, CRRA）的效用函数，即 $U(x) = x^{1-\theta}$，其中 $x>0$ 且 $0 \leq \theta < 1$。θ 越大代表个体越厌恶风险，$\theta = 0$ 为"风险中立"的特殊情形。有 $U'(x) = \frac{1-\theta}{x^\theta}$，$U''(x) = -\frac{\theta(1-\theta)}{x^{\theta+1}}$，$U'''(x) = \frac{\theta(1-\theta)(1+\theta)}{x^{\theta+2}}$。因此，参保者是风险"谨慎的"，即 $U'''(\cdot) > 0$。② （6-7）式的分子为 $pU''_{失能} - a(1-p)U''_{健康} - \frac{dp}{dr^*}(U'_{失能} + aU'_{健康})$，其中 $p = p(r^*)$ 为最优努力水平

---

① 当 $\eta'(r) = 0$ 时，可求得 $\frac{\partial EU}{\partial r} = -p(r)U'_{失能} - [1-p(r)]U'_{健康} - p'(r)(U_{健康} - U_{失能})$，因此 $\frac{\partial^2 EU}{\partial r^2} = p(r)U''_{失能} + [1-p(r)]U''_{健康} - 2p'(r)(U'_{失能} - U'_{健康}) + p''(r)(U_{失能} - U_{健康})$，$\frac{\partial^2 EU}{\partial s \partial r} = -p(r)U''_{失能} + a[1-p(r)]U''_{健康} + p'(r)(U'_{失能} + aU'_{健康})$。

② Lajeri-Chaherli, F., (2004), "Proper Prudence, Standard Prudence and Precautionary Vulnerability", *Economics Letters*, 82 (1), 29-34.

第六章 长期护理保险对居民预防性健康行为的影响

r^* 下的失能概率。当事前道德风险产生时有 $\frac{dr^*}{ds}<0$，此时（6-7）式的分子大于 0：

$$\frac{dp}{dr^*} < \frac{pU''_{失能}-a(1-p)U''_{健康}}{U'_{失能}+aU'_{健康}} = \frac{\dfrac{\theta a(1-p)}{(I_{健康}-as-r^*)^{\theta+1}}-\dfrac{\theta p}{(I_{失能}+s-r^*)^{\theta+1}}}{\dfrac{a}{(I_{健康}-as-r^*)^{\theta}}+\dfrac{1}{(I_{失能}+s-r^*)^{\theta}}}$$

(6-9)

对 θ 和 a 的不同取值，$p'(r^*)=0$ 的函数图像如图 6-2 所示。

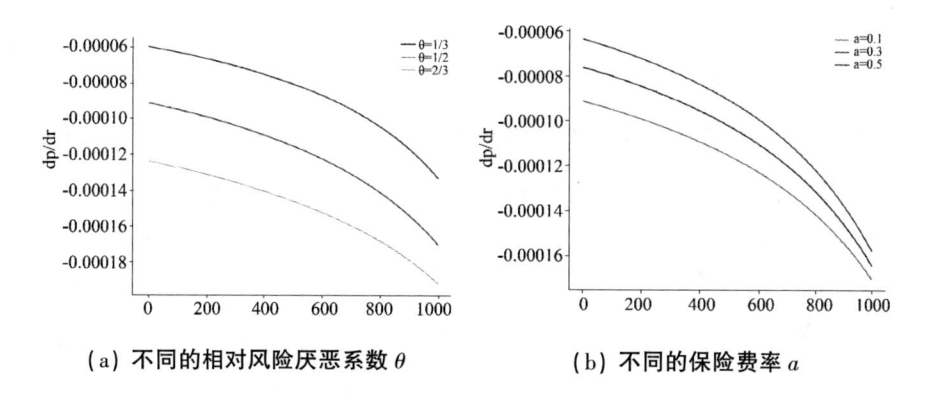

（a）不同的相对风险厌恶系数 θ　　（b）不同的保险费率 a

图 6-2　事前道德风险发生的临界条件函数图像

注：该图使用 python 软件绘制。参考已有文献和经验规律，在（a）中，假设 $a=0.1$，$I_{健康}-as=5000$，$I_{失能}+s=1500$；在（b）中，假设 $\theta=0.5$，$I_{健康}-as$ 和 $I_{失能}+s$ 取值均与（a）相同。

由图 6-2 可知，事前道德风险产生（$\frac{dr^*}{ds}<0$）当且仅当 $p'(r^*)$ 位于图 6-2 临界曲线的下方。因此，对于给定的失能概率随最优努力程度的变化曲线 $p(r^*)$，当风险厌恶程度 θ 越低、长期护理保险费率 a 越大时，事前道德风险行为越容易产生。

综上所述，由于长期护理保险缩小了健康和失能两种状态下的收入

中国长期护理保险的制度效应及其传导机制

差距，且参保者所付保费（保险价格）由试点城市政策决定，与个人的预防性健康行为无关，因此参保者的自我保护努力程度将下降，预防性健康行为动机被削弱，预期预防性健康行为减少，产生"事前道德风险效应"。① 然而，随着长期护理保险的推广和健康知识的传播，人们的健康风险认知将会进一步提高，预期会增加个体的风险厌恶程度和风险规避行为，② 因此，长期护理保险预期能够产生"风险认知提升效应"，抵消部分"事前道德风险效应"的不利影响。

二 实证分析

（一）数据介绍

本部分使用的数据库为中国健康与养老追踪调查（CHARLS）。该数据库的简要介绍、科学性和研究老龄化问题的可行性问题已在第四章进行了介绍，本部分仅就第六章所用样本进行说明。CHARLS 数据库覆盖了 2011 年、2013 年、2015 年、2018 年共 80525 个样本。由于本书研究的是健康参保人群的预防性健康行为，因此删除了存在轻度、中度或重度失能状况③的样本。同时，由于知识的传播在家庭和社区内部十分

---

① 可以证明，当 $\eta'(r)<0$ 成立（即保费依据参保者预防性健康行为而调整）时，事前道德风险可能会消失。

② Dohmen, T., Falk, A., Huffman, D., et al., (2010), "Are Risk Aversion and Impatience Related to Cognitive Ability?", *American Economic Review*, 100 (3), 1238-1260; Lilleholt, L., (2019), "CognitiveAbility and Risk Aversion: A Systematic Review and Meta Analysis", *Judgment and Decision making*, 14 (3), 234-279.

③ 具体筛选标准为：若受访者存在下列至少一种 ADL 失能问题，则从回归样本中删除：①穿衣（包括从衣橱中拿出衣服、穿上衣服、扣上纽扣、系上腰带）；②吃饭（当饭菜准备好以后，自己吃饭定义为用餐，如夹菜）；③上厕所（包括蹲下、站起）；④控制大小便（自己能够使用导尿管或者尿袋算能够控制自理）；⑤洗澡；⑥起床、下床；⑦在椅子上坐时间久了再站起来；⑧平地行走 100 米；⑨连续不停地爬几层楼梯。此外，若受访者存在下列至少一种 IADL 失能问题，也从回归样本中删除：①做家务（包括房屋清洁、洗碗盘、整理被褥和房间摆设）；②做饭（包括准备原材料、做饭菜、端上餐桌）；③自己去商店买食品杂货（包括决定买什么和付钱）；④打电话；⑤吃药（指的是能记得什么时间吃和吃多少）；⑥管钱（包括支付账单、记录支出项目、管理财务）。

普遍，参保者的家庭成员及同一社区的居民也可能受到长期护理保险试点实施的影响而改变自身的预防性健康行为，因此本书删除了与参保者同属一个家庭（根据受访者的 ID 进行区分）[①]或同属一个居委会/村委会（根据社区 ID 进行区分）[②]的未参保个体（剩余 33503 个样本）。接着，本书删除了在被解释变量、中介变量和控制变量中存在缺失值的样本，最后得到 16613 个观测值（其中 2011 年 3938 个，2013 年 4083 个，2015 年 4206 个，2018 年 4386 个；处理组样本 1246 个，对照组样本 15367 个）。其中，49.3%为女性样本，55.6%的个体居住在农村，60 岁及以上老年人占 45.7%，样本结构较为科学，较为适用于反映健康参保者及其家庭成员预防性健康行为的影响因素。[③] 由于后文中在双重差分前使用了倾向得分匹配方法，因此回归样本进一步减少为 14964 个。

（二）变量定义

1. 解释变量

本书的解释变量为"是否受到长期护理保险覆盖"。当个体或其家庭成员[④]在 2018 年 7 月前参加了长期护理保险（即户口所在地位于在当年及之前实施长期护理保险的城市且被相应职工医保/居民医保覆盖），该变量取值为 1，否则取值为 0。

2. 被解释变量

被解释变量为受访者在过去的一年中"是否体检""是否经常体育

---

① 在任一成员参加长期护理保险的家庭中（2120 个个体），有 66.1%的个体自身和配偶均参加了长期护理保险；有 22.1%的个体自身参加了但配偶未参加；有 11.8%的个体自身未参加但配偶参加了。

② 在任一成员参加长期护理保险的社区中（4972 个个体），有 62.4%的个体自身未参加但社区中有至少 1 人参加了长期护理保险；有 37.6%的个体自身参加且社区中还有至少 1 人参加了长期护理保险；没有个体自身参加但社区中再无其他人参加长期护理保险。

③ 本书未构造平衡面板，这是因为剔除 2011 年以后丢失的样本可能会导致本书分析样本与原有样本产生系统性偏差。例如，如果丢失的受访者在健康行为等方面与其他受访者有显著差异，则回归结果可能有偏。

④ 由于 CHARLS 数据库能通过受访者 ID 准确识别其配偶，但无法通过 ID 识别其子女或其他家庭成员，因此本书仅分析了参加长期护理保险对健康参保个体及其配偶的影响。

锻炼""保健费用""是否吸烟""是否过量饮酒"。① 能够增进健康水平的行为（如体检、体育锻炼、保健费用）和降低健康水平的行为（如吸烟、过量饮酒）都会影响个体患病的概率，而长期失能一般出现在个体患病之后（如心脏病、中风、癌症、骨质疏松等），因而上述个体在上述行为中的付出（努力程度）均能够一定程度上影响个体的失能发生时间、持续时长和严重程度。

（1）体检

体检能够帮助人们及时干预或终止疾病的发生和发展，实现早期发现、早期治疗，对于控制难以治愈的慢性病（如高血压、糖尿病等）来说尤为重要。

（2）体育锻炼

根据2014年国家体育总局发布的《全民健身活动状况调查》，中国20—69岁城乡居民中经常参加体育锻炼的比例仅为14.7%，缺乏身体活动成为慢性病发生的主要原因之一。② 研究发现，规律的体育锻炼能够帮助个体持续拥有活力，增强灵活性、耐力、平衡力和肌肉强度，显著延缓失能、失智的发生。③

（3）保健费用

通常而言，保健费用包括个体在健身锻炼、产品器械及保健品等方面的支出。已有研究发现，个体的保健费用支出能够提升其生理和心理

---

① 为了定义"过量饮酒"，本书参考《中国慢性病及其危险因素监测报告（2010）》和《中国居民膳食指南（2016）》，对"过量饮酒"作出了定义：过量饮酒指男性一次喝酒超过5个标准饮酒单位，即3两（约150毫升）烈性酒（包括白酒、威士忌），或3瓶（约5听）啤酒，或1斤半（约750毫升）葡萄酒（或米酒、黄酒）；女性一次喝酒超过4个标准饮酒单位，即2两半（约125毫升）烈性酒（包括白酒、威士忌），或2.5瓶（约4听）啤酒，或1斤2两（约600毫升）葡萄酒（或米酒、黄酒）。

② 国家卫生健康委员会：《健康中国行动（2019—2030年）》，2019年7月15日，https://www.gov.cn/xinwen/2019-07/15/content_5409694.htm。

③ 董宏、孟良、王荣辉：《体育锻炼对中老年人群骨密度影响的Meta分析》，《北京体育大学学报》2016年第3期。

健康状况,[1] 提高生活质量,有利于防范心脑血管疾病等慢性病。[2]

(4) 吸烟

研究发现,烟草严重危害人民健康,吸烟易引起慢阻肺(慢性阻塞性肺疾病)、老慢支(老年慢性支气管疾病)、哮喘等多种呼吸系统疾病[3]和脑卒中、冠状动脉粥样硬化等心脑血管疾病,还会增加个体患癌症的风险。[4] 吸烟量越大、吸烟年限越长,疾病的发病风险越高,[5] 给个体和家庭带来的健康风险和经济负担越大。[6] 研究发现,与非吸烟者相比,吸烟者进养老院的时间更早、接受养老院护理的时间更长。[7]

(5) 过量饮酒

首先,过量摄入酒精会降低人的注意力、判断力和记忆力,造成视线模糊、口齿不清、失去平衡能力等;其次,过量饮酒也会加重肝脏负担,严重影响肝脏正常的功能,并且酒精在肝脏代谢过程中会产生致癌物乙醛,增加个体心力衰竭和罹患癌症的风险;最后,长期过量饮酒会损伤胃肠黏膜,造成胃炎、胃溃疡、肠炎等症状。

---

[1] Shephard, R. J., (1995), "Physical Activity, Fitness, and Health: The Current Consensus", *Quest (Grand Rapids, Mich)*, 47 (3), 288-303;潘泽泉、林婷婷:《健康分化、健康不平等及其影响因素分析——基于湖南省残疾人医疗保健支出水平差异的实证分析》,《学习与实践》2015 年第 4 期。

[2] Sloan, R. A., Sawada, S. S., Martin, C. K., et al., (2009), "Associations between Cardiorespiratory Fitness and Health-related Quality of Life", *Health and Quality of Life Outcomes*, 7 (1), 1-5.

[3] Langbein, J., (2017), "Firewood, Smoke and Respiratory Diseases in Developing Countries: The Neglected Role of Outdoor Cooking", *Plos One*, 12 (6), e0178631.

[4] 杨姗姗、何耀:《吸烟与心脑血管疾病系列研究报告》,《心脑血管病防治》2017 年第 5 期。

[5] 王辰:《呼吸与危重症医学》,人民卫生出版社 2011 年版,第 32—38 页。

[6] 据估计,全世界每 3 个吸烟者中就有 1 个死于吸烟相关疾病,吸烟者的平均寿命比非吸烟者缩短 10 年;中国现有吸烟者逾 3 亿人,每年因吸烟相关疾病所致的死亡人数超过 100 万人,因二手烟暴露导致的死亡人数超过 10 万人(国家卫生健康委员会,2019)。Yang, L., Sung, H.-Y., Mao, Z., et al., (2011), "Economic Costs Attributable to Smoking in China: Update and An 8-Year Comparison, 2000-2008", *Tobacco Control*, 20 (4), 266-272.

[7] Hurd, M. D., Michaud, P. C., Rohwedder, S., (2014), "The Lifetime Risk of Nursing Home Use", *Discoveries in the Economics of Aging*, 81-109.

3. 中介变量

对于中介变量，本书基于 CHARLS 中对于个体生理和心理健康状况的丰富信息构建了"客观健康状况"，并在此基础上构建了衡量个体健康风险认知水平的"健康认知偏差"和"健康认知态度"。

（1）客观健康状况

该变量采用的度量方法是由 Kaplan 和 Anderson[1] 等发展起来的健康质量指标（Quality of well-being scale，QWB），赵忠和侯振刚、[2] 解垩[3]等文献使用该方法测度了中国居民的健康状况。QWB 涵盖了医学、心理学和公共卫生等各个学科领域，其构建分为 3 步。

第一步，按功能将日常活动划分为 3 类——行动（MOB）、体力活动（PAC）和社会活动（SAC）。将个体的疾病和伤残程度与从事这 3 类活动的能力分别联系起来，构造出 3 个"能力指标"用于反映个体的健康状况，分别用 MOB、PAC、SAC 表示。

第二步，根据个体对自身症状的陈述构造出 1 个"症状指标"，用 CPX 来表示。

第三步，给 3 个能力指标和 1 个症状指标分别赋予不同的权重，通过加权计算得出的总分即是个体的客观健康质量指标 QWB：

$$QWB = 1 + \omega_t CPX + \xi_t MOB + \psi_t PAC + \zeta_t SAC \qquad (6-10)$$

其中，ω_t、ξ_t、ψ_t、ζ_t 为不同分指标的权重。QWB 的取值在 [0, 1] 之间，其中 0 代表死亡状态，1 代表完全健康状态。QWB 指标比较全面地衡量了一个人从死亡到完全健康的状态，其包含的具体内容和权重及基于 CHARLS 数据的指标计算过程如表 6-1 所示。

---

[1] Kaplan, R.M., Anderson, J.P., (1988), "A General Health Policy Model: Update and Applications", *Health Services Research*, 23 (2), 203.

[2] 赵忠、侯振刚：《我国城镇居民的健康需求与 Grossman 模型——来自截面数据的证据》，《经济研究》2005 年第 10 期。

[3] 解垩：《与收入相关的健康及医疗服务利用不平等研究》，《经济研究》2009 年第 2 期。

第六章　长期护理保险对居民预防性健康行为的影响

表6-1　客观健康状况（QWB量表）指标的构造

指标类别	分指标	指标内容	权重	根据CHARLS选取指标	权重
行动指标（取值[-0.09, 0]）	MOB1	不存在由于健康导致的限制	-0.000	—	—
	MOB2	因健康原因不开车，不坐车，不乘公共交通，或乘公共交通时需要帮助	-0.062	DB001=1	-0.000
				DB001≠1且DB002=1	-0.021
				DB001≠1且DB002≠1且DB003=1	-0.041
				DB001≠1且DB002≠1且DB003≠1	-0.062
	MOB3	因健康原因住院	-0.090	EE003=1	-0.090
体力活动指标（取值[-0.077, 0]）	PAC1	不存在由于健康导致的限制	-0.000	—	—
	PAC2	坐轮椅（自己控制）；由于健康原因俯身、弯腰和上坡有困难或无法完成，由于健康原因使用拐杖或其他辅助物；在行走中存在身体限制	-0.060	DB005=2或DB006=2或DB008=2或DB009=2	-0.030
				DB029≠7或DB005=3或DB006=3或DB008=3或DB009=3	-0.060
	PAC3	坐轮椅（无法自己控制），大部分时间在卧床/椅/沙发	-0.077	DB005=4或DB006=4或DB008=4或DB009=4	-0.077
社会活动指标（取值[-0.106, 0]）	SAC1	不存在由于健康导致的限制	-0.000	—	—
	SAC2	在次要活动（如休闲）中受限	-0.061	—	—

续表

指标类别	分指标	指标内容	权重	根据 CHARLS 选取指标	权重
社会活动指标（取值 [-0.106, 0]）	SAC3	在主要活动（如基本日常活动）中受限	-0.061	DB016=3 或 DB017=3 或 DB018=3 或 DB019=3 或 DB020=3	-0.031
				DB016=4 或 DB017=4 或 DB018=4 或 DB019=4 或 DB020=4	-0.061
	SAC4	不能进行主要活动，但可以自理	-0.061	S2≠0 且（DB010=1 或 DB011=1 或 DB012=1 或 DB013=1 或 DB014=1 或 DB015=1）	-0.031
				S2≠0 且（DB010=2 或 DB011=2 或 DB012=2 或 DB013=2 或 DB014=2 或 DB015=2）	-0.061
	SAC5	不能进行主要活动，且不能自理（或需要帮助）	-0.106	S2≠0 且（DB010=3 或 DB011=3 或 DB012=3 或 DB013=3 或 DB014=3 或 DB015=3）	-0.053
				S2≠0 且（DB010=4 或 DB011=4 或 DB012=4 或 DB013=4 或 DB014=4 或 DB015=4）	-0.106
症状/情况指标（取值 [-0.727, 0]）	CPX1	无明显症状	-0.000	—	—
	CPX2	呼吸不健康的空气或烟雾	-0.101	受访者或其家庭成员 DA061=1	-0.101
	CPX3	戴眼镜或隐形眼镜	-0.101	DA032=1	-0.101

续表

指标类别	分指标	指标内容	权重	根据 CHARLS 选取指标	权重
症状/情况指标（取值 [−0.727, 0]）	CPX4	因健康原因长期服药或限制饮食	−0.144	DA010_10_S1 = 1 或 DA010_10_S2 = 2 或 DA010_10_S3 = 3 或 DA010_12 = 1 或 DA010_13 = 1 或 DA010_2 = 1 或 DA010_5 = 1 或 DA010_6 = 1 或 DA010_7 = 1 或 DA010_9 = 1 或 DA011S1 = 1 或 DA011S2 = 2 或 DA014S1 = 1 或 DA014S2 = 2 或 DA014S3 = 3 或 DA018S1 = 1 或 DA018S2 = 2 或 DA018S3 = 3 或 DA018S4 = 4 或 DA018S5 = 5	−0.144
	CPX5	耳朵、牙齿、下巴、嘴唇、舌头疼痛；牙齿缺失或弯曲（包括假牙）；听力障碍（包括戴助听器）	−0.170	DA039 = 4	−0.085
		流鼻涕、鼻塞		DA005_4_ = 1 或 DA038 = 5 或 DA039 = 5 或 DA040 = 1	−0.170
	CPX6	超重、皮肤破损（如疤痕、粉刺、疣）	−0.188	DA047 = 1 或 DA017S20 = 20	−0.188
	CPX7	视力问题（灼热、瘙痒、看不清）	−0.230	DA033 = 4 或 DA034 = 4	−0.115
	CPX8	发音问题（口齿不清、结巴、嘶哑）	−0.237	DA033 = 5 或 DA034 = 5	−0.230
	CPX9	面部、身体、手臂、腹部大面积灼热、瘙痒或出现皮疹	−0.240	DA005_5_ = 1	−0.237
				—	—

续表

指标类别	分指标	指标内容	权重	根据 CHARLS 选取指标	权重
症状/情况指标（取值 [-0.727, 0]）	CPX10	头痛、头晕、耳鸣、发热、紧张	-0.244	DA042S1 = 1	-0.244
	CPX11	感觉沮丧、抑郁、想哭	-0.257	DC009 = 2 或 DC010 = 2 或 DC011 = 2 或 DC012 = 2 或 DC013 = 2 或 DC014 = 2 或 DC015 = 2 或 DC016 = 2 或 DC017 = 2 或 DC018 = 2	-0.086
				DC009 = 3 或 DC010 = 3 或 DC011 = 3 或 DC012 = 3 或 DC013 = 3 或 DC014 = 3 或 DC015 = 3 或 DC016 = 3 或 DC017 = 3 或 DC018 = 3	-0.171
				DC009 = 4 或 DC010 = 4 或 DC011 = 4 或 DC012 = 4 或 DC013 = 4 或 DC014 = 4 或 DC015 = 4 或 DC016 = 4 或 DC017 = 4 或 DC018 = 4	-0.257
	CPX12	咳嗽、气喘、气短	-0.257	DA007_14_ = 1	-0.257
	CPX13	标准症状或问题		—	—
	CPX14	经常性疲劳、虚弱、失重	-0.259	DA047 = 2	-0.259
				DB015 = 2	-0.097
				DB015 = 3	-0.193
	CPX15	肚子痛、呕吐、腹泻	-0.290	DA042S7 = 7 或 DB015 = 4	-0.290

第六章 长期护理保险对居民预防性健康行为的影响

续表

指标类别	分指标	指标内容	权重	根据CHARLS选取指标	权重
症状/情况指标（取值[-0.727, 0]）	CPX16	疼痛、灼热、出血、瘙痒、排便或排尿困难	-0.292	—	—
	CPX17	胸部、腹部、两侧、颈部、背部、臀部、关节、手、脚、手臂、腿等疼痛、僵硬、无力、麻木或其他不适	-0.299	DA042S2 = 2 或 DA042S3 = 3 或 DA042S4 = 4 或 DA042S5 = 5 或 DA042S6 = 6 或 DA042S8 = 8 或 DA042S9 = 9 或 DA042S10 = 10 或 DA042S11 = 11 或 DA042S12 = 12 或 DA042S13 = 13 或 DA042S14 = 14 或 DA042S15 = 15	-0.299
	CPX18	四肢残缺、畸形、麻痹	-0.333	DA005_1_ = 1 或 DA025 = 1	-0.333
	CPX19	学习、记忆、思考存在问题	-0.340	DA005_2_ = 1	-0.340
	CPX20	疼痛、出血、瘙痒	-0.349	DA041 = 1	-0.349
	CPX21	大面积烧伤（脸、身体、手臂、腿）	-0.387	—	—
	CPX22	意识丧失（癫痫、昏厥等）	-0.407	—	—
	CPX23	死亡	-0.727	—	—

资料来源：Kaplan, R. M., Anderson, J. P., (1988), "A General Health Policy Model: Update and Applications", *Health Services Research*, 23 (2), 203。

(2) 健康风险认知偏差

"风险认知偏差"是指公众基于自己的直觉感受和感性认识而高估或低估某种风险发生概率的现象;[①] "健康风险认知偏差"是指个体基于自身感受和健康素养高估或低估自身健康状况的现象。该指标构造分为两步。第一步,构造"主观健康认知"变量,该变量采用CHARLS调查中受访者的"自评健康状况"(变量DA002),将自评健康的5个等级"很好、好、一般、不好、很不好"分别赋值为"很好=1、好=0.8、一般=0.6、不好=0.4、很不好=0.2"。第二步,构造"健康风险认知偏差",该指标用"主观健康认知"与"客观健康状况"的差值的绝对值度量,即:

$$健康风险认知偏差 = |主观健康认知 - 客观健康状况|$$

(3) 健康风险认知态度

该指标衡量的是主观健康认知偏离客观健康状况的方向。其构造方法为:若主观健康风险认知-客观健康状况≥0.2,则个体的健康风险认知态度为"乐观",赋值为1;若主观健康风险认知-客观健康状况≤-0.2,则个体的健康风险认知态度为"悲观",赋值为0;其他情况下赋值为缺失。

$$健康风险认知态度 = \begin{cases} 1, & 主观健康认知 - 客观健康状况 \geq 0.2 \\ 0, & 主观健康认知 - 客观健康状况 \leq -0.2 \end{cases}$$

(6-11)

4. 控制变量

本书的控制变量包括个人基本特征变量(年龄、年龄^2、性别、民族、居住地区、户口类型、婚姻状况、是否独居、自评健康、受教育水平、是否在正式部门工作、医疗保险类型、养老金收入)、家庭特征变量(家庭是否拥有房产、家庭年收入、家庭金融资产)、家庭关系变量(家庭规模、子女数量、兄弟姐妹数量、家庭内部经济转移)、所在城

[①] 马超:《乐观偏差与悲观偏差:青年学子在疫情中的两类风险认知偏差探析》,《汕头大学学报》(人文社会科学版) 2021年第1期。

第六章 长期护理保险对居民预防性健康行为的影响

市特征变量［户籍人口数、土地面积、人均 GDP、在岗职工平均工资、每千人执业（助理）医师数、每千人注册护士数］，具体定义如表6-2所示。表6-3报告了所有变量的描述性统计。

表6-2 变量定义

	变量	定义
解释变量	是否参加长期护理保险	受访者当年是否受到长期护理保险覆盖。若受访者居住在当年及之前已实施长期护理保险的城市且参加了相应的职工医保或居民医保，则取值为1，否则取值为0
被解释变量	体检	受访者过去一年是否进行过常规体检（不包括 CHARLS 体检）（是=1，否=0）[a]
	体育锻炼	受访者每周是否参加中等及以上强度的体育锻炼，且每次体育锻炼持续10分钟及以上（是=1，否=0）[b]
	保健费用	受访者家庭过去一年的保健费用（包括健身锻炼及产品器械、保健品等，单位：元）
	吸烟	受访者现在是否有吸烟的习惯（是=1，否=0）
	过量饮酒	受访者过去一年是否存在过量饮酒行为（是=1，否=0）
中介变量	客观健康状况	根据受访者行动指标、体力活动指标、社会活动指标、症状/情况指标构建
	健康认知偏差	受访者的主观健康认知与客观健康状况的差值的绝对值
	健康认知态度	乐观=1，悲观=0
个体特征控制变量	年龄	受访者的年龄
	男性	受访者的性别（男性=1，女性=0）
	汉族	受访者的民族（汉族=1，其他=0）
	城镇地区	受访者所居住的区域：城镇区域=1，农村区域=0
	非农户口	受访者的户口类型是否为非农户口（是=1，否=0）
	已婚	受访者当前的婚姻状态（已婚=1，分居、离异、丧偶、从未结婚=0）
	独居	受访者是否独自居住（是=1，否=0）

续表

	变量	定义
个体特征控制变量	主观健康认知	受访者认为自己的健康状况怎样（很不好=0.2，不好=0.4，一般=0.6，好=0.8，很好=1）
	受教育水平	受访者的最高学历（未受过教育或文盲=1，未读完小学但能够读和写=2，私塾或小学毕业=3，初中毕业及以上[c]=4）
	正式部门就职	受访者是否在正式部门就职（是=1，否=0）[d]
	医疗保险类型	城镇职工医疗保险=1，城镇居民医疗保险=2，新型合作医疗保险=3，城乡居民医疗保险=4，单位或个人购买的商业医疗保险=5，其他医疗保险=6
	养老金收入	受访者过去一年实际领取的养老金（元），包括：①公务员、事业单位职工、企业职工基本养老保险；②城乡居民基本养老保险；③新型农村基本养老保险；④补充养老保险（年金）；⑤被征地农民养老保险；⑥高龄津贴；⑦其他商业养老保险
家庭特征控制变量	家庭是否拥有房产	受访者名下是否有房产（是=1，否=0）
	家庭年收入	过去一年受访者所在家庭的总收入（包括经营性收入、工资性收入、资产性收入、租金收入、政府补助、他人经济支持等）（万元）[e]
	家庭净金融资产	受访者所在家庭金融资产总额（存款除外）与债务总额的差（万元）[f]
家庭关系控制变量	家庭规模	受访者所在家庭一起吃饭的人数（不包括客人）
	子女数量	受访者子女的数量
	兄弟姐妹数量	受访者兄弟姐妹的数量
	家庭内部经济转移	受访者收到的子女给予的资金数额减去受访者给予子女的资金数额（万元）
地级市特征控制变量	户籍人口数	受访者所在地级市当年的户籍人口数（万人）
	土地面积	受访者所在地级市的面积（平方千米）
	人均GDP	受访者所在地级市的人均GDP（万元）
	城镇单位在岗职工平均工资	受访者所在地级市上年度城镇单位在岗职工平均工资（元）

续表

变量		定义
地级市特征控制变量	每千人执业（助理）医师数	受访者所在地级市医院和卫生院中执业（助理）医师数/户籍人口数×1000
	每千人注册护士数	受访者所在地级市医院和卫生院中注册护士数/户籍人口数×1000

注：[a] 体检内容包括：体格检查、血常规、尿常规、肝功能、肾功能、血脂三项、空腹血糖、外科、内科、五官科、心电图、腹部 B 超、胸部透视、男女专科等。[b] 中等及以上运动强度的体育锻炼是指在运动时心率达到最大心率的64%—76%的运动强度（最大心率＝220-年龄）。本书中，该类体力活动包括：(1) 非常消耗体力的激烈活动（激烈的活动会让你呼吸急促，如搬运重物、挖地、耕作、有氧运动、快速骑车、骑车载货等）；(2) 中等强度的体力活动（中等强度的体力活动使得呼吸比平时快一些，如搬运轻便的东西、常规速度骑自行车、拖地、打太极拳、疾走）。[c] 包括高中毕业、中专（包括中等师范、职高）毕业、大专毕业、本科毕业、硕士毕业、博士毕业。[d] 包括政府、军队、事业单位、非政府组织、大型企业等部门。[e] 如农业生产的纯收入、个体经营或开办私营企业的利润收入、所有家庭成员的工资性收入、其他受雇收入、兼职收入、公司福利、出租和出卖财物所得的收入、存款利息和投资金融产品的收入、政府的各种补贴和救济收入、社会捐助类的收入、养老金收入、他人的经济支持等。[f] 资产包括现金、电子货币、债券（如国库券、企业债券）、股票、基金、其他理财产品（包括余额宝、P2P、收益类保险等）；负债包括未还清贷款总额、信用卡所欠金额（包括京东白条、花呗）、欠其他个人或单位的钱。

(三) 实证策略

1. 倾向得分匹配下的多期双重差分法（PSM-DID）

为了解决因遗漏协变量和非线性项而导致的内生性问题，与第四章相似，本书采用倾向得分匹配（PSM）下的多期双重差分法（Multi-Period Difference-in-Difference）来估计长期护理保险对预防性健康行为的影响。如前文所述，处理组为自身或其家庭成员参加了长期护理保险的个体（户口所在地位于在 2018 年 7 月之前实施长期护理保险的城市且被相应基本医疗保险覆盖的个体），对照组为自身及家庭成员在 2018 年 7 月及之前均未参加长期护理保险的个体。考虑到传统多期双

表 6-3 描述性统计（倾向得分匹配后）

		总样本（N=14964）				处理组（N=1120）				控制组（N=13844）			
		均值	标准差	最小值	最大值	均值	标准差	最小值	最大值	均值	标准差	最小值	最大值
被解释变量	体检	0.383	0.486	0	1	0.433	0.495	0	1	0.379	0.485	0	1
	体育锻炼	0.638	0.481	0	1	0.565	0.496	0	1	0.644	0.479	0	1
	保健费用	253.329	2024.016	0	170000	483.329	2678.732	0	55000	234.722	1956.891	0	170000
	吸烟	0.337	0.473	0	1	0.318	0.466	0	1	0.339	0.473	0	1
	过量饮酒	0.260	0.438	0	1	0.242	0.428	0	1	0.261	0.439	0	1
中介变量	客观健康状况	0.650	0.101	0.378	1	0.701	0.093	0.386	1	0.646	0.102	0.378	1
	健康认知偏差	0.298	0.121	0	0.697	0.245	0.133	0	0.663	0.302	0.119	0	0.697
	健康认知态度	0.323	0.468	0	1	0.288	0.453	0	1	0.326	0.469	0	1
个体特征变量	年龄	57.213	9.582	11	108	58.633	10.077	19	95	57.098	9.533	11	108
	男性	0.477	0.499	0	1	0.496	0.500	0	1	0.476	0.499	0	1
	汉族	0.975	0.155	0	1	0.978	0.147	0	1	0.975	0.156	0	1
	城镇地区	0.405	0.491	0	1	0.604	0.489	0	1	0.389	0.488	0	1
	非农户口	0.180	0.384	0	1	0.389	0.488	0	1	0.163	0.369	0	1

第六章 长期护理保险对居民预防性健康行为的影响

续表

		总样本（N=14964）			处理组（N=1120）				控制组（N=13844）			
		均值	标准差	最小值	最大值	均值	标准差	最小值	最大值	均值	标准差	最小值	最大值
个体特征变量	已婚	0.901	0.299	0	1	0.895	0.307	0	1	0.901	0.299	0	1
	独居	0.104	0.305	0	1	0.101	0.301	0	1	0.104	0.305	0	1
	主观健康认知	0.626	0.197	0.2	1	0.651	0.191	0.2	1	0.624	0.198	0.2	1
	受教育水平	1.686	1.151	0	3	1.988	1.101	0	3	1.662	1.156	0	3
	正式部门就职	0.206	0.404	0	1	0.429	0.495	0	1	0.188	0.391	0	1
	医疗保险类型	1.958	0.477	1	6	1.711	0.538	1	3	1.978	0.468	1	6
	养老金收入	5654	13886	0	600000	15129	22288	0	240000	4887	13202	0	600000
家庭特征变量	家庭是否拥有房产	0.885	0.319	0	1	0.871	0.335	0	1	0.886	0.318	0	1
	家庭年收入	2.428	9.582	0	1136	3.621	11.982	0	463	2.331	9.347	0	1136
	家庭净金融资产	0.953	7.308	−20	1001	2.387	11.155	−20	270	0.837	6.705	−20	1001
家庭关系变量	家庭规模	3.094	1.621	1	16	3.162	1.611	1	16	3.088	1.623	1	14
	子女数量	2.667	1.556	0	15	2.367	1.395	0	10	2.691	1.596	0	15
	兄弟姐妹数量	3.925	1.909	0	25	3.755	1.901	0	25	3.939	1.912	0	17
	家庭内部经济转移	15059	94932	0	10000000	31800	98329	0	3000000	13705	94381	0	10000000

续表

		总样本（N=14964）				处理组（N=1120）				控制组（N=13844）			
		均值	标准差	最小值	最大值	均值	标准差	最小值	最大值	均值	标准差	最小值	最大值
地级市特征变量	户籍人口数	149.405	211.722	14	2145	338.319	233.755	37	2145	134.122	208.387	14	995
	土地面积	2401	3936	157	44561	4191	3738	381	44561	2256	3981	157	12113
	人均GDP	5.783	2.997	1.022	15.306	7.737	3.371	2.041	15.306	5.625	2.933	1.022	14.286
	在岗职工平均工资	32502	44355	3719	149858	38249	40355	4329	149858	32037	44580	3719	142997
	每千人执业（助理）医师数	2.865	4.222	0.235	4.582	2.641	4.275	0.241	4.288	2.883	4.214	0.235	4.582
	每千人注册护士数	3.008	6.711	0.253	4.733	2.922	6.901	0.255	4.434	3.015	6.693	0.253	4.733

注：表中所有以货币为单位的变量均使用国家统计局公布的消费者价格指数调整至2011年的价格水平。

资料来源：CHARLS。

重差分法可能造成的回归结果的偏差，本书在研究较晚期被处理样本时将早期实施长期护理保险的城市（仅青岛市、潍坊市）删除，保证了多期双重差分法的无偏性。双重差分法回归方程如下：

$$Y_{it} = \beta_0 + \beta_1 DID_{it} + \beta_X X_{it} + \delta_t + \mu_c + \eta_{ct} + \varepsilon_{it} \qquad (6-12)$$

其中，Y_{it} 表示被解释变量，虚拟变量 DID_{it} 表示解释变量，指示个体 i 在年份 t 是否自身或其家庭成员参加了长期护理保险，DID_{it} =（0，1，1，1），DID_{it} =（0，0，1，1），DID_{it} =（0，0，0，1），DID_{it} =（0，0，0，0）分别表示个体及其家庭成员从 2013 年、2015 年、2018 年开始被长期护理保险覆盖及从未被长期护理保险覆盖，系数 β_1 表示在实施长期护理保险后处理组相对于对照组的健康行为的变化。X_{it} 是一系列控制变量；δ_t 是年份固定效应，控制了处理组和对照组随时间变化的趋势；μ_c 是城市固定效应，控制了处理组和对照组不随时间变化但随地区变化的趋势；η_{ct} 是城市×年份固定效应，控制了处理组和对照组同时随时间和地区变化的趋势；ε_{it} 是误差项。

在进行双重差分前，本书先检验了平行趋势假设是否成立。该假设认为，在没有长期护理保险干预的情况下，处理组和对照组中个体的预防性健康行为的时间趋势相同，从而保证了处理组和对照组分组的随机性，其回归方程为：

$$Y_{it} = \beta_0 + \sum_{j=-3}^{1} \gamma_j DID_{i,t+j} + \beta_X X_{it} + \delta_t + \mu_c + \eta_{ct} + \varepsilon_{it} \qquad (6-13)$$

其中，$j = -3, -2, -1$ 分别代表在实施长期护理保险前的第 3 期、第 2 期、第 1 期[①]调查访问的样本，系数 γ_j 代表处理组和对照组在相应年份的预防性健康行为的差异。如果对于所有的 j，γ_j 与 0 都没有显著差异，则平行趋势假设成立。

---

① 本书在第四章以长期护理保险实施前或实施后的年份为单位逐年关注了个体的平行趋势，这是因为在后续的异质性分析中有针对政策实施年份的异质性分析。在第五、第六章中不涉及针对政策实施年份的异质性分析，因此第五、第六章均以长期护理保险实施前或实施后的 CHARLS 调查期为单位逐期关注了个体的平行趋势，以保证各期样本量大体相当。

与第四章相似，本部分采用了双重差分倾向得分匹配法（PSM-DID）来进一步对研究进行优化。检验倾向得分匹配结果是否有效的最主要标准是考察其是否较好地平衡了数据，即匹配后的变量在处理组和对照组之间是否存在显著差异。表6-4显示了利用协变量对总样本进行核匹配的结果，可以看出，与匹配前相比，匹配后的P值均有所上升（或维持在大于0.1的水平），即所有变量在匹配后均达到或保持了平衡，保证了处理组和对照组之间不存在显著性差异（见表6-4）。因此，采用核匹配对总样本进行匹配的结果满足了下一步进行双重差分的条件。经过倾向得分匹配，回归的总样本量由16613个减少为14964个（其中处理组样本1152个，对照组样本13812个）。通过进一步检验可知，被解释变量在匹配后都通过了平行趋势检验（见图6-3）。

表6-4　　　　　总样本倾向得分匹配平衡性检验结果

	变量	总样本			
		匹配前		匹配后	
		t	P>|t|	t	P>|t|
个人特征变量	年龄	3.54	0.109	1.23	0.219
	年龄^2	-1.89	0.059	-0.01	0.994
	男性	-2.07	0.039	-0.26	0.796
	汉族	0.4	0.691	0.01	0.992
	城镇地区	4.51	0.008	1.52	0.129
	非农户口	2.3	0.021	0.44	0.662
	已婚	2.69	0.234	0.37	0.713
	独居	-2.15	0.031	-0.34	0.734
	主观健康认知	0.05	0.964	-0.02	0.981
	受教育水平	-1.21	0.227	-0.01	0.996
	正式部门就职	-3.26	0.140	-1.02	0.308

续表

变量		总样本			
		匹配前		匹配后	
		t	P>|t|	t	P>|t|
个人特征变量	医疗保险类型	1.05	0.293	0.16	0.876
	养老金收入	1.36	0.175	0.18	0.858
家庭特征变量	家庭是否拥有房产	1.08	0.280	0.13	0.897
	家庭年收入	2.2	0.028	0.42	0.678
	家庭净金融资产	-1.56	0.118	-0.16	0.872
家庭关系变量	家庭规模	-3.15	0.102	-0.34	0.731
	子女数量	2.06	0.245	0.48	0.633
	兄弟姐妹数量	3.19	0.001	0.45	0.656
	家庭内部经济转移	-0.5	0.614	-0.06	0.950
地级市特征变量	户籍人口数	0.52	0.600	0.1	0.918
	土地面积	-0.5	0.614	-0.06	0.950
	人均GDP	3.06	0.083	0.48	0.633
	在岗职工平均工资	4.02	0.008	1.53	0.127
	每千人执业（助理）医师数	3.86	0.024	0.57	0.573
	每千人注册护士数	1.08	0.280	0.13	0.897

注：表中的 P 值是对原假设"变量在处理组和对照组之间不存在显著性差异"的检验结果，P>0.1，说明不能拒绝原假设，即变量在处理组和对照组之间不存在显著性差异。

图 6-3 显示了被解释变量的平行趋势检验结果。可以看出，被解释变量（体检、体育锻炼、保健费用、吸烟和过量饮酒）及中介变量（健康风险认知偏差）均通过了平行趋势检验。

2. 中介效应模型（Mediating Effect Model）

自变量、被解释变量、中介变量之间存在三个重要的关系式：

$$Y_{it} = \beta_{10} + cDID_{it} + \beta_{1X}X_{it} + \delta_{1t} + \mu_{1c} + \eta_{1ct} + \varepsilon_{1it} \quad (6-14)$$

(a) 体检

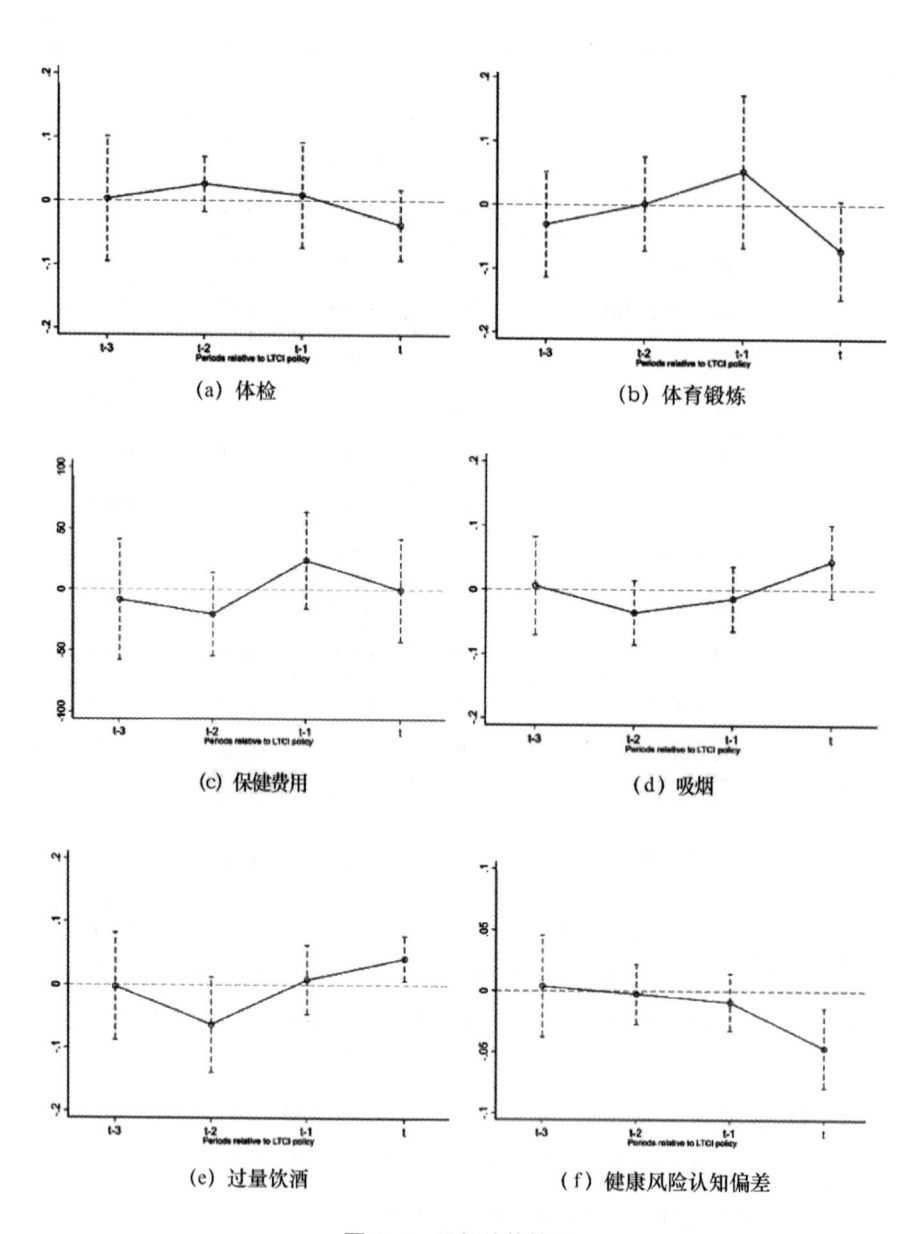

(b) 体育锻炼

(c) 保健费用

(d) 吸烟

(e) 过量饮酒

(f) 健康风险认知偏差

图 6-3 平行趋势检验

$$Channel_{it} = \beta_{20} + aDID_{it} + \beta_{2X}X_{it} + \delta_{2t} + \mu_{2c} + \eta_{2ct} + \varepsilon_{2it} \quad (6-15)$$

$$Y_{it} = \beta_{30} + c'DID_{it} + bChannel_{it} + \beta_{3X}X_{it} + \delta_{3t} + \mu_{3c} + \eta_{3ct} + \varepsilon_{3it} \quad (6-16)$$

第六章 长期护理保险对居民预防性健康行为的影响

与第四章相似，本部分使用的也是温忠麟和叶宝娟[①]提出的五步检验法。

第一步，对（6-14）式进行回归，检验自变量对被解释变量的"总效应"c，即参加长期护理保险对失能参保者住院服务利用的"总效应"。若c显著（$c \neq 0$），则按"中介效应"立论；否则按"遮掩效应"[②]立论。但无论是否显著，都进行后续检验。

第二步，依次检验（6-15）式的系数a和（6-16）式的系数b，如果两个都显著（$a \neq 0$且$b \neq 0$），则说明中介效应显著，转至第四步；如果至少有一个不显著，则进行第三步。

第三步，用Bootstrap法检验"中介效应"ab是否显著，原假设为$H_0: ab=0$。如果显著拒绝H_0，则中介效应显著，进行第四步；否则中介效应不显著，则停止分析。

第四步，分析是"完全中介效应"还是"部分中介效应"，检验（6-16）式中自变量对被解释变量的"直接效应"c'是否显著异于0。如果不显著，则说明直接效应不显著（"完全中介效应"），长期护理保险对失能参保者住院服务利用的影响能够完全被中介变量解释；如果显著，则说明在上述中介效应之外，仍然存在直接效应或其他影响机制（"部分中介效应"），继续分析第五步。

第五步，比较ab和c'的符号是否相同。如果同号，则属于"部分中介效应"，报告"中介效应"占"总效应"的比例ab/c。如果异号，则存在"遮掩效应"，即中介变量会部分抵消自变量对被解释变量的影响，报告"中介效应"（ab）与"直接效应"（c'）的比例的绝对值

[①] 温忠麟、叶宝娟：《中介效应分析：方法和模型发展》，《心理科学进展》2014年第5期。

[②] 如果ab与c'的符号相同，说明自变量与中介变量对被解释变量的影响方向是一致的，这代表着中介变量在自变量发挥作用的过程中起到了一定的推动作用。但如果二者的符号相反，自变量与中介变量对被解释变量的影响方向是相反的，这代表中介变量对自变量发挥作用的过程起到了一定的抵消作用，我们称这种作用为遮掩效应。如果遮掩效应存在，最终得到的"总效应"系数c会比直接效应系数c'小，甚至变得不显著。

|ab/c'|。

3. 空间溢出效应模型（Spatial Spillover Effect Model）

由于个体的健康风险认知能够随着人际交往而广泛传播，因此相邻（相近）地区的健康风险认知水平可能会相互影响；同时，个体的预防性健康行为也存在模仿效应，某地区的预防性健康行为可能会影响到周边地区。因此，长期护理保险对个体的健康风险认知及健康行为的影响可能存在空间外溢效应。为了刻画上述空间溢出效应，本书在回归方程中加入了刻画"相邻（相近）地区的预防性健康行为相互影响"的 $w_{ij}Y_{jt}$，以及刻画"相邻（相近）地区的其他因素相互作用"的 $w_{ij}Z_{jt}$，得到如下的地级市层面空间杜宾模型（Spatial Durbin Model，SDM）：

$$Y_{it}=\beta_0+\beta_1 DID_{it}+\rho\sum_{j=1}^{n}w_{ij}Y_{jt}+\gamma\sum_{j=1}^{n}w_{ij}Z_{jt}+\beta_X X_{it}+\delta_t+\mu_i+\eta_{ct}+\varepsilon_{it} \quad (6-17)$$

其中，Y_{it} 为地区 i 在第 t 年的预防性健康行为平均水平，w_{ij} 是空间权重矩阵中的元素，ρ 为空间滞后回归系数，是度量空间相邻地区健康风险认知或预防性健康行为的相互影响程度，γ 表示自变量空间滞后回归系数。当 $\gamma=0$ 时，模型可以退化为空间滞后模型。为了证明回归结果在不同权重矩阵下保持稳健，本书将分别用标准化的空间邻接权重矩阵（也被称为0—1矩阵）和地理反距离权重矩阵两种空间权重对空间杜宾模型进行处理。X_{it} 为一组地级市控制变量，δ_t 是年份固定效应，μ_i 是城市固定效应，η_{ct} 是城市×年份固定效应，ε_{it} 是随机扰动项。Z_{it} 可以与 X_{it} 一致，也可以不一致；本书采用默认一致的做法。

（四）总样本分析

利用倾向得分匹配得到的处理组和对照组数据，本部分使用CHARLS数据库2011—2018年的四期样本对长期护理保险对中国配偶照料者的劳动供给的影响进行了具有全国代表性的估计。在对0—1虚拟变量"体检""体育锻炼""吸烟""过量饮酒"的回归中采用的是面板Logit回归，对"保健费用"采用的是一般的固定效应模型。表

第六章 长期护理保险对居民预防性健康行为的影响

6-5展示了总体样本的回归结果,可以发现,长期护理保险的引入产生了一定的"事前道德风险效应"(但不显著):与对照组相比,处理组的健康参保者体检的概率降低3.7个百分点、参加体育锻炼的概率降低3.0个百分点、保健费用支出降低27.5元/年、吸烟概率提升5.6个百分点、过量饮酒概率提升4.7个百分点。可能的原因在于,相比于非参保者,由于参保者预期未来发生失能时的经济风险将由长期护理保险分担,因此其对能够预防疾病及失能的健康行为的投入减少。事实上,尽管人们随年龄增长一般会改善其健康行为(如体检概率上升、体育锻炼增加、保健费用支出增加、吸烟减少、过量饮酒减少),但长期护理保险的健康参保者增加体检、体育锻炼和保健费用的可能性比非参保者要低,减少吸烟和过量饮酒的可能性也比非参保者要低。

然而,由表6-5回归结果可知,虽然长期护理保险降低了个体预防疾病及失能的努力水平,但上述变量均不显著。可能的原因在于存在某种与"事前道德风险效应"方向相反、相互拮抗的力量(如"风险认知提升效应"),二者的作用相互抵消,总体效果体现为"不显著"。接下来,本书将对可能存在的遮掩效应进行研究。

表6-5　　长期护理保险对健康参保者预防性健康行为的影响

变量	(1) 体检	(2) 体育锻炼	(3) 保健费用	(4) 吸烟	(5) 过量饮酒
DID	−0.037 (0.038)	−0.030 (0.033)	−27.462 (23.164)	0.056 (0.047)	0.047 (0.041)
样本量	14964	14964	14964	14964	14964
Pseudo-R^2	0.148	0.118	0.098	0.146	0.197
控制变量	是	是	是	是	是
年份固定效应	是	是	是	是	是
城市固定效应	是	是	是	是	是

续表

变量	(1)体检	(2)体育锻炼	(3)保健费用	(4)吸烟	(5)过量饮酒
城市×年份固定效应	是	是	是	是	是

注：括号内为标准误，聚类到城市层面。回归中均控制了控制变量、年份固定效应、城市固定效应、城市×年份固定效应的影响。控制变量包括个人基本特征变量（年龄、年龄^2、性别、民族、居住地区、户口类型、婚姻状况、是否独居、受教育水平、是否在正式部门工作、医疗保险类型、养老金收入）、家庭特征变量（家庭是否拥有房产、家庭年收入、家庭金融资产）、家庭关系变量（家庭规模、子女数量、兄弟姐妹数量、家庭内部经济转移）、所在城市特征变量 [户籍人口数、土地面积、人均 GDP、在岗职工平均工资、每千人执业（助理）医师数、每千人注册护士数]。***、**、*分别表示在 1%、5%和 10%水平下显著。

（五）机制分析

已有研究发现，与个体健康支出相关的政策可能通过影响个体的健康风险认知水平，进而影响其预防性健康行为。① 因此，表 6-5 中的结果并不是纯净的"事前道德风险效应"。

如本书理论分析部分所述，长期护理保险对健康参保者预防性健康行为的影响有两种机制。一方面，健康参保者通过对长期护理保险相关信息的学习，能够获得有效预防慢性病和失能风险的知识，② 增加对疾病病因及危害的了解，可能会一定程度上促进人们健康生活方式的养成，该效应称为"健康风险认知提升效应"。另一方面，由于保费支出的增加，参保者在健康状态下的收入相对减少，在失能状态下的收入由于保险补偿而相对提高，即保险起到了平滑不同状态下收入的作用，参

---

① 本部分存在一定的反向因果关系：个体的健康风险认知水平将影响其预防性健康行为，同时个体在进行预防性健康行为时也会潜移默化地改变自身的健康风险认知水平。因此，严格意义上来说，本书探讨的是二者的相关性，而非因果性。

② 以往研究表明，专业的医护人员是参保者健康信息非常重要的来源 [Cutler, D. M., Lleras-Muney, A., (2010), "Understanding Differences in Health Behaviors by Education", *Journal of Health Economics*, 29 (1), 1-28]，医护人员给出的疾病预防、改善健康及健康生活方式的建议会提高人们预防性健康行为的效果。

第六章 长期护理保险对居民预防性健康行为的影响

保者失能后面临的护理成本也因长期护理保险待遇给付而降低。因此，参保者进行预防性健康行为的激励减少，从而增加不健康行为，该效应称为"事前道德风险效应"。

长期护理保险涉及主体较为广泛，包括政府、医院、护理院/养老院、保险公司、参保者、企业等，信息结构较为复杂。由于中国长期护理保险实施的时间较短，人们对护理服务及失能风险的认识较为初步。参加长期护理保险的健康参保者接触到有关失能评估、护理服务、待遇申领等信息的机会增加，[1] 因此预期长期护理保险的实施会提升参保者的健康素养和对自身健康状况的认识水平。本书选择受访者的"健康风险认知偏差"作为个体健康素养和对自身健康状况认知程度的代理变量，即受访者的自评健康状况偏离客观健康状况的程度越低，代表个体的健康素养越高、对自身健康风险的认知越准确。

本书将参保者的"健康风险认知偏差"作为中介变量，研究了长期护理保险如何通过改变个体的健康认知水平改变其健康行为。由表6-6可知，长期护理保险的实施提升了个体对自身健康的关注状况，个体对自身的"健康风险认知偏差"降低0.08个单位。该结果表明，长期护理保险实施后，参保者通过学习长期护理保险相关知识，对自身未来的失能风险有了更为深入的认知，从而提高了自身的健康风险认知水平、降低了健康风险认知偏差。由表6-6可知，健康风险认知偏差与体检、体育锻炼、保健费用呈负相关关系，表明个体对自身的健康风险认知越准确，越会采取有利于自身健康水平的预防性行为；健康风险认知偏差与吸烟、饮酒呈正相关关系，表明个体对自身的健康风险认知水平越不准确，越容易放任自己进行某些不健康的行为。上述步骤为中介效应检验的第二步，该步结果表明由"健康风险认知偏差"介导的长期

---

[1] Courbage, C., Eeckhoudt, L., (2012), "On Insuring and Caring for Parents' Long-term Care Needs", *Journal of Health Economics*, 31 (6), 842–850; Van Houtven, C. H., Coe, N. B., Konetzka, R. T., (2015), "Family Structure and Long-term Care Insurance Purchase", *Health Economics*, 24, 58–73.

护理保险中介效应存在。

在控制了"健康风险认知偏差"变量后，长期护理保险的"事前道德风险效应"也体现出来，其对预防性健康行为的影响变得显著：体检概率显著下降6.1个百分点、体育锻炼概率显著下降4.8个百分点、保健费用显著减少49元/年。该数值即为在剥离"健康风险认知提升效应"之后较为纯净的"事前道德风险效应"。因此，总样本分析（见表6-5）中的回归结果为长期护理保险对预防性健康行为的总体效应，即上述两种效应叠加抵消后的净效应。由表6-6还可以发现，吸烟概率上升8.0个百分点、过量饮酒概率显著上升7.3个百分点，虽然仍不显著，

表6-6　长期护理保险影响健康参保者预防性健康行为的中介效应分析①

变量	(1) 健康风险认知偏差	(2) 体检	(3) 体育锻炼	(4) 保健费用	(5) 吸烟	(6) 过量饮酒
DID	-0.080** (0.036)	-0.061* (0.035)	-0.048* (0.027)	-49.309* (28.177)	0.080 (0.067)	0.073 (0.061)
健康风险认知偏差	—	-0.304** (0.135)	-0.227* (0.130)	-273.092*** (91.031)	0.298** (0.132)	0.327* (0.187)
样本量	14964	14964	14964	14964	14964	14964
Pseudo-R^2	0.134	0.151	0.129	0.113	0.151	0.130

注：括号内为标准误，聚类到城市层面。回归中均控制了控制变量、年份固定效应、城市固定效应、城市×年份固定效应的影响。控制变量包括个人基本特征变量（年龄、年龄^2、性别、民族、居住地区、户口类型、婚姻状况、是否独居、受教育水平、是否在正式部门工作、医疗保险类型、养老金收入）、家庭特征变量（家庭是否拥有房产、家庭年收入、家庭金融资产）、家庭关系变量（家庭规模、子女数量、兄弟姐妹数量、家庭内部经济转移）、所在城市特征变量[户籍人口数、土地面积、人均GDP、在岗职工平均工资、每千人执业（助理）医师数、每千人注册护士数]。***、**、*分别表示在1%、5%和10%水平下显著。

---

① 由于总样本分析结果（见表6-6）不显著，因此本书的稳健性检验均针对得到显著结果的机制分析部分（见表6-7）进行。

但与总样本分析中的结果相比均有所增加。二者不显著的原因可能在于,个体在改变"被动行为"和"主动行为"时所需要付出的成本不同。对于减少"体检""体育锻炼"等行为,由于仅靠个体的"惰性"即可完成,需要付出的成本较少,因而个体在面对长期护理保险实施的政策刺激后能够较为容易地完成上述行为;而对于增加"吸烟""过量饮酒"等行为,由于需要个体进行主动决策后才能完成,需要克服较大的心理障碍,因而个体改变上述行为的成本较高。

接着,本书针对中介效应分析中出现显著变化的变量(体检、体育锻炼、保健费用)计算了中介效应与直接效应的比例。由第(2)列至第(4)列结果中 DID 的系数可知,中介效应检验中的第三步中系数 c' 显著,且与 ab 的符号相反,因此"遮掩效应"成立,即中介变量"健康风险认知偏差"会部分抵消长期护理保险对健康参保者的"事前道德风险效应"。表6-7报告了中介效应占直接效应的比例 $|ab/c'|$。可以发现,健康风险认知偏差的降低对健康参保者健康行为的增加起到的间接影响约为直接效应的38%—44%。[①]

表6-7　　　　　中介效应占比(风险认知提升效应)

	体检	体育锻炼	保健费用
中介效应(ab)	0.024*	0.018*	21.847*
直接效应(c')	−0.061*	−0.048*	−49.309*
中介效应与直接效应的比值 $\|ab/c'\|$	39.66%	37.71%	44.31%
样本量	14964	14964	14964

注:* 表示在10%水平下显著。

(六)溢出效应分析

由于知识的传播在同一家庭及社区内部的传播较为普遍,因此预期

[①] 由于"风险认知提升效应"为"遮掩效应",有 $|c'|>|c|$,因此本处汇报的是中介效应 ab 占直接效应 c' 的比重。

长期护理保险的"健康风险认知提升效应"同样会影响参保者的家庭成员和所在社区的居民。对于自身未参保但家庭成员或社区中有其他人参保长期护理保险的个体而言,由于其年老失能后不会享受长期护理保险的护理保障和待遇给付,因而其行为不会受到"事前道德风险效应"的影响。本部分重新选择了回归样本,将长期护理保险的"事前道德风险效应"进行了剥离。

1. 家庭成员

在长期护理保险政策运行初期,随着试点城市长期护理保险相关信息的宣传,人们对政策文件的内涵与潜在的受益机会的认知会随着政策的普及而提升,新闻媒体进一步向参保者家庭宣传和普及失能风险的预防措施、早期干预、康复训练及照护培训相关知识,该知识在亲戚、朋友、邻里之间逐渐传播,从而改变个体的认知水平和应对态度;此外,在参保者失能的情况下,其家庭成员常常代替参保者作出长期护理保险缴费、申领的决策,参保者对自身健康关注的不断增加,也会带动其家庭成员主动提高自身的健康素养和健康风险认知水平,改变其预防性健康行为。然而,对于自身未参保但家庭成员参保的个体(CHARLS中共有该类个体250个),由于其未受到长期护理保险的覆盖,因此对未来发生失能时的护理服务可用性和由此发生的经济风险难以产生确定性预期,故长期护理保险无法对该人群产生"事前道德风险效应",因此其预防性健康行为的改变应归于长期护理保险对个体健康风险认知的提升效应。本书将试点城市中参保者的家庭成员(自身尚未参保)作为处理组,将未实施长期护理保险的城市中的居民作为对照组,进行了倾向得分匹配下的双重差分回归,[①] 结果如表6-8所示。

由表6-8可知,长期护理保险的实施对参保者家庭成员的健康风险认知同样发挥了提升效应,健康风险认知偏差降低0.077个单位。在未控制"健康风险认知偏差"变量的情况下,个体的体检(提升5.3个

---

① 匹配后的样本均通过了平衡性检验。

百分点)、体育锻炼(提升5.6个百分点)行为都出现了一定程度的提升;吸烟(降低5.3个百分点)、过量饮酒(降低5.8个百分点)的概率出现了一定程度的下降。由上述结果可知,长期护理保险对于个体的健康行为促进作用广泛存在于试点城市居民(如家庭成员)中。

表6-8　　　参保者家庭成员(自身未参保)的溢出效应

变量	(1) 健康风险认知偏差	(2) 体检	(3) 体育锻炼	(4) 保健费用	(5) 吸烟	(6) 过量饮酒
DID	-0.077** (0.034)	0.053* (0.030)	0.056* (0.032)	47.125 (39.271)	-0.053** (0.024)	-0.058** (0.025)
样本量	4168	4168	4168	4168	4168	4168
Pseudo-R^2	0.0103	0.094	0.098	0.089	0.086	0.079

注:括号内为标准误,聚类到城市层面。回归中均控制了控制变量、年份固定效应、城市固定效应、城市×年份固定效应的影响。控制变量包括个人基本特征变量(年龄、年龄^2、性别、民族、居住地区、户口类型、婚姻状况、是否独居、受教育水平、是否在正式部门工作、医疗保险类型、养老金收入)、家庭特征变量(家庭是否拥有房产、家庭年收入、家庭金融资产)、家庭关系变量(家庭规模、子女数量、兄弟姐妹数量、家庭内部经济转移)、所在城市特征变量[户籍人口数、土地面积、人均GDP、在岗职工平均工资、每千人执业(助理)医师数、每千人注册护士数]。***、**、*分别表示在1%、5%和10%水平下显著。

2. 社区居民

对于自身未参保但社区(同一居委会/村委会)中的任一成员参保的个体(CHARLS中共有该类个体3103个),由于其未受到长期护理保险的覆盖,因此长期护理保险无法对该人群产生"事前道德风险效应"。然而,随着试点城市长期护理保险相关信息的宣传,参保者对自身健康的关注不断增加,带动其邻居及社区居民主动提高自身的健康素养和健康风险认知水平,因而其预防性健康行为预期也将受到影响。本书将试点城市中与参保者处于同一居委会/村委会的个体(自身尚未参保)作为处理组、将未实施长期护理保险的城市作为对照组,进行了倾向得分匹配下的双重差分回归,[①] 结果如表6-9所示。

表6-9 参保者同社区成员(自身未参保)的溢出效应

变量	(1)健康风险认知偏差	(2)体检	(3)体育锻炼	(4)保健费用	(5)吸烟	(6)过量饮酒
DID	-0.058* (0.033)	0.030 (0.029)	0.022 (0.028)	36.563 (30.469)	-0.040* (0.023)	-0.042* (0.024)
样本量	10856	10856	10856	10856	10856	10856
Pseudo-R^2	0.107	0.103	0.110	0.108	0.122	0.115

注:括号内为标准误,聚类到城市层面。回归中均控制了控制变量、年份固定效应、城市固定效应、城市×年份固定效应的影响。控制变量包括个人基本特征变量(年龄、年龄²、性别、民族、居住地区、户口类型、婚姻状况、是否独居、受教育水平、是否在正式部门工作、医疗保险类型、养老金收入)、家庭特征变量(家庭是否拥有房产、家庭年收入、家庭金融资产)、家庭关系变量(家庭规模、子女数量、兄弟姐妹数量、家庭内部经济转移)、所在城市特征变量[户籍人口数、土地面积、人均GDP、在岗职工平均工资、每千人执业(助理)医师数、每千人注册护士数]。***、**、*分别表示在1%、5%和10%水平下显著。

可以发现,长期护理保险的实施对与参保者属于同一社区的个体的健康风险认知同样起到了提升效应(健康风险认知偏差降低0.058个单位),但健康风险提升效应相比参保者家庭成员(下降0.077个单位,见表6-8)更弱。在未控制"健康风险认知偏差"变量的情况下,个体的吸烟(降低4.0个百分点)、过量饮酒(降低4.2个百分点)的概率出现了一定程度的下降。由上述结果可知,长期护理保险对于个体健康行为的促进作用广泛存在于试点城市居民中。然而,长期护理保险对体检、体育锻炼、保健费用并不显著(从系数的方向上来看,长期护理保险提升了上述三类健康行为的概率),这可能是因为对于上述三类行为

---

① 匹配后的样本均通过了平衡性检验。

第六章　长期护理保险对居民预防性健康行为的影响

的增加，个体需要付出更高的金钱和时间成本，因而提升效果并不明显；而对于吸烟、过量饮酒等行为，个体在减少该类行为的同时也可以节约相应的消费成本，因而在一定程度上更具吸引力，故长期护理保险对人们健康行为的促进作用首先体现在吸烟、过量饮酒的减少中。

对比长期护理保险对参保者健康风险认知的提升作用在家庭内部和社区内部的传播情况可知，长期护理保险对家庭成员的影响要比社区成员更为显著。这与我们的直觉相一致：个体因新政策的普及而产生的认知改变是缓慢的，政策目标人群外的个体对这一政策的学习需要额外的时间和精力。随着长期护理保险的不断普及，预期未来将有更大范围的群体提升自身的健康素养和健康风险认知水平。

3. 邻市居民

本部分研究长期护理保险对邻市居民的空间溢出效应。一方面，知识和信息在相邻（相近）地区的传播较为普遍，居民的健康行为更容易出现"模仿现象"；另一方面，某地区实施长期护理保险制度可能会带动该地区及周边地区的养老、适老环境的建设，因而影响周边地区居民。本书采用相邻矩阵①为空间权重矩阵、杜宾模型为空间计量模型以刻画上述空间溢出效应，相应的回归结果如表6-10所示。回归样本仅采用2018年样本，以排除长期护理保险试点的推进带来的"时间溢出效应"；此外，样本还排除了参加长期护理保险的个体，以排除潜在的"事前道德风险效应"，剩余样本量1289个。

结果显示，以健康风险认知偏差为例，虽然相邻地区的健康风险认知偏差水平会相互影响（ρ 显著为正），但某地区的相邻地区的长期护理保险对该地区的健康风险认知偏差的影响在统计意义上不显著（长期护理保险的实施会降低相邻城市的健康风险认知偏差0.024个单位但并不显著）。此外，本书发现相邻城市的不健康行为存在一定的"模仿效

---

① 在相邻矩阵中，若某一城市的相邻城市中存在长期护理保险试点城市，则该城市记为1，否则记为0。

应"(吸烟、过量饮酒的 ρ 均为正且显著),① 然而长期护理保险的实施对相邻地区的预防性健康行为不存在显著影响。为了检验结果的稳健性,本书还用反距离矩阵②来衡量空间权重,得到的回归结果与表 6-10 相似。总体而言,在考虑了空间溢出效应后,长期护理保险对相邻地区的健康风险认知偏差和预防性健康行为的影响均不显著,空间溢出效应在统计学意义上不存在。可能的原因在于长期护理保险的实施以地级市(部分地区以县)为单位,试点政策的实施对当地的护理服务时长及适老配套措施的影响较为直接,对相邻城市的影响减弱。

表 6-10　　试点城市邻市居民(自身未参保)的溢出效应

变量	(1)健康风险认知偏差	(2)体检	(3)体育锻炼	(4)保健费用	(5)吸烟	(6)过量饮酒
LTCI	-0.024 (0.020)	0.033 (0.028)	0.064 (0.054)	38.320 (31.933)	-0.028 (0.024)	-0.055 (0.046)
ρ	0.235** (0.104)	0.116 (0.107)	0.131 (0.109)	0.092 (0.097)	0.198** (0.088)	0.201** (0.089)
样本量	1289	1289	1289	1289	1289	1289
Pseudo-R^2	0.107	0.103	0.110	0.108	0.122	0.115

注:本表报告了以相邻矩阵为空间权重的空间计量模型的回归结果。括号内为标准误,聚类到城市层面。回归中均控制了控制变量、年份固定效应、城市固定效应、城市×年份固定效应的影响。控制变量包括个人基本特征变量(年龄、年龄^2、性别、民族、居住地区、户口类型、婚姻状况、是否独居、受教育水平、是否在正式部门工作、医疗保险类型、养老金收入)、家庭特征变量(家庭是否拥有房产、家庭年收入、家庭金融资产)、家庭关系变量(家庭规模、子女数量、兄弟姐妹数量、家庭内部经济转移)、所在城市特征变量[户籍人口数、土地面积、人均 GDP、在岗职工平均工资、每千人执业(助理)医师数、每千人注册护士数]。***、**、*分别表示在1%、5%和10%水平下显著。

---

① 但健康行为之间的"模仿效应"较弱(体检、体育锻炼、保健费用的 ρ 均不显著)。
② 在反距离矩阵中,某一城市的权重记为该城市到距离最近的实施长期护理保险的城市的距离的倒数。

（七）异质性分析

1. 个体特征异质性

由于个体的健康行为易受到其主观认知的影响，因此本部分重点分析了具有不同的健康风险态度、主观健康认知及受教育水平的个体在长期护理保险影响预防性健康行为方面的异质性。以下异质性分析均未控制个体的"健康风险认知偏差"。

（1）健康风险态度

健康风险态度变量根据主观健康认知对客观健康状况的偏离方向而构建，衡量了个体对自身健康风险的乐观/悲观态度。对悲观者而言，高估健康风险不仅会引发焦虑、恐慌等负面情绪，也会付出不必要的行为成本；对乐观者而言，低估健康风险则不仅容易导致麻痹松懈和侥幸心理，也会错过最佳的失能风险应对时机。

由长期护理保险影响健康参保者预防性健康行为的机制可知，首先，在"健康风险认知提升效应"中，长期护理保险通过提升个体的健康素养和对自身健康的关注而增加其健康行为，该效应主要体现在对"乐观者"的纠正上，而悲观者由于其本身对未来的健康和失能风险的担忧程度较高，因而在长期护理保险实施前其在健康行为方面的努力程度已经达到了较高水平。其次，在"事前道德风险效应"中，长期护理保险对不健康行为的增加将会同时存在于两类人群中，但对"乐观者"而言，由于其未预期将来可能存在较大的失能风险，因而将会低估长期护理保险的实施对其带来的护理保障和经济补偿，因而其"事前道德风险效应"将相对较弱。本书分别对两类人群进行倾向得分匹配，匹配后的样本均通过了平衡性检验。表6-11进行了分样本回归，分别考察了长期护理保险对"乐观"参保者和"悲观"参保者健康风险认知和预防性健康行为的影响。

中国长期护理保险的制度效应及其传导机制

表 6-11　　　　　　　　　健康风险态度异质性

变量	(1)健康风险认知偏差	(2)体检	(3)体育锻炼	(4)保健费用	(5)吸烟	(6)过量饮酒
\multicolumn{7}{c}{Panel A：乐观参保者}
DID	-0.107* (0.061)	0.033 (0.067)	0.002 (0.073)	5.322 (49.435)	-0.052* (0.030)	-0.059* (0.034)
样本量	2836	2836	2836	2836	2836	2836
Pseudo-R^2	0.110	0.121	0.099	0.098	0.119	0.127
\multicolumn{7}{c}{Panel B：悲观参保者}
DID	-0.072 (0.166)	-0.042* (0.024)	-0.034 (0.049)	-34.650* (19.803)	0.018 (0.066)	0.028 (0.097)
样本量	6132	6132	6132	6132	6132	6132
Pseudo-R^2	0.098	0.129	0.106	0.098	0.121	0.145
组间系数差异检验 t 值	-10.9***	77.6***	27.5***	54.6***	-54.0***	-46.5***

注：括号内为标准误，聚类到城市层面。回归中均控制了控制变量、年份固定效应、城市固定效应、城市×年份固定效应的影响。控制变量包括个人基本特征变量（年龄、年龄^2、性别、民族、居住地区、户口类型、婚姻状况、是否独居、受教育水平、是否在正式部门工作、医疗保险类型、养老金收入）、家庭特征变量（家庭是否拥有房产、家庭年收入、家庭金融资产）、家庭关系变量（家庭规模、子女数量、兄弟姐妹数量、家庭内部经济转移）、所在城市特征变量［户籍人口数、土地面积、人均 GDP、在岗职工平均工资、每千人执业（助理）医师数、每千人注册护士数］。***、**、*分别表示在1%、5%和10%水平下显著。

由表 6-11 可知，长期护理保险对健康参保者的影响在不同风险态度的人群中存在显著的异质性。对乐观参保者而言，长期护理保险对其健康风险认知偏差（降低 0.107 个单位）的纠正作用较强，从而带动个体更加关注与自身健康相关的行为，其体检、体育锻炼的概率及保健费用支出均增加（但并不显著），吸烟（显著降低 5.2 个百分点）、过量饮酒（显著降低 5.9 个百分点）的概率均下降。对于悲观参保者而言，

第六章 长期护理保险对居民预防性健康行为的影响

长期护理保险对其健康风险认知偏差的降低作用并不显著，因而长期护理保险的实施对其影响体现出显著的"事前道德风险效应"：体检（下降4.2个百分点）概率下降，保健费用支出（降低35元/年）下降（吸烟、过量饮酒的概率上升，但不显著）。上述异质性分析侧面验证了长期护理保险对健康参保者的预防性健康行为的两个影响机制（"事前道德风险效应"及"健康风险认知提升效应"），且长期护理保险对不同风险态度的群体的影响并不对称。然而，上述回归结果较为粗糙，未考虑乐观者（悲观者）在参加长期护理保险后转为悲观者（乐观者）的情况，因而具体的数值存在一定的不准确因素。

（2）主观健康认知

长期护理保险对参保者的两条方向相反的作用机制为我们分析长期护理保险的"健康异质性"提供了视角。按受访者首次被CHARLS访问时的主观健康认知（自评健康）的高低，本书将样本分成两组（自评健康较好的为一组，包含评价自身健康状况为"好、很好"的受访者；自评健康较差的为另一组，包含评价自身健康状况为"不好、很不好"的受访者），以检验健康水平的差异是否会对长期护理保险引致预防性健康行为的变化产生影响。

本书分别对两类人群进行倾向得分匹配，表6-12的Panel A是基于自评健康较好的子样本的估计结果，Panel B是基于自评健康较差的子样本的估计结果。可以发现，长期护理保险对预防性健康行为的消极影响在自评健康较好的组中更加显著：在自评健康较好的子样本中，长期护理保险引入使得体检的概率下降4.5个百分点、体育锻炼的概率下降3.2个百分点、吸烟概率相对增加6.2个百分点、过量饮酒概率相对增加4.8个百分点；而在自评健康较差的子样本中，长期护理保险对上述行为的影响均不显著。因此，本书发现长期护理保险对预防性健康投入的影响存在健康异质性，长期护理保险的实施在一定程度上能够使参保群体内部的健康水平更加均等、方差更小。

表 6-12　　　　　　　　　　　主观健康认知异质性

变量	(1) 健康风险认知偏差	(2) 体检	(3) 体育锻炼	(4) 保健费用	(5) 吸烟	(6) 过量饮酒
Panel A：自评健康较好组						
DID	-0.067* (0.038)	-0.045* (0.026)	-0.032* (0.043)	-28.087 (42.573)	0.062* (0.035)	0.048* (0.027)
样本量	3716	3716	3716	3716	3716	3716
Pseudo-R^2	0.110	0.121	0.099	0.098	0.119	0.127
Panel B：自评健康较差组						
DID	-0.098* (0.056)	-0.032 (0.043)	-0.030 (0.065)	-27.044 (45.093)	-0.054 (0.066)	0.045 (0.063)
样本量	3752	3752	3752	3752	3752	3752
Pseudo-R^2	0.098	0.129	0.106	0.098	0.121	0.135
组间系数差异检验 t 值	28.0***	-15.8***	-1.6	-1.0	94.8***	2.7***

注：括号内为标准误，聚类到城市层面。回归中均控制了控制变量、年份固定效应、城市固定效应、城市×年份固定效应的影响。控制变量包括个人基本特征变量（年龄、年龄^2、性别、民族、居住地区、户口类型、婚姻状况、是否独居、受教育水平、是否在正式部门工作、医疗保险类型、养老金收入）、家庭特征变量（家庭是否拥有房产、家庭年收入、家庭金融资产）、家庭关系变量（家庭规模、子女数量、兄弟姐妹数量、家庭内部经济转移）、所在城市特征变量［户籍人口数、土地面积、人均GDP、在岗职工平均工资、每千人执业（助理）医师数、每千人注册护士数］。***、**、*分别表示在1%、5%和10%水平下显著。

为什么长期护理保险对预防性健康行为的影响会存在上述异质性呢？本书认为，这来源于不同健康人群获取健康知识、增加健康行为的激励和能力。长期护理保险的引入更多地吸引了健康较差群体的注意力，该群体具有更强的动机去获取有关失能风险及长期护理服务的相关知识，增加与专业医护人员的沟通机会，对自身健康水平有了更多的关注，从而间接提高了自身的健康意识和健康预防动机。该效应在以往文献中常被描述为"Salience Effect"（凸显效应），[①] 即某事件发生后使得个体对该事件的关注程度上升。[②] 从表6-12可以看出，长期护理保险对参保者健康风险认知偏差的提升作用在自评健康较差组中更为显著，为9.8个百分点；而在自评健康较好组中为6.7个百分点。

（3）受教育水平

本书还根据受教育水平进行了分组，将受教育水平为"未受过教育或文盲、未读完小学但能够读和写、私塾或小学毕业"的受访者归为"受教育水平较低组"，将受教育水平为"初中毕业、高中毕业、中专/中等师范/职高毕业、大专毕业、本科毕业、硕士毕业、博士毕业"的受访者归为"受教育水平较高组"。本书分别对两类人群进行倾向得分匹配，匹配后的样本均通过了平衡性检验。

表6-13　　　　　　　　　受教育水平异质性

变量	(1) 健康风险认知偏差	(2) 体检	(3) 体育锻炼	(4) 保健费用	(5) 吸烟	(6) 过量饮酒
Panel A：受教育水平较高组							
DID	-0.078 (0.090)	-0.039* (0.022)	-0.031 (0.034)	-29.309 (50.758)	0.063* (0.036)	0.049* (0.028)
样本量	3364	3364	3364	3364	3364	3364
Pseudo-R^2	0.122	0.116	0.107	0.105	0.120	0.120
Panel B：受教育水平较低组							
DID	-0.083* (0.047)	0.003 (0.039)	0.002 (0.035)	2.044 (53.093)	-0.012 (0.024)	-0.020 (0.025)

[①] Alba, J. W., Chattopadhyay, A., (1986), "Salience Effects in Brand Recall", *Journal of Marketing Research*, 23 (4), 363-369.

[②] Bordalo, P., Gennaioli, N., Shleifer, A., (2013), "Salience and Consumer Choice", *Journal of Political Economy*, 121 (5), 803-843; Chetty, R., Looney, A., Kroft, K., (2009), "Salience and Taxation: Theory and Evidence", *American Economic Review*, 99 (4), 1145-1177.

续表

变量	(1) 健康风险认知偏差	(2) 体检	(3) 体育锻炼	(4) 保健费用	(5) 吸烟	(6) 过量饮酒
样本量	6580	6580	6580	6580	6580	6580
Pseudo-R^2	0.125	0.110	0.093	0.102	0.112	0.126
组间系数差异检验 t 值	3.6***	-57.9***	-44.9***	-28.3***	123.6***	125.0***

注：括号内为标准误，聚类到城市层面。回归中均控制了控制变量、年份固定效应、城市固定效应、城市×年份固定效应的影响。控制变量包括个人基本特征变量（年龄、年龄^2、性别、民族、居住地区、户口类型、婚姻状况、是否独居、受教育水平、是否在正式部门工作、医疗保险类型、养老金收入）、家庭特征变量（家庭是否拥有房产、家庭年收入、家庭金融资产）、家庭关系变量（家庭规模、子女数量、兄弟姐妹数量、家庭内部经济转移）、所在城市特征变量［户籍人口数、土地面积、人均GDP、在岗职工平均工资、每千人执业（助理）医师数、每千人注册护士数］。***、**、*分别表示在1%、5%和10%水平下显著。

由表6-13中结果可知，在受教育水平较高组中，长期护理保险对预防性健康行为的负面影响更显著：实施长期护理保险后，体检和体育锻炼的概率分别降低3.9个和3.1个百分点（后者不显著），吸烟概率和过量饮酒概率分别提升6.3个和4.9个百分点。在受教育水平较低的组中，长期护理保险增加了个体的预防性健康行为：体检和体育锻炼的概率分别增加0.3个和0.2个百分点，吸烟概率和过量饮酒概率分别降低1.2个和2.0个百分点（但均不显著）。这样的结果间接表明，长期护理保险对参保者健康认知的提升作用是解释长期护理保险异质性影响的关键因素之一。对于受教育水平较低的人群，政府长期护理保险文件的发布、有关申请条件和待遇水平的媒体宣传是主要的信息来源。[①] 因此，长期护理保险增加了受教育水平较低的群体的健康知识，抵消了由

---

① Cutler, D. M., Lleras-Muney, A., (2010), "Understanding Differences in Health Behaviors by Education", *Journal of Health Economics*, 29 (1), 1-28.

于护理服务价格下降所带来的"事前道德风险效应",因此总体效应显示为长期护理保险增加了个体的预防性健康行为。而对于受教育水平较高的群体,健康知识的来源渠道相对较多,因此长期护理保险所带来的健康信息增加效应相对较小,其"事前道德风险效应"因而占了主导地位。

2. 政策特征异质性

针对不同的长期护理保险试点城市,本书挖掘了其异质性的政策特征,用于研究长期护理保险的制度设计(覆盖人群医保类型、是否开展失能失智预防工作)如何对健康参保者的预防性健康行为产生影响。以下异质性分析未控制个体"健康风险认知偏差"。

(1)覆盖人群医保类型

由于城乡居民的受教育水平和健康素养存在一定差异,因此不同居住地的居民可能具有差异化的预防性健康行为,其对长期护理保险政策的反映也将存在异质性。本部分关注了仅覆盖职工医保的长期护理保险和同时覆盖职工医保、居民医保的长期护理保险对健康参保者风险认知和预防性健康行为的异质性影响,具体做法与第四章相似:$policy_{it}^{urban}=0$表示截至2018年7月仅覆盖职工医保参保者的13个长期护理保险试点城市;$policy_{it}^{urban}=1$表示截至2018年7月同时覆盖职工医保和居民医保参保者的10个长期护理保险试点城市。本书以居住在不同类型试点城市的健康参保者为处理组、以居住在未实施长期护理保险试点城市的健康个体为对照组进行了倾向得分匹配,并展示了相应的双重差分回归结果[①]。由表6-14可以发现,同时覆盖职工医保和居民医保的长期护理保险显著降低了参保者的健康风险认知偏差(-12.8个百分点),且其

---

① 在分析仅覆盖职工医保的长期护理保险试点城市的处理效应时,处理组为居住在相应试点城市的失能参保者的配偶照料者,对照组为居住在未实施任何长期护理保险试点的城市的失能个体的配偶照料者。匹配后获得样本13168个,控制变量的平衡性测试均通过。在分析同时覆盖职工医保和居民医保的长期护理保险的处理效应时,处理组为居住在相应试点城市的失能参保者的配偶照料者,对照组为居住在未实施任何长期护理保险试点的城市的失能个体的配偶照料者。匹配后获得样本12988个,控制变量的平衡性测试均通过。

下降幅度显著高于仅覆盖职工医保的试点城市居民（-7.2个百分点）。部分原因在于，在长期护理保险制度实施前，健康素养相对较高的职工医保参保者（大部分为城镇居民）对失能风险及自身健康风险的认知水平较高，而健康素养相对较低的居民医保参保者（大部分为农村居民）对自身健康风险的认知存在一定的偏差。实施长期护理保险后，居民医保参保者的健康素养提升幅度较大。由表6-14还可以观察到，仅覆盖职工医保参保者的长期护理保险引发的"事前道德风险"行为更为严重，这表明由于城镇居民受到长期护理保险覆盖后的"风险认知提升效应"较小，因此难以抵消"事前道德风险"行为的负面影响，故表现为体检概率下降、体育锻炼概率下降、保健费用降低等现象。

（2）是否开展失能失智预防工作

为了降低社会和家庭的照料负担、缓解长期护理保险基金的支付压力和护理人员不足的问题，一些试点城市在全国范围内率先设立了长期护理保险预防基金，积极开展老年人失能失智的预防和延缓工作。失能失智预防工作的开展将会在一定程度上影响参保者的健康素养和失能风险认知，进而影响个体的预防性健康行为。本部分对青岛市、南通市两个典型城市的主要预防措施进行了整理归纳。

①青岛市

青岛市是全国较早进入老龄化社会的城市之一（早在1987年就已经进入人口老龄化阶段），也是全国最早开始探索建立长期护理保险制度的地区，有着丰富的试点经验。2012年6月，青岛市人民政府办公厅发布《关于建立长期医疗护理保险制度的意见（试行）》，在全国范围内率先建立了覆盖职工医保参保者的长期护理保险制度；2015年，制度覆盖范围进一步拓展到居民医保参保者；2018年，青岛市印发了《长期护理保险暂行办法》，在城镇职工中实施了生活照料与医疗护理一体化的新型长期护理保险制度，构建起了"保障群体多样化、服务内容精准化、筹资渠道多元化、经办管理标准化、质量监控信息化"的长期护理保障体系。

表 6-14　　　　　　　　覆盖人群医保类型异质性

变量	(1) 健康风险认知偏差	(2) 体检	(3) 体育锻炼	(4) 保健费用	(5) 吸烟	(6) 过量饮酒
同时覆盖职工医保和居民医保参保者的10个试点城市						
DID	-0.128* (0.073)	-0.030 (0.063)	-0.026 (0.065)	-14.239 (49.666)	0.042 (0.068)	0.045 (0.056)
样本量	12988	12988	12988	12988	12988	12988
Pseudo-R²	0.128	0.146	0.123	0.110	0.142	0.131
仅覆盖职工医保参保者的13个试点城市						
DID	-0.072* (0.041)	-0.073** (0.032)	-0.082** (0.036)	-65.322* (37.327)	0.076 (0.063)	0.068 (0.057)
样本量	13168	13168	13168	13168	13168	13168
Pseudo-R²	0.130	0.150	0.125	0.108	0.149	0.131
组间系数差异检验 t 值	-76.6***	69.7***	86.3***	94.1***	-42.0***	-32.9***

注：括号内为标准误，聚类到城市层面。回归中均控制了控制变量、年份固定效应、城市固定效应、城市×年份固定效应的影响。控制变量包括个人基本特征变量（年龄、年龄²、性别、民族、居住地区、户口类型、婚姻状况、是否独居、受教育水平、是否在正式部门工作、医疗保险类型、养老金收入）、家庭特征变量（家庭是否拥有房产、家庭年收入、家庭金融资产）、家庭关系变量（家庭规模、子女数量、兄弟姐妹数量、家庭内部经济转移）、所在城市特征变量［户籍人口数、土地面积、人均GDP、在岗职工平均工资、每千人执业（助理）医师数、每千人注册护士数］。***、**、*分别表示在1%、5%和10%水平下显著。

借鉴日本经验，2019年8月青岛市出台《关于开展长期护理保险延缓失能失智工作的意见（试行）》，将轻中度失能失智人员及高危人群纳入保障范围，并在全国范围内率先探索实施长期护理保险延缓失能失智保障机制。延缓失能失智保障金按照每年不超过1%的比例分别从职工和居民长期护理保险基金中划拨（每年划取金额约为3000万元），采取"宣传""培训"和"赋能训练"等方法鼓励轻度、中度失能失智者及高危人群维持一定的自理能力，对其照料者给予适当指导，在全社会营造"及早发现、及早干预"的良好氛围。青岛市长期护理保险延缓失能失智工作的主要方式如表6-15所示。

②南通市

南通市于2016年1月开始实施长期护理保险试点。借鉴中国台湾地区经验，2019年7月南通市医疗保障局印发《基本照护保险失能失智预防工作实施细则》（以下简称《细则》），探索将失能失智预防服务纳入保险范围，为推进"健康老龄化"提供先行先试的示范经验。《细则》提出，实施以宣传教育、风险评估、服务护理为主要内容的失能失智预防三年计划。目前，南通市形成了兼顾居家护理和机构护理并以居家护理为主，兼顾生活照料和医疗护理并以生活照料为主，集居家护理津贴、上门护理、义工服务、辅助器具服务、失能失智预防于一体的失能人员长期护理保障体系的"南通模式"。

由于CHARLS数据库仅覆盖2011—2018年数据，而青岛市和南通市实施失能失智预防工作的时间均在2019年及以后，因而本书无法使用该数据库对"延缓失能预防保障金"影响参保者健康风险认知和预防性健康行为的机制展开讨论。但根据已有研究，失能失智的预防及延缓工作提高了轻中度失能失智者的自理能力，延缓了高危人群的失能进程，有利于降低社会和家庭的照护负担、缓解长期护理保险基金的支付压力和护理人员不足问题。[①] 因此，本书预期开展失能失智预防工作的长期护理保险试点城市将对降低参保者健康风险认知偏差、提升其预防性健康行为（如增加体检概率、增加体育锻炼、增加保健费用支出、减少吸烟概率或减少过量饮酒概率等）起到一定积极作用。

[①] Yang, C. C., Hsueh, J. Y., Wei, C. Y., (2020), "Current Status of Long-term Care in Taiwan: Transition of Long-term Care Plan from 1.0 to 2.0", *International Journal of Health Policy and Management*, 9 (8), 363.

表 6-15 青岛市、南通市长期护理保险制度失能失智预防工作的主要内容

城市	项目	对象	措施
青岛市	宣传教育	全体市民（重点是60岁及以上老人及其照料者）	广泛进行宣传，提升公众意识：通过受众面较大的电视、广播及新媒体开展延缓失能失智理念知识和方法技能宣传，提升公众延缓失能失智发展进程的意识，在全社会营造良好氛围
	技能培训	照护服务从业人员、社区医护人员、赋能训练项目执行人员、其他有意愿从事延缓失能失智工作的社会人员、家庭照料者（享受家护、巡护、日间照护待遇的家庭照料者优先）	开展专门培训，提高照护技能：通过举办培训班、专题讲座、案例教学等开展延缓失能失智理论知识和实操技能培训
	赋能训练	经评定后符合条件的轻中度失能失智人员及高危人群	进行赋能训练，提升自理能力：包含提升身体机能（如吞咽功能训练、防跌倒训练、肌力训练等）、改善营养、改善认知、增加社会参与以及提升心理健康等内容，通过实施具体赋能训练对目标人群提前干预，推迟延缓病情发生发展，使被训练者维持一定的自理能力和社会活动参与能力，提高生活质量和幸福指数
南通市	宣传教育	60岁及以上老年人	制作和分发《失能预防知识手册》和《认知障碍预防知识手册》等宣传资料；举办失能失智预防专题讲座、学习会及失能失智预防相关活动
	风险评估	70岁及以上老年人	①失能风险评估：工具性日常生活活动能力、运动器官功能、营养状况、口腔功能、认知功能、抑郁情绪、自闭倾向等。②失智风险评估：短时记忆、深层记忆、定向记忆、季节、当天计划、紧急状态判断等
	服务护理	有失能失智风险的老年人	通过风险评估，及早发现有失能失智风险的老年人；针对高风险的老年人制定预防服务计划书；根据高风险老年人的身心状况有针对性地开展干预服务；对预防服务的效果定期进行监测评估

资料来源：青岛市医疗保障局：《关于开展长期护理保险延缓失能失智工作的意见（试行）》（青医保发〔2019〕7号）（http：//www.qingdao.gov.cn/n172/n24624151/n31284614/n31284615/n31284622/190820135114751636.html），2019年8月15日；南通市医疗保障局：《南通市基本照护保险失能失智预防工作实施细则》（http：//ylbzj.nantong.gov.cn/ntsylbzj/bm-wj/content/42e5ba77-17a5-42bc-8c60-41afb54c0c6e.html），2019年7月4日。

(八) 稳健性检验

本章在 PSM-DID 框架下研究了长期护理保险对健康参保者及其家庭成员预防性健康行为的影响。由于总样本分析结果（见表 6-6）并不显著，因此本书的稳健性检验均针对得到显著结果的机制分析部分（见表 6-7）进行。针对表 6-7 的回归结果，本书进行了 4 项稳健性检验，以验证结果的可信度。在稳健性检验 1 中，本书在"伪实施年份"进行了安慰剂检验。在稳健性检验 2 中，本书采用了不同的匹配方法进行研究，包括"K-最近邻匹配"（K-Nearest Neighbor Matching, K-NNM）和"广义精确匹配"（Coarsened Exact Matching, CEM）；在稳健性检验 3 中，本书将健康风险认知水平的度量指标更换为个体对自身所患疾病的认知水平，以此验证"风险认知水平提升效应"的存在性；在稳健性检验 4 中，本书考虑了大病保险政策的实施对回归结果的潜在影响。①

1. "伪实施年份"安慰剂检验

为了排除某些不可观测因素在处理组和对照组中具有不同的时间变化趋势而产生的对估计结果的影响，本书进行了年份安慰剂检验（Placebo Test）。假设长期护理保险的实施时间发生在 2011 年 8 月至 2013 年 7 月（如 2012 年），或 2013 年 8 月至 2015 年 7 月（如 2014 年），并将实际上在 2015 年 8 月至 2018 年 7 月实施长期护理保险的城市中的健康参保者作为处理组，以未实施长期护理保险的城市的个体作为对照组进行研究。② 在删除 2018 年所有样本后，采用倾向得分匹配（核匹配）下的双重差分模型进行回归。如果本书回归结果是由某些不可观测因素在处理组和对照组中具有不同的随时间变化趋势所导致的，那么该趋势

---

① 本部分没有呈现去除极端值的稳健性检验，这是因为本章的因变量几乎都是 0—1 变量，无法对"极端值"进行去除。

② 由于青岛市、潍坊市实施长期护理保险的时间分别为 2012 年和 2015 年，均在 2015 年 7 月（CHARLS 第三次调查的时间）之前，因此，本书在做安慰剂检验前删掉了位于上述两个城市的样本。

会使得基于2011年、2013年、2015年样本的安慰剂检验结果显著。结果如表6-16所示,并未发现被解释变量在处理组与对照组之间在长期护理保险伪实施年份(2012年、2014年)存在显著上升或下降。这说明,本书结果并不是由不可观测因素的时间趋势所导致的,而是由长期护理保险的实施带来的。

表6-16　　　　　　　　　伪实施年份安慰剂检验

变量	(1)健康风险认知偏差	(2)体检	(3)体育锻炼	(4)保健费用	(5)吸烟	(6)过量饮酒
Panel A：假设长期护理保险在2012年实施					
DID^{2012}	-0.029(0.036)	0.028(0.039)	0.002(0.070)	15.924(25.092)	-0.021(0.041)	-0.009(0.044)
样本量	11214	11214	11214	11214	11214	11214
Pseudo-R^2	0.113	0.129	0.115	0.105	0.102	0.121
Panel B：假设长期护理保险在2014年实施					
DID^{2014}	-0.017(0.35)	0.034(0.046)	-0.021(0.058)	-25.302(26.201)	0.002(0.027)	0.015(0.034)
样本量	11214	11214	11214	11214	11214	11214
Pseudo-R^2	0.114	0.140	0.109	0.102	0.131	0.124

注：括号内为标准误,聚类到城市层面。回归中均控制了控制变量、年份固定效应、城市固定效应、城市×年份固定效应的影响。控制变量包括个人基本特征变量(年龄、年龄^2、性别、民族、居住地区、户口类型、婚姻状况、是否独居、受教育水平、是否在正式部门工作、医疗保险类型、养老金收入)、家庭特征变量(家庭是否拥有房产、家庭年收入、家庭金融资产)、家庭关系变量(家庭规模、子女数量、兄弟姐妹数量、家庭内部经济转移)、所在城市特征变量[户籍人口数、土地面积、人均GDP、在岗职工平均工资、每千人执业(助理)医师数、每千人注册护士数]。***、**、*分别表示在1%、5%和10%水平下显著。"伪实施年份"检验仅使用2011年、2013年、2015年数据。

2. 更换倾向得分匹配方法

为了解决忽略非线性项以及不可观测变量带来的可能的内生性问题，本书使用倾向得分匹配（Propensity Score Matching，PSM）与双重差分相结合的方法进行了研究，匹配方法为 K 阶近邻匹配（NNM）和广义精确匹配（CEM）。经过匹配后，样本量分别为 14964 个和 14832 个。所有的控制变量均满足了控制变量的平衡性检验。表 6-17 表示，

表 6-17　　　　　　　更换倾向得分匹配框架的影响

变量	(1) 健康风险认知偏差	(2) 体检	(3) 体育锻炼	(4) 保健费用	(5) 吸烟	(6) 过量饮酒
Panel A：K 阶近邻匹配（K=4）						
DID^{NNM}	-0.082** (0.036)	-0.076** (0.034)	-0.081** (0.036)	-75.304* (25.888)	0.047 (0.039)	0.055 (0.046)
健康风险认知偏差	—	-0.512*** (0.171)	-0.549*** (0.178)	-470.646*** (56.882)	0.315** (0.140)	0.369** (0.164)
样本量	14964	14964	14964	14964	14964	14964
$Pseudo-R^2$	0.123	0.149	0.118	0.109	0.147	0.127
Panel B：广义精确匹配						
DID^{CEM}	-0.079** (0.35)	-0.080** (0.035)	-0.083** (0.037)	-50.922* (29.098)	0.040 (0.038)	0.058 (0.48)
健康风险认知偏差	—	-0.519*** (0.173)	-0.545*** (0.182)	-463.402*** (54.467)	0.309** (0.137)	0.377** (0.168)
样本量	14832	14832	14832	14832	14832	14832
$Pseudo-R^2$	0.120	0.145	0.113	0.105	0.143	0.125

注：括号内为标准误，聚类到城市层面。回归中均控制了控制变量、年份固定效应、城市固定效应、城市×年份固定效应的影响。控制变量包括个人基本特征变量（年龄、年龄²、性别、民族、居住地区、户口类型、婚姻状况、是否独居、受教育水平、是否在正式部门工作、医疗保险类型、养老金收入）、家庭特征变量（家庭是否拥有房产、家庭年收入、家庭金融资产）、家庭关系变量（家庭规模、子女数量、兄弟姐妹数量、家庭内部经济转移）、所在城市特征变量 [户籍人口数、土地面积、人均 GDP、在岗职工平均工资、每千人执业（助理）医师数、每千人注册护士数]。***、**、*分别表示在 1%、5% 和 10% 水平下显著。

使用不同的倾向得分匹配方法后,长期护理保险对预防性健康行为影响的结果及其中介机制均稳健。

3. 更换风险认知水平衡量指标

部分文献以人们对自身所患疾病的感知来度量其健康风险认知水平,如王小芳等[1]采用5个指标衡量个体对失智风险的认知:是否知道如何降低老年期痴呆的患病风险、是否认为自己未来会患该病、是否想知道自己患该病的概率、是否害怕自己未来会患该病,以及是否认为该病会给家人带来经济负担。在CHARLS数据中,同样包括反映个体对自身健康状况认知的变量,如是否知道自己患有(或没有)高血压病;是否知道自己患有(或没有)慢性肺部疾患[2]、是否知道自己患有(或没有)情感及精神方面疾病,这三类慢性病将可能引起较为严重的循环系统疾病(如心脑血管疾病)、呼吸系统疾病(如慢性阻塞性肺疾病)、神经系统疾病(如阿尔茨海默病)等,最终引发失能。本书将个体对上述三类疾病的认知作为自身"健康风险认知水平"的衡量指标,分析了长期护理保险是否能够提升参保者的健康素养和对自身健康的关注程度,结果如表6-18所示。

指标1:受访者是否知道自己患有(或没有)高血压病(是=1,否=0)。

指标2:受访者是否知道自己患有(或没有)慢性肺部疾患(包括慢性支气管炎、肺气肿、肺心病等,不包括肿瘤或癌)(是=1,否=0)。

指标3:受访者是否知道自己患有(或没有)情感及精神方面疾病(是=1,否=0)。

由上述结果可知,长期护理保险实施后参保者对自身是否罹患高血压病和慢性肺病有了更为清晰的认知,知道自己患有(或没有)两类疾病的概率分别提升12.6个和14.2个百分点。虽然个体对自身情感及

---

[1] 王小芳、王飞龙、唐碧霞等:《社区人群对老年期痴呆风险知识的认知和疾病感知及其影响因素分析》,《护理研究》2017年第20期。

[2] 包括慢性支气管炎、肺气肿、肺心病等,不包括肿瘤或癌。

表 6-18　长期护理保险影响参保者健康风险认知水平的影响

变量	(1) 健康风险认知偏差	(2) 高血压病认知水平	(3) 慢性肺病认知水平	(4) 精神疾病认知水平
DID	−0.082** (0.036)	0.126** (0.056)	0.142** (0.063)	0.037 (0.50)
样本量	14964	14964	14964	14964
Pseudo-R^2	0.123	0.099	0.092	0.087

注：括号内为标准误，聚类到城市层面。回归中均控制了控制变量、年份固定效应、城市固定效应、城市×年份固定效应的影响。控制变量包括个人基本特征变量（年龄、年龄^2、性别、民族、居住地区、户口类型、婚姻状况、是否独居、受教育水平、是否在正式部门工作、医疗保险类型、养老金收入）、家庭特征变量（家庭是否拥有房产、家庭年收入、家庭金融资产）、家庭关系变量（家庭规模、子女数量、兄弟姐妹数量、家庭内部经济转移）、所在城市特征变量［户籍人口数、土地面积、人均 GDP、在岗职工平均工资、每千人执业（助理）医师数、每千人注册护士数］。***、**、*分别表示在 1%、5% 和 10% 水平下显著。

精神方面问题的认知未发生显著变化，但是长期护理保险对参保者的该类疾病认知情况也起到了正向作用。这表明，更换健康风险认知水平的衡量指标后，长期护理保险依然体现出较强的"健康风险认知提升效应"。

4. 排除大病保险政策实施的潜在影响

由于各城市实施大病保险制度的时间较为分散，且与长期护理保险试点的推广存在时间上的重合，因此为了排除大病保险实施对参保者预防性健康行为的影响对本书回归结果的干扰，本节根据各城市实施大病保险的时间建立了标志大病保险实施的变量 $DID_{it}^{大病保险}$（构造方法与长期护理保险实施虚拟变量 DID_{it} 相似），并考察了该变量对参保者健康行为的影响。在加入变量 $DID_{it}^{大病保险}$ 后，变量 DID_{it} 的回归结果依旧显著（见表 6-19），表明参保者预防性健康行为的变化确实来自长期护理保险制度的实施。

表 6-19　　考虑大病保险政策实施的潜在影响

变量	(1) 健康风险认知偏差	(2) 体检	(3) 体育锻炼	(4) 保健费用	(5) 吸烟	(6) 过量饮酒
DID	-0.077** (0.34)	-0.070** (0.031)	-0.069** (0.031)	-53.857* (30.775)	0.040 (0.038)	0.058 (0.48)
$DID_{it}^{大病保险}$	-0.075** (0.033)	-0.089** (0.040)	-0.060** (0.027)	-107.870** (47.942)	0.070* (0.040)	0.083* (0.047)
健康风险认知偏差	—	-0.519*** (0.173)	-0.545*** (0.182)	-463.402*** (54.467)	0.309** (0.137)	0.377** (0.168)
样本量	14832	14832	14832	14832	14832	14832
Pseudo-R^2	0.120	0.145	0.113	0.105	0.143	0.125

注：括号内为标准误，聚类到城市层面。回归中均控制了控制变量、年份固定效应、城市固定效应、城市×年份固定效应的影响。控制变量包括个人基本特征变量（年龄、年龄²、性别、民族、居住地区、户口类型、婚姻状况、是否独居、受教育水平、是否在正式部门工作、医疗保险类型、养老金收入）、家庭特征变量（家庭是否拥有房产、家庭年收入、家庭金融资产）、家庭关系变量（家庭规模、子女数量、兄弟姐妹数量、家庭内部经济转移）、所在城市特征变量［户籍人口数、土地面积、人均 GDP、在岗职工平均工资、每千人执业（助理）医师数、每千人注册护士数］。***、**、*分别表示在1%、5%和10%水平下显著。

三　本章小结

本书利用 CHARLS 数据研究了长期护理保险对参保者预防性健康行为的影响，并提出了一种传导机制。总样本回归结果发现，长期护理保险对健康参保者的预防性健康行为未产生显著影响。机制分析表明，在控制了个体的健康风险认知偏差后，长期护理保险对预防性健康行为的影响变得显著，表明长期护理保险在带来"事前道德风险"的同时，还通过提高个体的"健康风险认知"水平和健康素养一定程度上增加了个体的预防动机，该"风险认知提升效应"削弱了"事前道德风险效应"。因此，在信息不对称情形下，长期护理保险参保者虽然倾向于降低自身为抵御疾病和失能风险所作出的努力,但是长期护理保险的推广增加了人们对自身健康的关注程度,削弱了事前道德风险效应。

同时本书发现,长期护理保险对预防性健康行为的影响存在异质性。在健康风险态度方面,乐观参保者的"健康风险认知提升效应"强于"事前道德风险效应",而悲观者的"健康风险认知提升效应"弱于"事前道德风险效应";在健康水平方面,健康水平较高者的"健康风险认知提升效应"弱于"事前道德风险效应",而健康水平较低者的"健康风险认知提升效应"强于"事前道德风险效应";在受教育水平方面,受教育水平较高者的"健康风险认知提升效应"弱于"事前道德风险效应",而受教育水平较低者的"健康风险认知提升效应"强于"事前道德风险效应"。上述异质性存在的原因主要在于长期护理保险试点的实施给不同风险态度、健康水平和受教育水平的个体带来的健康风险认知的提升作用不同。

以上研究结果为完善中国长期护理保险政策提供了一个新的视角。目前,中国在长期护理保险方面的卫生投入主要用于支付失能个体的护理服务与生活照料,用于失能预防、健康保健等用途的比例较小。本书建议,应积极借鉴青岛市、南通市等开展失能失智风险预防延缓工作的长期护理保险试点城市的创新做法,通过宣传教育、技能培训、赋能训练等形式鼓励居民进行预防性健康投入,从源头控制居民的失能失智风险。具体而言,建议在长期护理保险试点推广过程中,同步建立延缓失能失智保障金,向民众普及预防保健知识、倡导积极健康的生活方式,营造健康生活的良好社会氛围。

本书的分析也存在一定的局限性。"风险认知提升效应"和"事前道德风险效应"是本书中重点分析的两个长期护理保险影响预防性健康行为的渠道,由于数据的限制,本书未研究其他可能的机制,也暂未对事前道德风险异质性的原因做更为全面的分析,未来的研究可以在本书的基础上进一步细化研究对象和研究方法,进一步挖掘长期护理保险对预防性健康行为的作用。

第七章

失能老人护理需求与长期护理保险潜在经济效应测算

失能老年群体人口规模及其长期护理需求的测算是推广长期护理保险试点、发展长期护理服务市场的前提。已有文献重点关注了老年群体的失能率、失能规模和发展趋势，并对未来的长期护理费用进行了规范化测量。然而，从测算方法及结果来看，已有研究还存在较大分歧，部分学者对失能老年群体人口峰值的测算差异超过5000万人。因此，如何优化测量方法、科学预测失能群体规模及其长期护理需求仍需进一步的研究。

本章通过改进失能概率转移矩阵模型，对失能老人的长期护理需求进行了预测。基于本书第四至第六章的结论，长期护理保险在为失能群体提供护理保障的同时，也对失能参保者的住院服务利用、家庭照料者的劳动供给、健康参保者及其家庭成员的预防性健康行为产生影响。首先，长期护理保险减少了失能群体"社会性住院"等占床行为，减少了不必要的住院费用，减轻了失能个体和医保基金的支付压力，提高了医疗卫生资源的配置效率。这部分节省的费用可投入长期护理基金中，属于长期护理保险的"开源"项目。其次，长期护理保险释放了家庭照料者的劳动供给，有利于缓解老龄化国家劳动力短缺的问题，这部分劳动力进入市场当中赚取劳动收入，在提高失能家庭总收入水平、促进经济增长的同时也增加了长期护理基金的保费收入，因此也属于长期护理保险的"开源"项目。最后，部分试点城市的长期护理保险开展了失能失智的预防和延缓工作，预期能够减缓轻度失能老人向中度失能转移的速度，在其他条件不变的情况下，预期能够减小未来的失能人口规模和长期护理基金支出压力，属于长期护理保险的"节流"项目。因此，基于长期护理保险的上述三种效应，本书在合理假设的基础上进行了长期护理保险"潜在经济效应"评估，① 为建立和优化有中国特色的长期护理保障体系提出了具体可行的政策建议。本章研究路线如图 7-1 所示。

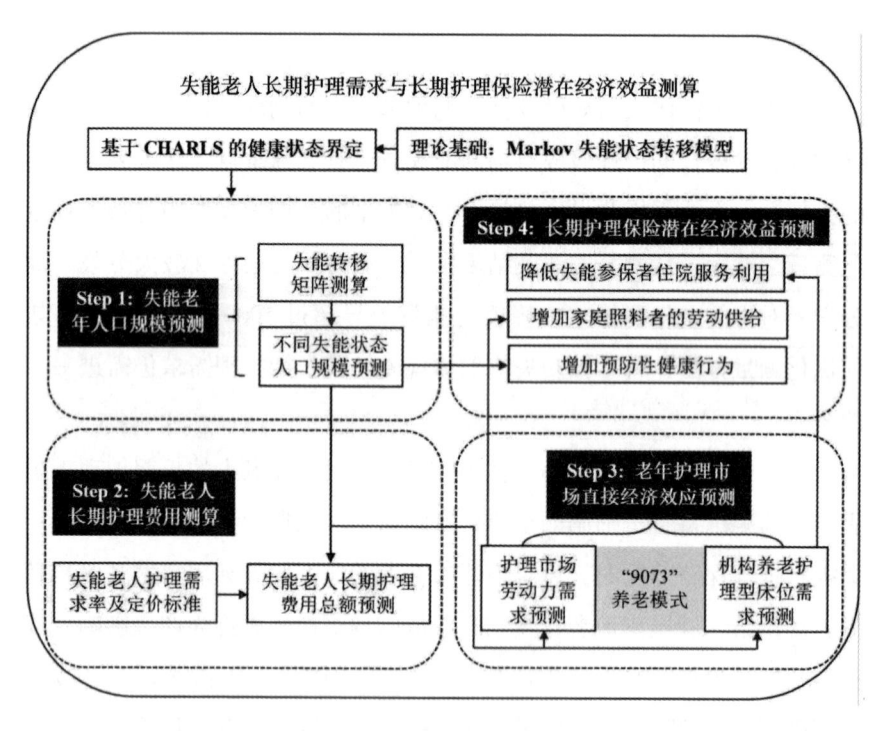

图 7-1 第七章研究路线

---

① 本章所指的长期护理保险的"潜在经济效应"仅指长期护理保险通过影响住院服务利用、劳动供给、预防性健康行为而带来的潜在经济效应。由于长期护理保险可能对微观个体的其他方面的决策产生影响，因此本书所测算的潜在经济效应仅为长期护理保险总体经济影响的一部分。

第七章 失能老人护理需求与长期护理保险潜在经济效应测算

一 数据与变量

(一) 数据介绍

本章使用了两个数据库对失能老人的长期护理需求进行测算。首先，本书使用中国健康与养老追踪调查数据（CHARLS）2011年、2013年、2015年、2018年共80525条微观数据进行老年群体失能概率转移矩阵的测算，具体的样本筛选方法为：以样本中60岁及以上老人为研究对象（剩余样本40857个），剔除关键变量存在缺失的样本（剩余样本21628个）并构造了平衡面板（剩余样本13596个）。其次，本书使用2015年中国老年家庭与养老服务全面调查数据确定了失能老人长期护理服务需求的内容及单价。

(二) 变量定义

本书参考国际通用的失能评估方法对老年群体的健康状况进行界定，主要依据为老年人日常生活活动能力（Activities of Daily Living, ADL）评分和工具性活动能力（Instrumental Activities of Daily Living, IADL）评分。其中，ADL评分主要通过观察个体在洗澡、吃饭、穿衣、起床、平地行走、上下楼梯、如厕、控制大小便等活动是否需要帮助来确定；IADL评分主要通过观察个体在做饭、吃药、购物、管钱、打电话、洗衣服、做家务、使用交通工具等活动的完成情况来确定。[1] 通常情况下，老人健康受损的过程首先是IADL发生障碍，随后是ADL发生障碍。不同的失能评估量表对轻度失能、中度失能、重度失能的定义有所不同。以Barthel量表（见表3-1）为例，其总分为100分，得分在0—40分的属于"重度失能"个体，得分在41—60分的属于"中度失能"个体，得分在61—99分的属于"轻度失能"个体，得分为100分

---

[1] Yi, Z., Vaupel, J. W., Zhenyu, X., et al., (2002), "Sociodemographic and Health Profiles of the Oldest Old in China", *Population and Development Review*, 28 (2), 251-273.

的属于"完全独立"个体。而 Katz 量表则仅衡量了个体在洗澡、吃饭、穿衣、移动、如厕、控制大小便 6 个日常生活活动方面的功能，全部能够自理的评定为 A 级，只有 1 项依赖的评定为 B 级，只有洗澡和其余 5 项之一依赖的评定为 C 级，洗澡、穿衣和其余 4 项之一依赖的评定为 D 级，洗澡、穿衣、如厕和其余 3 项之一依赖的评定为 E 级，洗澡、穿衣、移动、如厕和其余 2 项之一依赖的评定为 F 级，所有项目均依赖的评定为 G 级。其中，B 级定义为"轻度失能"，C 级和 D 级定义为"中度失能"，E 级、F 级和 G 级定义为"重度失能"。此外，衡量个体失能情况的量表还有"改良 Barthel 量表""FIM 量表""PULSES 量表""Kenny 自理评定量表""Pfeffer 功能活动量表""RDRS 量表""FAQ 量表"等，各分类标准对受试者的失能等级的评估存在差异。

本书综合上述量表的评定标准，根据 CHARLS 数据中关于 ADL 和 IADL 指标的问题，尽可能地利用了受访者不同方面的失能信息，由此对老人的失能等级进行了与 Katz 等[①]类似的界定，如表 7-1 所示。值得注意的是，相较于各试点城市使用的 Barthel 量表，本书对失能等级的评定标准更加宽泛，由此估算出的失能群体规模将大于各试点城市长期护理保险保障范围。

表 7-1　　　　　　　　老年群体健康状态界定标准

健康状态	状态描述
健康	没有任何 IADL 障碍和 ADL 障碍
轻度失能	至少有 1 项 IADL 障碍，但无 ADL 障碍
中度失能	有 1—3 项 ADL 障碍
重度失能	有 4 项及以上 ADL 障碍
死亡	死亡

---

① Katz, S., Ford, A. B., Moskowitz, R. W., et al., (1963), "Studies of Illness in the Aged: The Index of ADL: A Standardized Measure of Biological and Psychosocial Function", *JAMA: The Journal of the American Medical Association*, 185 (12), 914-919.

二 失能老年人口规模预测

借鉴已有文献的失能测算方法,本书基于 CHARLS 数据,通过构建多状态的马尔可夫(Markov)模型建立了失能状态转移的概率矩阵,并进一步推导出不同健康状态持续的时间和不同时期的人口数量。马尔可夫模型由一系列随机事件组成,可以基于目前已知的状态预测未来某一状态的实现概率。假设存在随机过程 $\{X(t), t \in T\}$,其中 $T=(0, 1, 2, 3, \cdots)$,如果对于任意正整数 l、k、m 及任意的 $m>j_l>\cdots>j_2>j_1$ 和 $i_{m+k}, i_m, i_{j_l}, \cdots, i_{j_2}, i_{j_1}$,若已知 m 期的状态 i_m,若 $m+k$ 期的状态可以完全确定,则该随机过程被称为马尔可夫链:

$$P\{X(m+k)=i_{m+k} \mid X(m)=i_m, X(j_l)=i_{j_l}, \cdots, X(j_2)=i_{j_2}, X(j_1)=i_{j_1}\} = P\{X(m+k)=i_{m+k} \mid X(m)=i_m\}$$

(7-1)

即 m 期的状态 i_m 包含了以往所有期的信息的总和。记 $p_{ij}^{(k)}$ 为马尔可夫链的 k 步转移概率,即已知在目前位于 i 的条件下经 k 步后转移到 j 的条件概率。测算中国失能老年群体的规模共需三个步骤:第一,计算现阶段中国不同失能程度老人占老年人口总数的比重;第二,计算现阶段中国老年群体的人口规模及未来变动趋势;第三,计算未来老年人口失能概率转移矩阵。

(一) 失能概率转移矩阵测算

本书使用 CHARLS 数据分别计算了 2011 年、2013 年、2015 年和 2018 年中国 60 岁及以上老年群体不同健康状态人口的占比情况,如表 7-2 所示。总体而言,中国老年群体处于健康状态的比例维持在 67%—74%,所占比例较高,但近年来下降趋势明显;失能群体中,轻度失能比例较高,占总人口比重的 17%—21%;中度失能和重度失能比例较低，二者之和占总人口比重的 5%—12%。

表 7-2　　2011—2018 年中国 60 岁及以上老年人口失能率　　单位：%

年份	健康	轻度失能	中度失能	重度失能	死亡
2011	73.91	20.90	3.10	2.09	1.01
2013	71.58	20.40	5.21	2.81	1.35
2015	69.97	18.34	6.45	3.49	1.75
2018	67.83	17.37	7.80	4.57	2.43

资料来源：根据 CHARLS 数据整理。

老年群体的衰老过程即为个体随年龄增长从健康状态向轻度失能、中度失能、重度失能和死亡转化的动态演化过程。本书将 2011 年老年群体失能率定义为向量 A，将 2013 年老年群体失能率定义为向量 B，将 2015 年老年群体失能率定义为向量 C，将 2018 年老年群体失能率定义为向量 D，具体有：

$$A = (a_1 a_2 a_3 a_4 a_5) = (0.7391\ 0.2090\ 0.0310\ 0.0209\ 0.0101)$$
$$B = (b_1 b_2 b_3 b_4 b_5) = (0.7158\ 0.2040\ 0.0521\ 0.0281\ 0.0135)$$
$$C = (c_1 c_2 c_3 c_4 c_5) = (0.6997\ 0.1834\ 0.0645\ 0.0349\ 0.0175)$$
$$D = (d_1 d_2 d_3 d_4 d_5) = (0.6783\ 0.1737\ 0.0780\ 0.0457\ 0.0243)$$

由于 A 与 D 相隔 7 年，因而二者之间满足 $D = A \times P^7$；B 与 D 相隔 5 年，因而二者之间满足 $D = B \times P^5$；C 与 D 相隔 3 年，因而二者之间满足 $D = C \times P^3$。通过计算可得失能概率转移矩阵 P 的最优解，如表 7-3 所示。

表 7-3 报告了 2011—2018 年不同健康状态老年群体的失能概率转移矩阵预测结果，可以发现：第一，在老年群体健康状态转移的过程中，各状态保持不变的概率最高。例如，当老人处于"健康"状态时，下一年仍处于"健康"状态的概率高达 96.14%，而其转移到轻度失能状态的概率为 3.49%，转移到中度失能状态的概率为 0.19%，转移到重度失能状态的概率仅为 0.11%。

表 7-3　　　　老年群体健康状态概率转移矩阵的测算结果　　　　单位:%

		新状态				
		健康	轻度失能	中度失能	重度失能	死亡
原始状态	健康	96.14	3.49	0.19	0.11	0.07
	轻度失能	10.42	81.93	6.11	1.33	0.21
	中度失能	1.23	6.68	82.09	9.12	0.88
	重度失能	0	1.11	12.04	84.78	2.05
	死亡	0	0	0	0	100

第二，轻度失能老人在下一年保持轻度失能的概率为81.93%，转向健康状态的概率为10.42%，高于转向中度失能和重度失能状态的概率（6.11%和1.33%）。这表明，占总失能人口大多数的轻度失能老年群体可以通过积极的日常照料、健康护理和体育锻炼等预防和延缓失能失智的措施，在一定程度上改善或维持健康状态。因此轻度失能老年群体是健康状态改善的主要目标群体之一。

第三，重度失能老人转移到健康状态的概率仅为0.02%，其恢复健康的概率较小。由此可见，提高老年健康状况的关键在于瞄准轻度、中度失能老年群体，延缓其向重度失能转移的进程。而医疗护理的重点人群是重度失能群体，政府需要从制度、政策、资金等多方面为重度失能老人构建专业化的医疗护理服务体系。

（二）不同失能状态人口规模预测

根据表7-3，本书可进一步模拟得到老年群体健康状态的N步（N年）转移概率，即随着时间的推移，得到不同时期各状态老年群体的健康转移概率和人口规模。在此基础上，基于全国老龄工作委员会发布的《中国人口老龄化发展趋势百年预测》[①] 中关于中国老年人口的预测

---

① 李本公:《中国人口老龄化发展趋势百年预测》，华龄出版社2007年版，第22—26页。

(本书选取的是"中间方案"),以 2020 年为基期模拟了 2020—2100 年不同健康状态老年群体的人口规模。表 7-4 和图 7-2 报告了 2020—2100 年不同健康状态老年人口分布的预测结果。

表 7-4　　2020—2100 年不同健康状态老年人口分布状况　　单位：万人

年份	60 岁及以上人口总数	健康	轻度失能	中度失能	重度失能	中重度失能人口总数	中重度失能占总人口的比重（%）
2020	26402	18064	4626	2299	1413	3712	14.06
2025	29320	19352	5060	2946	1962	4909	16.74
2030	35058	22467	6039	3863	2690	6553	18.69
2035	39387	24658	6794	4626	3308	7934	20.14
2040	40448	24865	6992	4974	3617	8591	21.24
2045	41298	25032	7152	5251	3863	9114	22.07
2050	43381	26011	7524	5654	4192	9847	22.70
2055	42893	25504	7448	5695	4246	9941	23.18
2060	40628	24003	7061	5469	4095	9564	23.54
2065	39030	22947	6788	5309	3987	9296	23.82
2070	37798	22139	6577	5181	3901	9082	24.03
2075	37477	21888	6524	5168	3897	9065	24.19
2080	36835	21466	6414	5102	3853	8955	24.31
2085	35452	20626	6174	4927	3725	8652	24.41
2090	33951	19727	5914	4731	3579	8310	24.48
2095	32636	18944	5686	4557	3449	8006	24.53
2100	31830	18463	5546	4451	3370	7821	24.57

由表 7-4 可知：第一，2020 年中国轻度失能、中度失能和重度失能

第七章 失能老人护理需求与长期护理保险潜在经济效应测算

的老年群体规模分别为4626万人、2299万人和1413万人。① 第二，从总人口数量来看，中国老年人口数量呈现先升后降的倒"U"形趋势，于2050年达到顶峰，约为4.34亿人。第三，从中重度失能老年人口总量来看，呈先升后降的倒"U"形趋势，并于2055年达到顶峰0.99亿人（占总人口的比重为23.18%），后于2100年降至0.78亿人。总体而言，中重度失能老人规模的巅峰略晚于总人口规模的巅峰到来。第四，历年来身体健康的老年人口占比最高，峰值约为2.60亿人（2050年）；失能老人中，轻度失能老人占比最高，占失能老年群体的41%—65%，峰值约为0.75亿人（2050年）；中度失能老人占比次之，占失能老年群体的23%—33%，峰值约为0.57亿人（2055年）；重度失能老人占比最低，占失能老年群体的12%—25%，峰值约为0.42亿人（2055年）。

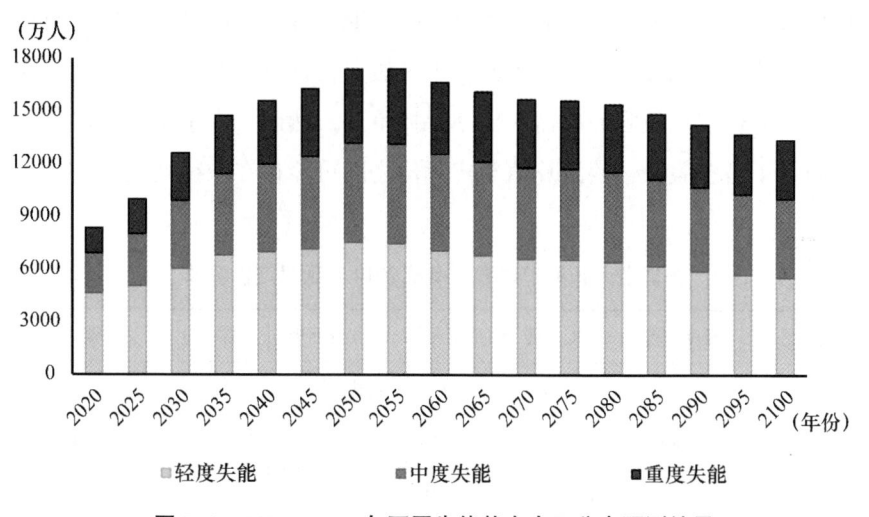

图7-2 2020—2100年不同失能状态人口分布预测结果

---

① 根据全国老龄办、民政部、财政部在2016年10月9日发布的第四次中国城乡老年人生活状况抽样调查的结果，中国失能、半失能老年人约为4063万人，占老年人口18.3%。此处所述的失能、半失能老年人包括由Katz量表评估为B级、C级、D级、E级、F级和G级的个体，因此对应的是本书中"中度失能"和"重度失能"群体。由表7-4测算数据可知，2020年中国中度和重度失能老人共2299+1413=3712万人，占老年人口的比重为14.1%，略低于第四次中国城乡老年人生活状况抽样调查数据，可能的原因在于CHARLS在调研时存在拒访的问题，失能或残疾情况较重的个体拒访的概率大于健康或失能程度较轻的个体，因而CHARLS可能存在对重度失能老人规模的低估。

三 失能老人长期护理费用测算

参照胡宏伟等[①]的研究,本书根据2015年中国老年家庭与养老服务全面调查数据确定了失能老年群体长期护理服务需求的内容和单价,如表7-5所示。调查结果显示,老年人长期护理服务需求基本分为三大方面,即日常生活照料服务、医疗保健护理服务和精神慰藉服务。这三大需求又包括若干小项护理服务内容。参考胡宏伟等对老年护理服务潜在需求的界定,本书将老年个体的护理服务需求定义为老年人实际上需要的相应护理服务项目,而不考虑其是否有支付能力。以表7-5左上角第一个数字为例,其含义为42.86%的轻度失能老人需要助餐服务且有支付该项服务的能力。由于老年人对不同长期护理服务需求的程度具有一定稳定性,变化波动较小,因此,本书假定在预测阶段内,不同状态失能老人的长期护理服务的需求比率保持不变。然而,由于本书的测算结果内含了诸多假设,故测算值与实际值之间可能存在系统性差异。[②]

表7-5　失能老人长期护理需求率及2014年项目定价标准

项目	轻度失能	中度失能	重度失能	收费标准	需求量	费用
(一)日常生活照料服务							
助餐	42.86%	46.96%	51.06%	15元/天	200天/年	3000元/年
助浴	11.81%	15.75%	24.11%	8元/次	50次/年	400元/年

---

① 胡宏伟、李延宇、张澜:《中国老年长期护理服务需求评估与预测》,《中国人口科学》2015年第3期。
② 例如,在2020—2100年可能会出现技术进步,给失能群体的长期护理需求带来结构性的变化。以与老年护理相关的可穿戴设备、智能护理机器人为例,该类技术的出现和发展将大大促进护理市场的发展、丰富护理产品的形式,提升护理服务质量和失能老人享受护理服务的可及性。目前,智能护理机器人已广泛应用于日本、美国、欧洲等地区的医院老年康复科、康复中心以及居家、社区等养老场景,能够有效地完成各项护理服务工作。

第七章 失能老人护理需求与长期护理保险潜在经济效应测算

续表

项目	轻度失能	中度失能	重度失能	收费标准	需求量	费用
助行	15.84%	17.12%	29.79%	8元/次	50次/年	400元/年
仪表修饰	14.16%	21.87%	29.58%	5元/次	12次/年	60元/年
协助更衣	15.84%	17.12%	29.79%	5元/次	200次/年	1000元/年
排泄照料	15.84%	17.12%	29.79%	4元/次	100次/年	400元/年
洗衣服	12.80%	25.34%	39.04%	3元/桶	50桶/年	150元/年
打扫卫生	12.80%	25.34%	39.04%	5元/次	60次/年	300元/年
代购陪购商品	11.93%	13.70%	24.65%	5元/次	50次/年	250元/年
（二）医疗保健护理服务							
健康咨询	58.07%	59.80%	61.54%	—	—	—
康复理疗	27.67%	36.99%	37.32%	8元/次	300次/年	2400元/年
陪同就医	27.71%	35.54%	43.36%	20元/次	10次/年	200元/年
用药服务	32.58%	43.54%	54.51%	5元/次	200次/年	1000元/年
（三）精神慰藉							
特殊关怀	25.71%	29.45%	37.59%	—	—	—
心理咨询	16.67%	18.49%	20.32%	—	—	—
文娱活动	35.90%	37.46%	39.01%	—	—	—
临终关怀	19.88%	30.82%	41.76%	50元/天	60次/天	4500元/年

注：1. 部分小项护理服务需求结果是相同的，这主要是由于调查时个别小项护理服务内容接近，被整合在一个问题中，所以护理服务需求统计结果存在不同服务项目需求率相同的情况。2. 仪表修饰包括理发、修剪指甲等。3. 特殊关怀包括庆祝生日、节假日探望等。4. 健康咨询、特殊关怀、心理咨询、文娱活动数据缺失，主要是由于数据采集结果精度不够或无法采集，或部分已由政府作为公共服务免费提供。

资料来源：胡宏伟、李延宇、张澜：《中国老年长期护理服务需求评估与预测》，《中国人口科学》2015年第3期。

考虑到价格变动因素，根据 2015—2021 年《中国统计年鉴》计算

可知，2014—2020年中国的年均经济增速约为6.1%。① 参考李善同等② 对中国经济增长速度的预测结果，本书将2021—2030年中国年均经济增速设定为5.4%，将2031—2040年增速设定为4.5%，将2041—2050年增速设定为3.4%。参考日本（1970年以来）及韩国（1995年以来）等老龄化较为严重的国家的历史经济增长速度，本书将中国2051—2060年、2061—2070年、2071—2080年、2081—2090年、2091—2100年的经济增长速度与日本、韩国相应老龄化程度阶段的历史经济增长速度相对应，分别设定为2.5%、1.6%、1.2%、1.0%、0.8%。以上述年均经济增长速度作为护理服务单价的变动趋势，将不同程度失能老年群体的人口规模与长期护理服务单价相乘，得到不同失能程度老人的长期护理服务的费用支出，如表7-6和图7-3所示。

表7-6　　2020—2100年中国失能老人长期护理费用总额预测

单位：亿元

年份	轻度失能	中度失能	重度失能	总计
2020	2480.54	1593.07	1207.92	5281.52
2025	3528.96	2655.64	2182.42	8367.03
2030	5478.40	4528.89	3891.60	13898.89
2035	7681.54	6759.66	5963.60	20404.80
2040	9850.54	9056.88	8125.72	27033.15
2045	11909.49	11302.11	10255.85	33467.45
2050	14808.58	14383.78	13156.61	42348.97
2055	16585.36	16389.85	15077.67	48052.88

---

① 2014—2020年中国的年均经济增速约为6.1%〔（7.04%+6.85%+6.95%+6.75%+5.95%+2.99%）÷6〕。

② 李善同、侯永志、翟凡：《未来50年中国经济增长的潜力和预测》，《经济研究参考》2003年第2期。

续表

年份	轻度失能	中度失能	重度失能	总计
2060	17789.83	17808.28	16451.33	52049.44
2065	18514.44	18714.11	17341.80	54570.34
2070	19421.20	19774.65	18366.97	57562.81
2075	20447.84	20935.39	19478.80	60862.03
2080	21339.17	21939.70	20439.90	63718.77
2085	21590.61	22268.92	20767.07	64626.60
2090	21735.02	22472.12	20972.21	65179.36
2095	21745.30	22524.12	21032.64	65302.06
2100	22072.54	22895.09	21388.24	66355.86

由表7-6可知，从费用总额看，失能老人长期护理费用由2020年的0.5万亿元增长到2060年的5.2万亿元，40年间增长886%；2100年长期护理费用增至6.6万亿元，相比2020年增长1156%。从不同失能状态老人的长期护理费用看，轻度失能老人长期护理费用由2020年的0.25万亿元增长到2060年的1.78万亿元，增长617%；2100年轻度失能老人长期护理费用为2.21万亿元，相比2020年增长790%。中度失能老人长期护理费用由2020年的0.16万亿元增长到2100年的2.29万亿元，增长1337%；重度失能老人长期护理费用由2020年的0.12万亿元增长到2100年的2.14万亿元，增长1671%。可以发现，长期护理费用增长速度较快，且失能程度越重的老年群体的长期护理费用的增长速度越快；2100年，轻度、中度、重度失能老人的长期护理费用规模大致相等，占总长期护理费用的比重分别约为33.3%、34.5%和32.2%。因此，随着失能老年人口规模的扩大，建立专业化的长期护理服务体系和长期护理保险制度，对保障失能老人的基本生活十分重要。

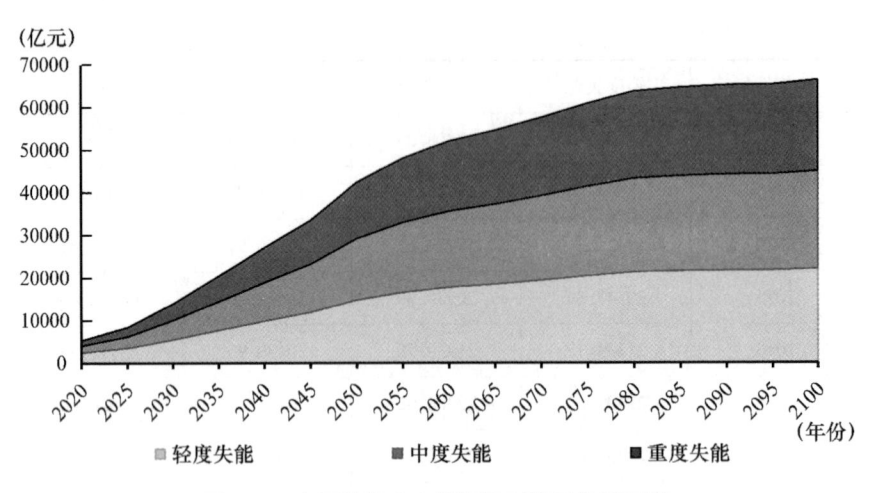

(亿元)
70000
60000
50000
40000
30000
20000
10000
0
2020 2025 2030 2035 2040 2045 2050 2055 2060 2065 2070 2075 2080 2085 2090 2095 2100 (年份)
■ 轻度失能　　　■ 中度失能　　　■ 重度失能

图 7-3　中国失能老人长期护理费用总额预测

四　老年护理市场直接经济效应预测

本书进一步测算了护理市场的"直接经济效应",即失能老人在护理市场的"产品消费总额"与"服务消费总额"(劳动力需求产生的市场价值)。一方面,失能老人数量的上升增加了对标准化护理产品(如护理型床位、康复设施等)的需求;另一方面,失能老人对护理员的需求也带动了护理服务市场的发展,在一定程度上起到了促进就业的作用。① 因此,对长期护理市场"直接经济效应"的预测有利于估算相关市场及保障制度的建立健全在促进经济增长方面所发挥的重要作用。

本部分的测算过程分为以下三步:第一,测算老年护理市场的劳动力需求规模,即为了满足老年失能群体的长期护理需求应设置多少护理人员。第二,测算为保障失能老人的长期护理需求应建立多少长期护理

---

① 需要注意的是,失能老人在长期护理服务市场的产品消费与服务消费之间存在交叉,如:"陪同就医"服务既属于"护理服务消费",又属于表 7-5 中所列的"护理产品消费";而鼻饲、压疮护理等仅属于"护理服务消费",不属于"护理产品消费"(未在表 7-5 中列出);用洗衣机洗衣服等不需要人力完成的护理工作仅属于"护理产品消费",不属于"护理服务消费"。因此,本书中失能老人在长期护理服务市场的产品消费与服务消费不能直接相加。本书只对二者的规模和趋势进行了分析和对比。

型床位。第三，将上述二者的预测值转换为可用货币计量的市场价值并进行比较。

（一）老年护理市场劳动力需求规模

为了保障失能老人对日常照料、医疗护理及精神慰藉等服务的需求，相应的护理人员规模即为"老年护理市场的劳动力需求规模"。一般而言，护理人员数量与失能老人数量成正比。广东省民政厅于2012年12月印发《广东省养老机构规范化建设指引》，规定养老护理员应符合《养老护理员国家职业标准》相关要求持证上岗，护理员与入住老人比例宜为"与自理老人1∶10，与介助老人1∶6，与介护老人1∶3"。[①] 本书将"健康状态"老人界定为"自理老人"，将"轻度失能状态""中度失能状态"老人界定为"介助老人"，将"重度失能状态"老人界定为"介护老人"，并根据上述比例测算了2020—2100年老年护理市场的劳动力需求。

同时，对老年护理市场的劳动力需求的测算也应考虑到中国老年群体照料模式的重要特征。与美国、德国等西方国家相比，中国老年群体依靠家庭养老的比重较高，而对机构养老的接受度较低，这与日本、韩国等东亚国家的情况类似。因此，考虑到中国失能老人不会全部入住养老机构进行养老，因此不应机械地套用《养老护理员国家职业标准》中的比例进行测算。2007年1月上海市民政局发布《上海民政事业发展"十一五"规划》，提出了"全市户籍老年人中，90%由家庭自我照顾，7%享受社区居家养老（照顾）服务，3%享受机构养老服务"的"9073"养老服务模式；国家卫生健康委员会在2021年4月8日新闻发布会上也将中国老年人的养老模式描述为"90%左右的老年人居家养

---

① 此外，为促进养老产业和养老机构的可持续发展，满足老人护理需求，2017年民政部颁布了《养老机构生活照料服务规范》，规定养老护理员的配置应满足老人基本生活照料需求。养老护理员与自理老人配比不宜小于1∶20，与半护理老人配比不宜小于1∶10，与全护理老人配比不宜小于1∶4。

老，7%左右的老年人依托社区支持养老，3%的老年人入住机构养老"的"9073"养老格局。

参照这一格局，本书按照90%的居家照料比例、10%的社会照料比例对老年护理市场的劳动力需求规模进行测算。表7-7和图7-4（a）报告了2020—2100年中国老年护理市场劳动力需求量的预测结果。研究表明，第一，劳动力总体需求呈现先上升后下降的倒"U"形趋势，从2020年的343.16万人增加至2050年的峰值619.48万人，增长80.5%；后下降至2100年的463.59万人，这与老年人口总数的增长趋势一致。失能老人（"介助老人"和"介护老人"需求之和）对护理劳动力的需求由2020年的162.52万人上升到2055年的峰值360.58万人，增长121.9%；后下降至2100年的278.96万人。第二，从不同健康状态老年群体的护理劳动力需求量来看，"自理老人"与"介助老人"的护理劳动力需求量较大，均在21世纪中叶达到峰值260.11万人（2050年）和219.63万人（2050年）。第三，失能老人的护理劳动力需求占比从2020年的47%上升至2100年的60%，表明建设专业化长期护理劳动力队伍的必要性与紧迫性。

表7-7　　2020—2100年中国老年护理市场劳动力需求量预测

单位：万人

年份	自理老人	介助老人	介护老人	需求总计	失能护理需求	失能护理需求占比（%）
2020	180.64	115.42	47.10	343.16	162.52	47.4
2025	193.52	133.43	65.42	392.36	198.85	50.7
2030	224.67	165.02	89.68	479.36	254.69	53.1
2035	246.58	190.34	110.27	547.20	300.62	54.9
2040	248.65	199.43	120.57	568.65	320.00	56.3
2045	250.32	206.72	128.75	585.79	335.47	57.3
2050	260.11	219.63	139.74	619.48	359.37	58.0
2055	255.04	219.04	141.54	615.63	360.58	58.6

续表

年份	自理老人	介助老人	介护老人	需求总计	失能护理需求	失能护理需求占比（%）
2060	240.03	208.83	136.50	585.36	345.33	59.0
2065	229.47	201.60	132.91	563.98	334.51	59.3
2070	221.39	195.97	130.03	547.39	326.00	59.6
2075	218.88	194.86	129.91	543.65	324.77	59.7
2080	214.66	191.93	128.43	535.03	320.36	59.9
2085	206.26	185.03	124.15	515.44	309.18	60.0
2090	197.27	177.42	119.30	493.98	296.71	60.1
2095	189.44	170.71	114.97	475.12	285.68	60.1
2100	184.63	166.61	112.34	463.59	278.96	60.2

（二）机构养老护理型床位需求量

本书进一步对不同健康状态老年群体的护理型床位需求进行了测算。参考"9073"养老模式，假设中国97%的老人居住在家中或本社区中（包括90%的居家养老群体和7%的享受社区日间照料的老年群体），仅3%的老人入住机构享受机构护理。由于家庭及社区养老一般不需要占据额外的床位，因此仅有约3%的老人（含健康、轻度失能、中度失能和重度失能）将入住养老机构并需要占据床位。基于该比例，本书测算了2020—2100年中国老年群体床位需求总量，具体包括下列步骤：第一，在3%入住比例下测算中国养老机构床位需求总量（包括健康、轻度、中度、重度失能老人需求之和）；第二，比较养老机构长期"护理型床位"需求量（包括轻度、中度、重度失能老人需求之和）占总床位需求量的比重，如表7-8和图7-4（b）所示。

表7-8报告了2020—2100年中国养老机构床位数量需求预测结果。可以发现，首先，机构养老床位总需求由2020年的792.06万张增长到2050年的1301.43万张（达到峰值），增长64.3%；护理型床位需求量由2020年的250.14万张增长到2055年的521.66万张（达到峰值），增长108.5%，增长率显著高于非护理型床位，80年间护理型床位占比

从32%上升为42%。其次，从不同健康状况群体的床位需求量看，健康及轻度失能老人床位需求量较大，这与相应老年人口的基数较大有关；中度、重度失能老人的床位需求量占比虽然较低，但增长迅速，到2055年达到峰值，分别增长约148%和201%，高于同期健康及轻度失能老人41%和61%的增长速度。因此，随着老年群体失能程度的加深，应增加护理型床位的供给，以满足不同失能程度老人的长期护理需求。

表7-8　　2020—2100年中国养老机构床位数量需求预测　　单位：万张

年份	健康	轻度失能	中度失能	重度失能	总需求	护理型需求	护理型床位占比（%）
2020	541.92	138.79	68.97	42.39	792.06	250.14	31.58
2025	580.55	151.79	88.38	58.87	879.60	299.05	34.00
2030	674.00	181.16	115.88	80.71	1051.74	377.74	35.92
2035	739.75	203.83	138.79	99.25	1181.61	441.86	37.40
2040	745.96	209.75	149.22	108.51	1213.44	467.48	38.53
2045	750.97	214.55	157.54	115.88	1238.94	487.97	39.39
2050	780.32	225.71	169.63	125.77	1301.43	521.11	40.04
2055	765.13	223.43	170.84	127.39	1286.79	521.66	40.54
2060	720.10	211.82	164.06	122.85	1218.84	498.74	40.92
2065	688.40	203.63	159.26	119.62	1170.90	482.50	41.21
2070	664.17	197.30	155.44	117.03	1133.94	469.77	41.43
2075	656.64	195.71	155.04	116.92	1124.31	467.67	41.60
2080	643.98	192.41	153.07	115.59	1105.05	461.07	41.72
2085	618.77	185.23	147.82	111.74	1063.56	444.79	41.82
2090	591.81	177.42	141.93	107.37	1018.53	426.72	41.90
2095	568.33	170.57	136.70	103.47	979.08	410.75	41.95
2100	553.89	166.38	133.53	101.11	954.90	401.01	42.00

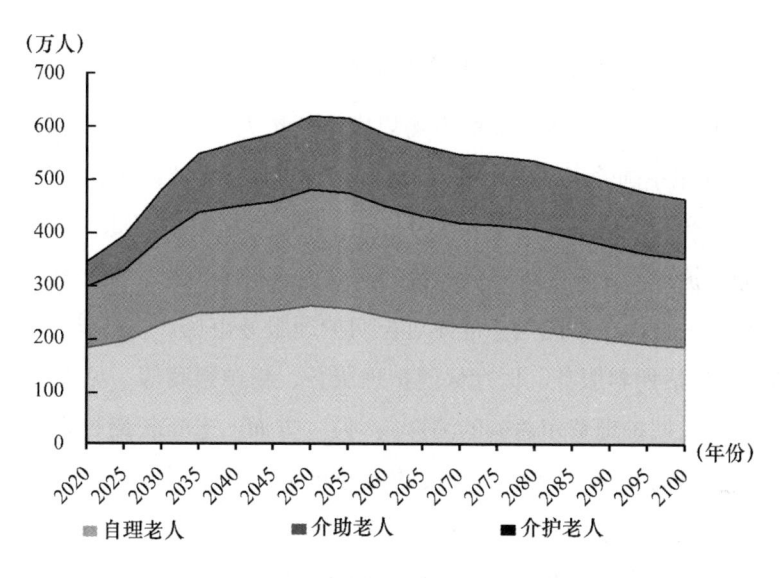

第七章　失能老人护理需求与长期护理保险潜在经济效应测算

(a) 中国老年护理市场劳动力需求量预测

(b) 中国养老机构床位需求量预测

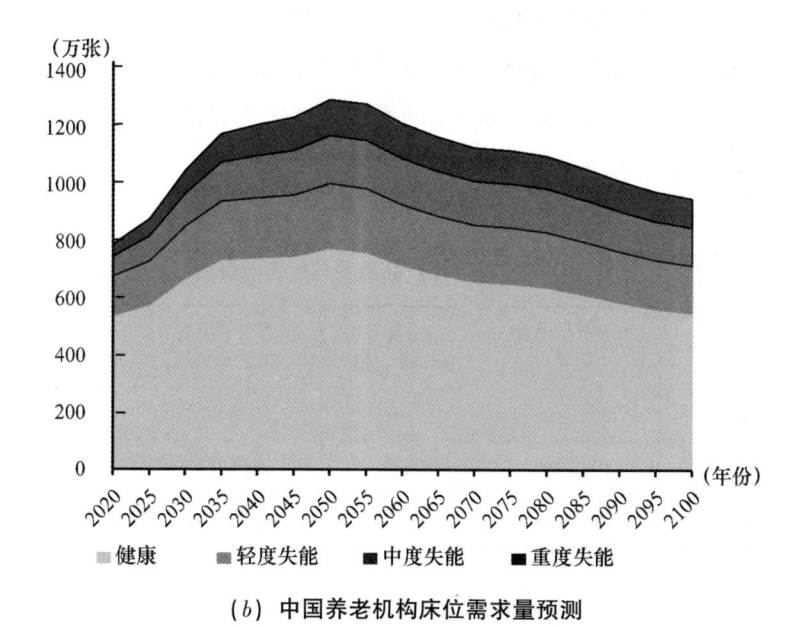

图 7-4　2020—2100 年中国老年护理市场劳动力和养老机构床位需求量预测

（三）老年护理市场直接经济效应

近年来，中国养老产业的市场规模不断扩大。巩英杰和张媛媛[1]发现，2010年中国养老产业市场规模仅为1.4万亿元，然而截至2018年，中国养老产业市场规模增至6.6万亿元，增长3.7倍。因此，本书进一步对老年护理产业发展带来的直接经济效应进行了预测，该增量包含两个部分：一方面，中国老年群体对长期护理服务市场产生"产品消费"（如日常生活照料服务、医疗保健护理服务、精神慰藉等，见表7-6对失能老人长期护理费用总额的测算）；另一方面，老年长期护理服务生产者（护理劳动力）创造了直接的劳务价值，老年群体对长期护理服务市场产生"服务消费"。本书对后者的测算步骤包括：第一，参考国际通用护理标准将轻度、中度和重度失能老人的长期护理需求设定为1.5小时/天、3小时/天和5小时/天，护理服务频率均为每周3天。第二，由于长期护理服务从业人员的工资普遍偏低，因此本书采用全国各省小时最低工资标准的均值（通过各省就业人数和小时最低工资标准进行加权平均获得)[2]测算出中国不同失能程度老年群体所需护理劳动力的劳务价值（见表7-9和图7-5）。

表7-9　2020—2100年中国护理市场产品消费与服务消费总额及增长率预测

年份	护理产品消费（亿元）	产品消费年均增长率（%）	护理服务消费（亿元）	服务消费年均增长率（%）
2020	5281.52	—	6009.98	—
2025	8367.03	58.42	9814.97	63.31
2030	13898.89	66.12	16589.49	69.02

---

[1] 巩英杰、张媛媛：《"互联网+"视角下养老服务产业转型升级路径研究》，《宏观经济研究》2020年第3期。

[2] 2020年为18.43元/小时，此后各年均按照历年价格变动进行调整。

续表

年份	护理产品消费（亿元）	产品消费年均增长率（%）	护理服务消费（亿元）	服务消费年均增长率（%）
2035	20404.80	46.81	24623.30	48.43
2040	27033.15	32.48	32863.94	33.47
2045	33467.45	23.80	40897.53	24.44
2050	42348.97	26.54	51944.20	27.01
2055	48052.88	13.47	59101.48	13.78
2060	52049.44	8.32	64146.26	8.54
2065	54570.34	4.84	67354.32	5.00
2070	57562.81	5.48	71128.03	5.60
2075	60862.03	5.73	75268.65	5.82
2080	63718.77	4.69	78852.20	4.76
2085	64626.60	1.42	80014.53	1.47
2090	65179.36	0.86	80728.64	0.89
2095	65302.06	0.19	80903.26	0.22
2100	66355.86	1.61	82226.32	1.64

资料来源：《全国各地区最低工资标准情况》（截至2020年3月31日），人社部官网，http：//www.mohrss.gov.cn/xxgk2020/fdzdgknr/ldgx_4234/qygzfp/202011/t20201127_399743.html；《分地区就业人员数》（2020年底数），国家统计局官网，https：//data.cnki.net/yearbook/Single/N2021110004。

表7-9报告了2020—2100年中国老年护理市场的直接经济效应的测算结果（包括护理市场产品消费总额及护理市场服务消费总额）。首先，老年群体长期护理市场产品消费总额由2020年的0.53万亿元增长到2100年的6.64万亿元，80年间增长11.5倍。其次，老年护理市场服务消费总额（护理市场劳动力的劳务价值）由2020年的0.60万亿元增长为2100年的8.22万亿元，增长12.7倍。最后，2020—2050年的

老年护理市场服务消费与产品消费的年均增长率均维持在20%以上，表明未来的30年将是中国护理市场直接经济价值增长最快的时期。

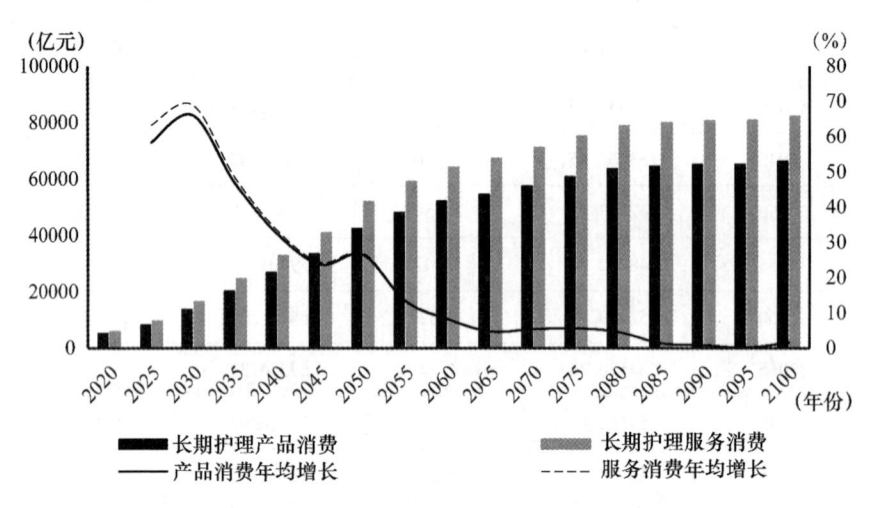

图 7-5　2020—2100年中国护理市场产品消费与服务消费增长预测

五　长期护理保险的潜在经济效应预测

在测算失能老年群体人口规模及长期护理产品、长期护理服务总需求的基础上，本书结合长期护理保险对失能参保者的住院服务利用、对家庭照料者的劳动供给和对健康参保者的预防性健康行为的影响，对长期护理市场带来的潜在经济效应进行预测。下文中，第一小节基于本章第四节第二小节对养老机构床位数量需求的预测（见表7-8）测算了中国失能老人入住综合医院接受护理服务时可能产生的费用支出（如床位费、护理费）；第二小节基于本章第四节第一小节对中国老年护理市场劳动力需求量的预测（见表7-7）测算了长期护理保险对家庭照料者劳动供给的释放作用及劳动收入的增加作用，并计算了由此带来的长期护理保险缴费的增长（长期护理保险个人缴费一般为收入水平的一定比例）；第三小节基于本章第二节第一小节对老年群体健康状态概率转移矩阵的测算结果（见表7-3），对开展失能预防延缓工作的成效进行了合理的假设，测算了失能预防及延缓措施对不同健康状态人口分布的影响，并沿用本章第四节的计算方法研究了"普通型"与"延缓型"护理措施对中国护理市场的影响。综合上述三方面的测算结果，本书从"开源"和"节流"两个角度对长期护理保险的总体潜在经济效应进行了预测。

需要注意的是，本书所述"长期护理保险的潜在经济效应"仅限于上述三个方面，并不是其全部潜在经济效应。与"收入"不同，本部分测算的"效应"指的并不是能直接进入长期护理保险基金中进行待遇支付的收益，而是长期护理保险在优化医疗卫生资源配置、优化劳动力资源配置、推动全民健康三个方面带来的社会福利的改进情况。从效应来源及形式的角度来看，三者不用于进行比较或进行加减。

（一）长期护理保险降低失能参保者住院服务利用

长期以来，中国的医疗卫生服务的供给过度依赖城市三甲医院，基本的门诊、护理、保健、康复服务在三甲医院中占比过大，而本应在护理服务和基础医疗服务中发挥重要作用的基层医院和卫生院并没有发挥相应的功能，其医疗床位和设施难以得到充分利用。部分缺乏家庭支持和难以支付商业养老院护理费用的失能老年人选择入住医院并利用基本医疗保险报销护理费用，从而引发"社会性住院"现象。由本书第四章研究结论可知，长期护理保险的实施在一定程度上降低了失能参保者"社会性住院"的概率，有利于医疗卫生和护理资源的优化配置，推动中国医疗卫生服务体系向"价值医疗"方向转型。本部分基于目前各级医院住院病人的人均医药费用，探讨了长期护理保险在减少社会性住院方面带来的潜在经济效应。

在民政部倡导的"9073"养老模式下，假设应有3%的老人入住养老院或护理院享受机构养老服务。在长期护理保险政策实施前，机构养老的相关基础设施尚不完善，因此，本书假设本应入住养老院、护理院享受护理服务的上述3%的失能老人为了享受护理服务而入住各级综合医院，产生"社会性住院"等资源浪费行为。表7-10总结了2019年各级综合医院住院病人的人均医药费用。由表7-10可知，2019年综合医院住院病人的平均床位费与护理费分别为355.9元/人和314.7元/人。预期在长期护理保险实施后，护理服务机构等相关配套设施日益建成，上述"社会性住院"行为将下降，医疗卫生资源的利用效率上升。由于社会性住院主要增加的是失能群体在综合医院中的"床位费"和"护理费"支出（一般占床病人不会增加对检查费、治疗费、手术费、卫生材料费和药费的支出），因此本书以"床位费"和"护理费"为例，使用综合医院均值数据对长期护理保险节省的医疗卫生费用的规模进行预测。

表7-10　　　　2019年各级综合医院住院病人人均医药费　　　单位：元/人

医院类型	床位费	护理费	检查费	治疗费	手术费	卫生材料费	药费	总计
委属综合医院	598.2	389.7	1925.8	2290.5	2403.6	7425.3	6360.5	21393.6
省属综合医院	488.0	397.1	1716.8	1929.6	1561.7	5085.4	4955.9	16134.5
地级市属综合医院	411.7	365.0	1298.8	1658.9	933.2	2516.5	3334.1	10518.2
县级市属综合医院	317.9	281.6	795.9	1095.1	569.0	1224.3	2080.4	6364.2
县属综合医院	235.6	238.4	582.9	874.5	388.0	763.1	1553.8	4636.3
综合医院均值	355.9	314.7	1056.7	1361.0	828.7	2240.5	2861.5	9018.7

注：1. 本表系卫生健康部门综合医院数字；2. 地级市属含地区和省辖市区属，县级市属包括地级市辖区属。

资料来源：《中国卫生健康统计年鉴2020》。

预测分为三个步骤：首先，计算2019年各级综合医院住院病人人均床位费与护理费之和（355.9+314.7=670.6元/人）；其次，根据2020—2100年经济发展预期水平对各年度的床位费与护理费进行价格调整；第三步，根据表 7-8 对养老机构床位数量需求的预测，计算本应入住养老院、护理院享受护理服务的中国失能老人（约占全部失能老人的 3%）入住各级综合医院后的床位费和护理费支出，如表 7-11 和图 7-6 所示。

表 7-11　失能老人不合理入住综合医院产生的床位费及护理费预测

单位：亿元

年份	轻度失能	中度失能	重度失能	总计
2020	9.91	4.93	3.03	17.86
2025	14.10	8.21	5.47	27.78
2030	21.89	14.00	9.75	45.65
2035	30.70	20.90	14.95	66.54
2040	39.36	28.00	20.36	87.73
2045	47.59	34.94	25.70	108.24
2050	59.18	44.47	32.97	136.62
2055	66.27	50.68	37.79	154.74
2060	71.09	55.06	41.23	167.38
2065	73.98	57.86	43.46	175.31
2070	77.61	61.14	46.03	184.78
2075	81.71	64.73	48.82	195.26
2080	85.27	67.83	51.23	204.33
2085	86.28	68.85	52.05	207.17
2090	86.85	69.48	52.56	208.89
2095	86.89	69.64	52.71	209.25
2100	88.20	70.79	53.60	212.59

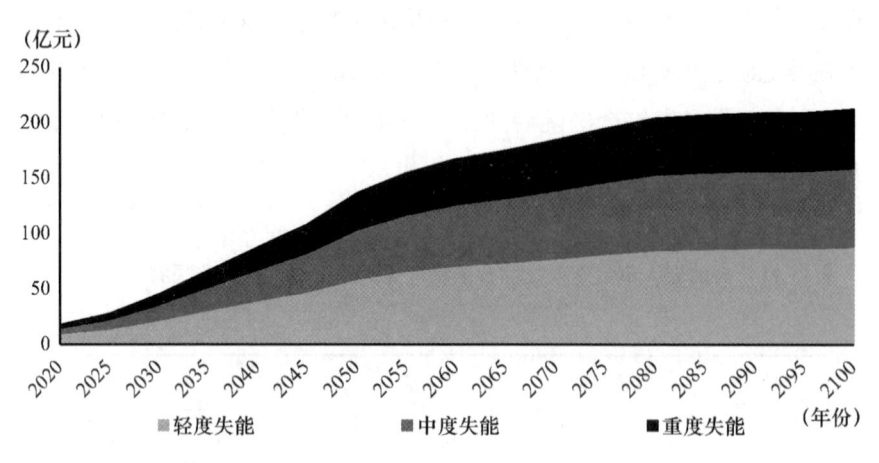

图 7-6 中国失能老人入住综合医院产生的潜在床位费及护理费预测

由表 7-11 可知，在民政部倡导的"9073"养老模式下，长期护理保险制度的缺乏将导致 17.86 亿元的床位费及护理费损失（2020 年），且该数字将随着时间的推移逐渐增加，至 2100 年时每年社会性住院问题可能导致的潜在床位费及护理费损失约为 212.59 亿元，80 年间增长 10.9 倍，此时轻度、中度及重度失能老人带来的医疗资源无效配置金额分别占总体的 41.5%、33.3% 和 25.2%。长期护理保险实施后，节省的这部分床位费及护理费均可投入长期护理保险基金中，以支付失能老人入住养老院及护理院的护理费用。因此，这部分"住院服务"费用支出的下降将为长期护理保险基金带来"开源"的效应。

（二）长期护理保险增加家庭照料者的劳动供给

已有研究发现，长期护理保险的实施能够在一定程度上促进当地正式护理服务市场的发展，增加失能老人入住专业护理服务机构的概率，因此能够降低家庭照料者的照料负担，从而增加其劳动供给。本书第五章研究了长期护理保险对失能参保者家庭成员的劳动供给的溢出效应，从家庭层面研究了长期护理保险在劳动力市场中优化资源配置的作用。参照表 7-7 对中国老年护理市场劳动力需求量的预测，本书对长期护保险在释放劳动供给、增加劳动收入及社会保障缴费水平方面的潜在经济效应进行预测。

在实施长期护理保险之前，由于缺乏专业且价格低廉的正式护理服务，许多家庭成员不得不成为失能老人的非正式护理者，从而面临劳动供给和照料老人的时间冲突。长期护理保险实施后，失能老人能够享受到更加规范和物美价廉的正式照料服务，因而释放了家庭照料者的劳动供给。基于以上逻辑，本书首先测算了本应入住社区养老机构（占总失能老人的7%）和养老服务机构（占总失能老人的3%）的老人选择居家享受家庭成员的亲情护理所带来的对非正式护理人员的需求，进而探讨长期护理保险可能带来的劳动供给增加效应。

预测方法分为三个步骤：第一步，计算非正式护理者的劳动力需求规模。由于家庭照料者往往不为家庭以外的失能老人提供非正式护理服务，因此失能老人与家庭照料者的数量基本达到1∶1。通过计算可得，非正式护理者的劳动力需求规模如表7-12和图7-7所示。第二步，计算非正式护理者全部进入劳动力市场后可能获得的劳动总收入。由于自我选择成为家庭照料者的个体一般具有较低的劳动力市场工资水平，因此本书采用全国平均每小时最低工资标准（2020年为18.43元/小时，以后各年充分考虑价格变动因素的影响）衡量家庭照料者进入劳动力市场后的平均工资水平，并假设家庭照料者的劳动时长为2000小时/年（每年工作250天、每天工作8小时）。第三步，计算家庭照料者获得额外劳动收入后需缴纳的长期护理保险费（以承德市和深圳市为例，两个试点城市均将长期护理保险个人缴费率设为上年度工资总额的0.1%）。

由表7-12可知，在民政部倡导的"9073"养老模式下，长期护理保险制度的实施将有利于帮助833.81万家庭照料者重返劳动力市场（2020年数据），且该数字将随着时间的推移呈现先上升、后下降的趋势，至2055年时达到峰值1738.86万人，2100年时该数字回落到1336.71万人，此时介助老人（轻度、中度失能老人）和介护老人（重度失能老人）所在家庭的劳动供给增加量约占总增加量的75%和25%。

长期护理保险实施后，被释放的家庭照料者劳动供给产生的潜在劳动收入增加值由2020年的0.31万亿元上升到2100年的3.66万亿元，80年间增长10.9倍。同时，劳动收入的增加也将带来长期护理保险基金缴费金额的快速增长，潜在长期护理保险缴费增加值由2020年的3.07亿元增加至2100年的36.58亿元。因此，长期护理保险对家庭照料者的劳动供给溢出效应同样属于长期护理保险制度的"开源"项目。

表7-12　长期护理保险对家庭照料者劳动供给及劳动收入的释放作用

年份	介助老人家庭照料者（万人）	介护老人家庭照料者（万人）	失能老人家庭照料者总计（万人）	潜在劳动收入增加值（亿元）	潜在长期护理保险缴费增加值（亿元）
2020	692.52	141.29	833.81	3073.88	3.07
2025	800.59	196.25	996.84	4780.23	4.78
2030	990.11	269.03	1259.14	7854.15	7.85
2035	1142.06	330.82	1472.88	11449.15	11.45
2040	1196.56	361.71	1558.27	15094.90	15.09
2045	1240.31	386.25	1626.56	18623.52	18.62
2050	1317.80	419.22	1737.02	23507.08	23.51
2055	1314.23	424.63	1738.86	26624.31	26.62
2060	1252.95	409.50	1662.46	28799.38	28.80
2065	1209.62	398.73	1608.35	30163.46	30.16
2070	1175.82	390.08	1565.90	31793.18	31.79
2075	1169.15	389.74	1558.89	33595.99	33.60
2080	1151.60	385.30	1536.89	35157.55	35.16
2085	1110.18	372.46	1482.65	35646.65	35.65
2090	1064.51	357.89	1422.39	35942.51	35.94
2095	1024.25	344.90	1369.15	36003.29	36.00

第七章　失能老人护理需求与长期护理保险潜在经济效应测算

续表

年份	介助老人家庭照料者（万人）	介护老人家庭照料者（万人）	失能老人家庭照料者总计（万人）	潜在劳动收入增加值（亿元）	潜在长期护理保险缴费增加值（亿元）
2100	999.68	337.03	1336.71	36578.98	36.58

注：介助老人是指轻度及中度失能老人，介护老人指的是重度失能老人；参考深圳市标准，长期护理保险费率设为年平均工资的1.2%。

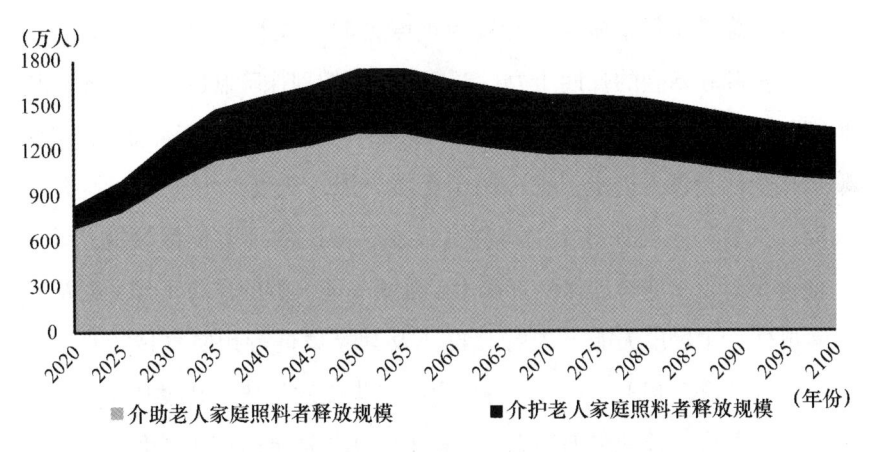

图 7-7　长期护理保险对家庭照料者劳动供给的释放作用

（三）长期护理保险增加预防性健康行为

根据本书第六章的结论，长期护理保险的实施对参保者及其家庭成员的预防性健康行为产生影响。已有文献指出，一方面，由于长期护理保险缩小了健康和失能两种状态下的财富水平的差距，且参保者所付保费由试点城市政策决定（与个人的预防性健康行为无关），因此参保者的自我保护努力程度可能下降，预期预防性健康行为将会减少，即长期护理保险产生"事前道德风险效应"；另一方面，与发展较为成熟的医疗保险不同，由于长期护理保险建立和发展的时间较短，对大多数人而言是一类新鲜事物，因此伴随着长期护理保险制度的建立，参保者对失能风险和疾病风险的认知水平可能会提高，预期个体会增加其风险规避行为,[①] 因而预防性健康行为将会增加,即长期护理保险产生"风险认知提升效应"。同时,由于知识的传播在家庭和社区内部十分普遍,家庭成员参加长期护理保险并使用相应的护理服务会对个体起到示范作用,也可能增加参保者家庭成员(自身未参保)的预防性健康行为的溢出效应。由第六章的结论可知,上述两种效应互相抵消,最终表现为长期护理保险的实施对参保者的预防性健康行为无显著影响。

为了降低参保个体未来发展为重度失能(失智)的风险、减轻护理服务资源和基金的长期压力,青岛市长期护理保险制度借鉴日本长期护理保险的实施经验,建立了"延缓失能(失智)预防保障金",该保障金接受社会各界捐赠,统一用于延缓失能(失智)预防工作。延缓失能(失智)预防保障金为参保者设立了不同的预防护理等级,旨在合理引导部分长期护理保险资源用于延缓失能失智的预防工作,对潜在风险群体、中轻度失能(失智)群体及其家属进行预防宣传、早期干预、康复训练及相关培训,以降低个体的失能发生率、延缓其失能发生时间。青岛市的长期护理保险制度是中国建立最早的正式制度,其"既关注事后护理保障,也关注事前延缓预防"的理念为其他地区提供了宝贵的先行经验。通过失能失智预防延缓项目的开展,轻度、中度失能失智人员的自理能力得到提升,营造了"及早发现、及早干预"的良好社会氛围。

已有文献对健康预防行为影响失能概率的研究较为缺乏。以本章基于CHARLS数据库对失能转移矩阵的测算结果可知(见表7-3),t期的轻度失能个体在$t+1$期转为健康状态的概率(10.42%)高于转为中度失能状态(6.11%)或重度失能状态(1.33%)的概率。因此,应针对轻度失能老人开展失能失智延缓工作,通过生活照料、医疗护理和体

[①] Dohmen, T., Falk, A., Huffman, D., et al., (2010), "Are Risk Aversion and Impatience Related to Cognitive Ability?", *American Economic Review*, 100 (3), 1238-1260; Lilleholt, L., (2019), "CognitiveAbility and Risk Aversion: A Systematic Review and Meta Analysis", *Judgment and Decision making*, 14 (3), 234-279.

第七章 失能老人护理需求与长期护理保险潜在经济效应测算

育锻炼帮助其恢复一定的自理能力，维持甚至提高其健康水平。假设"延缓失能（失智）预防保障金"能够帮助轻度失能群体延缓其向中度失能转变的概率，如第 t 年轻度失能老人在第 $t+1$ 年转为中度失能的概率由 6.11% 下降到 6.01%，同时保持轻度失能的概率由 81.93% 上升到 82.03%。① 上述 0.1 个百分点的微小变化将在较长时期内为降低失能群体规模作出显著贡献，预测结果如表 7-13 所示。

表 7-13 开展失能预防及延缓工作后不同健康状态人口分布预测结果

单位：万人

年份	60岁及以上人口总数	健康	轻度失能	中度失能	重度失能	中重度失能人口总计	中重度失能人口占比（%）
2020	26402	18072	4645	2278	1407	3685	13.96
2025	29320	19367	5081	2920	1952	4872	16.62
2030	35058	22491	6063	3829	2675	6504	18.55
2035	39387	24690	6822	4586	3289	7874	19.99
2040	40448	24902	7020	4930	3595	8526	21.08
2045	41298	25073	7181	5205	3838	9044	21.90
2050	43381	26056	7554	5605	4166	9770	22.52
2055	42893	25551	7478	5645	4219	9864	23.00
2060	40628	24050	7089	5421	4069	9489	23.36
2065	39030	22992	6815	5262	3961	9223	23.63
2070	37798	22184	6603	5136	3875	9011	23.84
2075	37477	21933	6550	5122	3872	8994	24.00
2080	36835	21511	6440	5057	3827	8884	24.12

① 注意，该处数据仅为作者的假设，测算的结果即为轻度失能老人在一年后转为中度失能的概率每下降 0.1 个百分点，以后各期不同状态老人的人口分布情况，可视为对老年群体不同健康状态的敏感性分析。

续表

年份	60岁及以上人口总数	健康	轻度失能	中度失能	重度失能	中重度失能人口总计	中重度失能人口占比（%）
2085	35452	20669	6199	4884	3700	8584	24.21
2090	33951	19769	5938	4689	3555	8244	24.28
2095	32636	18985	5709	4516	3426	7942	24.34
2100	31830	18503	5568	4411	3348	7759	24.38

对比表7-4和表7-13数据可以发现，在2050年人口老龄化程度最严重的时期，失能"延缓型"长期护理保险制度将会使健康老人数量从26011万人增加至26056万人（增加45万人），使轻度失能老人数量从7524万人增加至7554万人（增加30万人），同时使中度失能老人数量从5654万人降低至5605万人（减少49万人），使重度失能老人数量从4192万人降低至4166万人（减少26万人）。根据"延缓型"人口分布预测结果，基于与表7-9同样的算法，表7-14展示了由新的失能老人人口分布情况计算得出的护理市场产品消费需求与服务消费需求的增长。

表7-14　"普通型"与"延缓型"措施下中国护理市场产品消费、服务消费预测　　单位：亿元

年份	老年护理市场产品消费总额		老年护理市场服务消费总额	
	延缓型	普通型	延缓型	普通型
2020	5271.82	5281.52	5991.27	6009.98
2025	8346.73	8367.03	9778.30	9814.97
2030	13859.83	13898.89	16521.27	16589.49
2035	20342.00	20404.80	24515.82	24623.30
2040	26944.72	27033.15	32714.52	32863.94

第七章 失能老人护理需求与长期护理保险潜在经济效应测算

续表

年份	老年护理市场产品消费总额		老年护理市场服务消费总额	
	延缓型	普通型	延缓型	普通型
2045	33353.14	33467.45	40706.00	40897.53
2050	42199.65	42348.97	51695.50	51944.20
2055	47879.33	48052.88	58813.67	59101.48
2060	51857.97	52049.44	63829.76	64146.26
2065	54366.73	54570.34	67018.54	67354.32
2070	57345.65	57562.81	70770.56	71128.03
2075	60630.42	60862.03	74887.94	75268.65
2080	63474.64	63718.77	78451.33	78852.20
2085	64377.67	64626.60	79606.09	80014.53
2090	64927.23	65179.36	80315.24	80728.64
2095	65048.62	65302.06	80487.91	80903.26
2100	66097.66	66355.86	81803.32	82226.32

资料来源：《全国各地区最低工资标准情况》（截至2020年3月31日），人社部官网，http://www.mohrss.gov.cn/xxgk2020/fdzdgknr/ldgx_4234/qygzfp/202011/t20201127_399743.html；《分地区就业人员数》（2020年底数），国家统计局官网，https://data.cnki.net/yearbook/Single/N2021110004。

由表7-14结果可知，失能"延缓型"长期护理保险能够降低历年老年群体的护理消费需求（以2100年为例，失能"延缓型"长期护理保险使老年护理市场产品消费需求由66356亿元下降到66098亿元）和服务消费需求（劳动力需求）（以2100年为例，失能"延缓型"长期护理保险使劳动力市场价值由82226.32亿元下降到81803.32亿元）。总体看来，"延缓型"长期护理保险能够使中国护理市场的产品需求与服务需求下降，该部分资金的节省预期将减少长期护理保险基金的给付支出，属于长期护理保险制度的"节流"项目。

（四）长期护理保险潜在经济效应评估

由本节可知，长期护理保险通过三个渠道对老年群体的护理费用产生影响。首先，长期护理保险帮助部分选择"社会性住院"的失能老人入住更为专业对口的护理院、养老院，从而为各级综合医院节省的床位费和护理费如表 7-15 第（1）列所示。该部分医疗费用可用于为失能老人在专业护理机构享受护理服务提供补贴或待遇给付，进一步充实长期护理保险基金，属于长期护理保险"开源节流"中的"开源"项目。

表 7-15　　　　长期护理保险潜在经济效应预测　　　　单位：亿元

年份	（1）通过减少社会性住院释放的医疗资源	（2）通过增加家庭成员劳动供给增加的保费	（3）通过延缓失能节省的护理产品费用	（4）通过延缓失能节省的护理服务费用
2020	17.86	3.07	9.70	18.71
2025	27.78	4.78	20.30	36.67
2030	45.65	7.85	39.06	68.22
2035	66.54	11.45	62.80	107.48
2040	87.73	15.09	88.43	149.42
2045	108.24	18.62	114.31	191.53
2050	136.62	23.51	149.32	248.70
2055	154.74	26.62	173.55	287.81
2060	167.38	28.80	191.47	316.50
2065	175.31	30.16	203.61	335.78
2070	184.78	31.79	217.16	357.47
2075	195.26	33.60	231.61	380.71
2080	204.33	35.16	244.13	400.87

续表

年份	（1）通过减少社会性住院释放的医疗资源	（2）通过增加家庭成员劳动供给增加的保费	（3）通过延缓失能节省的护理产品费用	（4）通过延缓失能节省的护理服务费用
2085	207.17	35.65	248.93	408.44
2090	208.89	35.94	252.13	413.40
2095	209.25	36.00	253.44	415.35
2100	212.59	36.58	258.20	423.00

长期护理保险通过帮助部分因无法入住养老机构而迫使家庭成员放弃劳动为其提供非正式护理的失能老人入住护理院、养老院等，从而释放了家庭照料者的劳动供给，增加了失能家庭的劳动收入，该部分收入对长期护理保险缴费的贡献如表7-15第（2）列所示。该部分费用不仅增加了失能家庭的总体劳动收入，还为长期护理保险基金带来额外的保费收入，增强了长期护理保险基金的可持续性，该项也属于长期护理保险"开源节流"中的"开源"项目。

长期护理保险通过设置"延缓失能（失智）预防保障金"延缓了轻度失能老人向中度失能状态的转变（每年"轻度失能"→"中度失能"转移概率下降0.1个百分点、每年"轻度失能"→"轻度失能"转移概率上升0.1个百分点），从而长期来看降低了失能老人的护理产品消费需求和护理服务消费需求（护理劳动力需求），节省的相应护理费用如表7-15第（3）、第（4）列所示。该项费用是失能"延缓"型长期护理保险通过提升参保者健康水平带来的护理开支的减少，属于长期护理保险"开源节流"中的"节流"项目。

通过"开源"和"节流"，长期护理保险在上述三个方面的总体潜在经济效应如图7-8所示。以2020年为例，长期护理保险通过减少社会性住院释放的医疗资源约为17.86亿元，通过增加家庭成员劳动供给增加的保费约为3.07亿元，通过延缓失能发生而节省的护理产品需求与护理服务需求费用分别为 9.70 亿元和 18.71 亿元。与 2020 年长期护理保险的基金收入 196.1 亿元相比，长期护理保险通过优化医疗卫生资源配置和劳动力资源配置、预防或延缓老年群体失能而带来的潜在经济效应十分可观。

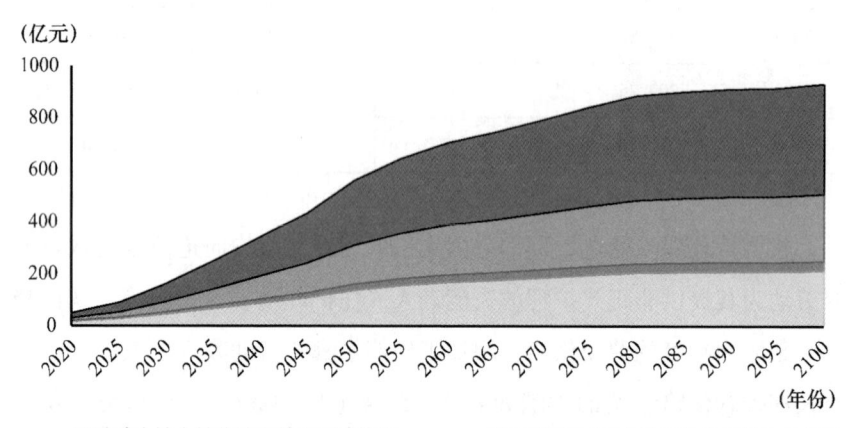

图 7-8　长期护理保险潜在经济效应评估

六　本章小结

本章基于 CHARLS 数据库对中国老年人口的失能概率转移矩阵及不同失能状态的人口规模进行了预测，据此测算了对失能老人进行长期护理的产品消费需求量、服务消费需求量（护理型劳动力需求量）及床位需求量，并综合本书第四至第六章结论，在合理假设下测算了长期护理保险通过减少社会性住院释放的医疗资源、通过增加家庭成员劳动供给增加的保费收入、通过延缓失能发生节省的居民及政府护理费用支出，从"开源"和"节流"两个方面分析了长期护理保险的制度优势和潜在经济效应。

第八章

结论与政策建议

随着中国人口老龄化程度的加深和居民失能风险的提高，长期护理保险的制度效应成为社会保障领域和健康经济学领域备受关注的话题，其研究结论对长期护理保险制度的设计、推广和完善以及居民福利水平的提升具有重要意义。21世纪以来，与这一话题相关的研究日益丰富，部分文献对长期护理保险的制度设计、试点方案、实施现状进行了评估，部分文献对长期护理保险的政策效应进行了理论分析和模型构建，还有少部分文献从实证角度分析了长期护理保险对微观个体的影响。本书在以往研究的基础上，以中国各长期护理保险试点城市的差异化政策设计为研究背景，全面分析了长期护理保险对家庭住院服务利用、劳动供给、预防性健康行为的影响。本章从结论与启示、政策建议和进一步思考等方面对本书进行了总结和展望。

一 结论与启示

本书主要围绕三大话题开展研究：首先，本书研究了长期护理保险对失能参保者住院服务利用的影响及其传导机制；其次，本书对长期护理保险影响家庭照料者劳动供给的强度和传导机制进行了探究；再次，本书分析了长期护理保险如何通过影响健康参保者及其家庭成员的风险认知水平来影响其预防性健康行为；最后，本书在上述三类效应的基础上对失能老人的长期护理需求及长期护理保险的潜在经济效应进行测算。

（一）长期护理保险降低了失能参保者的住院服务利用

1. 研究结论

该部分采用 CHARLS 数据库 2011 年、2013 年、2015 年、2018 年数据，使用倾向得分匹配下的多期双重差分法（PSM-DID），并控制了来自个体层面、家庭层面和地级市层面的控制变量及年份、城市、城市×年份层面的固定效应，在此基础上进行了实证检验。研究结果显示，长期护理保险降低了处理组失能参保者的住院概率（下降 3.4 个百分点）、住院频率（降低 9.3%）和总住院费用（降低 15.3%）。在总住院费用中，自付住院费用（降低 19.5%）和保险报销住院费用（降低 11.7%）也有不同程度的降低。机制分析表明，长期护理保险通过"替代效应"和"收入效应"对失能参保者的住院服务利用产生影响：一方面，长期护理保险试点城市的养老机构及适老设施发展较为迅速，处理组的失能参保者入住养老机构或社区卫生中心的概率上升，挤出了部分综合医院的住院服务利用，产生"替代效应"（该中介效应占比为 14%—26%）；另一方面，长期护理保险的经济补偿增加了家庭用于基本生活消费的支出（如家庭食品支出、医疗支出等），因而会一定程度上释放失能参保者的住院服务需求，产生"收入效应"（该中介效应占比为 10%—21%）。上述两种作用方向相反、相互抵消，最终替代效应占据主导地位。

该部分还进行了多项异质性分析，发现长期护理保险在住院服务方面的控费作用随参保者年龄的上升而增加，随参保者失能程度的提高而下降（对 60 岁及以上老人、对有三项及以下 ADL 或 IADL 失能的群体更加显著），随家庭收入水平的提高和试点实施的先后顺序具有非单调的关系（随着家庭收入的增加，失能参保者的住院服务利用呈现先降低后升高的"U"形关系；随着试点实施时间越来越晚，失能参保者的住院服务利用呈现先下降后上升的"U"形关系），可能的原因在于"替代效应"和"收入效应"对比力量的强弱随家庭收入的上升和试点实施时长的增加而发生逆转。此外，长期护理保险的政策异质性也显著影响了其降低失能参保者住院服务利用的强弱和显著性：相比同时覆盖职工医保和居民医保参保者，仅保障重度失能群体而同时提供服务给付和现金给付、未明显鼓励家护的长期护理保险制度，仅覆盖职工医保而同时保障中度和重度失能群体，仅提供服务给付且鼓励家护的长期护理保险对失能参保者住院服务利用的降低作用更为显著。上述结果对理解中国长期护理保险制度在促进医疗资源合理配置、助力中国医疗卫生体系向更高效的"价值医疗"转型具有重要意义。本部分还进行了一系列稳健性检验，包括采用CFPS数据使用模糊断点回归（FRD）方法进行检验，得到了一致的结论。

2. 研究启示

第一，开展长期护理保险可以将失能老人的"护理需求"从以往较为笼统的"就医需求"中剥离出来，减少不必要的过度医疗。因此，应大力发展长期护理保险制度，推广优秀试点地区的护理服务模式，通过"定额包干结算"等支付方式为护理机构提供稳定的服务报酬，促进各试点城市医疗护理市场的高质量快速发展，从而在不降低居民健康水平的前提下起到医疗控费的作用，减轻居民和医保基金支付压力，促进中国医疗卫生体制改革在"价值医疗"的正确道路上前行。

第二，随着长期护理保险政策实施时间的延长，部分之前被迫选择居家照料的老人的护理需求可能逐渐得到释放，预期将带来医疗卫生服务费用的反弹上涨，该现象以基层医疗卫生机构最为突出。因此，未来的长期护理保险仍需加强与基本医疗保险的协同配合，从而实现整个医疗服务产业的优化配置，提升社会整体福利水平。

(二) 长期护理保险增加了家庭照料者的劳动供给

1. 研究结论

该部分首先建立了包含消费水平、闲暇时间及健康状况的个体效用函数，并将长期护理保险的待遇给付的期望值纳入预算约束方程，并对效用函数最大化问题进行求解，得到家庭照料者劳动供给随长期护理保险待遇水平的提高发生变化的方向。接着，采用 CHARLS 数据库，使用 PSM-DID 的研究方法并控制了个体层面、家庭层面和地级市层面的控制变量及年份、城市、城市×年份层面的固定效应，在此基础上进行了实证检验。研究结果显示，长期护理保险提高了失能参保者的配偶照料者的总体劳动参与率（增加 8.5 个百分点）、自雇劳动参与率（增加 5.0 个百分点）、总体劳动时长（增加 139 小时/年）、自雇劳动时长（增加 102 小时/年）、平均小时收入（提高 1.9 元）和受雇劳动小时收入（提高 2.1 元）；然而，长期护理保险未显著影响家庭照料者的受雇劳动参与率、受雇劳动时长和自雇劳动小时收入。结论显示，不同类型的劳动力市场的进入和退出的难度存在差异，长期护理保险对自雇劳动（以农业自雇劳动为主）的影响主要体现在增加照料者进入劳动力市场或减少其退出劳动力市场的概率以及增加其劳动供给时长方面；而长期护理保险对受雇劳动（以非农受雇劳动为主）的影响主要体现在生产率的提升和小时工资水平的增加。

机制分析表明，长期护理保险通过"替代效应""收入效应"和"健康提升效应"对照料者的劳动供给产生影响：首先，长期护理保险实施后当地的养老机构及适老设施得到较快发展，试点城市的失能参保者入住护理机构接受正式护理的概率上升，因而家庭照料者的非正式护理时长下降，增加的可支配时间有利于促进其劳动供给的上升，产生"替代效应"（该中介效应占比为 10%—16%）；其次，长期护理保险待遇给付增加了家庭的非工资性收入水平，提升了个体的消费意愿（作为一种"正常品"，个体对闲暇的需求也出现了一定的上升），从而降低了个体的劳动意愿，产生"收入效应"（该中介效应占比为6%—9%）；最后，长期护理保险将家庭照料者从繁重的护理责任中解脱出来，增加了其对自身健康水平的关注，有利于提升家庭照料者的生理和心理健康水平，从而进一步提高了其参与劳动的积极性和被劳动力市场接纳的概率，产生"健康提升效应"（该中介效应占比为10%—22%）。在进行多项异质性分析后，本书发现，长期护理保险对家庭照料者劳动供给的促进作用随照料者的性别、年龄的差异及是否参加养老保险而存在不同，随照料者所在城市地理位置（属于中国东部或中部地区）的不同而存在异质性，且试点城市的覆盖人群、保障范围、给付方式及是否鼓励居家护理等都会影响长期护理保险对照料者劳动供给的溢出效应的大小和显著程度。上述结果对理解中国长期护理保险制度在促进劳动力资源合理配置、在人口老龄化背景下缓解劳动力短缺问题具有重要意义。

2. 研究启示

第一，长期护理保险制度实施以来，政府通过为失能人群提供可及性高的护理服务而缓解了非正式家庭照料的压力，使失能参保者的配偶（及子女）克服了"时间约束"，能够正常参与就业和提供劳动供给。然而，部分开展长期护理保险试点较晚的城市存在护理服务供给不足及护理服务衔接不到位等问题，这将在一定程度上削弱长期护理保险对家庭照料者劳动供给的促进作用。因此，为了使失能人群能够获得充足的护理保障、更好地发挥长期护理保险对劳动供给的溢出效应，应加大对护理服务供给方的建设力度，进一步解放其家庭成员的时间约束，从而增加失能者家庭的整体劳动供给和劳动收入，优化劳动力市场的资源配置。

第二，应充分探索长期护理保险给付方式对家庭非正式照料的差异化影响。由第五章第二节第六小节中关于政策特征异质性的分析结论可知，相比于现金给付方式，服务给付能够更大程度上释放家庭照料者的劳动供给，因此在部分机构护理较为发达的城市和地区，应鼓励失能参保者更多地选择服务给付的方式享受长期护理保险待遇。同时，对于承担较重护理负担而无法回归劳动力市场的家庭照料者,应通过现金补贴等形式为其所提供的非正式护理服务赋予更高的经济价值和社会认可。

(三) 长期护理保险未显著影响健康参保者的预防性健康行为

1. 研究结论

该部分首先建立了在信息不对称情况下长期护理保险制度引发事前道德风险的理论模型,并解得长期护理保险引发事前道德风险的临界条件。而后,采用CHARLS数据库,使用PSM-DID的研究方法并控制了个体层面、家庭层面和地级市层面的控制变量及年份、城市、城市×年份层面的固定效应,在此基础上进行了实证检验。研究结果显示,长期护理保险虽然降低了健康参保者体检、体育锻炼的概率,降低了其保健费用支出,增加了其吸烟、过量饮酒的概率,但均不显著。机制分析表明,长期护理保险通过降低健康参保者的风险认知偏差增加了个体的预防性健康投入,体现出一定的"风险认知提升效应"(该中介效应占比为38%—44%);在控制健康参保者的风险认知水平变量后,长期护理保险显著降低了个体的预防性健康行为、增加了其不健康行为的概率,体现出一定的"事前道德风险效应"。因此,本书假设主回归中的结果是"风险认知提升效应"和"事前道德风险效应"叠加后的总效应,二者相互抵消,因而总效应并不显著。

进一步分析长期护理保险对参保者家庭成员(自身未参保)、同社区成员(自身未参保)及采用空间杜宾模型研究长期护理保险对试点相邻城市居民(自身未参保)的溢出效应,发现长期护理保险通过"风险认知提升效应"给参保者家庭成员带来了较强的预防性健康行为改善,给参保者同社区成员带来了较弱的预防性健康行为改善,而对相邻城市的居民不存在显著的空间溢出效应。在进行多项异质性分析后,本书发现长期护理保险的"风险认知提升效应"随健康参保者的风险态度乐观或悲观、主观健康认知水平和受教育水平的不同存在差异;同时,长期护理保险对职工医保参保者的预防性健康行为的负面影响强于居民医保参保者，这启示我们在进行长期护理保险制度推广的同时，应借鉴部分试点城市（如青岛市、南通市）的宝贵经验，重点关注如何针对高风险个体开展失能失智预防延缓工作。上述结果对优化中国长期护理保险的制度设计、增加个体的预防性健康行为具有重要意义。

2. 研究启示

《"健康中国2030"规划纲要》指出，"预防是最经济最有效的健康策略"。随着中国老龄化程度的加深和疾病谱的改变，寻找能更好地匹配老年群体及其失能医疗护理需求的措施至关重要。长期护理保险制度的试点和推广可以提升个体对自身健康状况的关注程度，降低其健康风险认知偏差，有利于树立全民自我保健意识和养成良好的生活方式，营造"每个人都是自己健康的第一责任人"的良好社会氛围；同时，长期护理保险也应将完善失能预防和康复护理体系纳入政策设计机制中，尽可能降低信息不对称可能带来的事前道德风险问题。此外，政府应积极探索将健康管理融入养老服务中，建立以长期护理保险带动"医养结合"产业发展的模式，为老年群体在健康、患病及失能的不同阶段提供综合性卫生保健服务，提高政府部门医疗卫生资金的使用效率。

（四）长期护理保险存在可观的潜在经济效应

1. 研究结论

该部分采用CHARLS数据和2015年中国老年家庭与养老服务全面调查数据，通过构建多状态Markov模型对中国老年群体的失能转移概率矩阵进行测算，进而得到了2020—2100年不同健康状态人口分布的预测。研究发现，与老年群体的总人口规模变化趋势一致，2020—2100年中重度失能老人总量呈倒"U"形趋势，于2055年达到顶峰1.02亿人，后于2100年降至0.85亿人。接着，基于已有文献对失能老人长期护理需求率及护理项目定价标准的研究结论，测算了中国失能老人长期护理费用总额，发现失能老人长期护理费用将由2020年的0.6万亿元增长到2060年的6.4万亿元，40年间增长近10倍；2100年长期护理费用约为8.4万亿元，相比2020年增长12.9倍；其中，失能程度越严重的老年群体所需护理费用的增长速度越快。随后，本书对老年护理市场的劳动力需求规模和机构养老护理型床位需求规模进行了预测，发现二者均呈现先上升、后下降的倒"U"形趋势；综合二者的增长趋势，本书测算了老年护理市场的直接经济增量，发现其由2020年的1.2万亿元增长到2100年的19.5万亿元（增长13.8倍），且2020—2050年经济增量的增长速度维持在25%以上，表明未来的30年将是中国护理市场直接经济增长最快的时期。

结合长期护理保险对失能参保者的住院服务利用、对家庭照料者的劳动供给和对居民预防性健康行为的影响，本书还对长期护理保险带来的潜在经济效应进行了预测，发现长期护理保险制度将减少失能老人社会性住院的现象，节省大量的综合医院床位费及护理费支出（2020年约为21.7亿元，2100年约为283.1亿元）；长期护理保险制度的实施也将帮助家庭照料者重返劳动力市场（2020年约为1011万人，2055年达到峰值2267万人），带来失能者家庭劳动收入的增加和政府长期护理保险基金保费收入的增加（2020年为22亿元，2100年为292亿元）；同时，开展预防失能失智风险工作的微小成效（如老年群体由轻度失能转变为中度失能的概率下降0.1个百分点）将节约大量的护理费用（2020年为35亿元，2100年为1346亿元）。通过"开源"和"节流"，长期护理保险在减少社会性住院、促进家庭照料者重返劳动力市场及预防个体的失能失智风险方面将带来可观的潜在经济效应。

2. 研究启示

从失能群体长期护理需求规模及费用测算的角度看，应建立科学的失能评估体系和失能老人动态监控机制，为长期护理保险制度的运行提供技术支撑。首先，应加强对全国人口及其结构的统计，采用百分比抽样统计或不同区域分层统计的方式，了解人口的整体分布状况及不同特征群体的人口规模及其变动趋势。其次，应建立失能老人申报机制，通

第八章 结论与政策建议

过动态监测机制了解失能老年人口的数量和变动趋势，为中国长期护理保险制度的建立及测算老年护理市场的规模提供数据基础。最后，应加快建立科学的统一失能评估标准体系，据此确定现阶段失能老年人口规模和长期护理服务需求。基于上述工作，对失能群体的长期护理服务及资金需求进行短期、中期和长期预测，为长期护理保险制度的可持续发展奠定基础，更好地应对未来的人口老龄化压力。

二 政策建议

综合上述研究结论和政策启示，本书提出应建立和完善以长期护理保险制度为基础、以多层次兜底服务为支撑的"中国特色失能老人长期护理保障体系"，其主要政策内涵如图 8-1 所示。

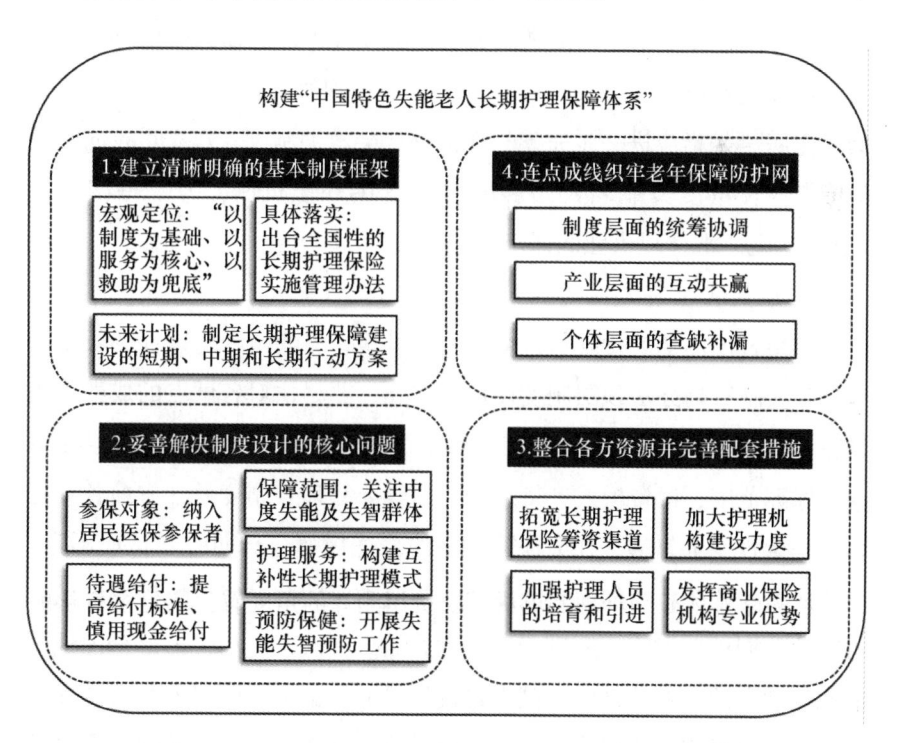

图 8-1 "中国特色失能老人长期护理保障体系"政策内涵

(一) 建立清晰明确的基本制度框架

1. 宏观定位

长期护理保障体系的建设离不开稳定高效的制度基础、充分发展的服务市场和精准牢固的救助体系。因此，应建立"以制度为基础、以服务为核心、以救助为兜底"的基本制度框架。其一，"以制度为基础"是指应明确长期护理保险制度在老年群体护理保障中的基础性地位，明确其实施主体、筹资机制、保障范围、给付标准及监管责任，逐步提高统筹层次，为失能老人提供及时、连续、整合式的护理保障，避免试点城市"各行其是"带来的制度碎片化、缺乏稳定性与刚性保障等问题，并考虑其与其他社会保险险种的衔接问题。其二，"以服务为核心"是指应积极发展可及性强、专业化水平高的老年护理服务市场，以失能等级与护理需求评估指标、护理服务机构建设及护理劳动力队伍培育为抓手，形成全方位、多层次、科学化的长期护理服务体系。其三，"以救助为兜底"是指应进一步完善长期护理社会救助制度，建立重点向贫困失能老人及重度失能老人倾斜的护理费用补偿机制，为"特困"及"双困"老年群体提供兜底保障。

2. 顶层设计

应结合国内老龄化现状，借鉴国际经验，尽快出台全国性的长期护理保险实施管理办法顶层制度设计。首先，要尽快对各试点的成败得失进行研究和评估。目前，部分试点城市过于强调制度创新，在参保对象、保障范围、筹资模式、待遇给付、经办管理等制度设计方面各具特色，一定程度上忽略了社会保险制度的普适规律，长期的"试而不定"导致的路径依赖将增加未来制度统一的成本。因此，应尽快针对各试点城市的长期护理保险制度进行评估和总结。其次，应尽快出台全国统一的政策性文件。在总结国内试点建设经验的基础上，国家人力资源和社会保障部及国家医疗保障局等部门应尽早进行统一的长期护理保险顶层设计，确保各省份长期护理保险基本政策的内在统一，增强对各地的指导和规范；同时，应尽快明确护理需求评估、护理服务标准等配套体系，促进长期护理保障体系协调稳妥发展。

3. 未来规划

长期护理保障体系建设离不开详尽可行的建设和实施步骤，在总结已有经验的基础上，应制定长期护理保障建设的短期、中期和长期行动方案，分步推进长期护理保障制度建设。根据中国的经济社会发展水平和历史文化传统，考虑到公共财政的压力，本书建议未来应分"三步走"推进长期护理保险制度的落地，逐步实现制度的全民覆盖。第一步，根据各地的实际财力和护理服务市场发展情况，在"十四五"时期逐步实现80岁及以上老人的长期护理保险全覆盖；第二步，在"十五五"时期，实现60岁及以上老年群体的长期护理保险全覆盖；第三步，到2035年建立统一、覆盖全民的长期护理保险制度，并将保障范围扩展至中度失能群体和失智群体，以及遭遇疾病或意外后失能的中青年群体。

（二）妥善解决制度设计的核心问题

目前，中国的长期护理保险制度存在各试点城市碎片化运行的特征。针对制度设计中的若干核心问题（如参保对象、保障范围、待遇水平等），本书聚焦长期护理保险对医疗服务市场、劳动力市场及居民健康行为的影响，围绕不同城市长期护理保险的差异化制度设计，得到了一系列政策异质性分析结论，如表8-1所示。

表8-1　长期护理保险政策设计对本书核心结果变量的影响

长期护理保险政策设计	解决社会性住院问题	提升照料者劳动供给	增加预防性健康行为
同时覆盖职工医保和居民医保参保者	积极（+）	积极（+）	积极（+）
同时保障重度和中度失能群体	积极（+）	积极（+）	—

续表

长期护理保险政策设计	解决社会性住院问题	提升照料者劳动供给	增加预防性健康行为
提供现金给付方式	消极（-）	消极（-）	—
鼓励居家护理	积极（+）	消极（-）	—
开展预防失能失智工作（预期）	积极（+）	积极（+）	积极（+）

资料来源：根据本书第四至第六章结论整理得到。

由表 8-1 可知，虽然扩大长期护理保险覆盖人群、将中度失能老人纳入保障范围、实施失能失智预防保障措施等可能会增加制度运行成本，但是从长远来看将对完善中国长期护理保障体系、提高老年群体护理保障层次产生积极影响。

1. 参保对象：将居民医保参保者纳入

目前，约有 60% 的试点城市仅覆盖职工医保参保者，40% 的试点城市将覆盖范围扩展至居民医保参保人群。即使在覆盖居民医保的试点城市中，部分城市对职工医保参保者也具有明显的倾向性（如为职工医保参保者设置较低的自付比例和较高的给付上限等），对居民医保参保者的保障程度有待提升，这与基本医疗保险和基本养老保险在推行初期的思路较为一致。虽然大部分试点城市都计划在未来将覆盖范围扩展至全民，但城镇职工在享受长期护理保险待遇方面的先发优势可能会带来城乡地区护理服务机构及医疗卫生机构发展的不平衡现象，预期会进一步扩大城乡在管理长期护理风险方面的不公平程度。考虑到农村地区居民的护理资源可及性较差、收入水平较低、健康素养有待提高等特点，长期护理保险制度的缺失容易带来失能群体长期占用综合医院床位的"社会性住院"问题、失能家庭因缺乏可替代护理资源而降低劳动收入的问题，以及居民缺乏对失能风险的认知而导致的风险管理不足问题。因此，在"量力而行"的基础上，应"尽力而为"将长期护理保险覆盖人群扩展至农村居民，提升制度的公平性。

2. 保障范围：关注中度失能及失智群体

目前，部分试点城市制定了非常严格的待遇领取资格标准，只有重度失能参保者才能享受长期护理保险待遇。然而，不少失能者在领取待遇时已接近整个生命历程的终点，因此严格的资格审核标准意味着长期护理保险只能为一小部分失能群体提供保障。虽然中度失能群体规模大于重度失能群体，但由于前者失能程度稍轻，所需护理服务专业化程度较低，尚有机会和能力选择居家或机构护理方式，并有机会开展失能延缓工作，因此若将长期护理保险保障范围扩展至中度失能群体将更大程度上降低"社会性住院"问题，释放失能家庭的劳动供给，减缓老年群体的失能进程，促进试点城市养老服务市场的多元化发展。因此，在试点阶段，各城市应在充分评估自身保障能力的基础上逐步放宽享受待遇的资格标准，科学制定便捷高效的失能等级评估流程，以惠及更多具有较大护理需要的中度失能老人和失智老人，实现公平与效率的协调统一。

3. 待遇给付：提高给付标准，谨慎使用"补贴型"现金给付方式

首先，应提高长期护理保险的综合给付水平。目前各试点城市的长期护理保险待遇方案存在较大差异，许多试点城市的待遇水平较低，难以为失能群体提供有力保障。从财政的角度来看，在长期护理保险试点初期阶段，较低起点的待遇水平有利于制度的建立，但长远来看，在长期护理保险基金偿付能力充足性提高的情况下，逐步提高待遇水平是长期护理保险发展的目标之一。其次，应综合考虑"现金给付型"（或"补贴型"）长期护理保险及"服务给付型"（或"报销型"）长期护理保险模式的优劣，慎用现金给付方式。综合考察现阶段各试点城市的长期护理保险制度，可以发现大致能够分为"补贴型"和"报销型"两类，未来的长期护理保险试点应充分考虑两类模式的优缺点，渐进式地推动长期护理保险制度建设。短期内，在失能评估体系建设及护理服务市场发展较为滞后的情况下，可以采取为失能老人直接提供现金给付的"补贴型"模式；长期内，随着护理服务市场的进一步完善和社会

救助式养老服务补贴制度的建立，应适时发展和推广长期护理保险的"服务给付"模式，对真正享受护理服务的群体进行保障，慎用现金给付方式，以发挥长期护理保险制度作为"保险"的独特功能，避免长期护理保险沦为简单的转移支付工具。

4. 护理服务：促进"家庭—社区—机构"护理平衡发展，构建互补性长期护理模式

在老龄化社会中，通过家庭内部的护理资源难以承受也无法有效化解"老有所护"的风险。"长期护理"作为独立的社会风险，应该在整个社会内进行分担。在长期护理保险实施初期，考虑到目前国内护理服务市场不发达、专业护理机构和人员较为缺乏的现状，预期家庭照料者提供的居家护理（也称"亲情护理"）将发挥中流砥柱的作用。从长远来看，一方面，如果长期护理保险对居家护理过分鼓励，将一定程度上减缓机构护理的发展速度，不利于释放家庭照料者的劳动供给，可能带来一部分劳动力资源错配问题；另一方面，与德国等发达国家的文化背景不同，由于中国传统文化中具有浓厚的家族观念，分散化、独立化的家庭护理模式是长久以来存在的常见模式，故长期护理保险无须对居家护理进行过分强调。基于目前的"9073"中国式养老格局，本书提出应构建"家庭—社区—机构"三位一体的长期护理服务体系。首先，发挥家庭护理的基础性作用。根据中国式"9073"养老格局，90%的老人将居住在家中接受照料服务（包括家庭照料者提供的非正式护理和专业护理人员上门提供的正式护理）。其次，健全和完善社区护理服务。与家庭护理不同，通过社区提供养老服务和日常护理能够同时满足老年群体对家庭的"场所依赖"和接受专业化护理服务的双重需求。应完善依托社区的"医、养、护、康"服务体系，充分发挥家庭签约医生团队中护理人员的作用。最后，大力发展机构正式护理。机构护理具有专业性强、护理水平高和医疗护理全面的特点，是老年群体最为科学合理的护理方式。虽然现阶段中国机构护理市场还不够完善、享受机构护理的老人占比较低，但随着思想观念的转变和生活水平的提高，预期未

来机构养老将成为部分失能老人（尤其是重度失能老人）首选的养老模式。

5. 预防保健："防""护"结合，创新实施旨在延缓失能失智的预防工作

由本书第七章预测结果可知，短期轻度失能群体向中度失能转移的概率的微小下降（如降低0.1个百分点），将带来未来失能群体数量的显著下降，预期将节省大量医疗资源和护理资源，提高个体和社会的福利水平。因此，如果仅将失能老人摆在被动接受护理服务的位置上，那么护理负担的长期持续增加就是必然的结果；而通过激发老年群体主动参与健康管理的热情，激励其主动调整健康理念和生活方式、自主改善失能状况，在全社会营造"全生命周期"健康水平改善的优良环境，将能够事半功倍地解决老年护理保障问题。目前，部分长期护理保险试点城市（如青岛市、南通市）已针对高风险群体开展了失能失智预防和延缓工作，取得了初步成效。在未来的试点推广过程中，首先，针对失能的潜在高发群体，应加强宣传教育工作，利用受众面较大的电视、广播及短视频等新媒体手段宣传延缓失能失智的相关知识和技能，并向高危群体分发《失能预防知识手册》等材料，提升国民延缓失能失智发展进程的意识和能力；其次，针对护理服务从业人员及家庭照料者，应增强其延缓失能失智的技能，通过举办专题讲座和培训班等对延缓失能失智的理论知识和实操技能进行培训；最后，针对已经出现失能状况的群体，应对其进行提前干预和开展赋能训练，使受训者维持一定的自理能力和社会活动参与能力，提高其生活质量和幸福指数。

（三）整合相关资源并完善配套措施

1. 拓宽长期护理保险筹资渠道

目前，大多数试点城市严重依赖当地医保基金，这会争夺潜在的基本医疗保险受益人群的报销资源。尽管中国基本医疗保险制度已经较为成熟，覆盖范围十分广泛，但仍有许多医疗服务、药品和耗材未纳入报

销目录，且已纳入的部分也存在报销水平参差不齐的问题。因此，从长期来看，长期护理保险必须建立独立的筹资渠道，避免与基本医疗保险基金争夺资源。目前，许多试点城市探索开展了长期护理保险企业缴费等筹资渠道，但由于企业目前的缴费负担（包括养老保险、医疗保险等）较重，因此要求企业缴纳额外的长期护理保险保费的可行性不足。为了解决长期护理保险筹资不足的问题，各试点城市应促进个人缴费成为长期护理保险资金筹集的重要支柱，同时拓展慈善捐助等筹资渠道，实现试点项目的可持续发展。以成都为例，其长期护理保险制度具备完善的筹资标准，对不同年龄群体根据失能（失智）风险的异质性确定了不同的缴费率，其实践做法对其他地区具有一定的启示意义。

2. 培育和引进护理人员

第一，政府部门应增加对护理院校及护理行业从业人员的资源倾斜，制定特殊的职业优惠政策鼓励和引导医疗、康复、营养、心理等相关专业人才进入护理行业，壮大养老护理产业专业人才队伍。第二，鼓励养老及护理机构与医学卫生院校开展合作，采用"订单式"培养模式培育更多满足失能群体实际需求的护理人才。第三，建立护理人员终身学习制度，建立护理人员岗位培训积分制，实现全行业专业培训的全覆盖，通畅专业护理人员的职业上升路径。第四，改善护理人员工作条件，合理提高护理行业从业者薪酬待遇水平。第五，充分发挥人工智能技术和设备的辅助作用，减轻护理人员的工作负担，并通过互联网等信息化手段建立专业护理人员的区域共享机制，优化护理人员在不同地区、不同机构的合理配置，提高护理服务使用效率。

3. 加大护理机构建设力度

其一，针对各试点城市护理机构不足的"普遍性问题"，应提高对失能人口规模及其护理成本的测算，以确定护理服务供给者的建设规模、合理利润水平及对老年家庭照料的替代水平；同时，加大力度培育和引进各级各类养老和护理机构，通过公建民营、政府购买、PPP（政府和社会资本合作）等方式，大力发展机构护理服务。其二，针对农村地区及中西部偏远地区护理机构可及性较差的"特殊性问题",一方面应加大经济发展水平欠佳地区护理机构的建设力度,另一方面要有效利用现有闲置资源(如乡镇卫生院、农村幸福院等),鼓励和引导基层养老及护理机构参与长期护理保险业务;同时,促进农村劳动力在当地就业,建立农村留守老人帮扶与照料体系,通过专业培训、技术指导及各类优惠政策,鼓励农村富余劳动力参与护理工作。

4. 发挥商业保险机构专业优势

首先,发挥商业保险机构在社会保障与市场需求之间的"连通器"功能,打造商业长期护理保险、健康保险和年金保险产品组合拳,为居民提供全方位的养老保障。由于失能给老年群体带来的风险是多维度的,因此单一的保险产品难以覆盖所有风险。保险公司应推出满足客户多维度需求的保险产品组合,打造覆盖健康风险、长期护理风险和长寿风险的"一站式"保险产品采购平台。其次,鼓励商业保险机构开展失能风险管理服务,促进"保险+健康管理"交互式融合发展,充分发挥保险公司"对客户健康进行监测、分析和评估,对健康危险因素进行干预,控制失能的发生、发展"的健康管理功能,并促进商业保险机构与医疗、体检、护理等机构深度合作推出更多定制化的中老年专属产品和服务。最后,引导保险资金向失能风险管理及养老服务供给方面倾斜。由于保险资金具有规模大、期限长、收益稳、安全性高的特点,政府应鼓励保险行业将资金投资于养老机构及护理机构建设,推动护理服务市场的快速发展。

(四) 连点成线织牢老年保障防护网

推动"中国特色失能老人长期护理保障体系"建设,还应从系统性视角关注老人各类风险保障工作中的"点"和"线",采用点线结合的方式推动综合性社会保障工程建设。具体而言,"点"是指社会保险中的长期护理保险、医疗保险和养老保险,三者协调发展、连点成线,共同织就结实的老年保障防护网。

1. 制度层面统筹协调

首先，在资金筹集方面，由于长期护理保险、医疗保险和养老保险的保障范围存在交叠之处，因此应同时考虑三大险种的总体缴费水平，从"险种层面"和"央地层面"统筹养老保险、医疗保险和长期护理保险的筹资。其次，在保障水平方面，应根据"以人为本"的价值取向，以合理的个人"整体保障水平"为标准进行协同调整。最后，在待遇给付方面，应通过恰当的经济激励引导失能群体从综合医院医疗服务市场向更低成本的专业化护理服务市场（如护理院、养老院）及社区、家庭转移，释放出被低效占用的医疗资源，从而改进社保资源的有效配置，减轻社保基金的财务压力。

2. 产业层面互动共赢

养老设施、养老机构、养老社区等的建设与长期护理保险制度的实施互相促进、相辅相成，是失能老人护理保障的两个轮子，需要"双轮驱动"、同时推进。首先，应理顺市场价格调控机制和服务监督机制，尊重市场在价格决定中的基础性作用，发挥社保购买在护理服务价格和质量方面的"指南针"作用，积极探索大数据、云计算和人工智能的应用，增加对可穿戴设备及智能护理机器人相关技术的研发投入，促进养老、医疗和护理全行业的资源整合和规范发展。其次，应研究并制定全国统一的待遇申请标准和服务供给规范，将护理服务模块合理嵌入养老院、社区养老中心及居家养老服务体系中，推进分级诊疗服务和家庭医生签约服务，从而健全"预防—治疗—康复—长期护理"的有序服务链条。

3. 个体层面查缺补漏

面对护理服务需求的地区差异和人群差异，长期护理保险等社会保障制度在发展初期基本按照"先城镇职工、后城乡居民"的顺序进行政策设计，目前许多试点城市优先对缴费来源可靠、失能程度较重的群体进行保障，这种"分步走"的做法可行性较高，但有可能导致群体间的差异趋向固化、显失公平。因此，在试点的推广过程中，应加快完善多层次的护理保障和救助制度。第一，对于低收入群体，社会救助制度应致力于解决"底线"问题，实现"保基本"和"广覆盖"的政策原则；对于高收入群体，应鼓励其通过市场化的方式参与自身的疾病及失能风险管理，减轻公共财政的支出压力。第二，促进护理资源向重点地区倾斜。针对中西部地区，应发挥政府统筹调剂的作用，加大对困难省份的转移支付力度；针对老龄化程度较高的地区，应重点开展高危群体失能进程的延缓和阻断工作，在全社会营造"尊老""敬老""爱老"的良好氛围。

三 进一步思考

虽然得到了较为完整和稳健的结论，但本书在研究过程中仍然存在一些问题和不足。首先，受数据和样本的质量的限制，本书虽然尽可能地对研究问题进行了拓展，并尽可能地涉及更多的研究层面，但受限于无法直接获得高质量的核心解释变量"受访者是否领取长期护理保险待遇"的取值，本书的处理组存在识别不够精确的问题，因此所得结论在一定程度上低估了实际效应。其次，本书未能对长期护理保险对微观个体的长期影响进行评估，这是因为长期护理保险实施时间较短，许多城市的长期护理保险制度还十分稚嫩，在短期内发挥的影响较为有限。最后，本书未将长期护理保险对参保者及其家庭的各类影响在统一的福利分析框架下进行研究，进一步的研究可以考虑长期护理保险对微观个体的其他可能的影响（如消费水平、代际转移支付等）。当然，上述局限性并不影响本书的基本结论。今后在数据可得的前提下，笔者将进行更多的细分研究。

基于本书的结论，结合本书的不足之处，笔者对于相关的研究问题有以下的研究展望，希望能在未来的研究过程中对这些问题进行探讨：第一，关于长期护理保险对失能或健康参保者及其家庭的多种决策（住院决策、劳动供给决策、健康行为决策）的影响，本书已经进行了较为完整的研究，包括各项机制分析和异质性分析等，但也不可避免地存在一些尚待解决的问题，比如在中介传导机制中，"替代效应""收入效应""健康提升效应""风险认知提升效应"等均起到了部分中介的作用（而非完全中介），说明仍然存在其他的中介变量在相关影响路径中发挥作用。因此，可以对其他相关的中介变量进行发掘和分析。

第二，受限于数据的可得性，本书仅使用了更新至2018年的CHARLS数据库进行了主体部分的研究，同时使用了更新至2018年的CFPS数据库进行了稳健性检验。然而，本书未使用更新的数据（如2019—2022年的微观个体数据）进行研究，主要原因在于目前各公开数据库存在数据发布时滞（如CHNS数据库更新至2015年、CHFS数据库更新至2017年）。因此，在新的数据可得后，本书将采用最新数据进行进一步的研究和检验，以更好地挖掘长期护理保险对微观个体的长期影响。

第三，长期护理保险为参保者的失能风险提供了护理保障和经济补偿，预期对其消费、储蓄、投资、家庭代际转移支持等方面均会产生影响，这些影响机制在以往研究中并未得到充分发掘，仍需进一步探究。因此，在未来可以针对这些问题进行深入研究和拓展。同时，未来也可以结合本书结论，研究不同变量之间的相互影响和互动效应，形成更加丰富的研究脉络。

第四，社会保障是一个较为丰富的概念，除了长期护理保险，医疗保险、养老保险在近年来也发生了较大的变化，其覆盖面迅速扩大。与长期护理保险这一经济补偿机制相比，医疗保险与养老保险对参保者家庭的影响过程和机制也十分复杂和有趣，其与长期护理保险之间的相互影响及其联合效应对参保个体及其家庭的各项决策和福利水平的影响是一个更加需要深入探讨的问题。因此，未来关于长期护理保险与医疗保险、养老保险等社会保障制度之间的互动和交叉，也会成为非常重要的研究方向。

参考文献

蔡伟贤、吕函枰、沈小源:《长期护理保险、居民照护选择与代际支持——基于长护险首批试点城市的政策评估》,《经济学动态》2021年第10期。

戴卫东:《"社会性住院"现象及其干预路径:一个文献分析》,《安徽师范大学学报》(人文社会科学版)2015年第1期。

董宏、孟良、王荣辉:《体育锻炼对中老年人群骨密度影响的Meta分析》,《北京体育大学学报》2016年第3期。

房连泉:《如何引入长期护理保险制度——来自德国、日本、韩国的经验启示》,《保险理论与实践》2018年第5期。

傅虹桥、袁东、雷晓燕:《健康水平、医疗保险与事前道德风险——来自新农合的经验证据》,《经济学(季刊)》2017年第2期。

高建刚、王冬梅:《城镇居民医疗支出的不均等性及影响因素分析》,《经济经纬》2010年第3期。

巩英杰、张媛媛:《"互联网+"视角下养老服务产业转型升级路径研究》,《宏观经济研究》2020年第3期。

国家统计局:《中国人口和就业统计年鉴2020》,中国统计出版社2020年版。

胡宏伟、李延宇、张澜:《中国老年长期护理服务需求评估与预测》,《中国人口科学》2015年第3期。

黄枫、甘犁：《医疗保险中的道德风险研究——基于微观数据的分析》，《金融研究》2012 年第 5 期。

蒋承、赵晓军：《中国老年照料的机会成本研究》，《管理世界》2009 年第 10 期。

荆涛：《建立适合中国国情的长期护理保险制度模式》，《保险研究》2010 年第 4 期。

荆涛、邢慧霞、王文卿：《长期护理保险政策促进劳动就业效应研究——来自 11 个试点城市的经验数据》，《价格理论与实践》2021 年第 6 期。

景跃军、李涵、李元：《我国失能老人数量及其结构的定量预测分析》，《人口学刊》2017 年第 6 期。

李本公：《中国人口老龄化发展趋势百年预测》，华龄出版社 2007 年版。

李成波、张蕾、陈功：《当前我国养老服务工作的改进》，《中共中央党校学报》2013 年第 3 期。

李琴、谭娜：《健康与老年人劳动供给关系研究综述》，《电子科技大学学报》（社会科学版）2019 年第 3 期。

李善同、侯永志、翟凡：《未来 50 年中国经济增长的潜力和预测》，《经济研究参考》2003 年第 2 期。

李实、魏众、B. 古斯塔夫森：《中国城镇居民的财产分配》，《经济研究》2000 年第 3 期。

李晓鹤、刁力：《人口老龄化背景下老年失能人口动态预测》，《统计与决策》2019 年第 10 期。

李新平、朱铭来：《基于转移概率矩阵模型的失能老年人长期照护保险缴费率分析——以天津市为研究对象》，《人口与发展》2019 年第 2 期。

刘二鹏、张奇林：《失能老人子女照料的变动趋势与照料效果分析》，《经济学动态》2018 年第 6 期。

刘书明、常硕：《中国人口年龄结构特征与变化趋势分析——基于

1995—2014 年数据的实证研究》,《西北人口》2017 年第 1 期。

刘晓雪、钟仁耀:《我国城市"双困"老人护理社会救助的费用估算》,《安徽师范大学学报》(人文社会科学版) 2018 年第 5 期。

马超:《乐观偏差与悲观偏差:青年学子在疫情中的两类风险认知偏差探析》,《汕头大学学报》(人文社会科学版) 2021 年第 1 期。

马超、俞沁雯、宋泽等:《长期护理保险、医疗费用控制与价值医疗》,《中国工业经济》2019 年第 12 期。

潘泽泉、林婷婷:《健康分化、健康不平等及其影响因素分析——基于湖南省残疾人医疗保健支出水平差异的实证分析》,《学习与实践》2015 年第 4 期。

彭晓博、秦雪征:《医疗保险会引发事前道德风险吗?理论分析与经验证据》,《经济学(季刊)》2015 年第 1 期。

孙敬华:《积极老龄化视角下中国长期护理保险政策研究——基于试点城市的比较分析》,博士学位论文,山东大学,2021 年。

谭娜、周先波:《中国农村老年人"无休止劳动"存在吗——基于年龄和健康对劳动供给时间影响的研究》,《经济评论》2013 年第 2 期。

田艳平:《农民工职业选择影响因素的代际差异》,《中国人口·资源与环境》2013 年第 1 期。

汪连杰:《失能老年人长期护理的需求规模评估、费用测算与经济效应预测》,《残疾人研究》2021 年第 1 期。

王超群:《中国人均卫生费用增长的影响因素分解》,《保险研究》2013 年第 8 期。

王辰:《呼吸与危重症医学》,人民卫生出版社 2011 年版。

王红波、宫佳宁:《医疗保险中的事前道德风险真的存在吗——基于健康态度和健康行为的系统 GMM 检验》,《中国卫生政策研究》2021 年第 12 期。

王红玲:《中国城镇职工健康及医疗服务需求的模型分析》,《统计研究》2001 年第 5 期。

王金营、李天然：《中国老年失能年龄模式及未来失能人口预测》，《人口学刊》2020年第5期。

王群、丁心蕊、刘弘毅等：《我国长期护理保险制度试点方案分析》，《卫生经济研究》2018年第6期。

王小芳、王飞龙、唐碧霞等：《社区人群对老年期痴呆风险知识的认知和疾病感知及其影响因素分析》，《护理研究》2017年第20期。

王晓亚、黄德海、卜鹏滨：《医疗保险的双重效应与居民医疗支出：作用机理及实证检验》，《当代经济科学》2018年第5期。

王贞、封进：《长期护理保险对医疗费用的替代效应及不同补偿模式的比较》，《经济学（季刊）》2021年第2期。

温忠麟、叶宝娟：《中介效应分析：方法和模型发展》，《心理科学进展》2014年第5期。

解垩：《与收入相关的健康及医疗服务利用不平等研究》，《经济研究》2009年第2期。

颜琰：《我国人均卫生费用的主成分分析》，《中国卫生经济》2017年第12期。

阳义南：《照护还是医疗：老年人健康支出的产出效率比较》，《统计研究》2016年第7期。

杨姗姗、何耀：《吸烟与心脑血管疾病系列研究报告》，《心脑血管病防治》2017年第5期。

杨团：《农村失能老年人照料贫困问题的解决路径——以山西永济蒲韩乡村社区为例》，《学习与实践》2016年第4期。

于新亮、黄俊铭、康琢等：《老年照护保障与女性劳动参与——基于中国农村长期护理保险试点的政策效果评估》，《中国农村经济》2021年第11期。

于新亮、刘慧敏、杨文生：《长期护理保险对医疗费用的影响——基于青岛模式的合成控制研究》，《保险研究》2019年第2期。

余央央：《老龄化对中国医疗费用的影响——城乡差异的视角》，《世界经济文汇》2011 年第 5 期。

余央央、邹文玮、李华:《老年照料对家庭照料者医疗服务利用的影响——基于中国健康与养老追踪调查数据的经验研究》,《劳动经济研究》2017 年第 6 期。

张川川:《健康变化对劳动供给和收入影响的实证分析》,《经济评论》2011 年第 4 期。

张良、徐翔:《家庭照料影响劳动参与存在性别差异吗》,《财经问题研究》2020 年第 8 期。

赵忠、侯振刚:《我国城镇居民的健康需求与 Grossman 模型——来自截面数据的证据》,《经济研究》2005 年第 10 期。

郑伟、吕有吉:《公共养老金与居民养老财富储备关系探析——基于文献述评的方法》,《社会科学辑刊》2021 年第 2 期。

郑伟、姚奕、刘子宁等:《长期护理保险制度的评估框架及应用:基于三个案例的分析》,《保险研究》2020 年第 10 期。

周坚、韦一晨、丁龙华:《老年长期护理制度模式的国际比较及其启示》,《社会保障研究》2018 年第 3 期。

周丽萍:《基于产业结构演进的农业剩余劳动力转移与就业研究》,农业出版社 2013 年版。

朱大伟、于保荣:《基于蒙特卡洛模拟的我国老年人长期照护需求测算》,《山东大学学报》(医学版) 2019 年第 8 期。

Achat, H., Kawachi, I., Spiro, A., et al., (2000), "Optimism and Depression as Predictors of Physical and Mental Health Functioning: The Normative Aging Study", *Annals of Behavioral Medicine*, 22 (2), 127-130.

Alba, J. W., Chattopadhyay, A., (1986), "Salience Effects in Brand Recall", *Journal of Marketing Research*, 23 (4), 363-369.

Alfakhri, A. S., Alshudukhi, A. W., Alqahtani, A. A., et al., (2018),

"Depression Among Caregivers of Patients with Dementia", *Journal of Health Care Organization, Provision, and Financing*, 55, 0046958017750432.

Andersen, M., (2015), "Heterogeneity and the Effect of Mental Health Parity Mandates on the Labor Market", *Journal of Health Economics*, 43, 74-84.

Ando, A., Modigliani, F., (1963), "The 'Life Cycle' Hypothesis of Saving: Aggregate Implications and Tests", *American Economic Review*, 53 (1), 55-84.

Arai, Y., Zarit, S. H., (2011), "Exploring Strategies to Alleviate Caregiver Burden: Effects of the National Long-term Care Insurance Scheme in Japan", *Psychogeriatrics*, 11 (3), 183-189.

Ariizumi, H., (2008), "Effect of Public Long-term Care Insurance on Consumption, Medical Care Demand, and Welfare", *Journal of Health Economics*, 27 (6), 1423-1435.

Bai, C., Chi, W., Liu, T. X., et al., (2021), "Boosting Pension Enrollment and Household Consumption by Example: A Field Experiment on Information Provision", *Journal of Development Economics*, 150, 102622.

Baker, A. C., Larcker, D. F., Wang, C. C., (2022), "How Much Should We Trust Staggered Difference-in-Differences Estimates?", *Journal of Financial Economics*, 144 (2), 370-395.

Barbaresco, S., Courtemanche, C. J., Qi, Y., (2015), "Impacts of the Affordable Care Act Dependent Coverage Provision on Health-Related Outcomes of Young Adults", *Journal of Health Economics*, 40, 54-68.

Barnay, T., Juin, S., (2016), "Does Home Care for Dependent Elderly People Improve Their Mental Health?", *Journal of Health Economics*, 45, 149-160.

Baron, R. M., Kenny, D. A., (1986), "The Moderator-mediator Variable Distinction in Social Psychological Research: Conceptual, Strategic, and Statistical Considerations", *Journal of Personality and Social Psychology*, 51 (6), 1173.

Bauer, J. M., Sousa-Poza, A., (2015), "Impacts of Informal Caregiving on Caregiver Employment, Health, and Family", *Journal of Population Ageing*, 8 (3), 113-145.

Bauer, U. E., Briss, P. A., Goodman, R. A., et al., (2014), "Prevention of Chronic Disease in the 21st Century: Elimination of the Leading Preventable Causes of Premature Death and Disability in the USA", *Lancet*, 384 (9937), 45-52.

Bhattacharya, J., Packalen, M., (2012), "The Other Ex-ante Moral Hazard in Health", *Journal of Health Economics*, 31 (1), 135-146.

Bhattacharyya, O., Delu, Y., Wong, S. T., et al., (2011), "Evolution of Primary Care in China 1997-2009", *Health Policy*, 100 (2-3), 174-180.

Blundell, R., Costa Dias, M., Meghir, C., et al., (2016), "Female Labor Supply, Human Capital, and Welfare Reform", *Econometrica*, 84 (5), 1705-1753.

Blundell, R., Pistaferri, L., Saporta-Eksten, I., (2016), "Consumption Inequality and Family Labor Supply", *American Economic Review*, 106 (2), 387-435.

Bodily, S. E., Furman, B., (2016), "Long-term Care Insurance Decisions", *Decision Analysis*, 13 (3), 173-191.

Bolin, K., Lindgren, B., Lundborg, P., (2008), "Informal and Formal Care Among Single-living Elderly in Europe", *Health Economics*, 17 (3), 393-409.

Bonsang, E., (2009), "Does Informal Care from Children to Their Elderly

Parents Substitute for Formal Care in Europe?", *Journal of Health Economics*, 28 (1), 143-154.

Bordalo, P., Gennaioli, N., Shleifer, A., (2013), "Salience and Consumer Choice", *Journal of Political Economy*, 121 (5), 803-843.

Brown, J. R., Finkelstein, A., (2007), "Why is the Market for Long-term Care Insurance so Small?", *Journal of Public Economics*, 91 (10), 1967-1991.

Brown, J. R., Finkelstein, A., (2008), "The Interaction of Public and Private Insurance: Medicaid and the Long-term Care Insurance Market", *American Economic Review*, 98 (3), 1083-1102.

Brown, J. R., Goda, G. S., McGarry, K., (2012), "Long-term Care Insurance Demand Limited by Beliefs about Needs, Concerns about Insurers, and Care Available from Family", *Health Affairs*, 31 (6), 1294-1302.

Brown, J. R., Goda, G. S., McGarry, K., (2016), "Heterogeneity in State-dependent Utility: Evidence from Strategic Surveys", *Economic Inquiry*, 54 (2), 847-861.

Bureau of Labor Statistics, (2016), "Labor Force Statistics from the Current Population Survey", Bureau of Labor Statistics.

Callaway, B., Sant' Anna, P. H., (2021), "Difference-in-Differences with Multiple Time Periods", *Journal of Econometrics*, 225 (2), 200-230.

Campbell, J. C., Ikegami, N., Gibson, M. J., (2010), "Lessons from Public Long-term Care Insurance in Germany and Japan", *Health Affairs*, 29 (1), 87-95.

Carlson, J. E., Zocchi, K. A., Bettencourt, D. M., et al., (1998), "Measuring Frailty in the Hospitalized Elderly: Concept of Functional Homeostasis", *American Journal of Physical Medicine Rehabilitation*, 77

(3), 252-257.

Carmichael, F., Charles, S., (2003), "The Opportunity Costs of Informal Care: Does Gender Matter?", *Journal of Health Economics*, 22 (5), 781-803.

Carroll, C., Slacalek, J., Tokuoka, K., et al., (2017), "The Distribution of Wealth and the Marginal Propensity to Consume", *Quantitative Economics*, 8 (3), 977-1020.

Chandra, A., Gruber, J., McKnight, R., (2010), "Patient Cost-Sharing and Hospitalization Offsets in the Elderly", *American Economic Review*, 100 (1), 193-213.

Chang, S., Yang, W., Deguchi, H., (2020), "Care Providers, Access to Care, and the Long-term Care Nursing Insurance in China: An Agent-based Simulation", *Social Science & Medicine*, 244, 112667.

Charles, K. K., Sevak, P., (2005), "Can Family Caregiving Substitute for Nursing Home Care?", *Journal of Health Economics*, 24 (6), 1174-1190.

Chatterji, P., Alegria, M., Lu, M., et al., (2007), "Psychiatric Disorders and Labor Market Outcomes: Evidence from the National Latino and Asian American Study", *Health Economics*, 16 (10), 1069-1090.

Chen, H., Ning, J., (2022), "The Impacts of Long-term Care Insurance on Health Care Utilization and Expenditure: Evidence from China", *Health Policy and Planning*, 37 (6), 717-727.

Chen, L., Xu, X., (2020), "Effect Evaluation of the Long-term Care Insurance System on the Health Care of the Elderly: A Review", *Journal of Multidisciplinary Healthcare*, 13, 863.

Chetty, R., Friedman, J. N., Saez, E., (2013), "Using Differences in Knowledge across Neighborhoods to Uncover the Impacts of the EITC on Earnings", *American Economic Review*, 103 (7), 2683-2721.

Chetty, R., Looney, A., Kroft, K., (2009), "Salience and Taxation: Theory and Evidence", *American Economic Review*, 99 (4), 1145–1177.

Choi, J. W., Park, E. C., Lee, S. G., et al., (2018), "Does Long-term Care Insurance Reduce the Burden of Medical Costs? A Retrospective Elderly Cohort Study", *Geriatrics Gerontology International*, 18 (12), 1641–1646.

Cocco, J. F., Lopes, P., (2020), "Aging in Place, Housing Maintenance, and Reverse Mortgages", *Review of Economic Studies*, 87 (4), 1799–1836.

Coe, N. B., Skira, M. M., Van Houtven, C. H., (2015), "Long-term Care Insurance: Does Experience Matter?", *Journal of Health Economics*, 40, 122–131.

Coe, N. B., Van Houtven, C. H., (2009), "Caring for Mom and Neglecting Yourself? The Health Effects of Caring for an Elderly Parent", *Health Economics*, 18 (9), 991–1010.

Corso, D., (2021), "Drawbacks and Aftermath of the Affordable Care Act: Ex-ante Moral Hazard and Inequalities in Health Care Access", *Journal of Public Health Research*, 10 (4), jphr-2021.

Costa-Font, J., Jimenez-Martin, S., Vilaplana, C., (2018), "Does Long-term Care Subsidization Reduce Hospital Admissions and Utilization?", *Journal of Health Economics*, 58, 43–66.

Cotti, C., Nesson, E., Tefft, N., (2019), "Impacts of the ACA Medicaid Expansion on Health Behaviors: Evidence from Household Panel Data", *Health Economics*, 28 (2), 219–244.

Courbage, C., de Coulon, A., (2004), "Prevention and Private Health Insurance in the UK", *Geneva Papers on Risk and Insurance: Issues and Practice*, 29 (4), 719–727.

Courbage, C., Eeckhoudt, L., (2012), "On Insuring and Caring for

Parents' Long-term Care Needs", *Journal of Health Economics*, 31 (6), 842-850.

Courbage, C., Montoliu-Montes, G., Wagner, J., (2020), "The Effect of Long-term Care Public Benefits and Insurance on Informal Care from Outside the Household: Empirical Evidence from Italy and Spain", *European Journal of Health Economics*, 21 (8), 1131-1147.

Courbage, C., Zweifel, P., (2011), "Two-Sided Intergenerational Moral Hazard, Long-term Care Insurance, and Nursing Home Use", *Journal of Risk and Uncertainty*, 43 (1), 65-80.

Crawford, R., Stoye, G., Zaranko, B., (2021), "Long-term Care Spending and Hospital Use among the Older Population in England", *Journal of Health Economics*, 78, 102477.

Cremer, H., Lozachmeur, J.-M., Pestieau, P., (2016), "The Design of Long-term Care Insurance Contracts", *Journal of Health Economics*, 50, 330-339.

Cutler, D. M., Lleras-Muney, A., (2010), "Understanding Differences in Health Behaviors by Education", *Journal of Health Economics*, 29 (1), 1-28.

Dammert, A. C., Galdo, J. C., Galdo, V., (2014), "Preventing Dengue through Mobile Phones: Evidence from A Field Experiment in Peru", *Journal of Health Economics*, 35, 147-161.

Dave, D., Kaestner, R., (2009), "Health Insurance and Ex-ante Moral Hazard: Evidence from Medicare", *International Journal of Health Care Finance and Economics*, 9 (4), 367.

De la Maisonneuve, C., Martins, J. O., (2015), "The Future of Health and Long-term Care Spending", *OECD Journal: Economic Studies*, 2014 (1), 61-96.

De Preux, L. B., (2011), "Anticipatory Ex-ante Moral Hazard and the

Effect of Medicare on Prevention", *Health Economics*, 20 (9), 1056–1072.

Deraas, T. S., Berntsen, G. R., Hasvold, T., et al., (2011), "Does Long-term Care Use within Primary Health Care Reduce Hospital Use Among Older People in Norway? A National Five-Year Population-Based Observational Study", *BMC Health Services Research*, 11 (1), 1–11.

Di Matteo, L., (2003), "The Income Elasticity of Health Care Spending", *European Journal of Health Economics*, 4 (1), 20–29.

Dispenza, F., Brennaman, C., Harper, L. S., et al., (2019), "Career Development of Sexual and Gender Minority Persons Living with Disabilities", *Counseling Psychologist*, 47 (1), 98–128.

Dohmen, T., Falk, A., Huffman, D., et al., (2010), "Are Risk Aversion and Impatience Related to Cognitive Ability?", *American Economic Review*, 100 (3), 1238–1260.

Dolls, M., Doerrenberg, P., Peichl, A., et al., (2018), "Do Retirement Savings Increase in Response to Information About Retirement and Expected Pensions?", *Journal of Public Economics*, 158, 168–179.

Duan, N., Manning, W. G., Morris, C. N., et al., (1983), "A Comparison of Alternative Models for the Demand for Medical Care", *Journal of Business Economic Statistics*, 1 (2), 115–126.

Ehrlich, I., Becker, G. S., (1972), "Market Insurance, Self-insurance, and Self-protection", *Journal of Political Economy*, 80 (4), 623–648.

Ellencweig, A., Stark, A., Pagliccia, N., et al., (1990), "The Effect of Admission to Long-term Care Program on Utilization of Health Services by the Elderly in British Columbia", *European Journal of Epidemiology*, 6 (2), 175–183.

Fadlon, I., Nielsen, T. H., (2021), "Family Labor Supply Responses to

Severe Health Shocks: Evidence from Danish Administrative Records", *American Economic Journal: Applied Economics*, 13 (3), 1–30.

Farag, M., NandaKumar, A., Wallack, S., et al., (2012), "The Income Elasticity of Health Care Spending in Developing and Developed Countries", *International Journal of Health Care Finance and Economics*, 12 (2), 145–162.

Feldstein, M., (1976), "Social Security and Saving: The Extended Life Cycle Theory", *American Economic Review*, 66 (2), 77–86.

Feng, J., Wang, Z., Yu, Y., (2020), "Does Long-term Care Insurance Reduce Hospital Utilization and Medical Expenditures? Evidence from China", *Social Science & Medicine*, 258, 113081.

Feng, Z., Glinskaya, E., Chen, H., et al., (2020), "Long-term Care System for Older Adults in China: Policy Landscape, Challenges, and Future Prospects", *Lancet*, 396 (10259), 1362–1372.

Feng, Z., Guan, X., Feng, X., et al., (2014), "15 Long-term Care in China: Reining", *Regulating Long-term Care Quality: An International Comparison*, 409.

Finkelstein, A., Mcgarry, K., (2006), "Multiple Dimensions of Private Information: Evidence from the Long-term Care Insurance Market", *American Economic Review*, 96 (4), 21.

Fischer, B., Müller, K.-U., (2020), "Time to Care? The Effects of Retirement on Informal Care Provision", *Journal of Health Economics*, 73, 102350.

Fu, R., Noguchi, H., (2019), "Moral Hazard under Zero Price Policy: Evidence from Japanese Long-term Care Claims Data", *European Journal of Health Economics*, 20 (6), 785–799.

Fu, R., Noguchi, H., Kawamura, A., et al., (2017), "Spillover Effect of Japanese Long-term Care Insurance as an Employment Promotion

Policy for Family Caregivers", *Journal of Health Economics*, 56, 103-112.

Fullerton, A. S., Xu, J., (2016), *Ordered Regression Models: Parallel, Partial, and Non-parallel Alternatives*, CRC Press.

Ganapathy, V., Graham, G. D., DiBonaventura, M. D., et al., (2015), "Caregiver Burden, Productivity Loss, and Indirect Costs Associated with Caring for Patients with Poststroke Spasticity", *Clinical Interventions in Aging*, 10, 1793.

Garthwaite, C., Gross, T., Notowidigdo, M. J., (2014), "Public Health Insurance, Labor Supply, and Employment Lock", *Quarterly Journal of Economics*, 129 (2), 653-696.

Gaughan, J., Gravelle, H., Siciliani, L., (2015), "Testing the Bed-blocking Hypothesis: Does Nursing and Care Home Supply Reduce Delayed Hospital Discharges?", *Health Economics*, 24, 32-44.

Gebel, M., Voßemer, J., (2014), "The Impact of Employment Transitions on Health in Germany: A Difference-in-Differences Propensity Score Matching Approach", *Social Science & Medicine*, 108, 128-136.

Geyer, J., Haan, P., Korfhage, T., (2017), "Indirect Fiscal Effects of Long-term Care Insurance", *Fiscal Studies*, 38 (3), 393-415.

Geyer, J., Korfhage, T., (2015), "Long-term Care Insurance and Carers' Labor Supply: A Structural Model", *Health Economics*, 24 (9), 1178-1191.

Geyer, J., Korfhage, T., (2015), "Long-term Care Reform and the Labor Supply of Household Members: Evidence from A Quasi-experiment", Available at SSRN 2706538.

Glinskaya, E., Feng, Z., (2018), *Options for Aged Care in China: Building an Efficient and Sustainable Aged Care System*, World Bank Publications.

Goda, G. S., (2011), "The Impact of State Tax Subsidies for Private Long-term Care Insurance on Coverage and Medicaid Expenditures", *Journal of Public Economics*, 95 (7-8), 744-757.

Goda, G. S., Manchester, C. F., Sojourner, A. J., (2014), "What Will My Account Really be Worth? Experimental Evidence on How Retirement Income Projections Affect Saving", *Journal of Public Economics*, 119, 80-92.

Goodman-Bacon, A., (2021), "Difference-in-Differences with Variation in Treatment Timing", *Journal of Econometrics*, 225 (2), 254-277.

Gottlieb, D., Mitchell, O. S., (2020), "Narrow Framing and Long-term Care Insurance", *Journal of Risk and Insurance*, 87 (4), 861-893.

Grabowski, D. C., Gruber, J., (2007), "Moral Hazard in Nursing Home Use", *Journal of Health Economics*, 26 (3), 560-577.

Grabowski, D. C., O'Malley, A. J., Barhydt, N. R., (2007), "The Costs and Potential Savings Associated with Nursing Home Hospitalizations", *Health Affairs*, 26 (6), 1753-1761.

Guney, S., Kalafat, T., Boysan, M., (2010), "Dimensions of Mental Health: Life Satisfaction, Anxiety and Depression: A Preventive Mental Health Study in Ankara University Students Population", *Procedia-Social and Behavioral Sciences*, 2 (2), 1210-1213.

Hammond, C. L., Pinnington, L. L., Phillips, M. F., (2009), "A Qualitative Examination of Inappropriate Hospital Admissions and Lengths of Stay", *BMC Health Services Research*, 9 (1), 1-9.

Han, N. K., Chung, W., Kim, R., et al., (2013), "Effect of the Long-term Care Insurance Policy on Medical Expenditures for the Elderly", *Health Policy and Management*, 23 (2), 132-144.

Heckman, J., Ichimura, H., Smith, J., et al., (1998), "Characterizing Selection Bias Using Experimental Data", *Econometrica*, 1017-1098.

Heckman, J. J., Ichimura, H., Todd, P. E., (1997), "Matching as an Econometric Evaluation Estimator: Evidence from Evaluating a Job Training Programme", *Review of Economic Studies*, 64 (4), 605-654.

Heitmueller, A., (2007), "The Chicken or the Egg? Endogeneity in Labor Market Participation of Informal Carers in England", *Journal of Health Economics*, 26 (3), 536-559.

Hendryx, M., Ahern, M. M., Nurkiewicz, T. R., (2007), "Hospitalization Patterns Associated with Appalachian Coal Mining", *Journal of Toxicology and Environmental Health*, Part A, 70 (24), 2064-2070.

Henz, U., (2004), "The Effects of Informal Care on Paid-Work Participation in Great Britain: A Lifecourse Perspective", *Ageing and Society*, 24, 851.

Hirazawa, M., Yakita, A., (2017), "Labor Supply of Elderly People, Fertility, and Economic Development", *Journal of Macroeconomics*, 51, 75-96.

Hu, H., Li, Y., Zhang, L., (2015), "Demand Assessment and Prediction of Long-term Care Services for the Elderly in China", *Chinese Population Science*, 3, 79-89.

Huang, F., Fu, W., (2017), "Government Purchase or Home Care? An Empirical Analysis Based on the Substitution Effect of Family Caregiving", *Nankai Economic Research*, 1, 136-152.

Huang, W., Zhang, C., (2021), "The Power of Social Pensions: Evidence from China's New Rural Pension Scheme", *American Economic Journal: Applied Economics*, 13 (2), 179-205.

Hughes, S. L., Manheim, L. M., Edelman, P. L., et al., (1987), "Impact of Long-term Home Care on Hospital and Nursing Home Use and Cost", *Health Services Research*, 22 (1), 19.

Hurd, M. D., Michaud, P. C., Rohwedder, S., (2014), "The Lifetime Risk of Nursing Home Use", *Discoveries in the Economics of Aging*, 81-109.

Hyun, K.-R., Kang, S., Lee, S., (2014), "Does Long-term Care Insurance Affect the Length of Stay in Hospitals for the Elderly in Korea: A Difference-in-Difference Method", *BMC Health Services Research*, 14 (1), 1-7.

Iacus, S. M., King, G., Porro, G., (2012), "Causal Inference Without Balance Checking: Coarsened Exact Matching", *Political Analysis*, 1-24.

Ikegami, N., (2019), "Financing Long-term Care: Lessons from Japan", *International Journal of Health Policy and Management*, 8 (8), 462.

Indicators, O., Hagvísar, O., (2019), *Health at A Glance 2019: OECD Indicators*, OECD Publishing, Paris.

Japan Statistics Bureau of the Management and Coordination Agency, (2017), *Japan Statistical Yearbook 2016*.

Jaramillo, E. T., Willging, C. E., (2021), "Producing Insecurity: Healthcare Access, Health Insurance, and Wellbeing among American Indian Elders", *Social Science & Medicine*, 268, 113384.

Jeon, S. H., Pohl, R. V., (2017), "Health and Work in the Family: Evidence from Spouses' Cancer Diagnoses", *Journal of Health Economics*, 52, 1-18.

Kaplan, R. M., Anderson, J. P., (1988), "A General Health Policy Model: Update and Applications", *Health Services Research*, 23 (2), 203.

Katz, S., Ford, A. B., Moskowitz, R. W., et al., (1963), "Studies of Illness in the Aged: The Index of ADL: A Standardized Measure of Biological and Psychosocial Function", *JAMA: The Journal of the American Medical Association*, 185 (12), 914-919.

Keele, L., (2015), "The Statistics of Causal Inference: A View from Political Methodology", *Political Analysis*, 23 (3), 313-335.

Kim, H. B., Lim, W., (2015), "Long-term Care Insurance, Informal Care, and Medical Expenditures", *Journal of Public Economics*, 125, 128-142.

Klick, J., Stratmann, T., (2007), "Diabetes Treatments and Moral Hazard", *Journal of Law and Economics*, 50 (3), 519-538.

Klimaviciute, J., (2017), "Long-term Care Insurance and Intra-family Moral Hazard: Fixed vs. Proportional Insurance Benefits", *Geneva Risk and Insurance Review*, 42 (2), 87-116.

Klimaviciute, J., Pestieau, P., Schoenmaeckers, J., (2020), "Long-term Care Insurance with Family Altruism: Theory and Empirics", *Journal of Risk and Insurance*, 87 (4), 895-918.

Kohl, N. M., Mossakowski, K. N., Sanidad, I. I., et al., (2019), "Does the Health of Adult Child Caregivers Vary by Employment Status in the United States?", *Journal of Aging and Health*, 31 (9), 1631-1651.

Konetzka, R. T., He, D., Dong, J., et al., (2019), "Moral Hazard and Long-term Care Insurance", *Geneva Papers on Risk and Insurance: Issues and Practice*, 44 (2), 231-251.

Kumamoto, K., Arai, Y., Zarit, S. H., (2006), "Use of Home Care Services Effectively Reduces Feelings of Burden Among Family Caregivers of Disabled Elderly in Japan: Preliminary Results", *International Journal of Geriatric Psychiatry: A Journal of the Psychiatry of Late Life and Allied Sciences*, 21 (2), 163-170.

Lajeri-Chaherli, F., (2004), "Proper Prudence, Standard Prudence and Precautionary Vulnerability", *Economics Letters*, 82 (1), 29-34.

Lambregts, T. R., Schut, F. T., (2020), "Displaced, Disliked and Misunderstood: A Systematic Review of the Reasons for Low Uptake of Long-term Care Insurance and Life Annuities", *Journal of the Economics of Ageing*, 17, 100236.

Langbein, J., (2017), "Firewood, Smoke and Respiratory Diseases in Developing Countries: The Neglected Role of Outdoor Cooking", *Plos One*, 12 (6), e0178631.

Langley, P., Müller-Schwefe, G., Nicolaou, A., et al., (2010), "The Impact of Pain on Labor Force Participation, Absenteeism and Presenteeism in the European Union", *Journal of Medical Economics*, 13 (4), 662-672.

Lee, S. H., Ogawa, N., Matsukura, R., (2016), "Japan's Pension Reform, Labor Market Responses, and Savings", *Journal of the Economics of Ageing*, 8, 67-75.

Lee, T. W., Yim, E. S., Choi, H. S., et al., (2019), "Day Care vs. Home Care: Effects on Functional Health Outcomes among Long-term Care Beneficiaries with Dementia in Korea", *International Journal of Geriatric Psychiatry*, 34 (1), 97-105.

Leigh, A., (2010), "Informal Care and Labor Market Participation", *Labor Economics*, 17 (1), 140-149.

Li, B. R., (2018), "A Comparative Study of Long-term Care Insurance for the Elderly in Qingdao, Nantong and Shanghai", *4th Annual International Conference on Management, Economics and Social Development (ICMESD 2018)*, Atlantis Press.

Li, Q., Tan, N., (2019), "A Review of Research on the Relationship Between Health and the Labor Supply of the Elderly (in Chinese)", *Journal of University of Electronic Science and Technology of China (Social Science Edition)*, 21 (3), 38-47.

Li, Y., Jensen, G. A., (2011), "The Impact of Private Long-term Care Insurance on the Use of Long-term Care", *INQUIRY: The Journal of Health Care Organization, Provision, and Financing*, 48 (1), 34-50.

Zhou, L. A., Chen, Y., (2005), "The Policy Effect of Tax-and-fees Reforms in Rural China: A Difference-in-differences Estimation", *Economic Research Journal*, 8 (5), A9.

Lilleholt, L., (2019), "CognitiveAbility and Risk Aversion: A Systematic Review and Meta Analysis", *Judgment and Decision Making*, 14 (3), 234-279.

Lilly, M. B., Laporte, A., Coyte, P. C., (2007), "Labor Market Work and Home Care's Unpaid Caregivers: A Systematic Review of Labor Force Participation Rates, Predictors of Labor Market Withdrawal, and Hours of Work", *Milbank Quarterly*, 85 (4), 641-690.

Lilly, M. B., Laporte, A., Coyte, P. C., (2010), "Do They Care too Much to Work? The Influence of Caregiving Intensity on the Labor Force Participation of Unpaid Caregivers in Canada", *Journal of Health Economics*, 29 (6), 895-903.

Liu, H., Zhong, F., (2009), "Food Consumption and Demand Elasticity: Evidence from Household Survey Data", *Journal of Nanjing Agricultural University (Social Sciences Edition)*, 9 (3), 36-43.

Lockwood, L. M., (2010), *The Importance of Bequest Motives: Evidence from Long-term Care Insurance and the Pattern of Saving*, Manuscript, University of Chicago.

Lopez, A. D., Mathers, C. D., Ezzati, M., et al., (2006), "Global and Regional Burden of Disease and Risk Factors, 2001: Systematic Analysis of Population Health Data", *Lancet*, 367 (9524), 1747-1757.

Lu, B., Mi, H., Yan, G., et al., (2020), "Substitutional Effect of Long-term Care to Hospital Inpatient Care?", *China Economic Review*, 62, 101466.

Lu, B., Mi, H., Zhu, Y., et al., (2017), "A Sustainable Long-term Health Care System for Aging China: A Case Study of Regional Practice", *Health Systems Reform*, 3 (3), 182-190.

Mahoney, F. I. , et al. , (1965), "Functional Evaluation: The Barthel Index", *Maryland State Medical Journal*, 14 (2), 61-65.

Makita, M. , (2010), "Gender Roles and Social Policy in an Ageing Society", *International Journal of Ageing and Later Life*, 5 (1), 77-106.

Mandel, H. , Semyonov, M. , (2014), "Gender Pay Gap and Employment Sector: Sources of Earnings Disparities in the United States 1970-2010", *Demography*, 51 (5), 1597-1618.

Manning, W. G. , Newhouse, J. P. , Duan, N. , et al. , (1987), "Health Insurance and the Demand for Medical Care: Evidence from a Randomized Experiment", *American Economic Review*, 251-277.

Martin, L. T. , Parker, R. M. , (2011), "Insurance Expansion and Health Literacy", *JAMA: The Journal of the American Medical Association*, 306 (8), 874-875.

McCoy, C. E. , (2017), "Understanding the Intention-to-treat Principle in Randomized Controlled Trials", *Western Journal of Emergency Medicine*, 18 (6), 1075.

McGarry, K. , (2007), "Does Caregiving Affect Work? Evidence Based on Prior Labor Force Experience", *Health Care Issues in the United States and Japan*, University of Chicago Press.

McKnight, R. , (2006), "Home Care Reimbursement, Long-term Care Utilization, and Health Outcomes", *Journal of Public Economics*, 90 (1-2), 293-323.

Meng, Q. , Tang, S. , (2010), "Universal Coverage of Health Care in China: Challenges and Opportunities", World Health Report.

Michaud, P. -C. , Van Soest, A. , (2008), "Health and Wealth of Elderly Couples: Causality Tests Using Dynamic Panel Data Models", *Journal of Health Economics*, 27 (5), 1312-1325.

Michaud, P. -C., Vermeulen, F., (2011), "A Collective Labor Supply Model with Complementarities in Leisure: Identification and Estimation by Means of Panel Data", *Labor Economics*, 18 (2), 159-167.

Mitchell, O. S., Piggott, J., Shimizutani, S., (2008), "An Empirical Analysis of Patterns in the Japanese Long-term Care Insurance System", *Geneva Papers on Risk and Insurance: Issues and Practice*, 33 (4), 694-709.

Mody, L., Bradley, S. F., Strausbaugh, L. J., et al., (2001), "Prevalence of Ceftriaxone - and Ceftazidime - Resistant Gram - Negative Bacteria in Long-term Care Facilities", *Infection Control Hospital Epidemiology*, 22 (4), 193-194.

Mohamed Rohani, M., Ahmad Fuad, N., Ahmad, M. S., et al., (2022), "Impact of the Special Care Dentistry Education on Malaysian Students' Attitudes, Self-efficacy and Intention to Treat People with Learning Disability", *European Journal of Dental Education*, 26 (4), 741-749.

Moser, P., Voena, A., (2012), "Compulsory Licensing: Evidence from the Trading with the Enemy Act", *American Economic Review*, 102 (1), 396-427.

Noguchi, H., Shimizutani, S., (2005), "Supplier-induced Demand in Japan's At-home Care Industry: Evidence from Micro-level Survey on Care Receivers", Economic and Social Research Institute, Cabinet Office.

Ojeda, V. D., Frank, R. G., McGuire, T. G., et al., (2010), "Mental Illness, Nativity, Gender and Labor Supply", *Health Economics*, 19 (4), 396-421.

Oliveira Martins, J., de la Maisonneuve, C., (2015), "The Future of Health and Long-term Care Spending", *OECD Journal: Economic Stud-*

ies, 2014 (1), 61-96.

Ozturk, Y., Kose, T., (2019), "Health, Time Allocation and Work: Empirical Evidence from Turkey", *Applied Economics*, 51 (51), 5609-5622.

Pauly, M. V., (1990), "The Rational Nonpurchase of Long-term Care Insurance", *Journal of Political Economy*, 98 (1), 153-168.

Peleg, R., Press, Y., Asher, M., et al., (2008), "An Intervention Program to Reduce the Number of Hospitalizations of Elderly Patients in a Primary Care Clinic", *BMC Health Services Research*, 8 (1), 1-7.

Pezzin, L. E., Kemper, P., Reschovsky, J., (1996), "Does Publicly Provided Home Care Substitute for Family Care? Experimental Evidence with Endogenous Living Arrangements", *Journal of Human Resources*, 650-676.

Plunk, A. D., Syed-Mohammed, H., Cavazos-Rehg, P., et al., (2014), "Alcohol Consumption, Heavy Drinking, and Mortality: Rethinking the J-Shaped Curve", *Alcoholism: Clinical and Experimental Research*, 38 (2), 471-478.

Qin, X., Lu, T., (2014), "Does Health Insurance Lead to Ex-ante Moral Hazard? Evidence From China's New Rural Cooperative Medical Scheme", *Geneva Papers on Risk and Insurance: Issues and Practice*, 39 (4), 625-650.

Radloff, L. S., (1977), "The CES-D Scale: A Self-report Depression Scale for Research in the General Population", *Applied Psychological Measurement*, 1 (3), 385-401.

Rapp, T., Chauvin, P., Sirven, N., (2015), "Are Public Subsidies Effective to Reduce Emergency Care? Evidence from the PLASA Study", *Social Science & Medicine*, 138, 31-37.

Recuero-Díaz, J. L., Royo-Crespo, I., Gómez de-Antonio, D., et al.,

(2022), "Treatment and Intention-to-treat Propensity Score Analysis to Evaluate the Impact of Video-assisted Thoracic Surgery on 90-day Mortality after Anatomical Resection for Lung Cancer", *European Journal of Cardio-Thoracic Surgery*, 62 (3), ezac122.

Reingle, J. M., Jennings, W. G., Piquero, A. R., et al., (2014), "Is Violence Bad for Your Health? An Assessment of Chronic Disease Outcomes in A Nationally Representative Sample", *Justice Quarterly*, 31 (3), 524-538.

Rellstab, S., Bakx, P., García-Gómez, P., et al., (2020), "The Kids are Alright-Labor Market Effects of Unexpected Parental Hospitalizations in the Netherlands", *Journal of Health Economics*, 69, 102275.

Rosenbaum, P. R., Rubin, D. B., (1983), "The Central Role of the Propensity Score in Observational Studies for Causal Effects", *Biometrika*, 70 (1), 41-55.

Ryan, L. H., Smith, J., Antonucci, T. C., et al., (2012), "Cohort Differences in the Availability of Informal Caregivers: Are the Boomers at Risk?", *Gerontologist*, 52 (2), 177-188.

Scheil-Adlung, X., et al., (2015), "Long-term Care Protection for Older Persons: A Review of Coverage Deficits in 46 Countries", ILO Geneva, Switzerland.

Schmitz, H., Westphal, M., (2015), "Short- and Medium-Term Effects of Informal Care Provision on Female Caregivers' Health", *Journal of Health Economics*, 42, 174-185.

Schmitz, H., Westphal, M., (2017), "Informal Care and Long-term Labor Market Outcomes", *Journal of Health Economics*, 56, 1-18.

Schüz, B., Czerniawski, A., Davie, N., et al., (2015), "Leisure Time Activities and Mental Health in Informal Dementia Caregivers", *Applied Psychology: Health and Well-Being*, 7 (2), 230-248.

Shephard, R. J., (1995), "Physical Activity, Fitness, and Health: The Current Consensus", *Quest (Grand Rapids, Mich)*, 47 (3), 288-303.

Skira, M. M., (2015), "Dynamic Wage and Employment Effects of Elder Parent Care", *International Economic Review*, 56 (1), 63-93.

Sloan, R. A., Sawada, S. S., Martin, C. K., et al., (2009), "Associations between Cardiorespiratory Fitness and Health-related Quality of Life", *Health and Quality of Life Outcomes*, 7 (1), 1-5.

Sobel, M. E., (1982), "Asymptotic Confidence Intervals for Indirect Effects in Structural Equation Models", *Sociological Methodology*, 13, 290-312.

Stabile, M., Laporte, A., Coyte, P. C., (2006), "Household Responses to Public Home Care Programs", *Journal of Health Economics*, 25 (4), 674-701.

Stanciole, A. E., (2008), "Health Insurance and Lifestyle Choices: Identifying Ex-Ante Moral Hazard in the U. S. Market", *Geneva Papers on Risk and Insurance: Issues and Practice*, 33 (4), 627-644.

Strumpf, E., (2011), "Medicaid's Effect on Single Women's Labor Supply: Evidence from the Introduction of Medicaid", *Journal of Health Economics*, 30 (3), 531-548.

Stuart, E. A., Huskamp, H. A., Duckworth, K., et al., (2014), "Using Propensity Scores in Difference-in-Differences Models to Estimate the Effects of a Policy Change", *Health Services and Outcomes Research Methodology*, 14 (4), 166-182.

Sugawara, S., Nakamura, J., (2014), "Can Formal Elderly Care Stimulate Female Labor Supply? The Japanese Experience", *Journal of the Japanese and International Economies*, 34, 98-115.

Sugisawa, A., Sugisawa, H., Nakatani, Y., et al., (1997), "Effect of Retirement on Mental Health and Social Well-being Among Elderly Japanese", *Japanese Journal of Public Health*, 44 (2), 123-130.

Thompson, C. A., Prottas, D. J., (2006), "Relationships Among Organizational Family Support, Job Autonomy, Perceived Control, and Employee Well-Being", *Journal of Occupational Health Psychology*, 11 (1), 100.

United Nations, (2019), "World Population Prospects: The 2019 Revision", UN Department of Economic and Social Affairs.

Van Houtven, C. H., Coe, N. B., Konetzka, R. T., (2015), "Family Structure and Long-term Care Insurance Purchase", *Health Economics*, 24, 58-73.

Van Houtven, C. H., Coe, N. B., Skira, M. M., (2013), "The Effect of Informal Care on Work and Wages", *Journal of Health Economics*, 32 (1), 240-252.

Wald, H. L., (2012), "Prevention of Hospital-acquired Geriatric Syndromes: Applying Lessons Learned from Infection Control", *Journal of the American Geriatrics Society*, 60 (2), 364.

Walker, J. D., Teare, G. F., Hogan, D. B., et al., (2009), "Identifying Potentially Avoidable Hospital Admissions from Canadian Long-term Care Facilities", *Medical Care*, 250-254.

Wang, Q., Zhou, Y., Ding, X., et al., (2018), "Demand for Long-term Care Insurance in China", *International Journal of Environmental Research and Public Health*, 15 (1), 6.

Webb, D. C., (2006), "Long-term Care Insurance, Annuities and Asymmetric Information: The Case for Bundling Contracts".

White-Means, S. I., Chang, C. F., (1994), "Informal Caregivers' Leisure Time and Stress", *Journal of Family and Economic Issues*, 15 (2), 117-136.

Wiener, J. M., Feng, Z., Zheng, N. T., et al., (2018), "Long-term

Care Financing: Issues, Options, and Implications for China", *Options for Aged Care in China: Building an Efficient and Sustainable Aged Care System*, Washington, DC: World Bank.

Wooldridge, J., Schore, J., (1988), "The Evaluation of the National Long-term Care Demonstration. 7. The Effect of Channeling on the Use of Nursing Homes, Hospitals, and Other Medical Services", *Health Services Research*, 23 (1), 119.

Xie, Y., (2012), *The User's Guide of the China Family Panel Studies*, Beijing: Institute of Social Science Survey, Peking University.

Xu, X., Zweifel, P., (2014), "Bilateral Intergenerational Moral Hazard: Empirical Evidence from China", *Geneva Papers on Risk and Insurance: Issues and Practice*, 39 (4), 651-667.

Yamada, H., Shimizutani, S., (2015), "Labor Market Outcomes of Informal Care Provision in Japan", *Journal of the Economics of Ageing*, 6, 79-88.

Yang, C. C., Hsueh, J. Y., Wei, C. Y., (2020), "Current Status of Long-term Care in Taiwan: Transition of Long-term Care Plan from 1.0 to 2.0", *International Journal of Health Policy and Management*, 9 (8), 363.

Yang, J., Wang, S., DU, S., (2018), "Regional Comparison and Implications of China's Long-term Care Insurance System", *Chinese Journal of Health Policy*, 11 (4), 1-7.

Yang, L., Sung, H.-Y., Mao, Z., Hu, T., et al., (2011), "Economic Costs Attributable to Smoking in China: Update and An 8-Year Comparison, 2000-2008", *Tobacco Control*, 20 (4), 266-272.

Yang, W., He, J., Fang, L., et al., (2016), "Financing Institutional Long-term Care for the Elderly in China: A Policy Evaluation of New Models", *Health Policy and Planning*, 31 (10), 1391-1401.

Yi, Z., Vaupel, J. W., Zhenyu, X., et al., (2002), "Sociodemographic and Health Profiles of the Oldest Old in China", *Population and Development Review*, 28 (2), 251-273.

Yilma, Z., Van Kempen, L., De Hoop, T., (2012), "A Perverse 'Net' Effect? Health Insurance and Ex-Ante Moral Hazard in Ghana", *Social Science & Medicine*, 75 (1), 138-147.

Yip, W., Fu, H., Chen, A. T., et al., (2019), "10 Years of Health-care Reform in China: Progress and Gaps in Universal Health Coverage", *Lancet*, 394 (10204), 1192-1204.

Yıkılkan, H., Aypak, C., Görpelioğlu, S., (2014), "Depression, Anxiety and Quality of Life in Caregivers of Long-term Home Care Patients", *Archives of Psychiatric Nursing*, 28 (3), 193-196.

Yu, Y., Feng, J., (2018), "The Impact of Family Care on the Utilization of Medical Services for the Elderly (in Chinese)", *Economics (Quarterly)*, 17 (3), 56-81.

Zeng, Y., Que, S., Fang, Y., (2021), "Association between Social Participation and Physical Disability Among the Elderly in China: A Longitudinal Fixed-effects Analysis".

Zhang, X., Zhao, X., Harris, A., (2009), "Chronic Diseases and Labor Force Participation in Australia", *Journal of Health Economics*, 28 (1), 91-108.

Zhang, Y., Yu, X., (2019), "Evaluation of Long-term Care Insurance Policy in Chinese Pilot Cities", *International Journal of Environmental Research and Public Health*, 16 (20), 3826.

Zhao, Y., Hu, Y., Smith, J. P., et al., (2014), "Cohort Profile: The China Health and Retirement Longitudinal Study (CHARLS)", *International Journal of Epidemiology*, 43 (1), 61-68.

Zhou, K., Vidyarthi, A. R., Wong, C. H., et al., (2017), "Where to Go If Not the Hospital? Reviewing Geriatric Bed Utilization in An Acute Care Hospital in Singapore", *Geriatrics Gerontology International*, 17 (10), 1575-1583.

Zhou, Y., Cao, R., (2017), "The Impact of the New Rural Insurance on the Labor Supply Behavior of Rural Middle-Aged and Elderly People: A Study Based on the PSM-DID Method (in Chinese) ", *Population and Economy*, 5, 97-107.

Zhou-Richter, T., Browne, M. J., Gründl, H., (2010), "Don't They Care? Or are They Just Unaware? Risk Perception and the Demand for Long-term Care Insurance", *Journal of Risk and Insurance*, 77 (4), 715-747.

Zhu, Y., Österle, A., (2019), "China's Policy Experimentation on Long-term Care Insurance: Implications for Access", *International Journal of Health Planning and Management*, 34 (4), 1661-1674.

Zweifel, P., Manning, W. G., (2000), "Moral Hazard and Consumer Incentives in Health Care", *Handbook of Health Economics*, 1.

附录 A

中国长期护理保险运行现状

表 A.1　　中国长期护理保险试点城市主要政策特征

序号	省份	城市	开始时间（月/日/年）	参保对象所属基本医疗保险类型	保障范围	是否提供现金福利[a]
1	山东	青岛	07/01/2012	职工医保/居民医保	失能等级3—5级（基于自行设计的量表）、失智	否
2	山东	潍坊	01/01/2015	职工医保	Barthel 评分<60	否
3	吉林	长春	05/01/2015	职工医保/居民医保	重度失能（Barthel 评分<40）、癌症患者、因疾病导致的短期失能、所有90岁及以上老人	否
4	山东	日照	08/01/2015	职工医保/居民医保	Barthel 评分<60	否
5	江苏	南通	01/01/2016	职工医保/居民医保	中度和重度失能、失智	是
6	江西	上饶	01/01/2016	职工医保	重度失能	是
7	山东	济南	06/01/2016	职工医保	Barthel 评分≤55	否

附录 A 中国长期护理保险运行现状

续表

序号	省份	城市	开始时间（月/日/年）	参保对象所属基本医疗保险类型	保障范围	是否提供现金福利[a]
8	河北	邢台（巨鹿县）	07/01/2016	职工医保/居民医保	中度和重度失能	否
		邢台（除巨鹿县）	03/23/2019	职工医保/居民医保	重度失能	否
9	吉林	松原	09/01/2016	职工医保/居民医保	年龄≤85：Barthel 评分≤40 年龄>85：Barthel 评分≤45	否
10	北京	北京（海淀区）	09/07/2016	职工医保/居民医保	轻度、中度和重度失能	是
		北京（石景山区）	11/13/2020	职工医保/居民医保	Barthel 评分≤40	否
11	吉林	吉林	11/07/2016	职工医保/居民医保	Barthel 评分≤40	是
12	湖北	荆门	11/22/2016	职工医保/居民医保	Barthel 评分<40	是
13	河北	承德	11/23/2016	职工医保	Barthel 评分<40	是
14	上海	上海	01/01/2017	职工医保/居民医保	年龄>60 岁且失能等级 2—6 级（基于自行设计的量表）	是
15	新疆	石河子	01/01/2017	职工医保/居民医保	Barthel 评分<40	是
16	安徽	安庆	01/12/2017	职工医保	Barthel 评分<40	是
17	浙江	杭州（桐庐县）	02/24/2017	职工医保/居民医保	重度失能	是
18	四川	成都	07/01/2017	职工医保	重度失能	是
19	江苏	徐州（仅市区）	07/01/2017	职工医保/居民医保	中度和重度失能、重度失智[b]	是

续表

序号	省份	城市	开始时间（月/日/年）	参保对象所属基本医疗保险类型	保障范围	是否提供现金福利[a]
20	广东	广州	08/01/2017	职工医保	中度和重度失能、失智	否
21	山东	临沂	08/11/2017	职工医保	Barthel 评分<55	否
22	浙江	嘉兴	09/01/2017	职工医保/居民医保	重度失能	否
23	山西	临汾	10/01/2017	职工医保/居民医保	Barthel 评分≤40	否
24	黑龙江	齐齐哈尔	10/01/2017	职工医保	重度失能	否
25	江苏	苏州	10/01/2017	职工医保/居民医保	中度和重度失能	否
26	山东	聊城	11/16/2017	职工医保	Barthel 评分≤50	否
27	山东	泰安	11/27/2017	职工医保	Barthel 评分≤50	否
28	浙江	宁波[c]	12/01/2017	职工医保	重度失能	否
29	重庆	重庆[d]	12/11/2017	职工医保	重度失能	否
30	吉林	白山	12/27/2017	职工医保/居民医保	Barthel 评分<40	否
31	山东	滨州	01/01/2018	职工医保	Barthel 评分≤60、失智	是
32	山东	济宁	01/01/2018	职工医保	Barthel 评分<60	否
33	新疆	克拉玛依	01/01/2018	职工医保/居民医保	重度失能	是
34	山东	淄博	01/01/2018	职工医保	Barthel 评分<60	是
35	新疆	昌吉回族自治州	01/17/2018	职工医保	Barthel 评分<40	是
36	山东	东营（垦利区）	03/07/2018	职工医保/居民医保	重度失能	是

附录 A　中国长期护理保险运行现状

续表

序号	省份	城市	开始时间（月/日/年）	参保对象所属基本医疗保险类型	保障范围	是否提供现金福利[a]
37	浙江	台州	04/02/2018	职工医保/居民医保	Barthel 评分<60	否
38	山东	菏泽	05/01/2018	职工医保	Barthel 评分<60	否
39	山东	烟台	06/30/2018	职工医保	Barthel 评分≤50；MMSE 评分≤9	否
40	湖南	长沙	07/01/2018	职工医保	重度失能	否
41	山东	威海	07/01/2018	职工医保	完全依赖、大部分依赖	否
42	浙江	金华（义乌市）	09/01/2018	职工医保/居民医保	4级及以上失能（中度和重度失能）	否
43	广西	贺州	11/01/2018	职工医保	Barthel 评分<40	否
44	江苏	常州（武进区）	12/05/2018	职工医保/居民医保	重度失能	是
45	山东	德州	01/01/2019	职工医保	重度失能	是
46	江苏	无锡	01/01/2019	职工医保/居民医保	中度和重度失能	是
47	江苏	扬州（仅市区）	01/01/2019	职工医保	重度失能	是
48	山东	枣庄	01/01/2019	职工医保	中度和重度失能	否
49	河北	秦皇岛	04/09/2019	职工医保	中度和重度失能	是
50	浙江	舟山（岱山县）	05/01/2019	职工医保/居民医保	重度失能	是
51	内蒙古	呼伦贝尔（满洲里市）	06/20/2019	职工医保/居民医保	重度失能	否
52	新疆	乌鲁木齐	07/01/2019	职工医保	重度失能	否
53	浙江	温州	07/01/2019	职工医保	重度失能	是

续表

序号	省份	城市	开始时间（月/日/年）	参保对象所属基本医疗保险类型	保障范围	是否提供现金福利[a]
54	江苏	泰州	09/01/2019	职工医保/居民医保	重度失能	否
55	吉林	通化（梅河口市）	09/01/2019	职工医保	年龄<85：重度失能 85≤年龄<90：中度重度失能 年龄≥90：所有人	否
56	吉林	延边朝鲜族自治州（珲春市）	09/01/2019	职工医保	重度失能	否
57	河北	唐山	10/01/2019	职工医保/居民医保	重度失能	是
58	河北	石家庄[e]	12/01/2019	职工医保/居民医保	重度失能	是
59	湖北	天门	01/01/2020	职工医保	重度失能	否
60	内蒙古	乌海	01/01/2020	职工医保/居民医保	Barthel 评分<40	否
61	湖北	宜昌（除夷陵区）	06/08/2020	职工医保	Barthel 评分≤40	否
62	河北	保定（定州市）	06/13/2020	职工医保	长期失能	否
63	甘肃	甘南藏族自治州	07/09/2020	职工医保	重度失能	否
64	福建	泉州（晋江市）	08/20/2020	职工医保/居民医保	中度和重度失能	否
65	贵州	黔西南布依族苗族自治州	11/05/2020	职工医保	重度失能	是
66	湖南	湘潭	12/10/2020	职工医保	重度失能	否
67	天津	天津	12/15/2020	职工医保	重度失能	否

续表

序号	省份	城市	开始时间（月/日/年）	参保对象所属基本医疗保险类型	保障范围	是否提供现金福利[a]
68	福建	福州	12/21/2020	职工医保	重度失能	否
69	云南	昆明	12/30/2020	职工医保	重度失能	否
70	陕西	汉中	01/01/2021	职工医保	Barthel 评分≤40	是
71	内蒙古	呼和浩特	01/01/2021	职工医保/居民医保	中度和重度失能	否
72	山西	晋城	01/01/2021	职工医保	重度失能	否
73	河南	开封	01/01/2021	职工医保	重度失能	否
74	辽宁	盘锦	01/01/2021	职工医保	重度失能	否
75	广西	南宁	03/01/2021	职工医保	重度失能	否
76	广东	深圳	10/01/2021	职工医保/居民医保	2—4级失能（基于自行设计的量表）、失智	否

注：①本书将长期护理保险实施细则发布的时间视为长期护理保险的启动时间。在一些试点中，长期护理保险首先在几个区县实施，随后扩展到全市，本书将长期护理保险最初引入试点城市的时间作为其启动时间（如果一个城市中的某个县实施了长期护理保险，则认为该城市实施了长期护理保险）。②MMSE量表：评估精神状态的量表，满分30分。0—9：重度失智；10—20：中度失智；21—26：轻度失智。③重度失能：Barthel评分<40或5—6个ADL项目受限的个体。④中度失能：40<Barthel评分<60或3—4个ADL项目受限的个体。⑤部分城市使用的失能标准为自行设计的量表。⑥标为加粗体的23个试点城市为CHARLS数据库中覆盖的试点城市，也即本书的处理组城市。

a：一般为针对亲属提供的居家护理和社区护理服务进行补贴。b：从2021年1月1日开始将中度失能及重度失智纳入目标受益人群范围。c：仅海曙区、江北区、鄞州区、高新区、东钱湖旅游度假区。d：仅巴南区、大渡口区、石柱土家族自治县、垫江县。e：仅新乐市、正定县、鹿泉区、栾城区。

资料来源：笔者根据官方文件整理。

表 A.2　　中国长期护理保险试点城市筹资渠道

序号	开始日期（月/日/年）	城市	医保基金	财政补贴	个人缴费	企业缴费
1	07/01/2012	青岛	√	√	√	—
2	01/01/2015	潍坊	√	√	√	—
3	05/01/2015	长春	√	—	—	—
4	08/01/2015	日照	√	√	√	—
5	01/01/2016	南通	√	√	√	—
6	01/01/2016	上饶	√	√	√	√
7	06/01/2016	济南	√	√	√	—
8	07/01/2016	邢台（巨鹿县）	√	√	√	—
8	03/23/2019	邢台（除巨鹿县）	√	√	√	—
9	09/01/2016	松原	√	√	√	—
10	09/07/2016	北京（海淀区）	—	√	√	—
10	11/13/2020	北京（石景山区）	√	√	√	√
11	11/07/2016	吉林	√	—	√	—
12	11/22/2016	荆门	√	√	√	—
12	11/22/2016	荆门	√	√	√	—
13	11/23/2016	承德	√	√	√	—
14	01/01/2017	上海	√	—	—	—
15	01/01/2017	石河子	√	√	—	—
16	01/12/2017	安庆	√	—	√	—
17	02/24/2017	杭州（桐庐县）	√	√	√	—
18	04/02/2017	成都	√	—	—	—
19	07/01/2017	徐州（仅市区）	√	—	—	—
20	07/01/2017	广州	√	√	√	—

续表

序号	开始日期 (月/日/年)	城市	筹资渠道			
			医保基金	财政补贴	个人缴费	企业缴费
21	08/01/2017	临沂	√	—	—	—
22	08/11/2017	嘉兴	√	√	√	—
23	09/01/2017	临汾	√	√	√	—
24	10/01/2017	齐齐哈尔	√	—	√	—
25	10/01/2017	苏州	√	—	√	—
26	10/01/2017	聊城	√	√	—	—
27	11/16/2017	泰安	√	√	√	√
28	11/27/2017	宁波[a]	√	√	√	—
29	12/01/2017	重庆[b]	√	—	—	—
30	12/11/2017	白山	√	—	√	—
31	12/27/2017	滨州	√	√	√	—
32	01/01/2018	济宁	√	√	—	—
33	01/01/2018	克拉玛依	√	√	—	—
34	01/01/2018	淄博	√	√	√	√
35	01/01/2018	昌吉回族自治州	√	√	—	—
36	01/17/2018	东营（垦利区）	√	√	—	—
37	03/07/2018	台州	√	√	√	—
38	05/01/2018	菏泽	√	√	√	√
39	06/30/2018	烟台	√	√	√	—
40	07/01/2018	长沙	√	√	√	—
41	07/01/2018	威海	√	√	√	—
42	09/01/2018	金华（义乌市）	√	√	√	—
43	11/01/2018	贺州	√	—	√	—

续表

序号	开始日期（月/日/年）	城市	筹资渠道			
			医保基金	财政补贴	个人缴费	企业缴费
44	12/05/2018	常州（武进区）	√	√	√	—
45	01/01/2019	德州	√	√	√	√
46	01/01/2019	无锡	√	√	√	—
47	01/01/2019	扬州（仅市区）	√	√	√	—
48	01/01/2019	枣庄	√	√	√	—
49	04/09/2019	秦皇岛	√	—	—	—
50	05/01/2019	舟山（岱山县）	√	√	√	—
51	06/20/2019	呼伦贝尔（满洲里市）	√	√	√	—
52	07/01/2019	乌鲁木齐	√	√	√	—
53	07/01/2019	温州	√	—	√	—
54	09/01/2019	泰州	√	√	√	—
55	09/01/2019	通化（梅河口市）	√	—	√	√
56	09/01/2019	延边朝鲜族自治州（珲春市）	√	—	√	√
57	10/01/2019	唐山	√	√	√	—
58	12/01/2019	石家庄c	√	√	√	—
59	01/01/2020	天门	√	√	—	—
60	01/01/2020	乌海	√	√	√	—
61	06/08/2020	宜昌（除夷陵区）	√	√	√	—
62	06/13/2020	保定（定州市）	√	√	√	—
63	07/09/2020	甘南藏族自治州	√	√	√	—
64	08/20/2020	泉州（晋江市）	√	√	√	—

续表

序号	开始日期 （月/日/年）	城市	筹资渠道			
			医保基金	财政补贴	个人缴费	企业缴费
65	11/05/2020	黔西南布依族苗族自治州	√	√	√	√
66	12/10/2020	湘潭	√	—	√	√
67	12/15/2020	天津	√	—	√	√
68	12/21/2020	福州	√	√	√	√
69	12/30/2020	昆明	√	√	√	√
70	01/01/2021	汉中	√	√	√	√
71	01/01/2021	呼和浩特	√	√	√	√
72	01/01/2021	晋城	√	√	√	√
73	01/01/2021	开封	√	√	√	√
74	01/01/2021	盘锦	√	√	√	√
75	03/01/2021	南宁	√	√	√	√
76	10/01/2021	深圳	√	√	√	√

注："—"表示不从该渠道筹集资金。a：仅海曙区、江北区、鄞州区、高新区、东钱湖旅游度假区。b：仅巴南区、大渡口区、石柱土家族自治县、垫江县。c：仅新乐市、正定县、鹿泉区、栾城区。

资料来源：笔者根据各试点城市发布的长期护理保险官方政策文件汇总得出。

表 A.3 中国长期护理保险试点城市待遇支付标准

序号	开始时间（月/日/年）	城市	专护 医疗护理	专护 日常生活护理	院护 医疗护理	院护 日常生活护理	家护 医疗护理	家护 日常生活护理	鼓励何种护理
1	07/01/2012	青岛	自付10%—20%	失能3级：限额22元/日；失能4级：限额35元/日；失能5级：限额50元/日	自付10%—20%	失能3级：限额22元/日；失能4级：限额35元/日；失能5级：限额50元/日	自付10%—20%	50元/小时 失能3级：限额3小时/周；失能4级：限额5小时/周；失能5级：限额7小时/周	无
2	01/01/2015	潍坊	自付6%—10%		自付4%		自付4%		院护、家护
3	05/01/2015	长春	自付10%（城镇职工）或20%（城镇居民）	NA	自付10%（城镇职工）或20%（城镇居民）	NA	NA	NA	无
4	08/01/2015	日照	自付10%	NA	自付8%	NA	自付8%	NA	院护、家护
5	01/01/2016	南通	自付40%	NA	自付50%	NA	限额1200元/月	NA	专护

附录 A 中国长期护理保险运行现状

续表

序号	开始时间（月/日/年）	城市	专护 医疗护理	专护 日常生活护理	院护 医疗护理	院护 日常生活护理	家护 医疗护理	家护 日常生活护理	鼓励何种护理
6	01/01/2016	上饶	1080 元/月	NA	1080 元/月	NA	亲属护理 450 元/月，上门护理 900 元/月	NA	专护、院护
7	06/01/2016	济南	220—260 元/日		70 元/日		限额 60 元/小时，4 小时/日		专护、家护
8	07/01/2016	邢台（巨鹿县）	自付 1000 元/月		自付 500 元/月		自付 90 元/月		院护、家护
	03/23/2019	邢台（除巨鹿县）	自付 35%—45%，限额 90—120 元/日		自付 35%—45%，限额 50 元/日		自付 15%，限额 30 元/月		家护
9	09/01/2016	松原	自付 15%（城镇职工）或 25%（城乡居民）		自付 15%（城镇职工）或 25%（城乡居民）		自付 15%（城镇职工）68 元/日（城乡居民）		无
10	09/07/2016	北京（海淀区）	服务给付：轻度失能 900 元/月，中度失能 1400 元/月，重度失能 1900 元/月						无
	11/13/2020	北京（石景山区）	自付 20%—30%，限额 90 元/日		自付 20%—30%，限额 90 元/日		签约：自付 20%，限额 90 元/小时，12 小时/月；非签约：自付 30%，限额 60 元/小时，30 小时/月		无

· 351 ·

续表

序号	开始时间（月/日/年）	城市	专护 医疗护理	专护 日常生活护理	院护 医疗护理	院护 日常生活护理	家护 医疗护理	家护 日常生活护理	鼓励何种护理
11	11/07/2016	吉林		NA	自付20%（城乡居民）	或30%（城镇职工）	自付20%（城乡居民）	或30%（城镇职工）	无
12	11/22/2016	荆门	自付30%，限额150元/日	NA	自付25%，限额100元/日	NA	全职：自付20%，限额100元/日；兼职：自付0%，限额40元/日	NA	院护、家护
13	11/23/2016	承德	自付30%	NA	自付30%	NA	自付30%	NA	无
14	01/01/2017	上海	自付20%	NA	自付15%	自付15%	自付10%。失能2—3级：3小时/周，失能4级：5小时/周，失能5—6级：7小时/周，对额外的护理时间给予现金补贴	NA	院护、家护

附录A 中国长期护理保险运行现状

续表

序号	开始时间（月/日/年）	城市	专护-医疗护理	专护-日常生活护理	院护-医疗护理	院护-日常生活护理	家护-医疗护理	家护-日常生活护理	鼓励何种护理
15	01/01/2017	石河子	签约：自付30%，限额750元/月；非签约：25元/日	NA	签约：自付30%，限额750元/月；非签约：25元/日	NA	25元/日	NA	无
16	01/12/2017	安庆	自付40%，限额50元/日	NA	自付50%，限额40元/日	NA	签约：限额750元/月；非签约：15元/日	NA	专护
17	02/24/2017	杭州（桐庐县）	40元/日		30元/日	NA	540元/月		专护
18	04/02/2017	成都			与基本医疗保险报销方式相同				家护
19	07/01/2017	徐州（仅市区）	自付30%，基于失能等级制定费用标准	NA	自付30%，基于失能等级制定费用标准	NA	自付25%，基于失能等级制定费用标准	NA	家护
20	07/01/2017	广州	根据服务包自付40%		根据服务包自付50%		签约：限额500元/月；非签约：15元/日		专护

续表

序号	开始时间（月/日/年）	城市	专护 医疗护理	专护 日常生活护理	院护 医疗护理	院护 日常生活护理	家护 医疗护理	家护 日常生活护理	鼓励何种护理
21	08/01/2017	临沂	自付25%,限额1000元/月	自付25%,限额120元/日	自付25%,限额1000元/月	自付25%,限额120元/日	自付10%,限额1000元/月	自付10%,限额115元/日	家护
22	08/11/2017	嘉兴	自付15%—25%		自付15%		自付10%		家护
23	09/01/2017	临汾	自付30%		自付30%		自付20%	NA	家护
24	10/01/2017	齐齐哈尔	80元/日	80元/日	40元/日	40元/日	50元/次	15元/日	专护
25	10/01/2017	苏州	自付40%	NA	自付45%	NA	自付50%	NA	专护
26	10/01/2017	聊城	NA	重度失能26元/日；中度失能20元/日	NA	重度失能26元/日；中度失能20元/日	NA	重度失能30元/日；中度失能25元/日	家护
27	11/16/2017	泰安	自付25%	限额120元/日	自付25%	限额60元/日	自付25%	限额55元/日	无
28	11/27/2017	宁波[a]	自付15%—25%		自付15%	NA	自付15%	NA	无
29	12/01/2017	重庆[b]	40元/日	NA	40元/日	NA	NA	NA	无
30	12/11/2017	白山	NA	50元/日	NA	50元/日	NA	50元/日	无
31	12/27/2017	滨州	自付30%,限额50元/日（服务）+10元/日（补贴）						无

附录 A 中国长期护理保险运行现状

续表

序号	开始时间（月/日/年）	城市	专护 医疗护理	专护 日常生活护理	院护 医疗护理	院护 日常生活护理	家护 医疗护理	家护 日常生活护理	鼓励何种护理
32	01/01/2018	济宁	自付10%，限额150—300元/日		Barthel评分≤20：70元/日；21≤Barthel评分≤40：60元/日；41≤Barthel评分≤50：50元/日		45元/日		专护、院护
33	01/01/2018	淄博	自付10%—20%		自付15%		自付10%		家护
34	01/01/2018	克拉玛依	重度Ⅲ级：80%×工资；重度Ⅱ级：70%×工资^c；重度Ⅰ级：60%×工资^c		重度Ⅲ级：80%×工资；重度Ⅱ级：70%×工资；重度Ⅰ级：60%×工资		签约：重度Ⅲ级：70%×工资；重度Ⅱ级：60%×工资；重度Ⅰ级：50%×工资；非签约：重度Ⅲ级：60%×工资^c；重度Ⅱ级：50%×工资^c；重度Ⅰ级：40%×工资^c		专护、院护
35	01/01/2018	昌吉回族自治州	自付25%，限额1200元/月		自付25%，限额900元/月		自付25%，限额600元/月		无
36	01/17/2018	东营（垦利区）	自付20%—50%，限额1200元/月		自付20%，限额1200元/月		30元/日		专护
37	03/07/2018	台州	60%×0.9×收入^d		60%×0.9×收入^d		65%×0.9×收入^d		家护
38	05/01/2018	菏泽	自付10%—20%		自付15%		自付10%		家护
39	06/30/2018	烟台	免费护理服务包		免费护理服务包		免费护理服务包		无

续表

序号	开始时间（月/日/年）	城市	专护 医疗护理	专护 日常生活护理	院护 医疗护理	院护 日常生活护理	家护 医疗护理	家护 日常生活护理	鼓励何种护理
40	07/01/2018	长沙	自付30%	限额65元/日	自付30%	限额65元/日	自付25%	限额2000元/月	家护
41	07/01/2018	威海	200元/日		完全依赖：40元/日；大部分依赖：30元/日	完全依赖：40元/日；大部分依赖：30元/日			无
42	09/01/2018	金华（义乌市）	自付30%，限额130元/日		自付25%，限额90元/日	自付25%，限额90元/日	自付20%，限额90元/日	自付20%，限额90元/日	家护
43	11/01/2018	贺州	60元/日		50元/日	40元/日	40元/日		专护
44	12/05/2018	常州（武进区）	自付40%	35元/日	NA	40元/日	NA	40元/日	院护、家护
45	01/01/2019	德州	自付20%—25%，限额120—180元/日		自付15%，限额60元/日	自付15%，限额60元/日	30元/日		院护
46	01/01/2019	无锡			重度：50元/日；中度：30元/日	重度：50元/日；中度：30元/日			无
47	01/01/2019	扬州（仅市区）	80元/日		60元/日	自付：-25%	签约：1200元/月；非签约：20元/日	签约：1200元/月；非签约：20元/日	专护
48	01/01/2019	枣庄			自付：-25%				无
49	04/09/2019	秦皇岛	重度：1980元/月；中度：1650元/月		重度：1980元/月；中度：1650元/月		600元/月		专护、院护
50	05/01/2019	舟山（岱山县）	自付20%，1200元/月		自付20%，1200元/月	自付20%，1200元/月	自付20%，500元/月（现金）		无

附录 A　中国长期护理保险运行现状

续表

序号	开始时间（月/日/年）	城市	专护 医疗护理	专护 日常生活护理	院护 医疗护理	院护 日常生活护理	家护 医疗护理	家护 日常生活护理	鼓励何种护理
51	06/20/2019	呼伦贝尔（满洲里市）	65元/日（城镇职工）或45元/日（城乡居民）	65元/日（城镇职工）或45元/日（城乡居民）	65元/日（城镇职工）或45元/日（城乡居民）	65元/日（城镇职工）或45元/日（城乡居民）	45元/日（城镇职工）或30元/日（城乡居民）	45元/日（城镇职工）或30元/日（城乡居民）	专护、院护
52	07/01/2019	乌鲁木齐	1737元/月	1737元/月	1737元/月	1737元/月	签约：自付50%，限额80元/日；非签约：1862元/月	签约：自付50%，限额80元/日；非签约：1862元/月	家护
53	07/01/2019	温州	自付20%，限额2768元/月（重度Ⅰ级）或2214元/月（重度Ⅱ级）或1661元/月（重度Ⅲ级）	自付20%，限额2768元/月（重度Ⅰ级）或2214元/月（重度Ⅱ级）或1661元/月（重度Ⅲ级）	自付20%，限额2768元/月（重度Ⅰ级）或2214元/月（重度Ⅱ级）或1661元/月（重度Ⅲ级）	自付20%，限额2768元/月（重度Ⅰ级）或2214元/月（重度Ⅱ级）或1661元/月（重度Ⅲ级）	签约：自付20%；非签约：自付60%；限额2768元/月（重度Ⅰ级）或2214元/月（重度Ⅱ级）或1661元/月（重度Ⅲ级）	签约：自付20%；非签约：自付60%；限额2768元/月（重度Ⅰ级）或2214元/月（重度Ⅱ级）或1661元/月（重度Ⅲ级）	无
54	09/01/2019	泰州	自付10%（重度Ⅰ级），30%（重度Ⅱ级）或35%（其他）；限额3000元/月	自付10%（重度Ⅰ级），30%（重度Ⅱ级）或35%（其他）；限额3000元/月	80元/日	80元/日	自付10%（重度Ⅰ级），30%（重度Ⅱ级）或35%（其他）；限额3000元/月	自付10%（重度Ⅰ级），30%（重度Ⅱ级）或35%（其他）；限额3000元/月	无
55	09/01/2019	通化（梅河口市）	—	—	60元/日	80元/日			无
56	09/01/2019	延边朝鲜族自治州（珲春市）	—	—	60元/日	80元/日	签约：1200元/月；非签约：20元/日	签约：1200元/月；非签约：20元/日	院护
57	10/01/2019	唐山	自付30%，限额2000元/月	自付30%，限额2000元/月	自付30%，限额2000元/月	自付30%，限额2000元/月			无
58	12/01/2019	石家庄	自付：30%（城镇职工），40%（城乡居民）；限额60元/日	自付：30%（城镇职工），40%（城乡居民）；限额60元/日	自付30%，限额1500元/月	自付30%，限额1500元/月	1250元/月（服务）+450元/月（现金）	1250元/月（服务）+450元/月（现金）	家护

· 357 ·

续表

序号	开始时间（月/日/年）	城市	专护-医疗护理	专护-日常生活护理	院护-医疗护理	院护-日常生活护理	家护-医疗护理	家护-日常生活护理	鼓励何种护理
59	01/01/2020	天门	自付20%		自付：30%（城镇职工），40%（城乡居民）；限额50元/日	自付30%，限额60元/日	自付：25%（城镇职工），35%（城乡居民）；限额40元/日		家护
60	01/01/2020	乌海			自付30%，限额80元/日		自付30%，限额40元/日		无
61	06/08/2020	宜昌（除夷陵区）	50元/日						院护
62	06/13/2020	保定（定州市）			1500元/月				—
63	07/09/2020	甘南藏族自治州							无
64	08/20/2020	泉州（晋江市）			1500元/月				无
65	11/05/2020	黔西南布依族苗族自治州	1000元/月（租金）（服务费），300元/月		1350元/月		1050元/月		院护
66	12/10/2020	湘潭	自付30%，限额80—100元/日		1000元/月（租金），300元/月（服务费）		900元/月（居家护理服务）200元/月（亲属护理补贴）		家护
67	12/15/2020	天津	自付30%，限额70元/日		自付30%，限额50元/日		自付20%，限额40元/日		家护
68	12/21/2020	福州	自付30%		自付30%，限额70元/日		自付25%，限额2100元/月		家护

附录 A 中国长期护理保险运行现状

续表

序号	开始时间（月/日/年）	城市	专护 医疗护理	专护 日常生活护理	院护 医疗护理	院护 日常生活护理	家护 医疗护理	家护 日常生活护理	鼓励何种护理
69	12/30/2020	昆明			自付 30%				无
70	01/01/2021	汉中			1200 元/月				无
71	01/01/2021	呼和浩特			1100 元/月		签约：800 元/月；非签约：450 元/月		无
72	01/01/2021	晋城	自付 30%，限额 100 元/日	自付 30%，限额 100 元/日	自付 30%，限额 100 元/日	自付 30%，限额 100 元/日	中度失能：750 元/月（城乡居民）工），600 元/月（城乡居民）；重度 I 级：1050 元/月（城镇职工），750 元/月（城乡居民）；重度 II 级：1350 元/月（城镇职工），1050 元/月（城乡居民）；重度 III 级：1650 元/月（城镇职工），1350 元/月（城乡居民）	中度失能：750 元/月（城乡居民）工），600 元/月（城乡居民）；重度 I 级：1050 元/月（城镇职工），750 元/月（城乡居民）；重度 II 级：1350 元/月（城镇职工），1050 元/月（城乡居民）；重度 III 级：1650 元/月（城镇职工），1350 元/月（城乡居民）	专护，院护

· 359 ·

续表

序号	开始时间（月/日/年）	城市	专护 医疗护理	专护 日常生活护理	院护 医疗护理	院护 日常生活护理	家护 医疗护理	家护 日常生活护理	鼓励何种护理
73	01/01/2021	开封	自付35%	自付35%，限额1900元/月	自付30%，限额100元/日	自付30%，限额100元/日	签约：自付30%，限额1500元/月；非签约：30元/日	签约：自付30%，限额1500元/月；非签约：30元/日	院护、家护
74	01/01/2021	盘锦	自付30%		自付35%	自付35%，限额1900元/月	签约：自付25%，限额1500元/月；非签约：900元/月		家护
75	03/01/2021	南宁	自付30%，限额1000元/月	自付30%，限额2463元/月	自付30%		自付20%		家护
76	10/01/2021	深圳	限额1000元/月		自付30%，限额2463元/月	自付30%，限额2463元/月	自付25%	自付25%，限额2463元/月	家护

注：a：仅海曙区、江北区、鄞州区、高新区、东钱湖旅游度假区。b：仅巴南区、大渡口区、石柱土家族自治县、垫江县。c：克拉玛依最低工资的1.5倍。d：农村居民月均可支配收入。e：仅新乐市、正定县、鹿泉区、栾城区。NA＝not applicable（不适用）。

资料来源：笔者根据官方文件整理（见附录B）。

附录 A　中国长期护理保险运行现状

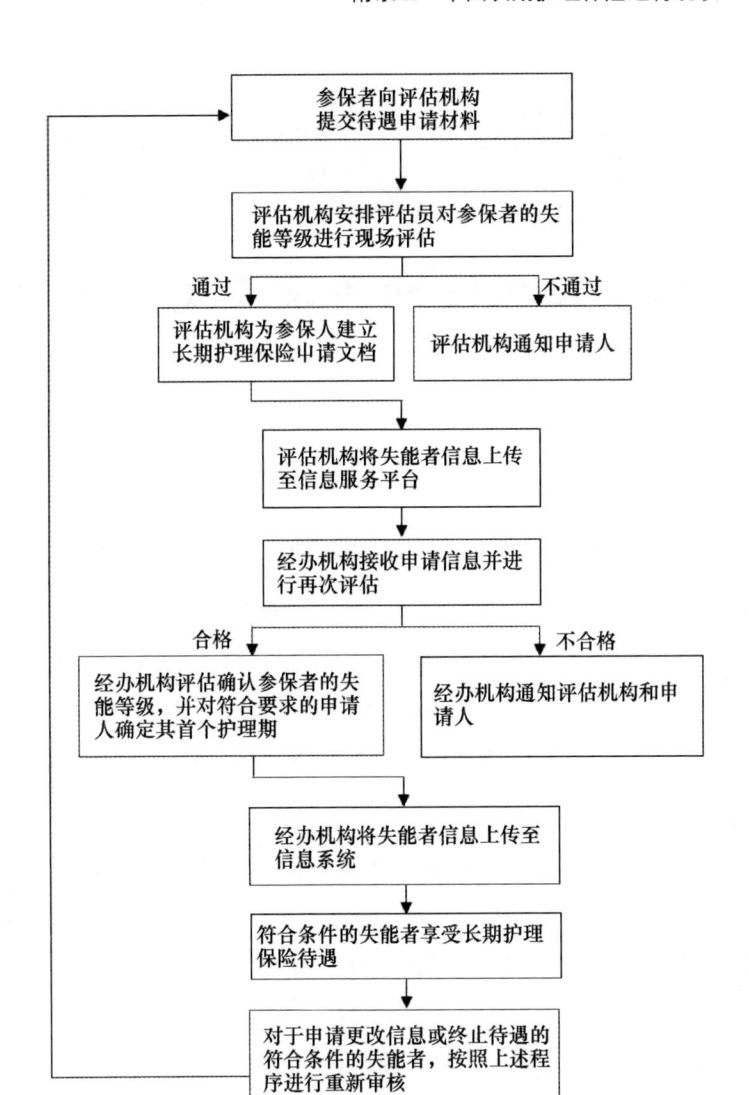

```
参保者向评估机构
提交待遇申请材料
        ↓
评估机构安排评估员对参保者的失
能等级进行现场评估
   通过 ↓        ↓ 不通过
评估机构为参保人建立    评估机构通知申请人
长期护理保险申请文档
        ↓
评估机构将失能者信息上传
至信息服务平台
        ↓
经办机构接收申请信息并进
行再次评估
   合格 ↓        ↓ 不合格
经办机构评估确认参保者的失   经办机构通知评估机构和申
能等级，并对符合要求的申请    请人
人确定其首个护理期
        ↓
经办机构将失能者信息上传至
信息系统
        ↓
符合条件的失能者享受长期护理
保险待遇
        ↓
对于申请更改信息或终止待遇的
符合条件的失能者，按照上述程
序进行重新审核
```

图 A.1　长期护理保险待遇申请流程

资料来源：笔者根据《广州市长期护理保险试行办法》整理得出。

附录 B

长期护理保险相关政策文件清单

青岛市人力资源社会保障局、青岛市财政局、青岛市民政局、青岛市卫生局、青岛市老龄办、青岛市总工会、青岛市残联市红十字会、青岛市慈善总会：《关于建立长期医疗护理保险制度的意见（试行）》，青政办字〔2012〕91号，http：//www. qingdao. gov. cn/zwgk/zdgk/fgwj/zcwj/zfgb/n2012_16/202010/t20201025_1752118. shtml，2012年10月18日。

青岛市人民政府：《青岛市长期护理保险暂行办法》，青政发〔2018〕12号（已废止），http：//www. qingdao. gov. cn/zwgk/zdgk/fgwj/zcwj/szfgw/2018/qzf_75/202010/t20201019_502913. shtml，2018年2月28日。

青岛市医疗保障局：《关于开展长期护理保险延缓失能失智工作的意见（试行）》，http：//www. qingdao. gov. cn/zwgk/xxgk/ybj/gkml/gzxx/202010/t20201018_411958. shtml，2019年7月1日。

青岛市医疗保障局：《青岛市人民政府关于印发青岛市长期护理保险办法的通知》，青政发〔2021〕6号，http：//www. qingdao. gov. cn/n172/n24624151/n31284614/n31284615/n31284622/210330154646560440. html，2021年3月25日。

潍坊市人民政府办公室：《职工长期护理保险试点实施意见》，潍政办字〔2014〕171号，http：//ybj. weifang. gov. cn/zcfg/202005/t20200514_5600754. html，2014年11月21日。

潍坊市医疗保障局：《关于公开征求开展城乡居民长期护理保险制度试点的工作方案的公告》，http：//ybj. weifang. gov. cn/tzgg/202112/t20211213_5993013. html，2021年12月13日。

长春市人民政府办公厅：《长春市人民政府办公厅关于建立失能人员医疗照护保险制度的意见》，长府办发〔2015〕3号，https：//ccylbx. org. cn/ccylbx/node/300，2015年2月16日。

吉林省医疗保障局、吉林省财政厅、吉林省民政厅、吉林省人力资源和社会保障厅、国家税务总局吉林省税务局、吉林省红十字会：《吉林省深入推进长期护理保险制度试点工作实施方案》，吉医保联〔2021〕7号，http：//xxgk. jl. gov. cn/zsjg/fgw/xxgkmlqy/202104/t20210413_8024697. html，2021年3月30日。

长春市医疗保障局：《长春市失能人员医疗照护保险居家照护服务实施意见（试行）（征求意见稿）》，http：//ccyb. changchun. gov. cn/hdjl/dczj/202107/t20210716_2869300. html，2021年7月15日。

日照市医疗保障局：《日照市人民政府办公室关于完善长期护理保险制度的意见》，日政办发〔2017〕87号，http：//ylbzj. rizhao. gov. cn/art/2019/11/20/art_105690_7678008. html，2019年11月20日。

日照市医疗保障局：《日照市人民政府办公室关于开展居民长期护理保险试点工作的实施意见》，日政办发〔2020〕9号，http：//ylbzj. rizhao. gov. cn/art/2020/3/17/art_171473_9931675. html，2020年3月17日。

南通市医保处：《关于建立全市统一基本照护保险制度的意见》，通人社医〔2018〕28号，http：//gzw. nantong. gov. cn/ntsrmzf/zcwj2/content/8d94b7e2-0a99-46b2-9224-5e1b875cead8. html，2018年12月24日。

启东市医疗保障局：《关于做好2022年度全市居民基本医疗保险和长期

照护保险筹资工作的通知》，启医保发〔2021〕20 号，http：//www. qidong. gov. cn/qdsylbzj/zcwj/content/868a0fa4 - 2c60 - 42e9 - a2e8 - 505636f81f92. html，2021 年 11 月 1 日。

海门区医疗保险基金管理中心：《海门区长期照护保险失能评定公示书（2021.11.26）》，http：//www. haimen. gov. cn//hmsylbzj/gggs/content/784f9a0a - 39cd - 403f - 93ad - 8218b7154a5f. html，2021 年 11 月 26 日。

上饶市人民政府：《上饶市人民政府印发关于全面开展长期护理保险制度试点实施方案的通知》，饶府字〔2019〕33 号，http：//www. zgsr. gov. cn/zgsr/zcwjz/201908/4f8d4890c7484313a9b166b9b34c62ea. shtml，2019 年 7 月 27 日。

济南市医疗保障局、济南市财政局、济南市民政局、济南市卫生健康委员会：《关于扩大济南市长期护理保险制度试点的工作方案》，济医保发〔2021〕3 号，http：//ybj. jinan. gov. cn/art/2021/1/25/art_38569_4756290. html，2021 年 1 月 25 日。

邢台市人民政府：《邢台市人民政府关于印发邢台市长期护理保险实施方案（试行）的通知》，邢政字〔2019〕5 号，http：//www. xingtai. gov. cn/xxgk/szfbgs/xxgkml/201903/t20190328_526734. html，2019 年 3 月 23 日。

松原市人民政府办公室：《松原市人民政府办公室关于进一步完善全市长期护理保险制度的意见》，松政办发〔2018〕35 号，http：//www. jlsy. gov. cn/xxgk/sysrmzf/syrmzfbgs/gkml_18660/201912/t20191212_350992. html，2018 年 8 月 14 日。

北京市海淀区人民政府：《海淀区居家养老失能护理互助保险试点办法》，海行规发〔2016〕7 号，https：//www. linkolder. com/article/11381415。

北京市石景山区人民政府办公室：《石景山区长期护理保险制度试点方案（试行）》，石政办发〔2018〕4 号，http：//www. bjsjs. gov. cn/

gongkai/zwgkpd/zcwj_1940/qzfbgswj_1942/202006/t20200622_27225. shtml，2018年3月15日。

北京市石景山区医疗保障局、北京市石景山区财政局：《关于印发〈北京市石景山区扩大长期护理保险制度试点实施细则〉的通知》，京医保发〔2020〕30号，http：//www.bjsjs.gov.cn/gongkai/zwgkpd/zcwj_1940/bmjqtwj_1943/202011/t20201123_34816.shtml，2020年11月6日。

吉林市医疗保障局、吉林市财政局、吉林市民政局、吉林市人力资源和社会保障局、国家税务总局、吉林市税务局、吉林市红十字会：《吉林市深入推进长期护理保险制度试点工作实施方案》，吉市医保规〔2021〕4号，http：//xxgk.jlcity.gov.cn/gzbm/zljsjd_30341/xbgkml/202110/t20211011_988378.html，2021年9月30日。

荆门市人民政府：《荆门市长期护理保险办法（试行）》，http：//ylbzj.jingmen.gov.cn/art/2019/11/4/art_5271_314970.html，2016年11月22日。

河北省医疗保障局、财政厅：《关于进一步规范长期护理保险制度试点工作的通知》，冀医保字〔2021〕10号，2021年3月。

承德市医疗保障局、承德市财政局：《承德市城镇职工长期护理保险管理办法》，承医保字〔2021〕50号，http：//ylbzj.chengde.gov.cn/module/download/downfile.jsp？classid＝0&filename＝c10f18e204fc4309bfbf046d14ea272c.pdf，2021年6月30日。

上海市人民政府办公厅：《上海市长期护理保险试点办法》，沪府办规〔2021〕15号，http：//ybj.sh.gov.cn/qtwj/20220105/a25f01cd45894b53862f661f5df45a43.html，2021年12月20日。

上海市人力资源和社会保障局、上海市医疗保险办公室：《上海市长期护理保险试点办法实施细则（试行）》，http：//ybj.sh.gov.cn/gfxwj3/20200601/90b57dca03084a06a8767770f9cc0f5d.html，2017年12月30日。

安庆市人力资源社会保障局：《关于安庆市城镇职工长期护理保险试点的实施意见》，宜政办秘〔2017〕5 号，http：//aqxxgk. anqing. gov. cn/show. php？id＝745531，2017 年 8 月 11 日。

杭州市人民政府：《杭州市长期护理保险暂行办法（征求意见稿）》，http：//www. hangzhou. gov. cn/module/idea/que_content. jsp？webid＝149&appid＝1&topicid＝539242&typeid＝11，2018 年 1 月 1 日。

成都市医疗保障局：《成都市长期照护保险城镇职工长期照护保险政策要点暨办理指南》，http：//cdyb. chengdu. gov. cn/ylbzj/c129040/2021-02/04/content_f151b7a677454508b7dd0a7d3366d0bc. shtml，2021 年 2 月 4 日。

徐州市人民政府办公室：《徐州市政府办公室关于建立徐州市市区基本照护保险制度的实施意见（试行）》，徐政办发〔2017〕18 号，http：//www. xz. gov. cn/govxxgk/014051247/2017-02-10/71506dfe-10f9-4acf-9e9e-98543261cc69. html，2017 年 2 月 20 日。

徐州市人民政府办公室：《徐州市政府办公室关于印发徐州市市区长期照护保险实施方案的通知》，徐政办发〔2020〕93 号，http：//www. xz. gov. cn/govxxgk/014051247/2020-11-02/53591c45-8bdc-47bf-b3c9-15677fd38d7d. html，2020 年 11 月 10 日。

广州市人力资源和社会保障局：《广州市长期护理保险试行办法（征求意见稿）》，穗人社通告〔2017〕6 号，http：//rsj. gz. gov. cn/zmhd/myzj/content/post_5875408. html，2017 年 5 月 22 日。

广州市人力资源和社会保障局：《广州市长期护理保险协议定点服务机构管理办法（征求意见稿）》，http：//rsj. gz. gov. cn/zmhd/myzj/content/post_5875398. html，2017 年 9 月 27 日。

兰山区人民政府：《兰山区职工长期护理保险制度实施办法（试行）》，http：//www. lyls. gov. cn/info/1690/58976. htm，2018 年 6 月 19 日。

临沂市政府办公室：《临沂市人民政府办公室关于印发临沂市职工长期护理保险制度实施方案的通知》，临政办发〔2019〕12 号，http：//

www.linyi.gov.cn/info/7499/248290.htm，2019年11月20日。

嘉兴市医疗保障局：《嘉兴市长期护理保险护理服务监管办法（试行）》，嘉医保〔2019〕76号，http://www.jiaxing.gov.cn/art/2021/9/6/art_1229426375_2353112.html，2019年12月31日。

临汾市人民政府：《关于建立长期护理保险制度的指导意见》，临政发〔2017〕11号，http://www.linfen.gov.cn/contents/255/46745.html，2017年9月19日。

齐齐哈尔市人民政府办公室：《关于印发齐齐哈尔市深化长期护理保险制度试点实施方案（试行）的通知》，齐政办规〔2021〕1号，http://www.qqhr.gov.cn/Newsgk_showGkmlNews.action?messagekey=224941，2021年2月19日。

苏州市人民政府：《关于开展长期护理保险试点的实施意见的通知》，苏府〔2017〕77号，http://ybj.suzhou.gov.cn/szybj/chxi/202008/c73ab150aea74364a0030e9aecf76558.shtml，2017年6月28日。

苏州市人民政府：《关于开展长期护理保险试点第二阶段工作的实施意见》，http://ybj.suzhou.gov.cn/szybj/chxi/202005/f6896f7224e34fbf9e9b90e2b67922bb.shtml，2020年1月17日。

泰安市医疗保障局：《关于完善泰安市职工长期护理保险制度有关问题的通知》，泰医保发〔2021〕54号，http://ylbzj.taian.gov.cn/art/2021/12/2/art_166506_10290971.html，2021年12月2日。

宁波市政府办公厅：《宁波市人民政府办公厅关于印发宁波市长期护理保险制度试点方案的通知》，甬政办发〔2017〕115号，http://www.ningbo.gov.cn/art/2017/9/26/art_1229533176_950107.html，2017年9月26日。

重庆市医疗保障局：《重庆市医疗保障局办公室关于印发重庆市长期护理保险服务项目和标准暂行办法的通知》，渝医保办〔2021〕53号，http://ylbzj.cq.gov.cn/zwgk_535/zcjd/wzjd/202112/t20211206_10085606_wap.html，2021年12月6日。

白山市人民政府：《关于开展长期护理保险制度试点的实施意见》，白山政办发〔2017〕42号，https：//www.tuliu.com/read-78452.html，2017年12月27日。

滨州市人民政府办公室：《关于试点推行职工长期护理保险制度的实施意见》，滨政办字〔2017〕157号，https：//cebbank.pkulaw.com/lar/063a6304828fb5739fa69baaba8e85d4bdfb.html，2017年12月20日。

济宁市医疗保障局：《济宁市职工长期护理保险实施办法》，济政办发〔2018〕33号，http：//www.jining.gov.cn/art/2021/12/21/art_59679_2747245.html，2018年9月23日。

克拉玛依市政府：《克拉玛依市长期照护保险试点实施方案》，克政办发〔2017〕136号，https：//www.klmy.gov.cn/010/010005/20190508/b75b6e7b-f68c-4fcd-b4af-836f9001ed5a.html，2018年1月1日。

淄博市人民政府办公厅：《关于印发淄博市职工长期护理保险暂行办法的通知》，淄政办字〔2017〕126号，http：//www.zibo.gov.cn/gongkai/site_srmzfbgs/channel_5fba29e82bbfd70c4b847118/doc_5fb4983199d584448a0e01bc.html，2018年1月1日。

昌吉州人民政府网：《昌吉回族自治州城镇职工长期护理保险实施细则（试行）》，http：//www.cj.gov.cn/gk/wj/853440.htm，2018年1月17日。

昌吉州政府网：《昌吉州城镇职工长期护理保险实施方案政策解读》，http：//www.cj.gov.cn/gk/xzcf/838129.htm，2017年11月16日。

东营市民政局：《关于开展东营市城乡居民长期照护保险试点的实施方案的通知》，东人社字〔2018〕36号，https：//www.yanglaocn.com/shtml/20180313/1520949197114238.html，2018年3月7日。

台州市人力资源和社会保障局、台州市卫生和计划生育委员会：《基本医疗保险居家医疗护理管理办法》，台人社发〔2018〕38号，http：//www.shebao13.com/yiliaobaoxian/319.html，2018年4月2日。

菏泽市人力资源和社会保障局：《菏泽市职工长期护理保险定点护理服

务机构管理办法（试行）》，http：//hzrsj. heze. gov. cn/art/2018/7/10/art_66351_5567604. html，2018 年 7 月 5 日。

菏泽市人民政府办公室：《关于印发菏泽市职工长期护理保险实施办法的通知》，菏政办字〔2018〕23 号，http：//m. law-lib. com/law/law_view. asp？id=619793&page=1，2018 年 5 月 1 日。

烟台市人力资源社会保障局：《烟台市职工长期护理保险实施办法（试行）》，烟政办字〔2018〕58 号，http：//rshj. yantai. gov. cn/art/2018/6/11/art_23934_1615088. html，2018 年 5 月 29 日。

长沙市人力资源和社会保障局：《长沙市长期护理保险试行办法》，http：//rsj. changsha. gov. cn/zxzx_0/tzgg_131288/shbx_131290/202011/t20201125_9606518. html，2017 年 12 月 12 日。

威海市人民政府：《关于印发威海市职工长期护理保险规定的通知》，威政发〔2018〕6 号，http：//m. law-lib. com/law/law_view. asp？id=619735&page=1，2018 年 7 月 1 日。

义乌市医疗保障局：《义乌市长期护理保险制度实施意见（试行）》，http：//www. yw. gov. cn/art/2018/7/20/art_1229142863_1055318. html，2018 年 7 月 20 日。

义乌市人民政府：《义乌市长期护理保险制度实施意见（试行）》，义政发〔2018〕51 号，http：//www. yw. gov. cn/art/2018/7/20/art_1229143186_1050431. html，2018 年 7 月 20 日。

贺州市人民政府：《贺州市人民政府关于印发贺州市长期护理保险制度试点工作方案的通知》，贺政规〔2018〕8 号，http：//www. gxhz. gov. cn/xxgk/jcxxgk/zcwj/hzg/t2440763. shtml，2018 年 11 月 1 日。

贺州市人民政府办公室：《贺州市长期护理保险制度试点工作方案》，贺政规〔2018〕8 号，http：//www. gxhz. gov. cn/xxgk/jcxxgk/zcwj/hzg/t2440763. shtml，2018 年 10 月 30 日。

常州市医疗保障局：《常州市长期护理保险试点工作成效显著》，http：//www. changzhou. gov. cn/ns_news/651603852517369，2020 年

10 月 28 日。

德州市政府办公室：《关于建立职工长期护理保险制度的意见》，德政办字〔2018〕112 号，http：//www.dezhou.gov.cn/n42860412/n42860956/n42952242/c46616135/content.html，2019 年 1 月 31 日。

德州市人社局、德州市财政局、德州市民政局、德州市卫健委：《德州市市直职工长期护理保险实施细则》，德人社发〔2018〕62 号，http：//www.dezhoudaily.com/dzsh/p/1434874.html，2019 年 1 月 3 日。

无锡市医疗保障局：《关于印发无锡市长期护理保险经办规程（试行）的通知》，锡社保医发〔2019〕3 号，http：//www.yixing.gov.cn/doc/2020/06/10/716308.shtml，2019 年 2 月 2 日。

扬州市政府：《扬州市长期护理保险制度试点实施方案》，http：//www.yznews.cn/p/735819.html，2018 年 11 月 1 日。

枣庄市人民政府办公室：《关于建立职工长期护理保险制度的意见》，枣政办字〔2018〕25 号，http：//www.zaozhuang.gov.cn/zwgk/zfgbhz/202101/t20210104_1133586.html，2018 年 6 月 22 日。

秦皇岛市人力资源和社会保障局：《秦皇岛经济技术开发区城镇职工长期护理保险实施方案》，http：//www.qetdz.gov.cn/Content/editor/cid/070303/id/132796.html，2019 年 4 月 10 日。

岱山县人民政府办公室、岱山县卫生健康局：《岱山县长期护理保险制度实施细则（试行）》，http：//www.daishan.gov.cn/art/2020/8/21/art_1229439321_59000375.html，2020 年 8 月 21 日。

满洲里市政府：《满洲里市长期护理保险制度实施意见》，http：//www.manzhouli.gov.cn/mzl/zfz/xwjj/szyw/944451/index.html，2019 年 2 月 14 日。

满洲里市政府：《满洲里市长期护理保险实施办法》，https：//m.sohu.com/a/342925009_99960249，2019 年 4 月 13 日。

乌鲁木齐市人民政府办公厅：《乌鲁木齐市长期护理保险办法（试

行）》，乌政办〔2018〕254 号，http：//www.wlmq.gov.cn/wcm.
files/upload/CMSurumqi/202012/20201204181948175.pdf，2018 年 11
月 2 日。

温州市人民政府办公室：《温州市长期护理保险试行办法》，温政办
〔2019〕13 号，https：//insurance.cngold.org/zcfg/c6252923.html，
2019 年 2 月 25 日。

泰州市医疗保障局：《泰州市市区长期护理保险制度实施意见》，
http：//zwgk.taizhou.gov.cn/art/2019/4/9/art_46392_2162217.html，
2019 年 4 月 9 日。

通化市人民政府办公室：《关于开展长期护理保险制度试点的实施意
见》，通市政办〔2017〕28 号，https：//wenku.baidu.com/view/ee4f
e8607d1cfad6195f312b3169a4517623e56f.html，2017 年 9 月 12 日。

吉林省人力资源和社会保障厅办公室：《吉林省长期护理保险制度试点
经办规程（试行）》，吉人社办字〔2017〕29 号，http：//xxgk.
jl.gov.cn/zsjg/fgw/xxgkmlqy/201910/t20191012_6110300.html，2017
年 4 月 25 日。

梅河口市人力资源和社会保障局：《关于开展长期护理保险试点工作的
实施意见》，http：//hrss.jl.gov.cn/gzdt/201710/t20171026_3489675.
html，2017 年 8 月 17 日。

吉林省医疗保障局、吉林省财政厅：《关于进一步推进长期护理保险制
度试点实施意见的通知》，吉政办发〔2017〕28 号，https：//mip.
cngold.org/insurance/zs6535594.html，2019 年 9 月 1 日。

唐山市人民政府：《唐山市长期照护保险实施方案（试行）》，唐政发
〔2019〕6 号，http：//tsyb.tangshan.gov.cn/tssylbzj/zhengcefagui/2020
0518/867871.html，2019 年 9 月 27 日。

正定县医疗保障局：《石家庄市长期护理保险实施细则（试行）》，石
政办函〔2018〕211 号，http：//www.zd.gov.cn/col/1591866572551/
2020/11/13/1605240979363.html，2019 年 12 月 20 日。

天门市政府：《天门市城镇职工长期护理保险实施细则》，天政办发〔2019〕49号，https：//www.sohu.com/a/362062501_708634，2020年1月1日。

天门市人民政府办公室：《关于印发天门市城镇职工长期护理保险暂行办法的通知》，天政办发〔2019〕34号，https：//tmrb.tmwcn.com/tmrb/20200515/mhtml/page_03_content_001.htm，2020年5月15日。

乌海市政府：《乌海市长期护理保险实施办法（试行）》，乌海政办发〔2019〕26号，http：//www.wuhai.gov.cn/wuhai/xxgk4/ylbzjzfxxgk/fdzdgknr7899/1030459/2251890/2025061911301861701.pdf，2019年9月30日。

宜昌市政府办公室：《宜昌市长期护理保险试点工作方案》，http：//www.yichang.gov.cn/html/zhengwuyizhantong/zhengwugongkai/xinwfbh/2020/0817/1023831.html，2019年12月12日。

宜昌市医疗保障局、宜昌市财政局、宜昌市民政局、宜昌市卫生健康委员会、宜昌市人力资源和社会保障局、宜昌市教育局、宜昌市税务局、宜昌保监分局：《宜昌市长期护理保险实施细则（试行）》，宜医保发〔2020〕14号，https：//img.yichang.gov.cn/upload2020/2020/0817/20200817090120567.pdf，2020年6月8日。

甘南藏族自治州人民政府：《甘南州城镇职工长期照护保险试点工作启动会召开》，http：//www.gnzrmzf.gov.cn/info/1052/45976.htm，2020年7月10日。

《定州日报》：《城镇职工长期护理保险启动》，https：//hebei.hebnews.cn/2020-06/17/content_7936866.htm，2020年6月17日。

晋江市人民政府：《晋江市长期护理保险试点工作暂行规定》，http：//www.jinjiang.gov.cn/xxgk/flfg/bjgfwj/202007/t20200731_2394874.htm，2020年7月20日。

黔西南州人民政府办公室：《黔西南州长期护理保险制度试点实施方案》，黔西南府办发〔2020〕27号，http：//www.qxn.gov.cn/zwgk/

fgwj_zfbf/202011/t20201106_65068187.html，2020 年 11 月 5 日。

湘潭市人民政府办公室：《湘潭市长期护理保险制度试点实施方案》，http：//ylbzj.xiangtan.gov.cn/12830/12839/content_909797.html，2020 年 12 月 10 日。

天津市人民政府办公厅：《天津市长期护理保险制度试点实施方案》，津政办规〔2020〕24 号，http://www.tj.gov.cn/zwgk/szfwj/tjsrmzfbgt/202012/t20201217_5047656.html，2020 年 12 月 17 日。

福州市人民政府：《福州市人民政府印发关于开展长期护理保险制度试点实施方案的通知》，榕政综〔2020〕262 号，http://www.fuzhou.gov.cn/zfxxgkzl/szfbmjxsqxxgk/szfbmxxgk/fzsrmzf/zfxxgkml/whjyylshbzcjjydfmdzccsjqssqk/202012/t20201224_3897107.htm，2020 年 12 月 21 日。

昆明市人民政府：《关于全面开展长期护理保险制度试点工作方案》，http：//ybj.km.gov.cn/c/2020-12-29/3795749.shtml，2020 年 12 月 29 日。

汉中市人民政府办公室：《汉中市长期护理保险实施办法（试行）》，http：//www.hanzhong.gov.cn/hzszf/xwzx/bmdt/202011/8b0fbe3f09fb4e469c440357f4b06a5e.shtml，2020 年 11 月 18 日。

汉中市政府：《汉中市长期护理保险实施办法（试行）》，汉政办发〔2020〕25 号，http：//www.hanzhong.gov.cn/hzszf/zwgk/zfwj/zfbwj/hzbfwj/202011/dc3fb3d499c646d88033b9359e03bf67.shtml，2020 年 11 月 23 日。

呼和浩特市人民政府办公室：《呼和浩特市长期护理保险制度试点实施方案》，呼政办发〔2020〕31 号，http://www.huhhot.gov.cn/zfxxgknew/fdzdgknr/zdlyxx/ylwsnew/ylws1/202101/t20210122_932311.html，2020 年 12 月 31 日。

晋城市医疗保障局：《晋城市人民政府关于建立长期护理保险制度的实施意见》，晋市政发〔2020〕14 号，http：//xxgk.jcgov.gov.cn/jcsrmzf/

开封市人民政府：《关于印发开封市长期护理保险制度试行办法的通知》，汴政〔2020〕36号，http：//ylbzj.kaifeng.gov.cn/news/20121084_policydel.html，2020年12月29日。

盘锦市政府：《盘锦市人民政府办公室关于印发盘锦市开展全国长期护理保险制度试点工作实施方案的通知》，盘政办发〔2020〕25号，http：//www.panjin.gov.cn/html/1875/2020-12-15/content-86779.html，2020年12月15日。

南宁市人民政府：《南宁市人民政府关于南宁市长期护理保险制度试点的实施意见》，南府规〔2021〕3号，http：//www.nanning.gov.cn/zwgk/fdzdgknr/zcwj/zfwj/t4621679.html，2021年1月11日。

深圳市司法局：《深圳市长期护理保险办法（征求意见稿）》，http：//www.sz.gov.cn/cn/xxgk/zfxxgj/zwdt/content/post_8464728.html，2021年10月1日。